백발백중
2024

추천
도서
전국컴퓨터
교육협의회

IT 온라인 모의고사 무료 응시권

KB144679

컴퓨터그래픽스
운용기능사
필기 총정리 문제집

윤한정, 김지숙 지음

IT연구회

해당 분야의 IT 전문 컴퓨터학원과 전문가 선생님들이 최선의 책을 출간하고자 만든 집필/감수 전문연구회로서, 수년간의 강의 경험과 노하우를 수험생 여러분에게 전달하고자 최선을 다하고 있습니다. IT연구회에 참여를 원하시는 선생님이나 교육기관은 ccd770@hanmail.net으로 언제든지 연락주십시오. 좋은 교재를 만들기 위해 많은 선생님들의 참여를 부탁드립니다.

권경철_IT 전문강사	김경화_IT 전문강사	김선숙_IT 전문강사
김수현_IT 전문강사	김 숙_IT 전문강사	김시령_IT 전문강사
김현숙_IT 전문강사	남궁명주_IT 전문강사	노란주_IT 전문강사
류은순_IT 전문강사	민지희_IT 전문강사	문경순_IT 전문강사
박봉기_IT 전문강사	박상휘_IT 전문강사	박은주_IT 전문강사
문현철_IT 전문강사	백천식_IT 전문강사	변진숙_IT 전문강사
송기웅_IT 및 SW전문강사	송희원_IT 전문강사	신동수_IT 전문강사
신영진_신영진컴퓨터학원장	윤정아_IT 전문강사	이강용_IT 전문강사
이은미_IT 및 SW전문강사	이천직_IT 전문강사	임선자_IT 전문강사
장명희_IT 전문강사	장은경_ITQ 전문강사	장은주_IT 전문강사
전미정_IT 전문강사	조영식_IT 전문강사	조완희_IT 전문강사
조정례_IT 전문강사	차영란_IT 전문강사	최갑인_IT 전문강사
최은영_IT 전문강사	황선애_IT 전문강사	김건석_교육공학박사
김미애_강릉컴퓨터교육학원장	은일신_충주열린학교 IT 전문강사	양은숙_경남도립남해대학 IT 전문강사
엄영숙_권선구청 IT 전문강사	옥향미_인천여성의광장 IT 전문강사	이은직_인천대학교 IT 전문강사
조은숙_동안여성회관 IT 전문강사	최윤석_용인직업전문교육원장	홍효미_다산직업전문학교

BM (주)도서출판 성안당

학습자료 다운로드

1 성안당 사이트(www.cyber.co.kr)에서 로그인(아이디/비밀번호 입력)한 후 [자료실]을 클릭합니다.

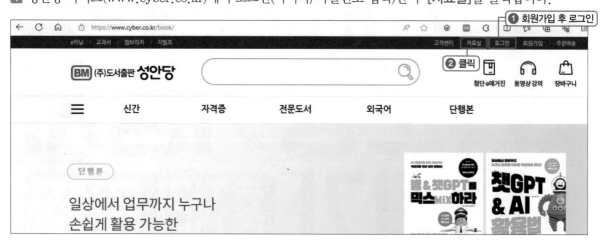

2 검색 란에 『컴퓨터그래픽스운용기능사』를 입력하고 [검색] 단추를 클릭한 후 해당 도서명을 클릭합니다.

3 [315-5962.zip] 파일을 클릭하여 압축 파일을 다운로드한 후 반드시 압축을 해제하여 사용합니다.

  ※ [정오표]에서는 이 책의 오류를 정리하여 파일로 제공합니다.

본 수험서의 특징을 보면 ...

❶ 무료 동영상 강의(핵심정리)

과목별 핵심정리에 무료 동영상 강의를 제공하여 쉽고 확실하게 시험을 준비할 수 있도록 하였습니다.

❷ 단계별 학습(과목별 핵심정리+꼭 알아야 할 기출문제 260선+실전 모의고사+최신 기출문제+CBT 모의고사)

최근 기출문제를 분석하여 출제 비중이 높은 핵심 내용들로만 이론을 정리하였고, 시험을 대비해 꼭 알아야
할 기출문제 260문제를 엄선하여 제공합니다. 여기에 실전 모의고사 5회+기출문제 15회+CBT 모의고사(무료
쿠폰 제공)로 최선의 학습 시스템을 제공합니다.

❸ 내용 분석

각 핵심정리마다 출제 빈도를 분석하여 중요도를 표시하였고, 특히 중요한 내용마다 별색으로 표시하여 학습
의 효율성을 높였습니다.

❹ CBT 모의고사(무료 쿠폰 제공)

상시 시험 대비 CBT 모의고사를 제공하여 실제 시험과 유사한 환경에서 마지막 점검을 할 수 있게 함으로써
시험 전 사전 테스트 및 취약 부분에 대한 보강학습을 유도할 수 있도록 하였습니다.

수험생 여러분! 기회는 시작하는 것에서부터 존재합니다. 또한 부정하면 할 수 있는 것이 없으나, 긍정하면 할 수
있는 일이 수없이 많이 존재합니다. 본 수험서의 첫 장을 넘기는 순간부터 기회는 시작되는 것이며, 본인이 긍정
하고 하나하나 익혀 나간다면 합격은 여러분의 눈앞에 쉽게 다가설 것입니다. 이 책을 빌어 수험생 여러분들의 합
격을 진심으로 기원합니다.

저자 일동

국가직무능력표준(NCS)

1 국가직무능력표준(NCS)이란?

국가직무능력표준(NCS, National Competency Standards)은 산업현장에서 직무를 수행하기 위해 요구되는 지식 · 기술 · 태도 등의 내용을 국가가 산업부문별, 수준별로 체계화한 것이다.

(1) 국가직무능력표준(NCS) 개념도

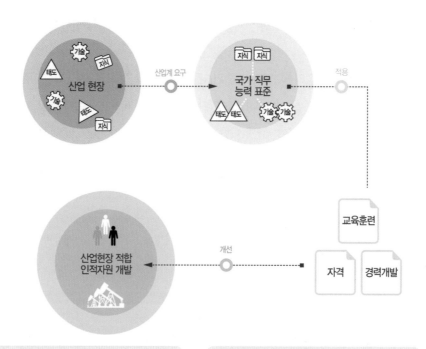

직무능력 : 일을 할 수 있는 On-spec인 능력
① 직업인으로서 기본적으로 갖추어야 할 공통
　능력 → 직업기초능력
② 해당 직무를 수행하는 데 필요한 역량(지식,
　기술, 태도) → 직무수행능력

보다 효율적이고 현실적인 대안 마련
① 실무중심의 교육 · 훈련 과정 개편
② 국가자격의 종목 신설 및 재설계
③ 산업현장 직무에 맞게 자격시험 전면 개편
④ NCS 채용을 통한 기업의 능력중심 인사관
　리 및 근로자의 평생경력 개발 관리 지원

(2) 국가직무능력표준(NCS) 학습모듈

국가직무능력표준(NCS)이 현장의 '직무 요구서'라고 한다면, NCS 학습모듈은 NCS 능력단위를 교육훈련에서 학습할 수 있도록 구성한 '교수 · 학습 자료'이다.
NCS 학습모듈은 구체적 직무를 학습할 수 있도록 이론 및 실습과 관련된 내용을 상세하게 제시하고 있다.

❷ 국가직무능력표준(NCS)이 왜 필요한가?

능력 있는 인재를 개발해 핵심 인프라를 구축하고, 나아가 국가경쟁력을 향상시키기 위해 국가직무능력
표준이 필요하다.

(1) 국가직무능력표준(NCS) 적용 전/후

🔍 지금은,
- 직업 교육·훈련 및 자격제도 가 산업현장과 불일치
- 인적자원의 비효율적 관리 운용

국가직무 능력표준 →

🔍 바뀝니다.
- 각각 따로 운영되었던 교육·훈련, 국가직무능력표준 중심 시스템으로 전환 (일-교육·훈련-자격 연계)
- 산업현장 직무 중심의 인적자원 개발
- 능력중심사회 구현을 위한 핵심 인프라 구축
- 고용과 평생 직업능력개발 연계 를 통한 국가경쟁력 향상

(2) 국가직무능력표준(NCS) 활용범위

기업체 Corporation	육훈련기관 Education and training	자격시험기관 Qualification
- 현장 수요 기반의 인력채용 및 인사 관리 기준 - 근로자 경력개발 - 직무기술서	- 직업교육 훈련과정 개발 - 교수계획 및 매체, 교재 개발 - 훈련기준 개발	- 자격종목의 신설·통합·폐지 - 출제기준 개발 및 개정 - 시험문항 및 평가 방법

국가직무능력표준(NCS)

③ '캐릭터제작' NCS 학습모듈(www.ncs.go.kr)

(1) NCS '캐릭터제작' 직무 정의

캐릭터제작은 다양한 콘텐츠 제작과 상품화를 위하여 인물이나 동·식물, 유·무형의 사물의 모습을 독창적인 이미지로 형상화하는 일이다.

① '캐릭터제작' NCS 학습모듈

대분류	중분류	소분류	세분류
08. 문화예술디자인	03. 문화콘텐츠	02. 문화콘텐츠 제작	08. 캐릭터제작

② 환경 분석(노동시장 분석, 자격현황 분석)

세분류		01. 방송콘텐츠제작	02. 영화콘텐츠제작	03. 음악콘텐츠제작
직업명		감독 및 기술감독	감독 및 기술감독	가수 및 성악가
종사자수		16.3천명	16.3천명	6.0천명
종사 현황	연령	평균: 35세	평균: 35세	평균: 38세
	임금	평균: 320만원	평균: 320만원	평균: 194.1만원
	학력	평균: 15.5년	평균: 15.5년	평균: 14.5년
	성비	남성: 86.9%,	남성: 86.9%,	남성: 54.9%,
		여성: 13.1%	여성: 13.1%	여성: 45.1%
	근속년수	평균: 6.4년	평균: 6.4년	평균: 7.6년
관련자격		방송영상전문인	영상(촬영)전문인	방송디지털음악전문인

세분류		04. 광고콘텐츠제작	05. 게임콘텐츠제작	06. 애니메이션 콘텐츠제작
직업명		광고 및 홍보 전문가	응용 소트트웨어 개발자	웹 및 멀티미디어 기획자
종사자수		10.4천명	91.7천명	4.1천명
종사 현황	연령	평균: 42세	평균: 34세	평균: 32세
	임금	평균: 459.4만원	평균: 301.8만원	평균: 314.2만원
	학력	평균: 16.4년	평균: 15.4년	평균: 15.4년
	성비	남성: 77.7%	남성: 88.1%	남성: 75.7%
		여성: 22.3%	여성: 11.9%	여성: 24.3%
	근속년수	평균: 16.4년	평균: 15.4년	평균: 15.4년
관련자격		홍보광고관리사 POP전문가	게임그래픽전문가 게임프로그래밍전문가	그래픽 기술자격일러스트

세분류		01. 방송콘텐츠제작	02. 영화콘텐츠제작	03. 음악콘텐츠제작

직업명	감독 및 기술감독 검색광고마케터	감독 및 기술감독 게임기획전문가	가수 및 성악가
세분류	**07. 만화콘텐츠제작**	**08. 캐릭터제작**	**09. 스마트문화앱 콘텐츠제작**

		07. 만화콘텐츠제작	08. 캐릭터제작	09. 스마트문화앱 콘텐츠제작
직업명		만화가	제품 디자이너	응용 소프트웨어 개발자
종사자수		6.1천명	26.3천명	91.7천명
종사 현황	연령	평균: 36세	평균: 32세	평균: 34세
	임금	평균: 148.5만원	평균: 253.3만원	평균: 301.8만원
	학력	평균: 13.5년	평균: 15.1년	평균: 15.4년
	성비	남성: 56.6%	남성: 61.3%	남성: 88.1%
		여성: 43.4%	여성: 38.7%	여성: 11.9%
	근속년수	평균: 13.5년	평균: 15.1년	평균: 15.4년
관련자격		해당사항 없음	그래픽기술자격 일러스트	스마트폰개발자

※ 자료 : 워크넷(www.work.go.kr)의 직업정보

② NCS 능력단위별 능력단위요소

분류번호	능력단위(수준)	능력단위요소	수준
0803020801_13v1	시장 분석(4)	트렌드 분석하기	3
		목표 시장규모 분석하기	4
		모범사례 분석하기	4
0803020811_16v2	콘셉트 설정(5)	콘셉트 정하기	5
		발상하기	3
		스토리텔링	5
0803020812_16v1	캐릭터 기획(3)	이미지 구상하기	2
		표현기법 연구하기	3
		색채 설계하기	2
0803020813_16v1	원형 디자인(3)	드로잉하기	3
		스타일라이징하기	3
		컬러링하기	2
0803020804_15v2	기본형 디자인(4)	스케치하기	3
		기본동작 제작하기	4
		로고 제작하기	4
0803020805_15v2	응용형 디자인(3)	응용동작 제작하기	2
		그래픽 요소 제작하기	3
		매뉴얼 제작하기	3

국가직무능력표준(NCS)

0803020806_13v1	지식재산권 확보(5)	지식재산권 이해와 저작권 등록하기	5
		상표 등록하기	5
		디자인 등록하기	5
0803020807_13v1	사업계획수립(7)	마케팅 계획 수립하기	5
		예산 계획 수립하기	7
		제안서 작성하기	5
0803020808_16v2	홍보 활동(3)	전시회 참가하기	3
		이벤트 기획하기	3
		매체활용 홍보하기	3
		광고하기	3
0803020809_13v1	콘텐츠 사업(6)	콘텐츠 제작계획 수립하기	5
		콘텐츠 개발하기	6
		콘텐츠 유통하기	6
0803020810_13v1	라이선싱(5)	라이선싱 발굴하기	3
		계약체결하기	5
		사후관리하기	3

※ http://www.ncs.go.kr NCS란? > NCS 구성 > 수준체계 참고

④ 평생경력개발경로

– 활용대상

활용콘텐츠 개발	활용대상
평생경력개발경로 모형	사업체, 근로자
직무기술서	사업체
채용 · 배치 · 승진 체크리스트	사업체
자가진단도구	근로자

– 기대효과

※ 좀더 자세한 내용은 홈페이지(www.ncs.go.kr)를 방문하여 참고하시기 바랍니다.

CBT[Computer Based Test]

1 CBT란?

CBT란 Computer Based Test의 약자로, 컴퓨터 기반 시험을 의미한다.

정보기기운용기능사, 정보처리기능사, 굴삭기운전기능사, 지게차운전기능사, 제과기능사, 제빵기능사, 한식조리기능사, 양식조리기능사, 일식조리기능사, 중식조리기능사, 미용사(일반), 미용사(피부) 등 12종목은 이미 오래 전부터 CBT 시험을 시행하고 있으며, 컴퓨터그래픽스운용기능사는 2016년 5회 시험부터 CBT 시험이 시행된다.

CBT 필기시험은 컴퓨터로 보는 만큼 수험자가 답안을 제출함과 동시에 합격 여부를 확인할 수 있다.

2 CBT 시험과정

한국산업인력공단에서 운영하는 홈페이지 큐넷(Q-net)에서는 누구나 쉽게 CBT 시험을 체험해 볼 수 있도록 실제 자격시험 환경과 동일하게 구성한 가상 웹 체험 서비스를 제공하고 있으며, 그 과정을 요약한 내용은 아래와 같다

(1) 시험시작 전 신분 확인절차

수험자가 자신에게 배정된 좌석에 앉아 있으면 신분 확인절차가 진행된다.

이것은 시험장 감독위원이 컴퓨터에 나온 수험자 정보와 신분증이 일치하는지를 확인하는 단계이다.

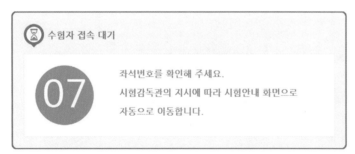

CBT[Computer Based Test]

(2) CBT 시험안내 진행

신분 확인이 끝난 후 시험시작 전 CBT 시험안내가 진행된다.

> 안내사항 > 유의사항 > 메뉴 설명 > 문제풀이 연습 > 시험준비 완료

① 시험 [안내사항]을 확인한다.
- 시험은 총 60문제로 구성되어 있으며, 60분간 진행된다.
- 시험 도중 수험자 PC 장애 발생 시 손을 들어 시험감독관에게 알리면 긴급장애조치 또는 자리 이동을 할 수 있다.
- 시험이 끝나면 합격 여부를 바로 확인할 수 있다.

② 시험 [유의사항]을 확인한다.

시험 중 금지되는 행위 및 저작권 보호에 관한 유의사항이 제시된다.

③ 문제풀이 [메뉴 설명]을 확인한다.

문제풀이 기능 설명을 유의해서 읽고 기능을 숙지해야 한다.

④ 자격검정 CBT [문제풀이 연습]을 진행한다.

실제 시험과 동일한 방식의 문제풀이 연습을 통해 CBT 시험을 준비한다.
- CBT 시험문제 화면의 기본 글자크기는 150%이다. 글자가 크거나 작을 경우 크기를 변경할 수 있다.
- 화면배치는 1단 배치가 기본 설정이다. 더 많은 문제를 볼 수 있는 2단 배치와 한 문제씩 보기 설정이 가능하다.

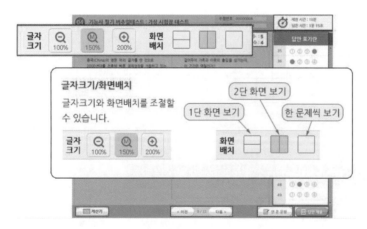

- 답안은 문제의 보기번호를 클릭하거나 답안표기 칸의 번호를 클릭하여 입력할 수 있다.
- 입력된 답안은 문제화면 또는 답안표기 칸의 보기번호를 클릭하여 변경할 수 있다.

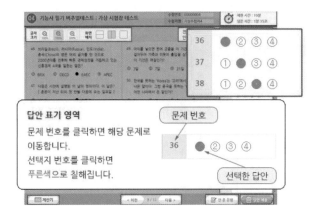

- 페이지 이동은 아래의 페이지 이동 버튼 또는 답안표기 칸의 문제번호를 클릭하여 이동할 수 있다.

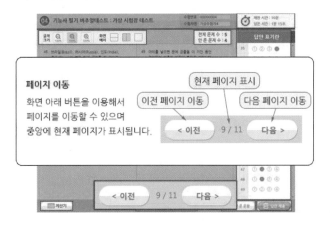

- 응시종목에 계산문제가 있을 경우 좌측 하단의 계산기 기능을 이용할 수 있다.

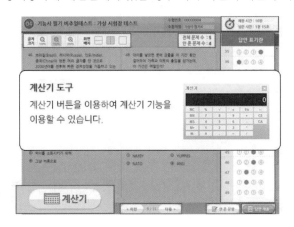

• 안 푼 문제 확인은 답안 표기란 좌측에 안 푼 문제 수를 확인하거나 답안 표기란 하단 [안 푼 문제] 버튼을 클릭하여 확인할 수 있다. 안 푼 문제번호 보기 팝업창에 안 푼 문제번호 가 표시된다. 번호를 클릭하면 해당 문제로 이동한다.

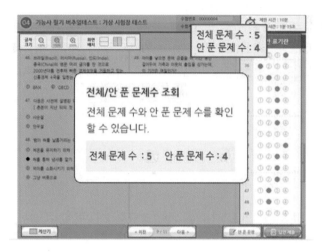

• 시험문제를 다 푼 후 답안 제출을 하거나 시험시간이 모두 경과되었을 경우 시험이 종료 되며 시험결과를 바로 확인할 수 있다.

• [답안 제출] 버튼을 클릭하면 답안 제출 승인 알림창이 나온다. 시험을 마치려면 [예] 버 튼을 클릭하고 시험을 계속 진행하려면 [아니오] 버튼을 클릭하면 된다. 답안 제출은 실수 방지를 위해 두 번의 확인 과정을 거친다. 이상이 없으면 [예] 버튼을 한 번 더 클릭하면 된다.

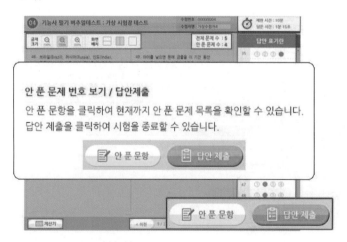

⑤ [시험준비 완료]를 한다.

　시험 안내사항 및 문제풀이 연습까지 모두 마친 수험자는 [시험준비 완료] 버튼을 클릭한 후 잠시 대기한다.

③ CBT 시험 시행

④ 답안 제출 및 합격 여부 확인

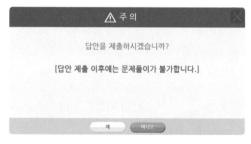

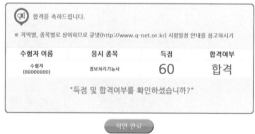

※ 좀더 자세한 내용은 홈페이지(www.ncs.go.kr)를 방문하여 참고하시기 바랍니다.

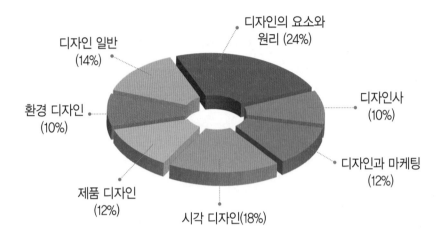

PART 1 산업디자인 일반 (20문제)

디자인의 요소와 원리 (24%)

디자인 일반 (14%)

디자인사 (10%)

환경 디자인 (10%)

디자인과 마케팅 (12%)

제품 디자인 (12%)

시각 디자인(18%)

PART 2 색채학 및 도법 (20문제)

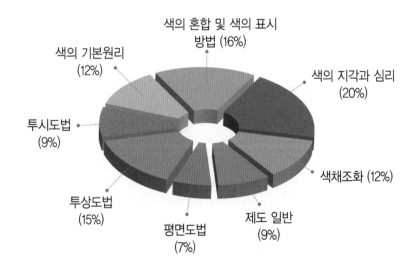

색의 혼합 및 색의 표시 방법 (16%)

색의 기본원리 (12%)

색의 지각과 심리 (20%)

투시도법 (9%)

색채조화 (12%)

투상도법 (15%)

제도 일반 (9%)

평면도법 (7%)

PART 3 디자인 재료 (8문제)

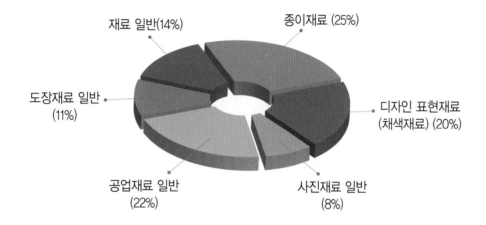

재료 일반(14%)
종이재료 (25%)
도장재료 일반 (11%)
디자인 표현재료 (채색재료) (20%)
공업재료 일반 (22%)
사진재료 일반 (8%)

PART 4 컴퓨터그래픽스 (12문제)

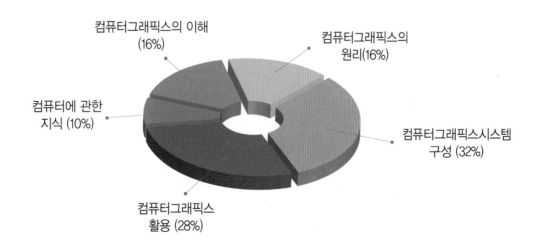

컴퓨터그래픽스의 이해 (16%)
컴퓨터그래픽스의 원리(16%)
컴퓨터에 관한 지식 (10%)
컴퓨터그래픽스시스템 구성 (32%)
컴퓨터그래픽스 활용 (28%)

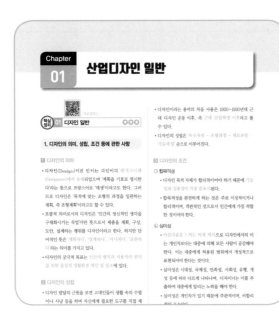

① 핵심정리

전체 내용을 중요 핵심정리별로 정리하였습니다.

② 중요도 표시

핵심정리를 출제비중별로 중요도를 표시하였습니다.

③ 무료 동영상 QR

전체 핵심정리의 내용을 저자 직강 무료 동영상 강의를 통해 학습할 수 있습니다.

④ 중요 내용 강조

핵심정리 내용 중에서도 꼭 알아야 할 내용을 별색으로 강조하였습니다.

⚙ 무료 동영상 강의 학습 및 다운로드

① 스마트폰으로 QR 코드를 찍어 유튜브로 연결하여 학습합니다.

② 성안당사이트(www.cyber.co.kr)에 접속하여 로그인(아이디/비밀번호 입력)한 후 [자료실]에서 다운로드하여 PC에서 학습합니다.

① 꼭 알아야 할 기출문제 260선

본 도서에서 가장 중요한 부분으로 지금까지 출제된 기출문제 중 가장 출제빈도가 높고 앞으로도 출제 가능성이 높은 260문제를 엄선하였습니다.

② 해설과 정답

각 문제마다 상세한 해설과 정답을 표시하여 학습의 효율을 높였습니다.

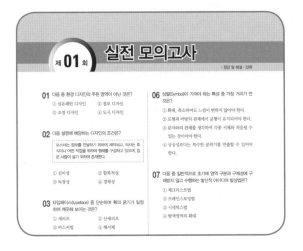

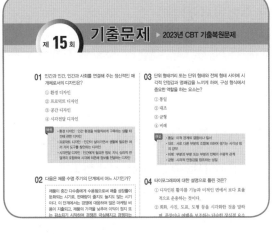

❶ 실전 모의고사

시험 직전 최종적으로 실력을 평가할 수 있도록 5회분의 실전 모의고사를 수록하였으며, 정답 및 해설은 책의 제일 뒷부분에 수록하였습니다.

❷ 기출문제

최근 기출문제 15회를 수록하여 출제경향을 파악하고 실력을 점검할 수 있도록 하였습니다.

CBT 무료 응시 쿠폰

CBT 시험 서비스를 제공하여 상시시험 환경과 유사한 상태에서 최종적으로 실력을 점검할 수 있는 서비스를 제공합니다. 자세한 사용 방법은 쿠폰을 개봉하여 확인할 수 있습니다.

▌1 수험원서 접수

- 원서접수 홈페이지 : www.q-n et.or.kr
- 인터넷 접수만 가능

▌2 인터넷 접수(개인 접수)

① 홈페이지(www.q-net.or.kr) 접속

- 접속 후 로그인하여 원서 접수
- 비회원의 경우 회원 가입 후 로그인(필히 사진등록)

② 원서 접수

- 응시 지역 및 장소 선택(지역에 상관없이 원하는 시험장 선택 가능)
- 카드 결제 또는 계좌이체를 통해 수수료 납부
- 결제성공여부 선택

③ 수검표 출력

- 화면 상에 조회된 내역과 자신의 기재사항을 확인 후 출력 버튼을 클릭하여 수검표 출력
- 프린트 선택하여 인쇄

❸ 합격 기준

① 필기시험 : 객관식 60문항 4지 택일형(60분), 100점 만점에 60점 이상 합격

② 실기시험 : 일러스트레이터, 포토샵, 인디자인을 사용하여 작업(4시간), 100점 만점에 60점 이상 합격

❹ 합격자 발표

http://www.q-net.or.kr

❺ 수검자 주의사항

- 수험원서 및 답안지 등의 허위, 착오기재 또는 누락 등으로 인한 불이익은 일체 수험자의 책임으로 함
- 접수된 서류가 허위 또는 위조한 사실이 발견될 경우에는 불합격처리 또는 합격을 취소함
- 필기시험 면제기간 산정 기준일은 당해 필기시험 합격자 발표일로부터 2년간임
- 천재지변, 응시인원 증가 등 부득이한 경우에는 시행일정을 별도로 지정할 수 있음
- 기타 문의사항이 있을 경우 HRD고객센터(☎1644-8000) 및 가까운 한국산업인력공단 지역본부, 지사로 문의

PART 1 핵심정리

01
Part

Computer Grapics

핵심정리

산업 디자인 일반

| 무료 동영상 |

 01 디자인 일반 ★★★

1. 디자인의 의미, 성립, 조건 등에 관한 사항

1 디자인의 의미

- 디자인(Design)이란 단어는 라틴어의 데지그나레(Designare)에서 유래되었으며 '계획을 기호로 명시한다'라는 뜻으로 프랑스어로 '데생'이라고도 한다. 그러므로 디자인은 '목적에 맞는 조형의 과정을 일관하는 계획, 즉 조형계획'이라고도 할 수 있다.
- 포괄적 의미로서의 디자인은 '인간의 정신적인 생각을 구체화시키는 작업'이란 뜻으로서 제품을 계획, 구상, 도안, 설계하는 행위를 디자인이라고 한다. 하지만 단어적인 뜻은 '계획하다', '설계하다', '지시하다', '표현하다'라는 의미를 가지고 있다.
- 디자인의 궁극적 목표는 인간의 행복과 사용자의 편의를 위한 물질적 생활환경 개선 및 창조에 있다.

2 디자인의 성립

- 디자인 발달의 근원을 보면 고대인들이 생활 속의 수렵이나 사냥 등을 하며 자신에게 필요한 도구를 직접 제작하는 지혜를 만들면서 디자인은 시작되었다고 해도 과언이 아니다. 디자인은 이후 분업화와 예술로서 문을 두드리면서 18세기 이후 봉건주의에서 탈출을 시도하려 하였으며, 이후 동력기 개발의 산업혁명은 수공예의 한계를 넘어 대량생산이라는 근대 디자인으로 발전하였다.

- 디자인이라는 용어의 처음 사용은 1920~1930년대 근대 디자인 운동 이후, 즉 근대 산업혁명 이후라고 볼 수 있다.
- 디자인의 성립은 '욕구과정 – 조형과정 – 재료과정 – 기술과정' 순으로 이루어진다.

3 디자인의 조건

ⓐ 합목적성

- 디자인 목적 자체가 합리적이어야 하기 때문에 기능성과 실용성이 가장 중요시된다.
- 합목적성을 완전하게 하는 것은 주로 이성적이거나 합리적이며, 객관적인 것으로서 인간에게 가장 적합한 것이어야 한다.

ⓑ 심미성

- 아름다움을 느끼는 미적 의식으로 디자인에서의 미는 개인차보다는 대중에 의해 모든 사람이 공감해야 한다. 이는 대중에게 허용된 범위에서 개성적으로 표현되어야 한다는 것이다.
- 심미성은 시대성, 국제성, 민족성, 사회성, 유행, 개성 등에 따라 다르게 나타나며, 디자이너는 이를 추출하여 대중에게 알리는 노력을 해야 한다.
- 심미성은 개인차가 있기 때문에 주관적이며, 비합리적인 요소이다.

ⓒ 독창성

- 독창적이고 창조적인 것은 디자인의 핵심이며 독창성이야말로 디자인에 최종적으로 생명을 불어넣는 중요한 요소이다.

- 어떤 제품을 부분적으로 수정 또는 변경하는 것을 '리 디자인(Redesign)'이라 하며 모방이 아닌 창조적인 활동을 독창성이라고 한다.
- 독창성은 디자이너가 가져야 하는 중요한 자질이며, 감각과 아이디어 부분이 포함되어 있다.

ⓔ 경제성

- **최소의 비용, 재료, 노동력으로 최대의 효과**를 얻어야 한다는 원칙인 경제성의 원리가 적용된다.
- 주어진 조건 안에서 소비자에게 우수한 제품을 제공하는 것이 디자이너의 역할이다.

ⓜ 질서성

합목적성, 심미성, 독창성, 경제성은 각각 독자적이지만 서로 잘 조화되도록 유지하는 것을 말한다.

합리성 요소 (지적, 객관적)	비합리성 요소 (감정적, 주관적)	
합목적성, 경제성	심미성, 독창성	→ 굿 디자인
효용가치(실용적)	미적가치(심미적)	

4 GD(굿 디자인, Good-Design) 마크

GOOD DESIGN

우리나라는 산업디자인진흥법에 의거하여 상품의 외관, 기능, 재료, 경제성 등을 종합적으로 심사하여 디자인의 우수성이 인정된 상품에 GOOD DESIGN 마크를 부여하는 제도로 지난 1985년부터 매년 시행되고 있다.

| 무료 동영상 |

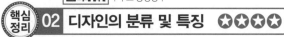

핵심정리 02 디자인의 분류 및 특징 ★★★★

1 산업 디자인의 분류

- 디자인 분류 방법은 일반적으로 평면(2차원), 입체(3차원), 공간(4차원) 디자인으로 나누어지며 시각 디자인, 제품 디자인, 환경 디자인으로 분류한다.

- 시각 디자인은 인간에게 필요한 정보, 지식을 조형적인 요소를 활용해 시각적으로 의미를 전달하는 과정이다.
- 제품 디자인은 인간이 살아가면서 필요한 제품이나 도구를 만들어 가는 것으로 도구의 인간화와 관계있다.
- 환경 디자인은 인간이 생활하기에 좀 더 편안하고 행복할 수 있도록 하되, 자연과의 조화를 중요시한다.

구분	2차원 디자인 (평면)	3차원 디자인 (입체)	4차원 디자인 (공간)
시각 디자인	그래픽 디자인 상업 디자인 광고 디자인 편집 디자인 일러스트레이션 타이포그래피 레터링 심벌 디자인 CI 지도 및 통계 도표	포장 디자인 POP 디자인	애니메이션 영상 디자인 가상현실 디자인
제품 디자인	텍스타일 디자인 벽지 디자인 타피스트리 디자인 인테리어 패브릭 디자인	가구 디자인 용기 디자인 상품 디자인 운송기기 디자인 패션 디자인 액세서리 디자인	
환경 디자인			인테리어 디자인 점포 디자인 디스플레이 조경 디자인 스트리트퍼니처 도시계획

2 시각 디자인(Visual Design)

ⓐ 그래픽 디자인(Graphic Design)

- 그래픽의 어원은 그리스어의 '그라피코스(Graphikos)'에서 유래되었으며 '글씨를 쓰다', '도식화하다'라는 의미를 가진다.
- 주로 인쇄기술에 대량 복제되는 평면의 디자인을 말하며 시각 디자인의 동의어로 쓰인다.
- 포스터, 신문·잡지 광고, 일러스트레이션, 지도, 통계, 직접우송 광고(DM) 등을 인쇄 매체로 제작하는 것을 총칭한다.

ⓒ 상업 디자인(Commercial Design)

- 상업적 목적을 효율적으로 달성하기 위해 상품 판촉, 이익 증대가 목적인 디자인을 말한다.
- 포장이나 인쇄물, 디스플레이 디자인을 포함하며 신문, 잡지, 포스터, 라디오, TV 등 광고매체를 통해 이루어지며, 표현이 참신하고 미적이어야 한다.

ⓒ 광고 디자인(Advertising Design)

- 상품이나 서비스 등 기업의 메시지를 고객에게 전달하고 구매의욕을 자극하기 위한 디자인을 말한다.
- 신문, 잡지, 라디오, TV, 옥외, 교통, DM 등 다양한 영역에서 볼 수 있다.

ⓔ 편집 디자인(Editorial Design)

- 소형 인쇄물을 시각적으로 구성한 것으로서 출판 디자인, 에디토리얼 디자인이라고도 한다.
- 서적, 잡지, 신문, 광고 디자인 등 편집하는 것을 말하며, 그림과 글씨들을 읽기 쉽게 배치하고 디자인하는 것을 말한다.

ⓜ 일러스트레이션(Illustration)

넓은 의미로는 회화, 사진을 비롯하여 도표, 도형, 문자 이외의 것으로 시각화한 것을 가리키며, 좁은 의미로는 핸드 드로잉에 의한 그림을 말한다.

카툰	생략된 기법을 표현하는 풍자화나 만화
캐리커처	'과장하다'라는 이태리어에서 유래된 말로, 주로 인물을 소재로 하여 익살, 유머, 풍자 등의 효과를 살려 그린 그림
캐릭터	기업, 단체, 행사 등 특정 성격에 표현한 시각적 상징물
컷	신문이나 잡지 등에 사용되는 작은 그림

ⓗ 타이포그래피(Typography Design)

기존 서체의 글자체, 크기, 여백 등을 조절하여 전체적으로 읽기 편하도록 구성하는 표현 기술로서, 목적에 합당하며 만들기 쉽고 아름다워야 한다.

ⓢ 레터링 디자인(Lettering Design)

- 디자인의 시각화를 위해 문자를 직접 그리는 것 또는 그려진 문자를 변형해서 만드는 것을 말한다.

- 레터링은 문자에 의해 성립되는 언어 본래의 의미뿐만 아니라 조형이나 색채에 의해 보다 풍부한 정보 내용을 전달할 수 있다.

ⓞ 심벌 디자인

- 심벌 디자인은 문자, 글자, 도형 등을 조합하여 단체나 기업, 회사 등의 이념이나 상징성을 타 기관과 차별화를 주어 시각적으로 알려주는 기능을 가진다.
- 시각 디자인 분야 중에서 가장 상징성이 높다.

픽토그램	의미하는 내용의 형태를 상징적으로 시각화한 것으로 언어를 초월한 그림문자
코퍼레이트 마크	회사나 기업을 상징하는 마크
트레이드 마크	상품이나 상품의 포장에 붙이는 등록상표
로고타입	기업, 회사의 이름
시그니처	로고타입과 심벌타입을 여러 방법으로 조합한 형태
엠블럼	행사나 대회 등에 사용되는 휘장

ⓩ CI

- 기업 이미지의 통일화 정책을 의미하며, 기업이나 공공단체가 갖고 있는 이미지를 시각적 통일성과 주체성을 주어 일관성 있게 체계화, 단일화 한 작업을 의미한다.
- 기업의 정체성을 확실하게 인식시키는 데 목적이 있으며, 마케팅 활동 및 경영환경을 개선해 나아가는데 필요한 작업으로 인식되고 있다.
- CIP(Corporate Identity Program) : 기업이미지 통합계획으로 기본 시스템은 심벌마크, 로고타입, 시그니처, 전용색상, 전용서체, 전용문양, 캐릭터, 마스코트가 포함되며, 응용 시스템은 서식류, 제품 및 포장, 유니폼, 간판(사인), 수송물(차량) 등이 포함된다.

ⓐ 지도 및 통계 도표

- 복잡한 데이터나 많은 양의 정보를 단순화시키는 것으로 지도, 기호, 통계 도표 등은 정보를 간소화하여 직관적 정보를 전달할 수 있다.
- 정보(Information)와 그래픽(Graphic)의 합성어인 인포그래픽 용어로 최근 사용된다.

ⓒ 포장 디자인
- 3차원 시각 디자인으로서 상품의 정보를 주어 소비자가 상품을 살 수 있도록 구매충동을 자극해야 하고 상품의 취급 시 보호, 보존하는 기능을 가지고 있다.
- 포장은 제품보다 수명이 길어야 하며, 제조자와 소비자를 직접 연결시켜 주는 촉매제 역할을 한다.

ⓔ POP 디자인(Point Of Purchase Design)
- 구매하는 바로 그 장소에서의 광고를 말하는 것으로 '구매시점 광고'라고도 한다.
- 포스터, 조명, 스티커, 제품안내, 행거, 가격표 등이 있으며 상품의 포인트로 주목과 흥미, 구매 욕구를 유발시켜 소비자를 판매로 이끌 수 있다.

③ 제품 디자인(Product Design)
- 제품 디자인은 19세기 산업혁명 이후 더욱 활발해졌으며 3차원 디자인이 대부분이다.
- 기능적으로 완벽하며, 형태가 아름답고, 가격이 합리적인 제품을 창조하여 인간이 생활하는 데 있어 질적인 향상을 도모하는 것이 목표이다.
- 공업, 용기, 가구, 패션 등의 디자인으로 이루어져 있다.

④ 환경 디자인(Environmental Design)
- 인간 환경을 바람직하게 구축하는 생활 터전에 관해 디자인하는 것으로서 3, 4차원이 주를 이루고 있다.
- 주변 환경과의 질서, 통합, 조화를 이루어야 하며, 쾌적하고 윤택한 환경 조성에 목적을 둔다.
- 실내 디자인, 옥외 디자인, 디스플레이, 스트리트 퍼니처, 도시 디자인, 조경 디자인, 정원 디자인, 그린 디자인 등이 이에 속한다.

| 무료 동영상 |

핵심정리 03 디자인 요소와 원리 ★★★★

1. 디자인 요소

① 개념 요소

실제하지 않으면서 있는 것처럼 느껴지는 요소로서, 우리 눈으로는 지각할 수 없는 이념적(순수, 기하학, 추상) 형태라고도 한다. 점, 선, 면 등이 있다.

ⓐ 점
- 형태를 지각하는 최소의 단위로 기하학상의 점은 눈에 보이지 않으며 더 이상 나눌 수 없다.
- 크기는 없고, 위치만을 가진다.
- 점이 이동되면 선으로 점이 확대되면 면으로 인식된다.

ⓑ 선
- 무수히 많은 점들의 집합. 점이 이동한 흔적을 말한다.
- 점이 이동하면서 이루는 자취로서 길이가 있으나 폭은 없고, 면의 한계나 교차에서 이루어진다.
- 선은 일반적으로 직선, 곡선, 절선의 3가지 선으로 이루어져 있다.

직선	경직, 명료, 확실, 단순, 남성적 느낌
곡선	우아, 매력, 섬세, 동적, 경쾌, 여성적 느낌
수평선	평화, 정지, 안정감, 휴식, 정적인 느낌
수직선	엄숙함, 강직함, 긴장감, 상승감, 권위적, 준엄하고 고결한 느낌
사선	운동감, 동적, 불안정, 활동적, 강한 느낌
기하학적인 선	딱딱함, 긴장감, 기계적인 느낌
유기적인 선	부드러움, 자유로운 느낌
자유 곡선	아름다움, 자유분방, 개성적, 무질서한 느낌

ⓒ 면
- 선의 이동이나 입체의 한계 또는 교차에서 생긴다.
- 길이와 넓이를 가지며, 두께는 없다.

- 입체를 구성하는 기본 단위로 원근감, 질감, 색 등을 표현할 수 있다.

평면	곧고 평활한 표정을 가지며, 간결성을 나타냄
수평면	정지 상태 및 안정감을 나타냄
수직면	고결한 느낌을 주고 긴장감을 높여줌
사면	동적인 상태로 불안정한 표정을 줌
곡면	온화하고 유연한 동적 표정을 가짐

ⓔ 입체
- 입체의 형은 면이 이동한 자취이다.
- 평면의 형은 선의 이동에서 생기며, 평면 디자인에서는 눈의 착시에 의하여 입체를 느끼기도 한다.
- 입체는 공간에 일정한 부피를 차지하고 위치와 길이를 가진다.
- 입체로는 다면체, 구, 원뿔, 원기둥, 원뿔대 등이 있다.

	적극적 정의(Positive)	소극적 정의(Negative)
점	위치만 있고 크기는 없음	선의 한계나 교차
선	점의 이동이나 확대	면의 한계나 교차
면	점의 확대, 선의 이동	입체의 한계나 교차
입체	면의 이동	물체가 점유한 공간

② 시각 요소

㉠ 형과 형태
- 형(Shape) : 2차원적인 개념으로 도형의 윤곽을 가리키며 형(Shape)의 종류로는 삼각형, 사각형, 원형 등이 있다.
- 형태(Form) : 3차원적 입체의 개념으로 입체상 형태는 원하는 방향이나 각도에 따라 다르게 지각된다.

㉡ 크기 : 스케일(크기)은 라틴어에서 유래되었으며 선, 면, 입체가 공간의 간격을 가질 때의 상대적인 크기를 가진다.

㉢ 색채 : 색은 광원으로부터 나오는 광선이 물체에 비추어 반사, 분해, 투과, 굴절, 흡수될 때 안구의 망막과 시신경에 자극됨으로써 자극된 것이 감각에 의해 나타난다.

㉣ 질감 : 물체가 가지는 표면적 특성으로 촉각적 요소와 시각적 요소로 나눈다.

ⓜ 빛 : 우리의 눈에 색채로서 볼 수 있는 범위를 가시광선이라고 하며 적외선, 자외선 등은 우리 눈으로는 볼 수 없는 광선이고, 색은 빛의 반사에 의해 우리 눈에 지각할 수 있는 것이다.

③ 상관 요소

어떤 목적에 의해 시각 요소가 서로 결합되었을 때 그 요소들을 서로 연관지어 나타내는 것으로써 방향, 위치, 공간감, 중량감 등이 있다.

④ 구조 요소

3차원 형태의 기하학적 구성 요소로서 꼭짓점, 모서리, 면 등의 기하학 육면체를 이해하는 데 중요한 역할을 한다.

⑤ 실제 요소

실제 사용하는 디자인 영역으로서 디자이너가 디자인한 이미지를 보는 사람에게 전달하여 줌으로써 목적을 충족시키는 것이며, 디자인을 실행하는 데 있어 그 과정을 결정하는 요소로 표현 소재, 의미, 기능 등이 있다.

2. 디자인 원리

① 통일(Unity)

- 디자인 대상의 전체에 미적 질서를 주는 기본 원리로 디자인의 가장 중요한 속성이다.
- 통일에 너무 치중하다 보면 단조롭고 무미건조해지기 쉬우므로 적절한 조화가 필요하다.
- 통일감을 주기 위해서는 근접, 반복, 연속 등이 있다.

② 변화(Variety)

통일의 영역을 침범하지 않는 한도 내에서 이루어져야 하며, 변화는 너무 단조로운 디자인에 강한 생동감을 줄 수 있다.

❸ 조화(Harmony)

- 두 개 이상의 요소 또는 부분적인 상호관계에서 서로 분리하거나 배척 없이 통일되어 전체적인 미적 감각 효과를 발휘할 때 일어나는 미적원리이다.
- 유사적 조화 : 비슷한 형태나 동일한 계통의 조화는 안정되고 온화한 느낌을 줄 수 있다.
- 대비적 조화 : 대립적인 요소들에 나타나는 조화는 유동적이고, 강렬하며, 자극적인 느낌을 줄 수 있다.

❹ 균형(Balance)

시각적 안정감을 창조하는 성질로서 양쪽 무게는 시각적 무게로 동등한 분배를 의미한다.

㉠ 대칭(Symmetry) : 대칭은 정지, 안정, 장중, 엄숙, 신비한 느낌을 주어 종교적인 목적 또는 효과를 위한 회화, 조각 등에 많이 이용된다.

선 대칭	한 선을 축으로 하여 상하나 좌우가 서로 마주 보는 형태
방사 대칭	한 점을 중심에서부터 밖으로 일정한 각도와 회전으로 뻗어나가는 형태
확대 대칭	도형이 일정한 비율로 확대되는 형태
이동 대칭	일정한 규칙에 따라 평행으로 이동해서 생기는 형태

㉡ 비례(Proportion) : 부분과 부분 또는 부분과 전체의 수량적 관계로 요소들 간의 상대적인 크기와 양의 개념을 표현한다.

황금분할	1:1.618
루트비율	1:1.414
모듈	인간 신체의 척도와 비율(human scale)을 기초로 한 측정 단위
피보나치 수열	1, 1, 2, 3, 5, 8, 13, 21, 34…

❺ 율동(Rhythm)

형태나 색채 등이 반복되어 표현되었을 때나 색의 표현에 있어서 점점 어둡거나 밝은 명암 단계에서 느낄 수 있는 시각적 운동감을 말한다.

반복 및 교차	동일한 요소를 둘 이상 배열하는 것으로 규칙적이거나 주기적으로 반복되어 생기는 현상
방사	중심점에서 바깥쪽을 향하여 선이 퍼져 나가는 현상
점이 (그러데이션)	하나의 성질이 증가 또는 감소됨으로써 나타나는 형태의 크기, 방향, 색상 등의 점차적인 변화로 생기는 현상

❻ 강조(Accent)와 대비(Contrast)

- 강조는 바탕에서 어느 부분을 강하게 하여 시각적인 힘의 강약을 주어 디자인의 일부분에 주어지는 초점이나 흥미를 갖게 하는 현상이다.
- 대비는 2개 이상의 서로 다른 성질이 동시에 공간에 배열하여 상반되는 성질을 강조함으로써 다른 특징을 한층 돋보이게 하는 현상이다.

3. 형태의 분류 및 특징

❶ 이념적 형태

- 우리의 감각으로 느낄 수 없는 형태로서 순수 형태, 추상 형태라 한다.
- 이념적 형태는 점, 선, 면, 입체가 있다.

❷ 현실적 형태

- 자연적으로 생성된 자연 형태와 인간이 만든 모든 조형인 인위 형태가 있다.
- 자연 형태 : 자연의 형태를 모방한 것으로 벌집이나 나뭇잎, 조개껍데기 등
- 인위 형태 : 인간에 의해 만들어진 형태로 톱니바퀴 모양, 아치 모양 등

❸ 형태의 생리와 심리

㉠ 게슈탈트 심리법칙(시지각의 원리)

- 게슈탈트 심리학파가 제시한 심리학 용어로 형태를 지각하는 방법 혹은 그 법칙을 의미한다.

- 사물을 있는 그대로의 형이나 형태로 지각하지 않고, 무리지어 보거나 연속해서 사물을 인식하는 인간의 시지각에 대한 원리를 4가지로 설명하고 있다.

근접성의 요인	가까이 있는 두 개 또는 그 이상의 시각 요소들이 패턴이나 그룹으로 보는 경향
유사성의 요인	비슷한 성질을 가진 요소는 비록 떨어져 있다 하더라도 무리지어 보이는 경향
연속성의 요인	유사한 배열이 방향성을 지니고 하나의 묶음처럼 지각되는 경향(공동운명의 법칙)
폐쇄성의 요인	불완전한 형이나 그룹들을 완전한 형이나 그룹으로 완성시키려는 경향

ⓒ 착시

- 착시란 눈의 생리적 작용에 의하여 일어나는 시각적인 착각을 말한다.

▶ 명도에 의한 착시 (도지반전의 원리)	▶ 각도와 방향의 착시
하얀색이 먼저 보인 후 검은 얼굴이 지각됨	짧은 선의 방향에 의해 선이 구부러져 보임
▶ 거리에 의한 착시	▶ 속도의 착시
같은 형상이라도 크기가 다르면 거리감이 느껴짐	달리는 차내에서는 긴 글씨가 잘 읽힘
▶ 반전 실체의 착시	▶ 길이의 착시 (뮐러 라이어 도형)
보는 각도에 따라 도형이 다르게 지각됨	양 끝의 사선까지 길이로 인식하여 a가 b보다 길어 보임
▶ 면적에 의한 착시	▶ 대비의 착시
같은 면적의 원이지만, 흰 바탕의 검은 원이 더 작게 느껴짐	주위 선의 영향으로 같은 길이의 a, b가 다르게 느껴짐

▶ 상방거리 과대착시와 수정	▶ 분할의 착시
83 » 83BZ	
같은 형상을 상하로 배치했을 때 위가 더 커 보임	a는 상하로, b는 좌우로 길어 보임
▶ 수직수평의 착시	▶ 각도에 의한 착시
수직이 수평보다 길어 보임	a의 각이 b의 각보다 크게 느껴짐

핵심정리 **04 디자인사** ★★★

무료 동영상

1. 근대 디자인사

운동	나라	창시자/작가	특징
미술공예운동	영국	윌리암 모리스	수공예 부활을 주장한 부흥운동
아르누보	프랑스, 벨기에	빅토르 오르타	동식물의 이미지를 곡선으로 표현한 장식미술
유겐트스틸	독일	헨리 반 데 벨데	추상화, 양식화한 장식미술
시세션	독일, 오스트리아	오토 와그너	과거의 전통 양식으로부터의 분리
독일공작연맹	독일	헤르만 무테지우스	표준화, 규격화된 기계생산의 질 향상
큐비즘	프랑스	피카소	자연과 인간을 기하학적인 단순 형체로 표현한 입체주의
구성주의	러시아	로드첸코, 타틀린	러시아에서 전개되었던 혁명적 조형운동
데 스틸	네덜란드	몬드리안	기하학적인 형태와 3원핵을 기본으로 한 순수한 형태미 추구
순수주의	프랑스	오장팡, 르 코르뷔지에	간결하고 명확한 조형 표현을 주장
바우하우스	독일	발터 그로피우스	예술과 기술의 종합적 실현을 위한 조형학교

			대칭적인 미, 패턴화
아르데코	프랑스	폴로, 브란트	된 곡선과 직선의 조화를 강조한 신 장식 미술

1 미술공예운동(Art & Craft Movement)

- 윌리엄 모리스를 중심으로 19세기 후반 영국에서 일어난 최초의 수공예 부흥 운동이다.
- 윌리엄 모리스는 근대 미술 운동의 아버지라고 불린다.
- 윌리엄 모리스 스승인 존 러스킨의 자극을 받아 예술은 대중을 위해서 뿐만 아니라, 대중에 의해 대중의 예술이 되어야 한다고 주장하였다.
- 고딕 양식의 미를 추구하였으며 미술 기계생산 제품을 부정하고 수공예 혁신에 의한 품질 회복을 주창하였다.

2 아르누보(Art Nouveau)

- 아르누보의 창시자는 빅토르 오르타이며 '새로운 예술'이라는 뜻으로써 19세기 말에서 20세기 초기에 걸쳐 벨기에와 프랑스 중심으로 유럽 및 미국에서 유행한 새로운 장식양식이다.
- 동·식물의 유기적 형태와 감각적이고 곡선적인 비대칭 구성을 특징으로 하였으며 주로 담쟁이 넝쿨, 백조, 잠자리, 수선화 등의 형태를 모티브로 하여 곡선적이고 동적인 식물문양을 사용하였다.

3 유겐트스틸(Jugendstil)

- 독일식 아르누보라고 하며 프랑스 아르누보에 비해 중후하다.
- 선구자는 헨리 반 데 벨데로서 식물적 요소인 꽃, 잎 등을 주로 하여 곡선의 변화와 율동적인 패턴에 의해 추상화, 양식화된 점이 특징이다.

4 시세션(Secession)

- 19세기 말 독일과 오스트리아를 중심으로 과거의 전통양식으로부터의 분리를 목적으로 일어난 운동으로서 아르누보의 영향을 받았다.

- 시세션은 클래식한 직선미를 강조하여 기하학적인 개성을 창조하였으며 근대 디자인으로 넘어가는 과도기적 단계의 미술 운동이다.

5 독일공작연맹(DWB)

- 1907년 헤르만 무테지우스를 중심으로 미술과 공예를 개혁하기 위하여 만든 디자인 진흥기관이다.
- 대량 생산을 위해서는 공업 제품의 양질화와 규격화를 추구하고 기계 생산의 질 향상과 적합한 조형을 찾기 위한 운동이다.
- 독일공작연맹의 이념은 바우하우스(근대 조형예술학교)를 탄생시킨 배경이 되었다.

6 큐비즘(Cubism)

- 1907~1914년 파리에서 일어났던 미술 혁신 운동으로 입체주의로 불린다.
- 20세기 중요한 예술운동의 하나로서 자연과 인간을 기하학적인 단순 형체로 표현하였다.
- 피카소, 마티스, 브라크 등이 그 대표적인 인물이다.

7 구성주의(Constructivism)

- 1913~1920년 러시아에서 전개되었던 혁명적 조형운동이다.
- 개인적이고 실용성이 없는 예술을 모두 부정하고 산업주의와 집단주의에 입각한 사회성을 추구하려 하였다.

8 데 스틸(De Stijl)

- '양식(The Style)'이라는 뜻으로 네덜란드에서 시작되었으며 모든 조형 분야의 일체화를 목표로 한 신조형주의 운동이다.
- 추상적 형태와 조형을 추구하여 수직, 수평의 화면 분할, 3원색과 무채색만을 사용하였으며 순수성과 직관성을 중시하였다.

⑨ 순수주의(Purism)

- 1920년을 전후하여 프랑스의 오장팡과 르 꼬르뷔지에를 중심으로 일어난 운동이다.
- 기능주의 관점에서처럼 기능을 모두 살리고, 장식성이나 과장을 거부하고, 간결하고 명확한 조형 표현을 주장하였다.

⑩ 바우하우스(Bauhaus)

- 1919년 발터 그로피우스가 독일 바이마르에 창설한 종합조형학교이다.
- 바우하우스의 교육은 기초, 공방, 건축교육 등의 순서로 실시되었으며, 이론교육과 실제교육을 병행하며 기능적, 합목적적인 새로운 미를 추구하였다.
- 독일공작연맹의 이념을 계승한 운동으로서 예술과 공업 기술의 합리적 통합이 목표이다.

⑪ 아르데코(Art Deco)

- 1925년 파리의 현대 장식산업 미술국제박람회의 약칭에서 유래된 신장식미술 양식이다.
- 아르누보와는 대조적으로 곡선, 동심원 등을 기하학적으로 변형하여 기계에 적합하도록 대중화를 중시한 조형운동이다.

⑫ 모더니즘 & 포스트 모더니즘

- 모더니즘 : 1920년대 중반부터 새로운 국제적 디자인 운동이 형성되기 시작한 모더니즘 운동은 건축 분야에 큰 영향을 끼치며, 차츰 디자인 전반에 걸쳐 그 영향력을 발휘하였다.
- 유기적 모더니즘 : 1940년대 중반부터 가느다란 선과 추상적인 덩어리 형태와의 균형, 간단하고 순수하며, 비대칭적이며, 아주 자유로운 형태의 디자인 양식이다.
- 포스트 모더니즘 : 1960년대 중반에 멤피스 그룹을 대표로 기능주의에 입각한 모던 디자인에 항거하며 인간의 정서적, 유희적 본성을 중시하는 경향을 지닌 양식이다.

- 멤피스 : 일상 제품을 기능적인 모더니즘의 형태 디자인을 거부하고 더욱 장식적이며 풍요롭게 물건을 디자인하려 했던 1981년 창립된 이탈리아의 디자인 단체이다.

⑬ 기능주의

- 19세기 후반에 디자인에 아름다움보다는 디자인 기능의 편리함을 우선시하는 사조로 오토 바그너, 루이스 설리반 등이 그 대표적인 인물이다.

루이스 설리반	형태는 기능으로부터 유래
빅터 파파넥	디자인의 복합기능이란 방법, 용도, 필요성, 목적지향성, 연상, 미의 여섯 부분으로 구성
르코르뷔지에	집은 살기 위한 기계
오토 바그너	예술은 필요에 의해 창조

2. 현대 디자인사

① 다다이즘(Dadaism)

- 제1차 세계 대전 중 사회적 불안이나 허무감에서 생긴 예술운동으로 일체의 전통이나 권위 등 기존의 예술 형식을 부정하고 반예술을 주장하였다.
- 모든 사회적 · 예술적 전통을 부정하고 반이성(反理性), 반도덕, 반예술을 표방한 예술운동으로 '다다(Dada)'라고도 하며 조형예술뿐만 아니라 문학, 음악의 영역까지 포함한다.

② 초현실주의(Surrealism)

- 제1차 세계 대전 후 프랑스 중심으로 다다이즘의 운동에서 분리하여 일어난 예술운동이다.
- 경험적인 통상적 세계보다 더 참된 세계가 존재한다는 믿음을 갖고, 무의식적인 정신세계를 통해 초월적 세계를 확인하려는 예술적 시도를 하였다.
- 표현기법으로는 콜라주(Collage), 프로타주(Frottage), 오브제(Objet), 데칼코마니(Decalcomanie) 등이 있다.
- 대표 작가로는 다릴, 미로 등이 있다.

❸ 추상 표현주의(Abstract Expressionism)

• 일반적으로 1940년대 말부터 미국을 중심으로 일어난 추상적인 회화운동이다.

• 자유롭고 자발적이며 개인의 감정 표현 등을 강조하며, 이 목적을 달성하기 위해서 매우 자유로운 기법과 제작 방법을 이용하였다.

• 대표 작가로는 차가운 추상의 몬드리안과 뜨거운 추상의 칸딘스키, 드립(액션) 페인팅의 거장인 잭슨 폴록 등이 있다.

❹ 팝 아트(Pop Art)

• '대중예술'이란 뜻으로 1962년 뉴욕을 중심으로 일어난 운동으로 상업적 대중 예술운동이다.

• 일상생활에서 자주 쓰이는 대중적인 상품들을 포스터나 광고, 만화 등 대량 생산품 이미지로 재구성하였다.

• 제작 방법에 따라 실크스크린으로 찍어내는 방법, 만화의 장면을 확대해서 그리는 방법, 일상용품으로 확대하여 거리에 설치하는 방법 등이 있다.

• 대표 작가로는 앤디워홀, 올덴버그, 리히텐슈타인 등이 있다.

❺ 옵 아트(Op Art)

• 1960년대 미국에서 일어난 디자인 운동으로 '시각적인 미술'의 약칭에서 시작되었고 작품은 추상적이며 실제로 화면이 움직이는 듯한 환각을 일으킨다.

• 추상적, 기계적 형태의 반복과 연속과 색채의 원근감을 도입하여 시각적 착시 효과를 표현했다.

❻ 미니멀 아트(Minimal Art)

• 최소한의 예술이라는 뜻으로, 1960년대 후반부터 미국에서 나타난 최소한의 조형 수단을 사용한 단순미술이다.

• 우연히 생기거나 단순한 기하학적 형태로 똑같은 형태가 반복되는 특징을 지닌 표현 수단을 최소한 소극적으로 사용하여 단순한 기하학적 형태로 반복되는 추상 회화나 조각을 제작하였다.

❼ 기타

• 미래파 : 20세기 초 이탈리아를 중심으로 일어난 예술운동으로 기계, 자동차, 비행기 등 속도감과 반복성 등의 물질문명을 찬양하였다.

• 반 디자인 운동 : 자본주의와 과시적 소비가 지나치게 밀착하는 현상에 대한 저항으로, 좀 더 환경적이고 인간적인 디자인 철학을 제시한 조형운동이다.

• 신조형주의 : 1917년에 네덜란드를 중심으로 몬드리안이 시작한 운동으로 선과 색채의 순수한 추상적 조형을 적용한 기하학적인 형태가 가장 기능적인 것이라 주장하였다.

• 키네틱 아트 : 작품 그 자체가 움직이거나 움직이는 부분을 넣은 예술작품을 말한다.

❽ 우리나라의 디자인

• 도안, 의장 → 응용미술, 장식미술 → 상업 디자인, 공업 디자인 → 산업 디자인, 시각 디자인, 공업 디자인으로 발전하였다.

• 1960년대 : 제품 디자인 분야에서 성장하였다.

• 1970년대 : '디자이너'라는 용어를 사용하였다.

| 무료 동영상 |

핵심정리 05 디자인과 마케팅 ★★★

1. 디자인 정책 및 디자인 관리

❶ 디자인 정책(Design Policy)

• 기업 정책의 한 부분으로서 회사에서 제조되는 생산품에서부터 판매나 광고, 매스커뮤니케이션 등을 기업정책의 본질과 결부시킨 일관된 디자인 통합 방침을 말한다.

• 디자인 정책은 시각적으로 기업의 이미지 통일화를 만들어 내는 것이 목표이다.

② 디자인 관리(Design Management)

디자인 전반에 관련하여 계획을 세운 후 그 활동이 계획된 바에 따라 수행하고 있는가를 분석, 계획하고 통제하여 전문성과 차별성을 갖게 하는 활동이다.

2. 마케팅의 정의, 기능, 전략

① 마케팅의 정의 및 용어 정리

- 제품, 서비스 및 아이디어를 개발하고 가격을 책정하여 이를 촉진 및 유통시키는 활동을 계획하고 실천하는 과정으로 산업제품을 생산자로부터 소비자에게 전달되는 모든 과정을 말한다.
- 고객의 필요에 초점을 두고 이익을 획득해야 하며, 기업중심에서 소비자 중심으로 발전해야 한다.
- 미국의 마케팅학회(AMA)에서는 마케팅이란 개인이나 조직의 목표를 충족시키는 교환이 이루어지도록 제품, 서비스 및 아이디어를 개발하고 가격을 책정하여 이를 촉진 및 유통시키는 활동을 계획하고 실천하는 과정이라고 정의하고 있다.
- 거시 마케팅(Macro Marketing) : 사회적 관점에서 바라본 마케팅으로 생산과 소비로 상품을 유통시키는 데 필요한 서비스를 말한다.
- 미시 마케팅(Micro Marketing) : 기업의 입장에서 바라본 마케팅으로 고객의 욕구를 찾아내고 그러한 욕구를 채워 줄 상품을 생산하여 판매하려는 기업활동을 말한다.
- 리치 마케팅(Niche Marketing) : 상대적인 경쟁적 우월성을 확보할 수 있는 새로운 시장 부문을 의미하는 것으로 '틈새시장'이라고 말한다.
- 마켓 셰어(Market Share) : 회사의 시장 점유율을 말한다.

② 마케팅 기능

- 마케팅 믹스 4P's

제품(Product)	회사가 판매할 제품 또는 서비스
가격(Price)	소비자에게 제품을 판매함으로써 얻는 가치
유통(Place)	상품을 생산자로부터 소비자에게 옮기기 위한 경로
촉진(Promotion)	잠재적 소비자에게 광고나, 홍보, 판매촉진 등을 하는 활동

- 제품의 수명주기(Product Life Cycle)

도입기 (Introduction Stage)	• 처음 제품이 출시되는 단계로 제품 인지도가 낮다. • 판매량이 적으며 유통비와 판매 촉진비가 많이 소요되기 때문에 제품 특성을 구매자에게 설득시켜 판매를 높여야 한다.
성장기 (Growth Stage)	• 매출액이 급격히 증가하며 인지도, 이익 등이 증가하기 시작한다. • 경쟁사가 대체품 또는 유사품을 개발하므로 제품차별화 전략을 선택해야 한다.
성숙기 (Maturity Stage)	• 기업 간의 경쟁이 심화되는 시기로 판매율이 둔화되어 이익의 축소를 가져와 경쟁력 우위를 확보한 경쟁사만 남게 된다. • 새로운 고객보다는 기존 고객의 사용률과 구매빈도를 높이도록 한다. • 대부분의 제품은 이 시기에 있다고 할 수 있다.
쇠퇴기 (Decline Stage)	• 매출액이 감소하는 시기로서 제품의 단종 여부를 결정하는 시기이다. • 기존 제품을 개선하여 내놓거나 대체 제품으로 바꾸거나 신제품 개발을 고려해야 한다.

3. 시장조사 방법과 자료수집 기법

① 시장 세분화

다양한 소비자들로 구성된 전체시장을 일정한 기준에 따라 몇 개의 동질적 세분시장으로 나누는 과정을 말한다.

- 지리적 변수 : 시·군 규모, 인구밀도, 기후 등
- 인구 통계적 변수 : 연령, 성별, 교육수준, 소득수준, 직업 등
- 사회 심리적 변수 : 사회계급, 생활스타일 등
- 행동 특성적 변수 : 구매형태, 소구형태, 사용자 지위 등

❷ 마케팅 전략

SWOT 분석	• 기업의 내부환경을 분석하여 강점과 약점을 발견하고 외부환경을 분석하여 기회와 위협을 찾아내어 마케팅 전략을 세우는 방법론을 말한다. • Strength(강점), Weakness(약점), Opportunities(기회), Threats(위협)
표적 마케팅	• 표적 마케팅의 3단계 : 시장 세분화 → 시장 표적화 → 시장 위치 선정 • 표적마케팅을 결정 후 시장공략 전략 방법으로는 비차별화 마케팅 전략, 차별화 마케팅 전략, 집중적 마케팅 전략이 있다.
포지셔닝	• 포지셔닝이란 정해진 표적시장에 맞는 마케팅 전략을 수립한 후 자사와 경쟁사의 위치를 파악하고 경쟁사에게 이기기 위한 전략적 위치를 결정하는 것을 말한다. • 포지셔닝 맵은 자사 제품이 경쟁제품 대비 차지하는 상대적인 위치를 좌표상에 나타내는 그림이다.

❸ 시장조사 방법

• 개인면접법 : 직접 면접하여 조사표에 응답 내용을 기록하는 방법이다.

• 집단 배포 조사법 : 학교, 회사, 군대 등과 같은 집단에 설문지를 배부하여 응답자가 기입하고 나중에 직접 회수한다.

• 전화면접법 : 간단한 여론조사나 시장조사에서 많이 쓰이고, 전화 면접 조사표에 이용된다.

• 우편조사법 : 우편을 통해 설문지를 배포하고 회신봉투를 동봉하여 응답을 받아내는 방법이다.

• 전자 설문지법 : 인터넷, 모바일 등과 같은 전자통신망을 통해 조사하는 것이다.

• 관찰조사법 : 관찰이나 측정을 통하여 자료를 수집하고 기록하는 방법이다.

• 그룹 인터뷰 : 자유로운 대화를 집단 구성원들이 할 수 있도록 면접자가 유도하는 기법이다.

• 심층면접 : 조사표나 지침서를 사용하지 않고 자유로운 형식의 면접, 면접자가 배석한다. 토론식으로 진행, 평소 생각, 내용, 경험들을 기록한다.

4. 소비자 생활유형(Life Style)

❶ 매슬로우(Maslow)의 욕구 5단계

• 매슬로우(Maslow)는 동기부여 이론으로서 '생리적 욕구 → 안전의 욕구 → 사회적 욕구 → 존경의 욕구 → 자아실현의 욕구'로 구분하였다.

생리적 욕구	본능에 의한 의식주에 대한 욕구
안전의 욕구	질서와 보호에 대한 욕구
사회적 욕구	성장의 욕구로 집단의 소속감에 대한 욕구
존경의 욕구	명예, 지위, 권위에 대한 욕구
자아실현의 욕구	3차적 욕망, 이상의 욕구

❷ 소비 유형

관습적 집단	습관적 반복적으로 구매, 브랜드 선호도(충성도)와 재구매율이 높다.
합리적 집단	구매동기가 합리적이며 구매 소구에 민감하다.
가격 중심 집단	가격이나 경제적 측면만 고려하여 상품 구매
감성적 집단	유행에 민감, 개성이 강한 제품 구매, 체면과 이미지를 중시한다.
유동적 집단	충동적인 상품 구매
신소비자 집단	젊은 층이 많으며 뚜렷한 구매 패턴이 없다.

❸ 소비자 구매 과정

• 아이드마(AIDMA) 법칙이라고 한다.

• 잠재고객이 광고를 접한 후 구매하기까지의 심리적 단계를 말한다.

• 주의(Attention) → 흥미(Interest) → 욕망(Desire) → 기억(Memory) → 행동(Action)

4 소비자 생활유형 측정

• 라이프 스타일(Life style) : 사람이 살아가고 돈과 시간을 소비하는 전반적인 양식을 의미한다.

• 소비자 행동에 미치는 요인 : 문화적, 사회적, 개인적, 심리적 요인이 있다.

- AIO법 : 시장 세분화를 위한 라이프 스타일을 측정하는 방법으로 활동(Activities), 흥미(Interests), 의견(Opinions)을 분석하는 방법이다.

A(Activities, 활동)	소비자가 무엇을 하면서 시간을 소비하는지 일상의 행동 측정
I(Interests, 흥미)	소비자가 좋아하고 중요하게 여기는 것이 무엇인지 관심 정도 측정
O(Opinions, 의견)	소비자가 어떻게 생각하고 있는지를 해석, 기대, 평가 등을 측정

- VALS법 : 미국인을 기준으로 외부 지향적, 내부 지향적, 욕구 지향적 소비자 집단의 가치와 라이프 스타일 등의 변화를 측정하는 방법이다.

| 무료 동영상 |

  06 **시각 디자인** ⭐⭐⭐⭐

1. 편집 디자인

1 개념

- 신문, 잡지, 서적 등의 인쇄물을 시각적으로 구성하는 그래픽 디자인 요소로서 시각 커뮤니케이션 표현에 중점을 두었으며 출판 디자인, 에디토리얼 디자인이라 부르기도 한다.
- 기획 단계부터 도판 및 사진원고를 제작, 레이아웃, 출력, 인쇄, 배포까지의 전 과정을 말한다.

2 역사

- 1930년 [포춘]지를 편집 디자인의 시작으로 보고 우리나라는 1976년 종합교양지 [뿌리 깊은 나무]가 처음 도입했다.

3 디자인의 분류

ⓐ 형태에 따른 분류

시트 스타일	낱장 형식(명함, 안내장, DM 등)
스프레드 스타일	접는 형식(신문, 카탈로그, 팸플릿 등)

서적 스타일	책 형식(잡지, 사보, 매뉴얼, 단행본 등)

ⓑ 발행주기에 따른 분류

정기적	일간(1일), 주간(1주일), 순간(10일), 월간(1달), 계간(분기), 연간(1년) 등
비정기적	단행본, 카탈로그, 브로슈어, 리플릿 등

ⓒ 출판물의 종류

카탈로그	소책자의 형식으로 영업용이나 상품 소개의 견본책
팸플릿	광고, 선전, 설명 등을 위하여 만든 가철한 소책자
매뉴얼	조작 방법, 특성 등을 사용하기 편리하도록 상세하게 설명한 사용안내 책
단행본	한 권 한 권이 단독으로 간행되는 서적으로 주로 문예 · 학술 · 교육 등의 단일본
브로슈어	팸플릿의 일종으로 고급스럽게 만들어진 인쇄물
리플릿	2~3페이지의 인쇄물 또는 광고나 선전용으로 만들어진 한 장짜리 전단지

4 편집 디자인 요소

ⓐ 플래닝 : 구조물을 배치하거나 각 부분들의 관계를 결정하여 계획하는 것으로서 표지 디자인, 본문 디자인, 제본 방법 등을 계획하여 작업하는 것을 말한다.

ⓑ 타이포그래피

- 타입(Type)과 그래피(Graphy)의 합성어로 글자체, 크기, 여백 등을 조절하여 전체적으로 읽기 좋도록 구성하는 표현 기술이다.
- 명료성 및 가독성을 고려하여야 하며, 서체의 심미성도 갖추어야 한다.
- 서체(글꼴)

명조체 (세리프체)	• 본문용으로 많이 쓰이며, 가독성이 높음
고딕체 (산세리프체)	• 제목용으로 많이 쓰이며, 눈에 쉽게 띔 • 단순하며 획의 굵기가 일정하여 깨끗하게 보임

- 크기(높이)

포인트	1point 약 1/72inch (1inch=2.54cm, 1point=0.3514mm)
급	1급=0.25mm

• 무게(두께)

세	중	태	견출
가장 가는 체	보통 글자체	굵은 글자체	가장 굵은 체

- 넓이(폭) : 글자의 가로 비율로, 폭이 좁은 장체와 폭이 큰 평체로 구분한다.
- 각도(기울임) : 수직체(Verical)와 기울어진 사체(Italic)로 구분한다.
- 자간 : 낱글자와 낱글자 사이의 간격으로 불규칙하게 보이는 두 글자 사이의 미세 조정은 커닝으로 조정한다.
- 띄어쓰기 : 단어와 단어 사이의 간격을 말한다.
- 행간 : 글줄과 글줄 사이의 간격을 말한다.

ⓒ 일러스트레이션 : 편집 디자인에서 조형적 요소로 회화, 사진을 비롯하여 도표, 도형, 심벌 등을 시각화한 것을 말한다.

ⓔ 레이아웃
- 문자, 기호, 그림, 사진 등의 구성 요소들을 편집 공간에 효과적으로 배치하는 것이며, 기본 조건인 주목성, 가독성, 명쾌성, 조형 구성, 창조성 등을 충분히 고려하여 시각적인 효과를 살리는 것이 목적이다.
- 프리(Free) 형태와 그리드(Grid) 형태로 나누며, 그리드란 바둑판 모양의 구조를 말한다.
- 레이아웃 구성요소

마진	여백을 의미하며, 편집 디자인에서의 가독성과 심미성을 위해 존재
라인업	기획된 편집물들을 지면 안에 내용과 중요도에 따라 각각 분할하여 배열하는 것
포맷	편집물의 분량, 크기, 페이지 수, 형태 등의 외형적인 것

ⓜ 인쇄 : 인쇄의 5요소로는 원고, 판, 피인쇄체, 잉크, 인쇄기이며, 인쇄의 규격은 4×6전지와 국전지로 나뉜다. 인쇄 시 색은 CMYK를 사용하며 일반적으로 신문은 85선(65~100LPI), 잡지는 133선(150~300LPI)이 적당하다.

평판 인쇄 (옵셋 인쇄)	물과 기름의 반발 원리를 이용한 것으로 옵셋 인쇄가 대표적이며 다른 인쇄 방식에 비해 비용이 적게 들고 선이 선명하여 일반적으로 많이 사용하는 인쇄 방식이다.
볼록판 인쇄 (활판 인쇄)	인쇄 방법 중에서 가장 오래된 기술로써 화선부가 볼록부인 양각인쇄로 선명하고 강한 인상을 주나 인쇄물 뒷면에 눌린 자국이 생기는 단점이 있다.
오목판 인쇄 (그라비어 인쇄)	농담효과를 풍부하게 얻을 수 있는 고급 인쇄 기법으로 사진 인쇄에 가장 적합하며, 평평한 판면을 약품이나 조각으로 패이게 하는 방법으로 제판 비용이 많이 드는 단점이 있다.
공판 인쇄 (스크린 인쇄)	실크스크린이라고도 하며 구멍을 통하여 인쇄 잉크가 피인쇄체(종이)에 부착되는 원리를 이용한 것으로서 비교적 간단하고 값이 싸서 많이 사용하는 인쇄 방식이다.

2. 시각 디자인

1 광고 디자인

- 광고란 잠재적인 소비자에게 제품과 서비스에 대한 정보와 구입 방법을 알리기 위한 것으로 '널리 알리다'라는 뜻을 가지고 있다.
- 광고를 크게 TV, 라디오, 신문, 잡지 광고로 나눠 4대 광고라 한다.
- 광고는 조형적 요소와 내용적 요소로 분리될 수 있다.
- 광고의 내용적 요소

헤드라인	전체 광고 내용을 함축적으로 전달함으로써 광고효과가 큼
서브헤드라인	헤드라인을 보완하는 역할
바디카피	광고의 구체적 내용을 전달하며 도입, 중간, 결말의 구성 형태를 가짐
캡션	사진이나 그림에 붙이는 설명문
슬로건	반복해서 사용하는 간결한 문장
캐치플레이즈	광고의 표어나 캠페인 문장

- 광고의 조형적 요소

일러스트 레이션	그림, 삽화, 컷 등의 조형적 요소
마크	회사의 상징을 시각화하는 조형적 요소

로고	회사의 이름을 시각화하는 조형적 요소
보더라인	구획정리를 위한 경계선

② 신문 광고

- 매체의 신뢰성이 있으며, 구독자의 수나 독자층이 매우 안정되어 있고 기록성과 보존성을 가지고 있다.
- 신문 광고의 분류

광고란 광고	광고란에 게재되는 일반적인 광고
제호 광고	신문 최상단에 제호 옆에 박스 형태로 게재되는 광고
기사 중 광고	기사 속에 속해 있는 광고
돌출 광고	기사 면에 박스 형태로 게재되어 있는 작은 크기의 광고
전면 광고	광고란과 기사란 모두 사용되는 광고
간지 광고	신문지 사이에 끼워서 배달하는 광고

- 신문 광고의 장 · 단점

장점	• 신뢰도와 주목률이 높아 설득력 있는 기업이나 상업광고에 적합함 • 불특정 다수인을 상대로 광고하므로 광고효과가 큼 • 매일 발행되므로 신속 · 정확한 광고를 할 수 있음 • 지역별 광고가 용이하며 효과적임 • 기록성과 보존성을 가지고 있음 • 광고 효과가 빠르며 광고비가 저렴함 • 광고 지면 및 위치와 크기를 선택할 수 있음
단점	• 인쇄, 컬러의 질이 다양하지 않음 • 광고의 수명이 짧고 독자의 계층 선택이 쉽지 않음 • 다른 광고의 영향을 받음

③ 잡지 광고

- 특정한 독자층을 대상으로 정기적으로 발행하는 출판물로 광고효과가 높아 효율적이다.
- 잡지 광고의 장 · 단점

장점	• 특정한 독자층을 가짐 • 매체로써의 생명이 길어 보관이 가능하며 회람률이 높음 • 감정적 광고나 무드 광고에 적합한 연속광고가 가능함 • 구체적이고 자세한 내용이 전달 가능함 • 인쇄의 컬러나 질이 높고 소구 대상이 뚜렷함
단점	• 인쇄, 컬러의 질이 다양하지 않음 • 광고의 수명이 짧고 독자의 계층 선택이 쉽지 않음 • 다른 페이지 광고의 영향을 받음

㉠ 잡지 광고의 종류

- 표지면 광고 : 책의 표지 1, 2, 3, 4면에 실리는 광고로 효과가 크다.
- 기사 중 광고 : 본문 기사 속에 실리는 광고
- 차례 광고 : 차례의 전면이나 후면 또는 상하 좌우에 실리는 광고
- 표지대면 광고 : 표지의 2면, 3면에 대면하는 페이지에 실리는 광고

④ TV 광고

㉠ TV 광고의 특징

- 매스커버리지의 힘이 크다.
- 원하는 지역, 시간대의 융통성이 크다.
- 다른 매체에 비해 가장 속보성이 높으나 기록성에는 한계가 있다.
- 오락성이 짙고 뉴스성, 반복성이 있다.
- 시각과 청각을 동시에 소구함으로써 현실감, 친밀감이 있다.
- 많은 사람들에게 소구할 수 있으며, 실물전시와 같은 시각효과가 있다.
- TV 광고의 특성에는 친근성, 시청각, 즉효성, 신뢰성, 반복성, 속보성, 대량 전달성이 있다.

㉡ TV 광고의 종류

스폿 광고	프로그램과 프로그램 사이에 15, 20초 또는 30초 단위로 방영되는 광고
프로그램 광고	광고주가 스폰서로서 특정 프로그램을 제공하고 그 프로그램 속에 원하는 광고 메시지를 넣는 것
로컬 광고	지역 방송국에 제한되는 광고
네트워크 광고	전국에 방송망을 가지고 있어 전국을 통하여 하는 광고
블록 광고	30초짜리 CM 열 개를 하루방송 중 일정 시간을 정해 모은 다음 방송하는 광고
티저 광고	호기심과 궁금증을 유발시키면서 놀리듯이 하나하나 메시지를 전달하는 광고로써 신상품 소개 시 많이 사용된다.

※ **스토리보드** : 광고 전략을 기초로 광고를 만들기 위해 사용될 내용이나 그림을 간단히 스케치해서 패널화한 것

※ **콘티** : 구체적으로 장면을 설정하고, 카메라 앵글, 렌즈, 의상, 메이크업 등을 어떤 식으로 할지 자신의 생각을 스토리보드로 담는 구체적인 설계도

5 라디오 광고

- 청각에 의존하는 광고로써 청취자 선별성이 높고 신속성과 기동성을 가진다.
- CM송을 통해 청취자에게 친밀감을 주며, 많은 청취자들을 동시에 소구한다.
- 청각 효과만을 이용해 광고를 표현해야 하는 한계를 가지며 시간 제약적이라는 특성이 있다.

6 DM(Direct Mail advertising) 광고

- 예상 고객에게 주로 편지나 엽서를 우편으로 보내는 직접 광고로 우편 광고, 우송 광고, 수신인 광고라고 한다.
- 특정 예상 고객에게 선별적 발송으로 시기와 빈도를 자유롭게 선택할 수 있고 예산 낭비가 적다.
- 주목성 · 오락성이 부족하고 고급인쇄 및 제작방식으로 인한 광고 비용이 상승할 수 있다.
- DM의 종류로는 폴더(Folder), 리플릿(Leaflet), 카탈로그(Catalogue), 엽서, 소책자 등이 있다.

7 POP 광고

- 구매하는 장소에서 소비자의 구매욕구를 행동으로 옮기게 하는 직접 광고로 구매시점 광고라고 한다.
- 상품에 대한 정보를 알려주고 시각화된 그래픽 요소로 매장의 인테리어 효과도 줄 수 있다.
- 구매시점 광고의 종류 : 점두 광고(디스플레이, 현수막, 배너, 간판), 점내 광고(사인보드, 모빌, 행거, 포스터), 진열 광고(제품안내카드, 가격표)

8 포스터 광고

- 일정한 지면 위에 문자적 요소와 그래픽적인 요소를 모두 포함하여 제작하고 벽이나 기둥에 게시 · 부착할 수 있는 광고매체이다.
- 시각전달 디자인 중에서 가장 설득적 기능을 갖는다.
- 포스터 종류로는 문화행사 포스터, 상품 광고 포스터 공공캠페인 포스터, 관광 포스터, 장식 포스터가 있다.

ㄱ 포스터 광고의 특징
- 크기, 색상 선택이 자유롭다.
- 부착 위치의 선택이 자유롭고 연속 부착 시 주목성을 높일 수 있다.
- 고급인쇄가 가능하며 장식의 역할을 하기도 한다.
- 지역과 소구대상이 한정되어 있어 수명이 짧고 훼손되기 쉽다.

9 옥외 광고

- 옥외 광고의 대상은 불특정 다수인으로 장기적이고 반복적인 소구효과가 높다.
- 정착성, 대중성, 심층성이 있다.
- 옥외 광고의 종류

점두간판	상점의 입구 또는 처마 끝 등에 설치하는 간판
입간판	옥외에 세워서 설치하는 간판
전주간판	전주에 돌출시킨 간판
돌출간판	점포에서 길거리로 튀어나온 세로형으로 설치하는 간판
애드벌룬	기구에 광고물을 매달아 하늘에 띄워 시선을 끄는 광고
로드사인	도로나 도로변의 산기슭, 논, 밭 같은 곳에 설치하는 간판

10 교통 광고

- '제5의 매체'라고도 불리우며 대중의 교통수단 내 · 외부는 물론 정거장 · 역 구내 등 모든 매체에 사용할 수 있는 광고이다.
- 장소와 크기를 자유롭고 선택하여 장기간 광고할 수 있는 한정된 공간이므로 광고의 도달 빈도와 효과가 매우 높다.
- 광고물의 보존이 어렵고, 훼손될 우려가 있다.

11 포장 디자인

- 포장 디자인은 상품을 안전하게 사용할 수 있도록 보호하는 기능을 가지며, 그 상품을 구매하도록 구매충동을 유발시킨다.
- 오늘날의 포장은 과거 단순히 담는 용도에서 현재 내용물 보호와 사용 시의 편리함, 구매욕구 유발, 타 상품과의 차별화 등 다양한 기능을 하는 것으로 발전하였다.
- 포장 디자인의 개발 시기로는 시장의 진입, 유통의 변경, 이윤이 하락할 때가 적당하다.

㉠ 포장의 분류

형태별 분류	내부 포장, 외부 포장, 단위 포장
기능별 분류	공업 포장 : 관리상의 안전보호에 중점 상업포장 : 심미성에 중점

㉡ 포장의 기능

보호와 보존성	상품을 충격, 습도, 온도, 해충 등으로부터 보호해야 한다.
편리성	소비자와 판매자 모두 개폐의 용이, 쉬운 조작 등 취급하기 편리해야 한다.
심미성	시각적으로 구매의욕이 일어나도록 매혹적으로 디자인해야 한다.
적재성	유통 시 취급 및 보관의 특성을 고려하여 쌓기 쉽게 디자인해야 한다.
전달성	제품의 성격과 정보를 전달할 수 있어야 한다.
재활용성	환경보존을 위해 재사용성을 고려해야 한다.

※ 제품의 형태, 크기에 대한 배려가 있어야 한다.

| 무료 동영상 |

핵심정리 **07 제품 디자인** ⭐⭐⭐

1. 디자인 발상 방법 및 아이디어 전개

1 디자인 발전 단계

모방 디자인 → 수정 디자인 → 적응 디자인 → 혁신 디자인

모방 디자인	기존의 형태, 기능 모두 그대로 모방하는 단계
수정 디자인	기존의 기능은 변경시키지 않고 형태만 일부분 수정하는 단계
적응 디자인	기존의 기능을 이용하여 새로운 용도와 형태로 창조하는 단계
혁신 디자인	전혀 새로운 형태와 기능으로 창조하는 단계

- 리디자인(Redesign) : 기존 제품을 개량 · 개선하는 디자인
- 리스타일링(Restyling) : 기능은 거의 같고 외관을 변경한 디자인

2 디자인 아이디어 전개 과정

발의→확인→연구조사→분석→종합평가→개발→전달

3 디자인 발상법

㉠ 브레인스토밍(Brainstorming)

- 알렉스 오즈번(Alex Osborn)에 의해 1930년대 후반에 제안된 아이디어 발상법이다.
- 토의 그룹을 만들어 제약이 없는 상태에서 자유롭게 아이디어를 내는 방법이다.
- 4대 기본원칙인 비평 금물, 자유분방, 질보다 양 추구, 아이디어 결합 · 개선을 충실히 지켜야 한다.

㉡ 시네틱스(Synectics)

- '서로 다르고 관련이 없어 보이는 요소를 합친다'는 의미를 가진다.
- 문제를 보는 관점을 다르게 하여 연상되는 점과 관련성을 찾아내어 아이디어를 발상하는 방법이다.
- 시네틱스의 유추 방법으로는 직접적, 의인적, 상징적 유추가 있다.

㉢ 고든법(Gordon Method)

- 주제는 사회자만 알고 나머지 사람들은 주제를 모른 채로 사회자의 진행에 따라 마음껏 생각하는 방법이다.
- 주제와 상관없는 사실로부터 발상을 시작해 문제해결로 몰입하게 하는 유추 발상법이다.

ⓔ 입출력법(Input-Output) : 원인과 결과의 관계를 맞춰가면서 문제를 해결할 방법에 대한 아이디어를 구하는 방법이다.

ⓜ 체크리스트법(Checklists) : 문제와 관련된 항목들을 나열한 후 항목별로 문제의 특정 변수에 대해 검토하여 아이디어를 구상하는 방법이다.

ⓑ 속성열거법(Attribute Listing) : 특성을 찾아내고, 이를 달성하는 방법을 찾아냄으로써 새로운 대안을 개발하는 방법이다.

ⓢ 결점열거법(Defect Listing) : 결점을 제거하여 개선할 수 있는 아이디어를 구하는 방법이다.

ⓞ 희구점 열거법(Desire Listing) : 희망하는 점을 열거하고 이를 바탕으로 힌트를 얻어 아이디어를 구하는 방법이다.

ⓩ 문제분석법(Problem Analysis) : 제품과 관련된 문제를 찾아 소비자의 입장을 반영하여 아이디어를 구하는 방법이다.

2. 제품 디자인 계획 및 프로세스

- 제품의 대량 생산을 위해 형태와 기능, 경제적 타당성, 심미성, 독창성, 안전성, 환경과 사회를 고려하여 합리적으로 진행될 수 있도록 계획되어야 한다.
- 제품 디자인의 요소 : 형태, 색채, 질감, 재료와 가공기술, 착시, 가격

▮ 제품의 가치 판단 기준

- 디자인 측면 : 합리성, 독창성, 심미성
- 경제적 측면 : 경제성, 시장성, 유통성
- 서비스 측면 : 안전성, 편리성, 윤리성
- 생산 측면 : 생산성, 기술성, 재료성
- 판매 측면 : 상품성, 유행성, 질서성

▮ 제품 디자인 프로세스

계획 수립 → 콘셉트 수립 → 아이디어 스케치 → 렌더링 → 목업 → 도면화 → 모델링 → 결정 → 상품화

▮ 제품 디자인의 문제 해결 과정

계획 → 조사 → 분석 → 종합 → 평가

3. 스케치 및 렌더링 기법에 관한 이론 지식

▮ 스케치(Sketch)

- 회화에 있어서는 도구나 형태 등을 개략적으로 그린 밑그림을 '스케치'라고 한다.
- 이미지를 구체적으로 펼쳐가는 작업으로서 의도된 형태로 발전, 전개시키는 것을 말한다.
- 스케치의 목적은 아이디어의 수집, 검토, 협의, 평가에 있다.

스크래치 스케치	• 아이디어 발생 과정에서 초기단계의 스케치이다. • 프리핸드 선으로 그린 스케치로 아이디어 스케치, 섬네일 스케치를 포함한다. • 아이디어 발상 과정의 초기단계에서 사용하며 약화 형식으로 표현한다.
러프 스케치	• 아이디어를 발전시키기 위하여 개략적으로 그린 그림이다. • 이미지를 비교 검토하기 위한 스케치이다.
스타일 스케치	• 스케치 중에서 가장 정밀하고 정확함을 요구한다. • 전체 및 부분에 대한 형상, 재질, 패턴, 색채 등의 정확한 표현을 하는 스케치이다.

▮ 렌더링

- 제품을 디자인하는 과정 중 최종 결정 단계에서 실물이 눈앞에 있는 것처럼 표현하는 완성 예상도이다.
- 렌더링은 음영과 재질감 표현에서 광원, 그림자, 윤곽선과 하이라이트 등을 고려하여 작업한다.
- 사실감을 부여하기 위해서 건식기법(연필, 색연필, 파스텔, 크레용)과 습식기법(마커, 수채화, 포스터컬러, 잉크)을 혼용하여 사용한다.

③ 모델링

제품 디자인의 형태를 3차원적으로 입체감 있게 표현하여 형태와 구성 재료와 표면처리, 조형과의 관계를 검토하고 확인한다.

ⓐ 러프 모델 : 스터디 모델, 콘셉트 모델이라 하며, 디자인 초기단계에서 디자이너 자신이 전개하는 아이디어를 확인하기 위하여 단시간 내에 만드는 모델이다.

ⓑ 프레젠테이션 모델 : 더미 모델, 제시용 모델이라고 하며, 거의 실물과 같은 형상으로 만드는 것으로 제품을 제시할 목적으로 만든다.

ⓒ 프로토타입 모델 : 워킹 모델이라고 하며, 실제품과 거의 비슷하게 움직이거나 작동되는 모델로 외관뿐만 아니라 기능까지도 완성품과 같게 만드는 모델이다.

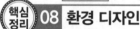

| 무료 동영상 |

핵심정리 08 환경 디자인 ★★

1. 실내 디자인의 요소

1 실내 디자인

• 인테리어 디자인이라고도 하며 실내 공간을 아름답고, 기능적으로 만들어 생활의 쾌적함을 추구하는 것이다.

• 인테리어가 추구하는 궁극적인 목표는 그 안에서 살아가는 인간이 좀 더 효율적이고 개성적이며, 아름다움을 느낄 수 있도록 하는 것에 있다.

2 실내 디자인 조건

• 1차적(환경적, 물리적) : 외부환경(기후, 기상)으로부터 보호하는 것이다.

• 2차적(기능적) : 편리함을 목적으로 공간 사용을 효율적으로 이용하는 것이다.

• 3차적(정서적) : 주거인의 요구조건을 고려하여 정서적인 욕구를 만족시키는 데 있다.

3 실내 공간의 기본적 요소

ⓐ 바닥

• 실내 공간의 가장 기초적인 요소로 인체와 접촉 빈도가 가장 높다.

• 수평적인 요소로 실내의 하중을 지탱하는 역할을 한다.

• 바닥의 색상은 저명도나 저채도의 색상이 좋으며 천장보다 어두운 색을 사용해야 안정감을 준다.

ⓑ 천장

• 실내 공간의 윗부분에서 외부의 소리, 빛, 열 및 습기 등 환경의 중요한 매체이다.

• 수평적 요소로 다양한 형태로 공간의 형태를 변화시킬 수 있다.

• 천장의 색상은 밝은 색상이 적합하다.

ⓒ 벽

• 인간의 시선이 가장 많이 머무는 곳으로서 시선과 동작을 차단한다.

• 수직적 요소로 공간의 형태와 크기, 규모를 결정하는 요소이다.

• 공간의 구분, 공기의 차단, 소리의 차단, 보온 등의 기능을 갖는다.

• 외부 공간과의 차단으로 인간의 프라이버시를 보호하고 독립된 공간을 사용할 수 있다.

• 가구 배치를 위한 배경의 역할을 한다.

ⓓ 기둥 및 보

• 기둥은 하중을 지지하는 수직적 요소로서 동선의 흐름에 영향을 준다.

• 보는 바닥과 천장에 있는 하중을 받치고 있는 수평적 요소이다.

ⓔ 개구부

• 벽의 일부를 뚫어 외부와 통하는 부분으로 문과 창문을 들 수 있다.

• 창문은 실내 공간에 채광, 환기, 조명의 역할을 한다.

- 문의 위치는 일반적으로 동선을 결정하며 가구 배치에 영향을 미친다.

4 실내 공간의 장식적 요소

ㄱ 조명

- 조명의 4대 요소 : 명도, 대비, 크기, 노출 시간
- 조명의 기능 : 확산, 집중, 연출 등이 있다.
- 배광 방식에 따른 구분 : 직접조명, 반직접조명, 간접조명, 반간접조명, 전반확산 조명
- 조명 방식에 따른 종류 : 매입등, 직부등, 벽부착등, 펜던트, 트랙등

ㄴ 가구

- 인간이 생활하는 데 편리하게 해주며, 가구의 재료나 배치 방법 등에 의해서 분위기가 달라지기 때문에 장식적 요소를 지닌다.
- 기능별 가구의 종류 : 휴식용 가구, 작업용 가구, 수납용 가구
- 구조별 가구의 종류 : 이동식 가구, 붙박이식 가구, 조립식(모듈러) 가구
- 용도별 가구의 종류 : 주거용 가구, 공공용 가구, 상업용 가구
- 재료별 가구의 종류 : 목제 가구, 철제 가구, 플라스틱제 가구

2. 실내 디자인 프로세스

1 실내 디자인 5단계

기획 → 기본계획 → 기본설계 → 실시설계 → 공사 감리

2 실내 디자인 프로세스

프로그래밍(기획) → 디자인(설계) → 시공 → 사용 후 평가

3. 실내 계획에 관한 이론적 지식

1 공간 계획 시 고려사항

ㄱ 동선

- 사람이 실내 공간에서 걸어 다니는 흔적을 뜻하며 공간에 따른 동선이 고려되어야 한다.
- 동선은 거리가 되도록 짧게 하며 단순 명쾌해야 하고 빈도가 높은 동선은 짧게 한다.

ㄴ 색채

- 사람이 살아가는 데 많은 영향을 주는 요소로서, 개인별 취향보다는 모두가 공통적으로 좋아하는 색을 사용하는 것이 좋다.
- 색채는 온도감, 중량감, 경연감 등을 중심적으로 고려해야 한다.

2 실내 디자인 영역

ㄱ 주거 공간

- 가족의 생활양식과 패턴에 맞는 인테리어를 해야 한다.
- 개인적 공간 : 침실, 서재, 화장실, 욕실 등
- 공동 공간 : 거실, 응접실, 현관 등
- 작업 공간 : 가사작업을 위한 공간(부엌, 세탁실 등)
- 주거 공간을 계획하기 전에 고려 사항
  - 동선을 고려한다.
  - 가구를 효율적으로 배치할 수 있도록 한다.
  - 가족 형태, 연령, 취미의 변화를 예상하여 계획한다.

ㄴ **상업 공간** : 판매 행위를 목적으로 하는 공간 또는 유통시설, 각종 서비스 공간을 말한다.

ㄷ **업무 공간** : 업무나 작업 능률을 올리기 위해 내부환경과 작업자의 안전을 파악하도록 해야 한다.

ⓔ 전시 공간

• 관람 용도의 공간을 말하며 대중의 공공장소인 미술
관, 박물관 등에 쓰이는 영역으로서 그 목적에 맞아
야 한다.

• 전시 공간의 형태

부채꼴형	소규모 전시에 적합하나 관람자의 혼잡스러움을 줄 수 있다.
직사각형	가장 일반적인 전시형태지만 조금은 지루해질 수 있다.
자유형	형태가 복잡하여 한눈에 전체를 파악한다는 것이 어려워 규모가 큰 전시공간에는 부적당하고, 전체적인 조망이 가능한 한정된 공간에 적합하다.
원형	고정축이 없어서 관람자가 관람을 하면서 위치를 잃을 수도 있기 때문에 중앙에 작품을 전시하여 위치를 잃지 않도록 하여야 한다.
작은 실의 조합	관람자의 동선을 정확히 파악할 수 있도록 전시 하여야 한다.
특수 공간	자동차나 선박, 비행기 등의 실내나 운동 경기장과 같이 특수목적에 이용되는 전시 형태이다.

• 전시 공간의 순회유형

연속형 순회형	구형 또는 다각형의 각 전시실을 연속해서 관람할 수 있도록 연결하는 전시 형태이다.
복도형	복도를 기준으로 전시실을 배치하는 유형으로 복도의 벽을 전시공간으로 이용할 수 있다.
중앙 중정형	전시실의 중앙에 하나의 큰 홀을 설치하고 그 주위에 각 전시실을 배치하는 전시 형태이다.

• 특수전시

디오라마 전시	현장감을 실감나게 표현하는 방법
파노라마 전시	연속적인 작품을 하나로 길게 전시하는 방법
아일랜드 전시	전시물의 입체물을 중심으로 전시하는 방법
하모니카 전시	동일 종류의 전시물을 반복 전시하는 방법
영상 전시	영상매체를 이용하여 전시할 경우 쓰이는 방법

색채학 및 도법

| 무료 동영상 |

핵심정리 09 색의 기본원리 ★★★

1. 색을 지각하는 기본원리에 관한 일반 지식

1 빛과 물체의 색

㉠ 색(Light)과 색채(Color)

• 색은 물리적 현상, 스펙트럼의 단색광이나 모든 광원(태양광, 인공광)을 말하며 '물리색', '빛의 색'이라고 한다.

• 색채는 심리적 현상, 물체의 표면에서 빛이 반사, 흡수, 투과하여 색상을 지각하는 것을 말하며 '물체의 색'을 말한다.

㉡ 스펙트럼

• 1666년 아이작 뉴턴은 삼각형 프리즘을 통해 빛의 파장에 따라 굴절하는 각도가 다른 성질을 이용하여 프리즘에 의한 순수한 가시색을 얻는 데 성공하였다.

• 프리즘 분광실험을 통해 빨강, 주황, 노랑, 초록, 파랑, 남색, 보라의 일곱 가지 기본색을 식별해냈다.

㉢ 가시광선

• 우리의 눈이 색채를 지각하는 범위의 파장으로 380~780nm(나노미터) 범위를 말한다.

• 빨간색으로부터 보라색으로 갈수록 파장이 짧아지며, 빨강보다 파장이 긴 빛을 적외선, 보라보다 파장이 짧은 빛을 자외선이라고 한다.(자외선, X선 : 380nm 이하 / 적외선, 라디오전파 : 780nm 이상)

2 물체의 색

• 물체의 색은 물체 표면에 반사하는 빛의 분광분포에 따라 여러 가지 다른 색들로 나타낸다.

• 빛의 반사, 흡수, 반사, 산란, 굴절, 간섭, 회절 등에 의해 물체의 색은 나타난다.

• 물체의 색은 표면색, 평면색, 투과색, 공간색, 경영색, 금속색 등으로 나타난다.

3 색지각

• 색지각의 3요소 : 광원(조명), 물체, 관찰자(눈)

• 색지각의 4가지 조건 : 빛의 밝기, 사물의 크기, 인접색과의 대비, 색의 노출시간

㉠ 항상성

배경색과 조명이 변해도 색채를 그대로 인지하려는 특성을 말하며 색각 항상, 색의 항색성이라고 한다.

㉡ 색순응

• 어떤 조명광에 의해 물체색을 오랫동안 보면 조명에 의해 물체색이 바뀌어도 자신이 알고 있는 고유의 색으로 보이게 되는 현상을 말한다.

• 명순응 : 어두운 곳에서 밝은 곳으로 변화될 때 빛에 순응하게 되어 차츰 보이게 되는 현상

• 암순응 : 밝은 곳에서 어두운 곳으로 변화될 때 빛에 순응하게 되어 차츰 보이게 되는 현상

㉢ 박명시 : 명소시와 암소시 중간 정도의 밝기에서 추상체와 간상체가 모두 활동하고 있는 시간 상태를 말하며 대표적인 색이 녹색이다.

㉣ 연색성

• 조명에 의하여 물체의 색을 결정하며 동일한 물체가

광원에 따라 각기 다른 색으로 지각되는 현상을 말한다.

- 백열등 아래에서는 난색으로, 형광등 아래에서는 한색으로 보이는 것을 예로 들 수 있다.

ⓜ 조건등색 : 메타메리즘이라고 하며 분광반사율이 다른 두 가지 색이 어떤 광원 아래에서 같은 색으로 보이는 현상을 말한다.

ⓑ 푸르킨예 현상

- 낮에 빨간 물체가 밤이 되면 검게 보이고, 낮에 파랑 물체가 밤이 되면 밝은 회색으로 보이며, 낮에 추상체로부터 밤에 간상체로 이동하는 현상이다.
- 명소시(밝은 곳)에서 암소시(어두운 곳)로 이동할 때 생기는 지각현상이다.

ⓢ 색음현상 : 사물의 그림자와 빛의 보색 잔상의 영향을 받아서 보색이 혼합되어 보이는 현상으로 그림자 현상이라고도 한다.

4 색각의 이론

ⓞ 영·헬름홀츠의 3원색설

- 색각에는 3종(적, 녹, 청)의 기본 감각이 있고, 이 조합에 의해 색각이 성립한다는 이론이다. T.영에 의해 제창되었고, 후에 H.헬름홀츠에 의하여 발전되었다.
- 영·헬름홀츠의 3원색설은 색광혼합인 가산혼합 (R,G,B)과도 일치된다.
- 동시대비 현상이나 대비와 잔상, 색맹 등을 설명하기에는 어려운 점이 있다.

ⓛ 헤링의 반대색설

- 빨강, 녹색, 파랑, 노랑의 4원색과 무채색 광을 가정하고 있다.
- 빨강-녹색, 파랑-노랑, 검정-흰색이 반대되는 세 가지 유형의 시세포가 분해·합성작용에 의해 색을 지각한다는 이론이다.
- 이 두 색들은 서로 간에 보색 관계에 있기 때문에 반대색설이라고도 부른다.

2.색의 분류 및 색의 3속성

1 색의 분류

ⓞ 무채색

- 흰색, 여러 단계의 회색, 검정색과 같이 유채색의 기미가 없는 색으로서 명도만 가진다.
- 무채색은 흰색부터 검정 사이에 회색의 단계를 만들어 그 명암의 차이에 의해 순차적으로 배열한 것을 그레이 스케일(Gray Scale)이라고 한다.

ⓛ 유채색

- 무채색을 제외한 색상을 갖는 모든 색으로서 조금이라도 색의 기미를 가지고 있으면 모두 유채색이 된다.
- 유채색은 색의 3속성 중 색상, 명도, 채도를 모두 가지고 있다.

2 색의 3속성과 색입체

ⓞ 색입체

- 색상, 명도, 채도를 3차원 공간에 계통적으로 배열한 것을 색입체라고 한다.
- 아래쪽에서 위쪽으로 명도단계를 나타낸다.
- 중심부에서 바깥으로 채도단계를 나타낸다.
- 수평방향 둘레의 색은 색상환 순서대로 배치하여 나타낸다.

ⓛ 색상(Hue)

- 색채를 구별하는 데 필요한 색의 명칭으로서 주로 빨강, 노랑, 파랑 등 물체의 색채를 구분할 때 쓰인다.
- 색상의 변화를 계통적으로 고리 모양으로 배열한 것을 색상환이라고 하며, 우리나라의 경우 1968년 교육부에서 먼셀의 표준 20색상환을 지정하여 사용하고 있다.
- 보색끼리의 색을 섞으면 회색 또는 검정의 무채색이 된다.

유사색	인접색이라고도 하며, 색상환에서 가까운 거리의 색
반대색	색상환에서 가장 거리가 먼 색
보색	색상환에서 정반대에 있는 마주보는 색 (예 빨강 – 청록)

ⓒ 명도(Value)

- 색의 밝고 어두운 정도를 말하며 명암단계를 그레이 스케일이라고 한다.
- 색의 3속성 중 중량감을 가장 강하게 느끼게 한다.
- 색의 3속성 중 사람의 눈에 가장 예민하게 나타난다.

ⓓ 채도(Chroma)

- 색의 선명도를 말하며, 색의 순도, 포화도라고 한다.
- 색 중 가장 채도가 높은 색을 순색이라고 하며, 무채색에 이를수록 채도가 약해진다.

| 무료 동영상 |

 10 색의 혼합 및 색의 표시방법 ★★★★★

1. 색의 혼합

- 색의 혼합이란 두 가지 다른 색을 섞는 것으로 색광이나 색료에 따라 달라질 수 있다.
- 원색이란 다른 색을 혼합해서 나올 수 있는 색을 말한다.

1 감산혼합

- 감법혼합 또는 색료의 혼합, 감색혼합이라고 한다.
- C(Cyan), M(Magenta), Y(Yellow)의 3원색이며 모두 혼합하면 검정에 가까운 무채색이 된다.
- 감산혼합은 주로 컬러사진이나 인쇄, 잉크, 수채화 등에 이용된다.
- 보색의 혼합은 회색 또는 검정색이 되며 색을 혼합하면 원래의 색보다 명도와 채도가 낮아진다.

2 가산혼합

- 가법혼합, 가색혼합, 색광의 혼합이라고 한다.
- R(Red), G(Green), B(Blue) 의 3원색이며 모두 혼합하면 흰색이 된다.
- 가법혼합은 텔레비전 화면이나 모니터, 스크린, 조명의 원리 등에 이용되고 있다.
- 색광의 혼합은 색광을 가할수록 혼합색의 명도는 높아지고 채도는 낮아진다.

3 중간혼합

- 중간혼합은 감산혼합이나 가산혼합과 같이 색이 직접적으로 혼합되는 것이 아니라 주변에 의해 혼합된 것처럼 느끼는 시각적 혼색이다.
- 보색관계의 중간혼합은 모두 무채색(회색)으로 보인다.

ⓐ 병치혼합

- 색이 조밀하게 병치되어 보이는 현상으로 무수한 점이 망막에 자극을 주어 혼합되어 보이는 현상이다.
- 인접한 색으로 인하여 중간 색상으로 보이나 명도와 채도가 저하되지 않는다.
- 컬러TV, 신인상파 화가들의 점묘법, 모자이크, 직물 등에서 찾아볼 수 있다.

ⓑ 회전혼합

- 영국의 물리학자 맥스웰에 의하여 처음 실험되어'맥스웰의 회전판'이라고도 한다.
- 두 개 이상의 회전판에 빠른 속도로 회전하여 시각적으로 원판색이 혼색되어 보이는 현상이다.
- 혼합된 색의 색상은 원래색의 중간이 되며, 면적의 비율에 따라 달라진다.
- 바람개비, 색팽이 등에서 찾아볼 수 있다.

2. 현색계, 혼색계, 관용색명, 일반색명

■ 현색계와 혼색계

㉠ 현색계

- 물체의 색을 표시하는 표색계로 색의 3속성에 따라 번호와 기호로 정량적으로 분류한 색체계이다.
- 대표적인 표색계는 먼셀의 표색계, 오스트발트 표색계, 한국 산업규격(KS), NCS 등을 들 수 있다.

㉡ 혼색계

- 색광을 표시하는 표색계로 색광을 측색기로 측색하고 어느 파장 영역의 빛을 반사하는가에 따라서 색을 분류한 색체계이다.
- 대표적인 표색계는 C.I.E(국제조명위원회) 표준 표색계(XYZ 표색계)가 가장 대표적이다.

② 색명법

㉠ 기본색명

- 순수 색명법으로 한국산업규격(KS)에서 빨강, 주황, 노랑, 연두, 초록, 청록, 파랑, 남색, 보라, 자주 등의 기본색을 규정하고 교육부에서는 먼셀의 기본 10색에 간색을 추가하여 20색을 사용기준으로 한다. 빨강의 경우 '빨강', 'Red', 'R', '적(赤)', '5R 4/14'로 표현한다.

㉡ 관용색명

- 옛날부터 관습상 사용되어 온 색명으로서 각각 고유의 색명을 의미한다.
- 동물, 광물, 지명, 인명 등의 이름에서 유래되었다.
- 색을 구별하는 데는 개인차가 있어 애매함이 발생한다.

㉢ 일반색명

- 계통색명이라고도 부르며, 주로 색의 3속성에 관한 수식어를 붙여 사용하는 색명이다.
- 빨강 기미의 밝은 회색과 같이 기본 색명에 색상, 명도, 채도를 나타내는 수식어를 붙여 사용한다.

3. 먼셀의 표색계

■ 먼셀의 표색계

- 미국의 화가 먼셀에 의해 고안된 체계로서 현재 한국산업규격(KS)으로 제정되어 사용하고 있다.
- 색의 3속성인 색상, 명도, 채도로 색을 기술하는 방식의 대표적인 표색계이다.
- 색상을 휴(Hue), 명도를 밸류(Value), 채도를 크로마(Chroma)라고 부르며, 기호는 H, V, C이며, 표기하는 순서는 HV/C이다.

㉠ 먼셀의 색상(Hue)

- 먼셀의 색상은 기본 5색상은 빨강, 노랑, 녹색, 파랑, 보라(R, Y, G, B, P)로 색 앞에 5가 기본으로 붙는다.
- 주5색에 주황, 연두, 청록, 남색, 자주(YR, GY, BG, PB, RP)의 5가지를 섞어 10색상으로 표현하였다.
- 20색상환은 현재 우리나라 교육용으로 사용하고 있다.
- 색상환에서 가까운 거리의 색을 유사색, 거리가 먼 색을 반대색, 서로 정반대에 있는 색을 보색이라 한다.

㉡ 먼셀의 명도(Value)

- 먼셀의 명도단계는 0~10까지의 11단계로 나누어진다.
- 색입체의 수직축에 위치하며 위로 갈수록 고명도(흰색), 아래로 갈수록 저명도(검정)로 배열되어 있다.
- 완전한 흰색과 검정은 존재하지 않는다.
- N1~N9.5로도 표시하는데, 그 이유는 완벽한 흰색과 검정은 보이지 않기 때문이다.

㉢ 먼셀의 채도(Chroma)

- 색입체의 수평축에 위치하며 중심부에서 바깥으로 채도단계를 나타낸다.
- 채도는 0, 1, 2, …, 14로 표시하여 2단계씩 나누어 배열한다.

- 바깥으로 갈수록 고채도이고 안쪽으로 갈수록 저채도이다.
- 무채색은 0으로 보고 14는 채도가 가장 높은 색으로 빨강과 노랑이 있다.

② 먼셀의 색입체
- 색을 3개의 속성 또는 기본 차원에 따라 공간적으로 배열하고 기호 또는 번호로 표시한 입체로 '색채 나무'라고도 한다.
- 중심축의 위는 흰색, 아래는 검정으로 무채색 배열이고, 수평축은 채도단계의 배열이다.
- 색상(Hue) : 색입체의 외각 부분에 둥글게 위치한 것을 말한다.
- 명도(Value) : 수직의 중심축을 의미하며 11단계로 되어 있다. 위쪽은 흰색 '10', 아래쪽은 검정 '0'으로 표시된다.
- 채도(Chroma) : 수평 방향으로 중심축은 무채도 10단계에서 바깥쪽으로 갈수록 고채도가 되어 14단계까지 있다.

등명도면	색입체를 수평으로 절단하면 동일한 명도면이 된다.
등색상면	색입체를 수직으로 절단하면 동일한 색상면이 된다.

② 오스트발트 표색계
- 1916년에 오스트발트에 의해 창안한 표색계로 혼합하는 색량의 비율에 의해 만들어진 표색계이다.
- 순색은 C(Color content), 흰색은 W(White), 흑색은 B(Black)로 표시한다.
- 헤링의 4원색인 빨강, 초록, 노랑, 파랑을 기본으로 만든 24색 색상환은 마주보는 색이다.
- 무채색은 W+B=100%, 유채색 C+W+B=100%가 된다.
- 삼각형의 배열에 따라 등순계열, 등흑계열, 등백계열로 배열하면 하나의 등색상면이 된다.
- 오스트발트 색입체는 원뿔 2개를 맞붙여 놓은 모양으로 복원뿔체이다.
- 유채색을 색상기호, 백색량, 흑색량의 순으로 표시하는데, 2Rne와 같이 표시된다. (2R : 색상, n : 백색량, e : 흑색량)

| 무료 동영상 |

핵심정리 11 색의 지각과 심리 ★★★★★

1. 색의 대비

- 색채대비는 어떤 색이 그 색을 둘러싸고 있는 주변색의 영향을 받아 다른 색으로 보이는 현상을 말한다.

① 동시대비
- 두 가지 색 이상을 동시에 볼 때 서로의 영향을 받아서 색채가 달라져 보이는 현상을 말한다.
- 색상대비, 명도대비, 보색대비, 채도대비 등이 있으며, 자극이 오래될수록 대비 효과가 점차 없어진다.

㉠ 색상대비
근접한 서로 다른 색들의 영향으로 색상의 차이가 크게 보이는 현상이다.

㉡ 명도대비
명도가 서로 다른 두 색의 영향으로 밝은 색은 더 밝게, 어두운 색은 더 어둡게 보이며 명도차가 클수록 대비는 더욱 강해진다.

㉢ 채도대비
채도가 서로 다른 두 색의 영향으로 채도가 높은 색은 더 선명하게, 낮은 색은 더 탁하게 보여 채도의 차이를 크게 보이게 하는 현상이다.

㉣ 보색대비
보색인 두 색을 옆에 놓으면, 서로의 영향으로 인하여 각각의 채도가 더 높아 보이고 강하게 대비되는 현상을 말한다.

② 계시대비
- 계속대비, 연속대비라고도 부르며 어떤 색을 보고 난 후에 다른 색을 보았을 경우, 먼저 본 색의 영향으로 다음에 보는 색이 다른 색으로 보이는 현상이다.

- 보색잔상 효과로 앞 색의 보색이 뒤에 있는 색에 영향을 준다.

③ 연변대비

- 경계대비라고 하며, 어떤 두 색이 맞붙어 있을 경우 그 경계의 언저리가 멀리 떨어져 있는 부분보다 색상, 명도, 채도대비 현상이 더욱 강하게 일어나는 현상이다.
- 경계 부분이 너무 뚜렷하게 보여서 눈부심 현상이 일어나는데, 이것을 섬광효과, 헬레이션 효과라고 부른다.

④ 한난대비

- 따뜻하게 느껴지는 난색 계통(빨강)의 색과 차갑게 느껴지는 한색 계통(파랑)의 색이 있다.
- 난색은 흥분을 불러일으키는 적극적 색채이고 한색은 침정작용을 하는 소극적 색채이다.
- 연두, 보라, 자주 등의 중성색은 한색이나 난색 옆에 위치하면 따뜻하거나 차갑게 느껴진다.
- 채도가 높은 대비에서는 색의 반발성을 둔화시키기 위해 중성색을 사용한다.

⑤ 면적대비

- 색이 차지하는 면적의 크기에 따라 색이 다르게 보이는 현상을 말한다.
- 면적이 크면 명도와 채도가 증대되어 실제보다 밝고 선명하게 보이고, 면적이 작아지면 저명도, 저채도로 보인다.
- 순색의 면적대비는 큰 면적은 강한 자극을 주어 눈을 쉽게 피로하게 만들지만 좁은 면적의 색은 더 뚜렷이 보인다.

2. 색의 지각효과에 관한 일반 지식

① 동화현상

- 어떤 색이 인접한 주위의 색과 가깝게 느껴지는 현상으로서 둘러싸인 색이 주위의 색에 영향을 주는 현상이다.
- 대비현상과는 반대되는 개념이다.
- 동화현상은 직물, 텍스타일, 의상 디자인 등에서 중요한 요소로 작용된다.

② 잔상

- 망막에 자극을 주어 색각이 생긴 후 자극을 제거하여도 망막 상태의 흥분이 남아 있는 상태를 말한다.
- 정의 잔상 : 자극이 이동한 후에도 망막의 흥분상태가 지속되어 강하고 짧은 자극 후에도 계속 상의 밝기와 색이 느껴지는 현상이다.
- 부의 잔상 : 자극이 사라진 후에 색상, 명도, 채도가 정반대의 상으로 보이는 현상이다.

③ 명시도

- 색을 지각하는 데 있어 멀리서도 가장 먼저 눈에 보이는 색으로 가시성이라고도 한다.
- 명도, 색상, 채도 차이를 크게 하면 명시도가 높아 보인다.
- 노랑 바탕 위에 검정의 교통표지판도 명시도를 높이기 위함이다.

④ 주목성

- 시선을 끄는 힘을 말하며 눈에 잘 띄는 색을 '주목성이 높다'라고 말한다.
- 빨강, 노랑의 고채도 색이 주목성도 높다.
- 명시도가 높으면 주목성도 높다.
- 포스터, 광고 등에는 주목성이 높은 배색이 사용된다.

5 진출과 후퇴

- 진출색 : 가까이 보이는 색으로 고명도, 난색, 유채색은 진출하는 느낌이다.
- 후퇴색 : 멀리 보이는 색으로 저명도, 한색, 무채색은 후퇴하는 느낌이다.
- 같은 크기의 방에서도 한색을 칠하면 후퇴하여 방이 넓어 보이고, 난색을 칠하면 진출하여 방이 좁아 보인다.

6 팽창과 수축

- 팽창색 : 실제의 크기보다 커 보이는 색으로 고명도, 고채도, 난색은 팽창된 느낌을 준다.
- 수축색 : 실제의 크기보다 작아 보이는 색으로 저명도, 저채도, 한색은 수축된 느낌을 준다.
- 팽창과 수축색은 명도에 가장 큰 영향을 받는다.

---

3. 색의 수반 감정에 관한 일반 지식

1 색의 수반 감정

㉠ 온도감

- 주로 색상에 의해 좌우되며 난색 계통의 빨강은 따뜻하게 느껴지고, 한색 계통의 파랑은 차갑게 느껴진다.
- 난색 : 빨강, 주황, 노랑 등과 같은 난색 계통의 색과 검정색 등이 있다.
- 한색 : 청록, 파랑, 남색 등과 같은 한색 계통의 색과 흰색 등이 있다.
- 중성색 : 연두, 보라, 녹색, 자주 등의 색을 말한다.

㉡ 흥분과 침정

- 명도와 채도가 높은 난색 계통의 빨간색은 흥분을 일으키고, 명도와 채도가 낮은 한색 계통의 파란색은 진정효과를 준다.

㉢ 중량감

- 색의 중량감은 주로 명도에 의해 좌우된다.

- 고명도의 흰색은 가벼운 느낌, 저명도의 검정에서는 무거운 느낌을 가진다.

㉣ 경연감

- 경연감은 채도와 명도가 복합적으로 작용한다.
- 난색계의 채도가 낮고, 명도가 높은 색은 부드러운 느낌을 준다.
- 순색계의 채도가 높고, 한색인 저명도는 딱딱한 느낌을 준다.

㉤ 강약감

- 색의 강약감은 주로 채도의 높고 낮음에 의해 나타난다.
- 채도가 높은 색은 강한 느낌, 채도가 낮은 색은 약한 느낌을 준다.

2 색의 공감각

㉠ 미각

- 비렌은 주황색을 식욕의 소구력이 있는 색이라 하였다.
- 신맛 : 녹색기미의 노랑
- 단맛 : 빨강, 주황색, 노랑의 배색
- 달콤한 맛 : 핑크색
- 쓴맛 : 진한 파랑, 브라운, 올리브 그린
- 짠맛 : 연한 녹색

㉡ 촉각

- 평활, 광택감 : 고명도, 고채도의 색은 미끄러운 느낌
- 윤택감 : 저명도의 색은 젖은 느낌
- 유연감 : 따뜻하고 환한 톤의 색은 부드러운 느낌
- 점착감 : 짙은 중성색은 끈끈한 느낌

㉢ 후각

- 초록 – 민트향, 노랑 – 레몬향, 핑크 – 플로럴향, 주황 – 시트러스향
- 오렌지색 : 톡쏘는 듯한 냄새
- 나쁜 냄새의 색 : 어둡고 흐린 난색 계열
- 좋은 냄새의 색 : 맑고 순수한 고명도 색상의 색

- 은은한 향기의 색 : 보라 또는 연보라의 라일락색
- 짙은 냄새의 색 : 녹색

ⓔ 청각
- 낮은 음 : 저명도의 색
- 높은 음 : 밝고 강한 채도의 색
- 예리한 음 : 순색에 가까운 선명한 색
- 탁음 : 회색 기미의 색
- 표준음계 : 빨, 주, 노, 초, 파, 남, 보 스펙트럼
- 마찰음 : 회색 기미의 색

③ 색의 상징

㉠ **방위를 상징하는 색** : 음양오행 사상에서 동쪽–파랑, 북쪽–흑색, 남쪽–빨강, 서쪽–흰색, 중앙–노랑으로 나타낸다.

㉡ **지역을 상징하는 색** : 올림픽 마크의 오륜은 5대주를 상징하며, 청색은 유럽, 황색은 아시아, 흑색은 아프리카, 녹색은 오세아니아, 적색은 아메리카를 상징한다.

㉢ **색의 선호도** : 색의 기호도는 환경에 따라 다르지만 파란색은 전 세계 인구가 가장 선호하는 색이다.

④ 색의 연상과 치료 및 효과

빨강	흥분, 정열, 활력, 분노, 적극, 위험, 혁명, 애정
주황	질투, 온화, 원기, 만족, 혐오
노랑	희망, 쾌활, 광명, 활동, 경박
녹색	청춘, 평화, 영원, 안전, 이상, 안식, 중성
파랑	진정, 성실, 침착, 소극, 평정, 시원
보라	고귀, 신비, 불안, 우아, 영웅
흰색	결백, 순진, 청결, 순결, 소박
회색	겸손, 우울, 중성색, 점잖음, 무기력
검정	허무, 절망, 정지, 침묵, 부정, 죽음, 암흑, 불안

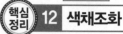

| 무료 동영상 |

핵심정리 12 색채조화

1. 색채조화와 배색에 관한 일반 지식

① 색채조화

- 두 가지 이상의 색을 배색하였을 때 서로 대립되면서도 전체적으로는 통일감을 주는 미적원리이다.
- 색채조화는 인간이 살아가는 모든 환경을 보다 행복한 공간, 편안한 공간으로 만들기 위함이 목적이다.

㉠ **레오나르도 다빈치**
- 르네상스 시대의 천재 화가로 색채조화론의 선구자이다.
- 대비색의 조화이론과 명암대비법을 개발하였고 최초 기본 색상 6가지 흰색, 노랑, 녹색, 파랑, 빨강, 검정을 사용하였다.

㉡ **뉴튼**
- 프리즘 분광 현상을 통해 스펙트럼을 발견하였다.
- 백색광에서 빛을 분광시켜 가시광선인 빨강, 주황, 노랑, 초록, 파랑, 남색, 보라를 분류하였다.

㉢ **문, 스펜서의 색채조화론**
- 미국의 건축학자인 문과 스펜서는 원기둥 모양의 '오메가 공간'이라는 색입체를 설정하였다.
- 성립된 색채조화 이론을 색채조화의 기하학적 표현과 면적에 따라 조화와 부조화로 구분하였다.
- 색의 배색에서 색채의 면적이 미치는 영향을 고려하여 정량적이고 과학적인 방법으로 설명하였다.

㉣ **오스트발트의 색채조화론**
- 오스트발트는 독자적인 색채조화론의 체계를 만들고 색상환 24분할, 명도단계 8분할, 등색상 삼각형에 이들을 28분할시켜 표색계를 사용하였다.

㉤ **셔브뢸(Chevreul, M.E.)의 색채조화론**
- 현대 색채조화론의 선두자로 '모든 색채조화는 유사성의 조화와 대비에서 이루어진다'라고 주장하였다.

- 색의 3속성 개념을 도입한 색상환에 의해 유사조화와 대비조화로 구분하였다.

ⓗ 비렌(Birren Faber)의 색채조화론
- 창조적조화론의 기본색은 검정, 순색, 흰색으로 비렌의 색3각형을 제시하였고 오스트발트의 조화론을 기본으로 한다.
- 비렌은 식욕이 왕성하도록 유도하기 위한 색채는 주황색(갈색 계열)이라고 주장하였다.
- 색채의 지각은 정신적인 반응에 지배된다고 주장하였다.

② 색의 배색

㉠ 배색의 조건
- 배색은 색채조화의 기본적인 요소가 되며, 주위에 환경이나 크기, 면적, 상태 등에 따라 효과도 달라진다.
- 색채 공간에 접하는 사람들을 고려한다. (성별, 나이, 라이프 스타일, 기호 방향)
- 목적과 기능에 맞는 배색이여야 한다.
- 색의 경우는 심리적인 부분을 고려해야 한다.
- 색료의 광학성 또는 조명의 기술적인 조건 등을 배려해야 한다.
- 주제와 배경과의 대비를 생각한다.

㉡ 색상을 이용한 배색

동일색상의 배색	• 조금 단조롭고 지루하게 느껴질 수 있다. • 차분하고 조용한 분위기를 조성하는 데 효과적이다. • **차분함, 정적임, 간결함**
유사색상의 배색	• 색상환에서 인접 색들끼리의 배색이다. • 부드러운 분위기를 조성하는 데 효과적이다. • **협조적, 온화함, 화합적, 상냥함**
반대색상의 배색	• 색상환에서 가장 멀리 떨어져 있는 색의 배색이다. • 빨강 - 청록, 노랑 - 남색과 같은 보색관계를 말한다. • 생동감 있고 세련된 느낌을 줄 수 있다. • **강함, 생생함, 화려함, 동적임, 자극적임**

㉢ 명도를 이용한 배색
- 고명도끼리의 배색 : 맑고 깨끗한 느낌을 준다.

- 중명도끼리의 배색 : 부드러우면서도 명쾌한 느낌이다.
- 저명도끼리의 배색 : 무겁고 우중충하지만 침착한 느낌을 준다.
- 명도차가 중간인 배색 : 무난함으로써 조화되기가 쉽다.
- 명도차가 큰 배색 : 개운하고 뚜렷한 배색이다.

㉣ 채도를 주로 한 배색
- 고채도의 배색 : 순색끼리의 배색으로서 화려하고 자극적이다.
- 저채도의 배색 : 온화하고 부드러운 느낌을 준다.
- 채도차가 큰 배색 : 순색에 가까운 색과 무채색끼리의 배색으로 활기차고 기분 좋은 느낌을 준다.

㉤ 배색과 면적
- 명도가 높은 색의 면적을 좁게 하면 강조하는 느낌을 준다.
- 명도가 낮은 색의 면적을 넓게 하면 높은 명시도를 얻을 수 있다.
- 채도가 높은 색은 면적을 좁게 하고 채도가 낮은 색은 면적을 넓게 하면 화려한 느낌을 얻을 수 있다.
- 저채도의 색을 넓은 면적에 사용하면 수수한 느낌을 얻을 수 있다.

③ 색채조화의 공통 원리

㉠ 저드의 색채조화 원리

질서의 원리	색공간에 규칙적으로 선택된 색들끼리 잘 조화된다.
친근감의 원리	자연과 같이 친숙하게 사람에게 잘 알려진 배색은 조화된다.
유사성(동류성)의 원리	색들끼리 공통된 상태와 성질이 내포되어 있을 때 조화한다.
비모호성(명료성)의 원리	두 가지 색 이상의 배색이 애매하지 않고 명료했을 때 조화한다.

④ 색채 조절

- 인간의 생활이나 작업 분위기, 환경 등을 쾌적하고 능률적으로 만들기 위해 색채 조절을 한다.
- 색채 조절의 효과는 주의가 집중되게 하므로 일의 능률을 올리고, 신체의 피로를 덜게 하고 특히 눈의 피로를 막는다.
- 쾌적한 실내 분위기를 조성하고 안전을 유지시켜 사고를 줄여준다.

⑤ 색채 관리

- 색채 관리는 제품의 색채에 관한 품질관리를 말한다.
- 제품을 사용목적에 맞게 색채를 결정하고 지속적으로 지시, 관리하고 제품 색채의 통계 및 정리 등을 하는 것이다.
- 색채 관리를 함으로써 좋은 결과를 이끌어 낼 수 있다.

| 무료 동영상 |

 13 제도 일반

1. 제도와 도면

① 제도

- 제도란 선과 문자 및 기호를 이용하여 제품의 형태, 크기, 재료, 가공 방법 등을 일정한 규칙에 따라 정확하고 간결하게 제도용지에 표시하는 것을 말한다.
- 제도의 규격화는 품질의 향상 및 경제성을 높일 수 있으며 보존하고 다시 응용할 수 있다.

㉠ 도면의 분류

- 용도에 따른 분류 : 계획도, 제작도, 주문도, 견적도, 승인도, 설명도
- 내용에 따른 분류 : 부품도, 조립도, 상세도, 공정도, 결선도, 배관도, 계통도

- 작성 방법에 따른 분류 : 스케치도, 원도, 사도, 청사진도

㉡ 도면

- 도면이란 설계자의 의도를 정확히 제작자에게 알려주기 위한 목적이다.
- 큰 도면은 A4사이즈로 접는다.
- 표제란은 우측 하단에 위치하며 면번호, 도명, 척도, 회사명, 도면 작성 년월일, 책임자 성명을 기입한다.
- 제도용지 한국산업규격(KS A 5201) – 단위 : mm

A0	A1	A2	A3	A4
841×1189	594×841	420×594	297×420	210×297

- 각국의 공업규격

국제표준	한국	영국	독일	미국	일본
ISO	KS	BS	DIN	ASA	JIS

㉢ 척도

실척(현척)	같은 크기로 그린 것
배척	실제보다 확대해서 그린 것
축척	실제보다 축소해서 그린 것
N.S	비례척이 아님을 표시

2.제도용구와 용지

㉠ T자

- 제도판 끝에 대고 상하를 움직이지 않게 고정시키고 평행선을 그릴 수 있다.
- 고정시킨 T자 위에 삼각자를 놓고 사선이나 수직선을 그리는 데도 쓰인다.

㉡ 삼각자

- 세 각이 각각(30°, 60°, 90°)인 것과 (45°, 45°, 90°)인 자 두 종류가 짝을 이룬다.
- 두 쌍의 삼각자를 이용하여 그 이외의 각도(15°, 45°, 75°, 105°)를 구할 수 있다.

ⓒ 삼각 스케일

- 삼각 면에 여섯 종류의 축척 눈금이 표기되어 있어 길이를 재거나 또는 길이를 줄여 그을 때 사용하는 제도용구이다.

ⓔ 자유곡선자

- 납과 셀룰로이드를 접착시켜 만든 자로 손으로 원하는 임의의 곡선의 모양을 구부려서 만든 뒤 사용한다.

ⓜ 템플릿

- 용도에 따라 타원 템플릿, 문자 템플릿 등 여러 가지가 있다.
- 작은 원에서 큰 원까지 다양한 크기와 종류의 원 또는 도형을 그릴 수 있다.

ⓗ 운형자

- 컴퍼스로 그리기 어려운 불규칙한 원호나 곡선을 그릴 때 쓰인다.
- 곡선이 많은 한글 문자를 레터링할 때 사용한다.

ⓢ 컴퍼스

- 원 또는 원호를 그릴 때 사용하는 대표 도구로 바늘이 있는 한 축을 중심으로 하고, 한쪽엔 연필 또는 펜을 끼워 사용한다.

ⓞ 디바이더

- 양각 끝이 모두 뾰족한 침으로 되어 있어 제도 시 선분을 옮기거나, 원주를 등분하거나, 자에서 치수를 옮길 때 주로 사용된다.

ⓩ 먹줄펜

- 제도용 잉크나 물감 등을 넣어서 선이나 도형을 그리는 도구로 오구라고도 한다.
- 먹줄펜으로 선을 그릴 때 순서 : 소원→대원→곡선→직선 순서로 그린다.

ⓧ 제도용지

- 켄트지 : 연필 및 먹물 제도 원도용으로 사용한다.
- 와트만지 : 고급 채색 제도 용지로 사용한다.
- 트레이싱지 : 사도를 그릴 때 원도 위에 놓고 사용하는 반투명 용지이다.

- 청사진지 : 도면 복사를 위한 청색 감광지로 작성된 도면을 복사하는 용지이다.
- 방한지 : 격자 모눈종이

ⓣ 제도 연필

- H : 심의 딱딱한 정도, 숫자가 높을수록 딱딱하며 색이 연함, 제도에 사용한다.
- HB : 심의 진하기와 강도 정도는 중간 단계, 일반 필기용으로 사용한다.
- B : 심의 부드러운 정도, 숫자가 높을수록 부드러움 색이 진함, 미술용으로 사용한다.

3. 선의 종류와 용도

명칭	선의 종류	용도
외형선	굵은 실선	물품의 외부 모양을 나타내는 선
치수선	가는 실선	치수를 기입하는 선
치수 보조선		치수 기입을 위해 끌어내는 선
지시선		기호 등을 표시하기 위해 끌어내는 선
은선 (숨은선)	파선	보이지 않는 부분의 형상을 나타내는 선
중심선	일점쇄선	도형의 중심을 표시하는 선
기준선		위치 결정의 근거가 됨을 표시하는 선
가상선	가는 이점쇄선	가공 전후의 모양을 표시하는 선
무게 중심선		단면의 무게 중심을 연결하기 위해 표시하는 선
해칭선	가는 실선	절단된 부분을 나타낼 때 사용하는 선
파단선	가는 실선 지그재그 선	부분 생략이나 부분 단면의 경계를 나타내는 선

① 선의 종류

㉠ 선의 굵기에 따른 분류(단위 : mm)

- 가는선 : 0.18~0.35
- 굵은선 : 가는 선의 2배 정도 : 0.35~1
- 아주 굵은선 : 가는 선의 4배 정도 : 0.7~2

ⓛ 선의 모양에 따른 분류

- 실선(연속적으로 그어진 선) : 가는 실선, 굵은 실선
- 파선(일정한 길이로 반복되게 그어진 선) : 숨은선
- 쇄선(길고 짧은 길이로 반복되게 그어진 선) : 1점 쇄선, 2점 쇄선

② 선 긋기 일반 사항

- 선은 수평선(왼쪽→오른쪽 방향), 수직선(위에서 아래로 방향), 오른쪽이 위로 향하는 사선(아래→위쪽 방향), 왼쪽이 위로 향하는 사선(위→아래쪽 방향)에 따라 선을 긋는 방향이 다르다.
- 평행선의 선 간격은 선 굵기의 3배 이상으로 긋는다.
- 일점쇄선, 이점쇄선은 선의 긴 쪽으로 시작하고 끝낸다.
- 실선과 파선, 파선과 파선은 서로 이어지도록 긋는다.
- 두 개의 파선이 평행하면 엇갈리게 그린다.
- 모서리는 이어지게 긋는다.
- 선 그리는 순서 : 기준선 → 원호 원 → 수평선 → 사선 → 파선
- 선의 우선순위 : 외형선 > 숨은선 > 절단선 > 중심선 > 무게 중심선 > 치수 보조선

③ 기호 및 치수

ⓐ 기호 표시 방법

Ø	지름	물체의 지름을 나타낼 때 사용
R	반지름	물체의 반지름을 나타낼 때 사용
SØ	구의 지름	구의 지름을 나타낼 때 사용
SR	구의 반지름	구의 반지름을 나타낼 때 사용
t	두께	판의 두께를 나타낼 때 사용
∩	원호의 길이	원호의 길이를 나타낼 때 사용
C	45° 모따기	물체의 모서리를 45° 잘라내는 크기를 나타낼 때 사용
□	정사각형의 변	대상이 되는 부분의 단면이 정사각형임을 나타낼 때 사용

ⓛ 치수 표시 방법

- 길이는 원칙적으로 mm를 사용하며 단위 기호는 쓰지 않는다.
- 각도는 도(°)로 표시하며, 필요에 따라 분, 초를 쓸 때도 있다.
- 수치의 소수점은 아래쪽 점으로 한다.

ⓒ 치수 기입의 원칙

- 치수는 치수선 중앙 위쪽에 1~2mm 정도 띄어서 평행하게 기입한다.
- 수치를 기입할 여백이 없을 시에는 지시선을 그어 수평선을 긋고 그 위에 치수를 기입한다.
- 도면의 척도와 관계없이 물체의 실제 치수를 기입한다.
- 제도에 사용되는 문자는 한자, 한글, 숫자, 로마자이다.
- KS의 제도용 문자의 규정은 고딕체, 수직 또는 오른쪽 15°로 기입한다.
- 제도에 쓰이는 문자의 크기는 문자의 높이를 기준으로 한다.

| 무료 동영상 |

핵심정리 14 평면도법 ⭐

1. 원, 타원, 다각형 그리기 등 평면도법에 관한 사항

① 직선의 2등분

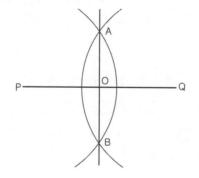

ⓐ 주어진 직선 PQ의 P를 중심으로 임의의 반지름 원호를 그린 뒤, 같은 길이의 반지름으로 Q에서도 원호를 그린다.

ⓑ 두 원호의 교점 A와 B를 연결하면, 직선 PQ의 2등분을 구할 수 있다.

② 수직선 긋기

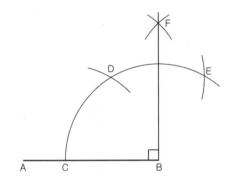

ⓐ 주어진 직선의 끝점 B에서 임의의 원호를 그려 교점 C를 구한다.

ⓑ 교점 C에서 등간격으로 D를 구하고, D에서 등간격으로 E를 구한다.

ⓒ D와 E에서 길이가 같은 임의의 원호를 그어 점 F를 구한다.

ⓓ 점 F와 B를 연결하면 직선의 끝점 B에서 직각 수직선을 얻을 수 있다.

③ 직선의 n등분

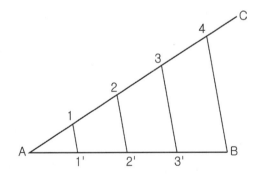

ⓐ 주어진 직선 AB에 임의의 연장선 C를 그어, AC를 그린다.

ⓑ 직선 AC 위에 같은 간격으로 1, 2, 3, 4를 정하고 점 4와 B를 연결한다.

ⓒ B4의 평행선으로 3과 3´, 2와 2´, 1과 1´을 연결하여 직선을 n등분한다(평행선의 원리에 이용된다).

④ 두 직선의 정점과 교점을 지나는 직선

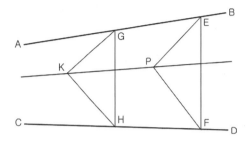

ⓐ 선분 AB와 CD를 정한다.

ⓑ 임의로 연장 평행선 EF와 GH를 긋고, 정점 P를 E와 F에 연결한다.

ⓒ 각 점 G와 H에서 PE와 PF의 평행선을 그어 교점 K를 구한다.

ⓓ 교점 K와 정점 P를 연결하면 두 직선의 정점과 교점을 지나는 직선이 된다.

⑤ 직선의 황금 분할

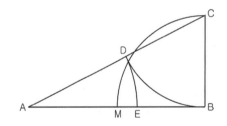

ⓐ AB의 중점 M을 구한 뒤, 점 B에서 직각 수직 연장선 BC를 긋는다.

ⓑ BM=BC가 되게 원호를 긋고, AC를 연결한다.

ⓒ C에서 BC를 반지름으로 하는 원호를 그려 점 D를 얻는다.

ⓓ A에서 AD를 반지름으로 원호를 그려 점 E를 얻는다.

6 삼각형의 면적과 같은 직사각형 그리기

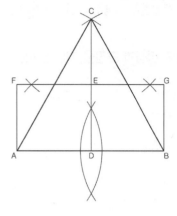

ⓐ D=AB가 되게 하여, 점 C에서 AB에 수선을 긋는다.

ⓑ 점 D에서 임의의 길이로 원호를 긋고 같은 길이로 C에서 원호를 그어 교점을 얻는다.

ⓒ 교점을 연결하여 CD의 2등분선을 긋는다.

ⓓ A와 B에서 각각 직각 수선을 그어 F, G를 구한다.

ⓔ 점 A, B, F, G를 연결하면, △ABC와 같은 면적인 직사각형을 구할 수 있다.

7 각의 2등분

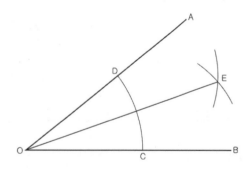

ⓐ 주어진 ∠AOB의 점 O를 중심으로 임의의 원호를 그려 교점 C, D를 구한다.

ⓑ 각각의 점 C와 D를 중심으로 동일한 반지름을 한 임의의 원호를 그려 교점 E를 구한다.

ⓒ 점 E와 점 O를 연결하여, ∠AOB를 2등분한다.

8 직각의 3등분

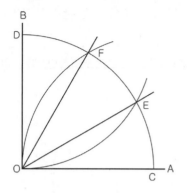

ⓐ 직각 ∠AOB의 점 O를 중심으로 임의의 반지름을 갖는 원호를 그려, 교점 D와 C를 구한다.

ⓑ 점 D와 C에서 각각 점 O를 중심으로 한 원의 반지름과 같은 값으로 원호를 그려, 교점 E와 F를 구한다.

ⓒ 점 O와 각각의 교점 E와 F를 연결하여, 직각 ∠AOB를 3등분한다.

9 원에 내접하는 정5각형

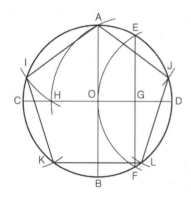

ⓐ 원을 점 O를 중심으로 수평, 수직등분 하여 점 A, B, C, D를 얻는다.

ⓑ 반지름 OD를 2등분하여 구한 교점 G에서 GA를 반지름으로 하는 원호 AH를 그린다.

ⓒ 점 A에서 다시 AH를 반지름으로 하는 원호 HI를 구한다.

ⓓ HI의 점 I와 A를 연결한 직선이 5각형의 한 변이 되며, 같은 방법으로 점 J, K, L을 구하여 직선을 연결하면, 원에 내접하는 정5각형이 된다.

⑩ 한 변이 주어진 정오각형

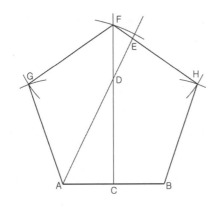

① 주어진 변 AB에 수직 2등분선을 긋고, AB=CD가 되게 하는 AD의 연장선을 긋는다.

② AC=DE가 되도록 E점을 잡아, AE의 반지름으로 원호를 그어 F를 구한다.

③ ②과 같은 방법으로, F에서 AB와 같은 길이의 점 G, H를 잡아 점들을 연결하면 한 변이 주어진 정오각형을 그릴 수 있다.

⑪ 소용돌이선

① 등간격 나사선

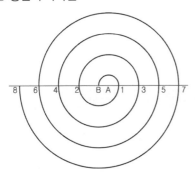

② 아르키메데스 와선

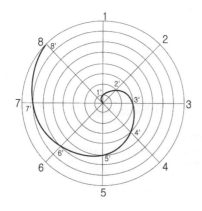

ⓒ 인벌류트 곡선

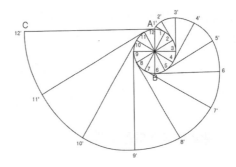

⑫ 두 원을 연접시킨 타원

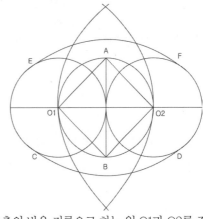

① 가로축의 반을 지름으로 하는 원 O1과 O2를 정한다.

② 두 원의 교점에서 같은 크기의 원을 그린다.

③ 교점을 지나는 AB를 긋고, 점 A와 B에서 각각 O1과 O2에 직선을 연결하여 그 연장선상의 점 C, D, E, F를 얻는다.

④ 각각의 점 A와 B를 중심으로 CD와 EF를 긋고, 두 원을 연접시킨 타원을 구한다.

⑬ 두 원을 교차시킨 타원

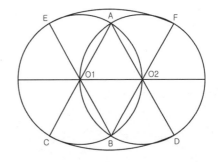

① 두 원의 가로축의 길이를 반지름으로 하는 원 O1과 O2를 정한다.

ⓛ 두 원의 교점 A와 B를 구하고 점 A와 B에서 각각 O1
과 O2에 직선을 연결하여 그 연장선상의 점 C, D, E,
F를 얻는다.

ⓒ 각각의 점 A와 B를 중심으로 CD와 EF를 그리면 두 원
을 교차시킨 타원을 구할 수 있다.

⑭ 장축과 단축이 주어진 타원

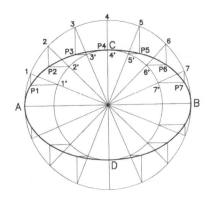

ⓐ 장축원의 지름 AB와 단축원의 지름 CD를 동심원으로
한 뒤, 원의 중심으로 16등분 한 장축원과 단축원의 교
점을 얻는다.

ⓒ 장축의 교점은 수직, 단축의 교점은 수평으로 직선을
연장하여, 교점 P1, P2, …를 정하여, 그 점들을 곡선
으로 연결한 타원을 구한다.

⑮ 장축과 단축이 주어진 근사 타원

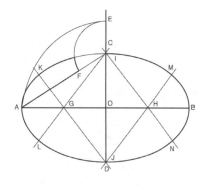

⑯ 장축이 주어진 근사 타원

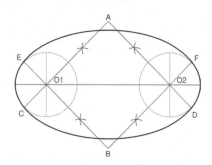

⑰ 원추곡선 작도법

정원으로 만들어진 원뿔을 절단했을 때 생기는 단면형태
를 말한다. 원뿔을 단면했을 때 포물선, 타원, 쌍곡선 등
이 생긴다.

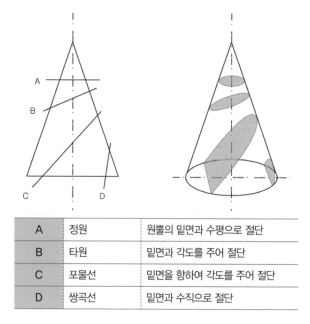

A	정원	원뿔의 밑면과 수평으로 절단
B	타원	밑면과 각도를 주어 절단
C	포물선	밑면을 향하여 각도를 주어 절단
D	쌍곡선	밑면과 수직으로 절단

| 무료 동영상 |

핵심정리 15 투상도법 ★★★

1. 투상도법의 종류, 특성, 작도법

대상물을 일정한 법칙에 의해 대상물의 형태를 평면상에
도형으로 나타내는 방법을 말한다.

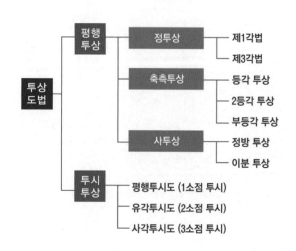

1 정 투상도

- 수직 투상의 복면 투상을 말하며 일반적으로 많이 쓰이는 방법으로서 실내 공간을 평면적으로 표현할 수 있으며 원근감이 없다.
- 정투상은 제1각법과 제3각법이 있으며, 일반적으로 제3각법을 사용하고 있다.
- 토목이나 선박의 경우는 제1각법을 사용한다.
- 정면도는 물체의 형태, 기능을 가장 잘 표현한다.

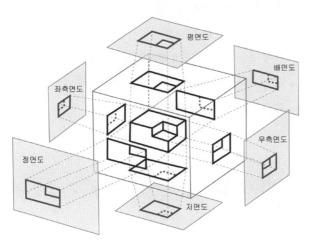

제1각법	제3각법
눈→물체→화면	눈→화면→물체
투상면이 물체보다 앞에 투상하는 방법	물체 후방에 있는 투상면에 투상하는 방법
영국을 중심으로 보급	미국에서 발달하여 빠른 속도로 보급 한국산업규격의 제도 통칙으로 적용

㉠ 제1각법과 제3각법의 비교

- 3각법 : 정면도를 중심으로 평면도는 위에, 저면도는 아래에, 좌측면도는 좌측으로, 우측면도는 우측으로, 배면도는 뒤에 그려져 나타난다.

- 1각법 : 정면도를 중심으로 평면도는 아래, 저면도는 위에, 좌측면도는 우측에, 우측면도는 좌측에, 배면도는 앞에 그려져 있다. 즉 물체를 보는 방향과 반대 방향으로 도면이 나타난다.

2 축측 투상도

투상면에 대하여 투사선이 직각이거나 물체가 경사를 가지는 경우를 말하며 한 도면에 평면, 정면, 측면의 도면을 나타낸다.

㉠ **등각 투상도** : 물체의 세 모서리가 120°의 각을 이루는 투상도로서, 세 축의 투상면이 모두 같은 각을 이루게 된다.

㉡ **부등각 투상도** : 투상면과 이루는 각이 모두 다를 경우를 말한다.

㉢ **2등각 투상도** : 3개의 축선이 서로 만나서 이루는 세 각들 중에서 두 각은 같고, 나머지 한 각은 다른 경우를 말한다.

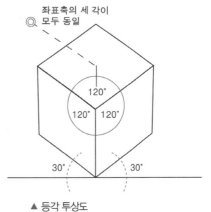

▲ 등각 투상도

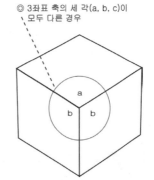

▲ 부등각 투상도

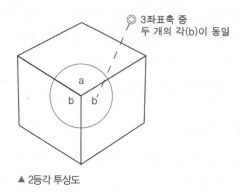

◎ 3좌표축 중
두 개의 각(b)이 동일

▲ 2등각 투상도

③ 사 투상도

- 물체의 앞면 모서리는 수평선과 평행하게 하고, 옆면 모서리는 수평선과 임의의 각도 α로 하여 그린 단면 투상이다.
- 사 투상도에서 경사축과 수평선을 이루는 각은 30°, 45°, 60°를 많이 사용한다.
- 투상선이 투상면에 경사지고 물체의 세 면이 실제의 모양을 갖는다.
- 폭을 현척으로 그리는 방법을 정방투상이라 하고, 1/2 축적으로 그리는 방법을 이분투상이라고 한다.

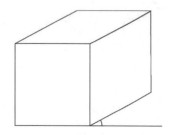

④ 표고투상

지형의 높고 낮음을 표시하는 것과 같이 기준면 위에 투상한 수직투상을 말한다.

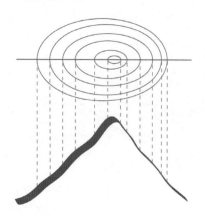

2. 투시 투상도

- 시점과 대상물을 연결한 투사선에 의해 대상물의 상이 그려지는 것으로서 우리들의 눈으로 물체를 보는 것과 같이 원근법을 이용하여 물체의 형상을 하나의 화면에 그리는 도법을 말하며, 일반적으로는 투시도법이라고 부른다. 1, 2, 3소점 투시 투상이 있다.
- 1소점 투시도(평행투시) : 인접한 두 면이 화면과 기면에 평행하게 표현한 투시도
- 2소점 투시도(유각투시) : 인접한 두 면 중 윗면은 기면에 평행하고, 화면에 경사지게 표현한 투시도
- 3소점 투시도(사각투시, 성각투시) : 면이 모두 기면과 화면에 경사지게 표현한 투시도

3. 특수 투상도

① 보조 투상도

물체의 경사면을 실제의 길이 또는 형태로 나타낼 경우 사용하는 투상도이다.

 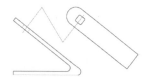

② 부분 투상도

물체의 일부분을 나타낼 때, 그중 필요한 부분만을 보여 주는 투상도이다.

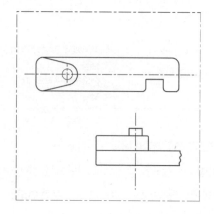

❸ 국부 투상도

대상물의 구멍, 홈 등을 도면화하여 표시하는 투상도를 말한다.

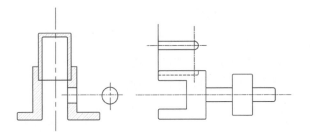

❹ 회전 투상도

각도를 가진 대상물의 실제 모양을 나타내기 위해 그 부분을 회전시켜 표시하는 투상도를 말한다.

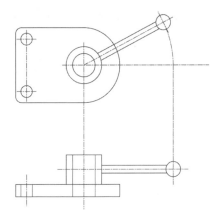

❺ 부분 확대도

물체의 형상이 작고 세밀할 때 중요 부분만을 배척하거나 비례척으로 상세히 표시한 투상도를 말한다.

---

4. 단면도

- 물체 내부의 형태 또는 구조가 복잡할 경우, 명시가 필요한 곳을 절단하거나 파단한 것으로, 내부를 보여지는 것처럼 외형선으로 뚜렷히 나타낸 도면을 말한다.
- 단면 부분 및 앞쪽에 보이는 선은 외형선, 중심선을 그린다.
- 보이지 않는 부분은 은선으로 그리고 단면은 해칭을 한다.

❶ 온 단면도(전단면도)

대상물 전체를 중심으로 수직으로 절단하여 그린 단면도로 절단면의 앞부분은 잘라내고 뒷부분의 단면 모양을 그린 것이다.

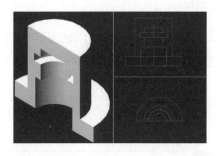

❷ 한쪽 단면도(반단면도)

대칭형 대상물의 중심선을 기준으로 좌우 또는 상하가 대칭인 물체 상태에서 1/4을 절단하여 도면의 반쪽은 단면도, 다른 반쪽은 외형도로 표시하여 그린 것이다.

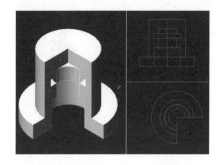

❸ 부분 단면도

일부분을 잘라내고 내부의 모양을 그리기 위한 단면도로 단면 부분의 경계는 파단선으로 표시한다.

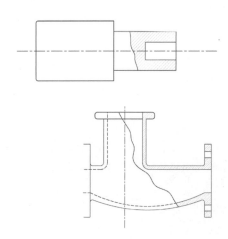

④ 회전 도시 단면도

절단면을 90°회전하여 그린 단면도이다.(핸들이나 바퀴 등의 암 및 림, 리브, 축 등이 단면을 표시하기 쉽다)

⑤ 계단 단면도

단면도를 표시하고자 하는 부분의 명시할 곳을 계단 모양 으로 절단한 것을 계단 단면도라고 한다.

| 무료 동영상 |

핵심정리 16 투시도법 ★

1. 투시도법의 종류, 특성, 작도법

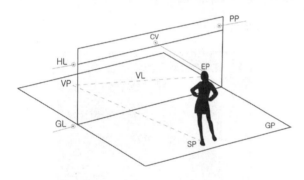

VP (Vanishing Point)	소점	물체의 각 점이 수평선 상에 모이는 점
PP (Picture Plane)	화면	지표면에서 수직으로 세운 면
CV (Center of Vision)	시중심	화면에 보이는 투상점
VL (Visual Line)	시선	물체와 시점 간의 연결선
HL (Horizontal Line)	수평선	눈의 높이선
GL (Ground Line)	지면선	화면과 지면이 만나는 선
SP (Standing Point)	입점	평면 상의 시점
GP (Ground Plane)	기면	기반면이라고 하며, 사람과 화면의 수직으로 놓임
EP (Eye Point)	시점	물체를 보는 사람 눈의 위치
MP (Measuring Point)	측점	화면 상의 각도를 갖는 직선 상의 소점에서 시점과 같은 거리에 수평선 상의 측정점

2. 투시도법

- 시점과 대상물을 연결한 투사선에 의해 대상물의 상이 그려지는 것으로서 눈으로 물체를 보는 것과 같이 원근 법을 이용하여 물체의 형상을 하나의 화면에 그리는 도 법으로서 관찰자의 위치와 화면, 대상물의 각도 등에 따라 1소점, 2소점, 3소점 투시도가 있다.
- 투시도법의 3요소 : 시점, 대상물, 거리

3. 투시도법의 종류

- 대상물의 각도 등에 따라 1소점, 2소점, 3소점으로 분류된다.
- 시점의 위치에 따라서는 일반 투시와 조감도로 나눌 수 있다.

① 1소점 투시도(평행투시)

- 인접한 두 면이 화면과 기면에 평행하게 표현한 투시도 이다.
- 소실점이 1개이다.
- 건물의 내부나 기계의 내부 등에서 많이 사용된다.
- 대상 물체를 화면에 평행하게 두어 각 면을 한 개의 소 실점으로 투시하는 방법이다.
- 한쪽 면에 물체의 특징이 집중되어 있는 물체를 표현하 기에 좋다.

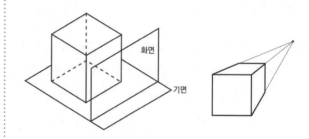

② 2소점 투시도(유각투시)

- 인접한 두 면 중 윗면은 기면에 평행하고, 화면에 경사지게 표현한 투시도이다.
- 소실점이 2개이다.
- 화면에 물체의 수직면들이 일정한 각도를 유지하고 있다.
- 건물이나 물체를 비스듬하게 투시할 때 많이 사용된다.

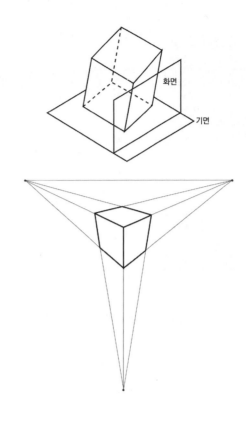

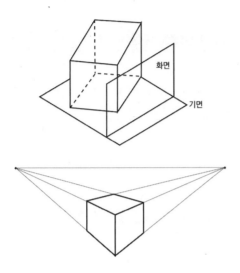

③ 3소점 투시도(사각투시, 성각투시)

- 면이 모두 기면과 화면에 경사지게 표현한 투시도이다.
- 소실점이 3개이다.
- 위에서 아래를 내려다보는 면을 강조하기에 좋은 투시도이다.
- 물체와 화면 모두 각도를 갖고 있다.
- 최대의 입체감을 표현할 수 있고, 건물 투시에 적합하다.

④ 조감도

- 높은 곳에서 지상을 내려다본 것처럼 비스듬히 내려다본 형상대로 그린 그림을 말한다.
- 표 모양을 입체적으로 표현하고 원근효과를 나타내어 회화적인 느낌을 준다.
- 관광안내도, 여행안내도, 조경공사계획 등과 같이 부지가 넓을 경우 실물에 가까운 상태를 나타내기 위해 사용한다.

Chapter 03

디자인 재료

| 무료 동영상 |

 17 재료 일반 ⭐

1. 재료의 구비조건 및 분류 방법

① 재료의 구비조건

- 구입하기 쉽고 가격이 저렴해야 한다.
- 양적으로 충분하여 품질이 균일해야 한다.
- 재료의 가공성이 좋아야 한다.
- 소비자가 아름답고 실용적인 제품을 저렴하게 구입할 수 있도록 한다.
- 생산자는 소비자의 마음을 사로잡아 제품의 이윤을 남기도록 한다.

② 분류 방법

㉠ 유기재료

- 탄소가 주요소가 되는 복합물을 의미하며 탄화수소(Hydrocarbon)라고도 부른다.
- 목재, 섬유, 피혁, 펄프, 플라스틱, 백토 등을 들 수 있다.

㉡ 무기재료

- 무기재료는 탄화수소를 제외한 모든 물질을 말한다.
- 금속의 경우는 비철재와 철재로 구분된다.
- 금속, 금, 은, 유리, 도자기, 철, 알루미늄, 석재, 점토, 도료 등을 들 수 있다.

2. 재료의 일반적 성질

㉠ 응력 : 재료 외부의 압력에 대하여 내부에서 저항하는 힘

㉡ 왜력 : 재료가 외부의 힘에 의한 응력에 약하게 변형되는 것

㉢ 강도 : 재료에 외부에서 힘을 가했을 때 변형되지 않고 저항할 수 있는 정도

㉣ 인장강도 : 재료가 양쪽으로 잡아 당겨지는 인장력에 견디는 정도

㉤ 압축강도 : 재료가 압축에 의해서 파괴될 때 견디는 정도

㉥ 전단강도 : 직각 방향에서 힘을 가했을 때 견디는 정도

㉦ 파열강도 : 부서지기 전까지 견디는 최대의 응력도

㉧ 휨강도 : 휘게 하는 힘에 견디는 정도

㉨ 충격강도 : 순간적인 외부의 힘에 파괴될 때까지 견디는 정도

3. 그밖에 성질

㉠ 탄성 : 외부의 힘에 의해 변형되었다가 되돌아오려는 성질

㉡ 소성 : 외부의 힘에 제거된 뒤에 변형되었던 것이 원래의 형태로 돌아오지 않는 성질

㉢ 취성 : 적은 변형에도 파괴되는 성질

㉣ 인성 : 외부의 힘에 의해 재료가 변형되더라도 파괴되지 않는 성질

ⓜ **전성** : 외부에서 재료에 힘을 가했을 때 넓은 판모양으로 늘어나는 성질

ⓗ **내구성** : 파손, 노후화, 마모 등의 변형에 견디는 정도와 성질

ⓢ **함수율** : 재료에 포함되어 있는 수분의 양을 재료가 건조되었을 때 중량으로 나눈 값

ⓞ **비중** : 재료의 무게와 같은 부피를 가진 물의 무게를 계산하여 몇 배인가를 나타내는 수치

ⓩ **용융점** : 열에 의해 고체에서 액체로 변화하는 과정의 경계점

 | 무료 동영상 |

핵심정리 18 종이재료 ★★★

1. 종이의 개요 및 제조에 관한 사항

1 종이의 역사

• 기원전 2,400년경 이집트 나일강에서 자라는 식물인 파피루스 줄기를 원료로 만든 것이 종이의 시초다.

• 종이의 발상지는 중국이며 서기 100년경 중국의 채륜에 의해 제지 기술은 확립되었다.

• 종이 제조기술이 우리나라를 거쳐 일본으로 전해졌고 수초법에 의해 만든 종이를 한지, 일본에서 만든 종이를 화지라 한다.

2 종이의 제조

㉠ 종이의 제조공정

고해 → 사이징 → 충전 → 착색 → 정정 → 초지 및 완성

• **고해** : 펄프에 기계적 처리를 하는 공정

• **사이징** : 내수성을 주고, 잉크의 번짐을 방지하기 위한 공정

• **충전** : 종이재료에 광물성의 가루를 첨가하고 걸러내는 공정

• **착색** : 종이에 색을 입히는 과정

• **정정** : 종이를 뜨기 전에 불순물을 제거·분리하는 과정

• **초지 및 완성** : 종이 층의 균일성을 주는 공정

㉡ 종이의 역학적 성질

• **평량** : 종이의 단위 면적당 무게를 표시하는 것 (g/m^2)

• **신축률** : 종이를 잡아당겨서 파단될 때까지의 신장률

• **파열강도** : 종이를 눌러 찢어지는 힘을 표시하는 것 (kg/cm^2)

• **인장강도** : 종이를 양쪽으로 잡아당겨 찢어질 때의 힘을 표시하는 것

• **인열강도** : 종이를 일정한 길이만큼 찢는 데 필요한 에너지를 표시한 것

• **내절강도** : 종이를 일정한 장력으로 접어 개거나 구부릴 때 종이가 저항하는 세기

• **충격강도** : 종이에 순간적인 힘을 가했을 때의 강도를 표시하는 것

• **표면강도** : 표면의 강도나 섬유질이 벗겨지는 형상의 양을 측정한 것

• **강도** : 종이를 15도까지 굽히는 데 소요되는 시간을 측정한 것

• **링 크러시 테스트** : 시험편을 링 모양의 기구에 올려놓고, 폭 방향으로 압축하였을 때의 힘을 표시

• **밀도** : 섬유 간의 밀착 정도로, 밀도가 높을수록 기계적 강도가 증가

• **사이즈도** : 종이의 성질 중 잉크나 물에 대한 침투 저항성

• **평활도** : 종이 표면의 매끄러운 정도

• **백색도** : 종이의 흰 빛에 대한 밝기 정도를 객관적으로 나타내는 것

• **투습도** : 종이에 습기를 흡수하여 습도를 함유한 정도를 측정한 것

ⓒ 가공지의 가공 방법

- 도피가공 : 백색, 유색의 안료 또는 접착제를 종이 표면에 발라 만드는 가공법(예 아트지, 바리타지)
- 흡수가공 : 용해 또는 용해시킨 물질을 원지에 흡수시키는 가공법(예 리트머스지, 내화지, 내수지 등)
- 변성가공 : 종이의 질을 사용목적에 맞게 화학적, 기계적으로 변화시키는 가공법(예 유산지, 벌커나이즈드파이버, 크레이프지)
- 배접가공 : 종이를 붙여 두꺼운 판지나 골판지를 만드는 가공법(예 두꺼운 판지, 골판지)

2. 종이의 종류 및 특성

양지	신문지	신문용지
	인쇄용지	상질지, 중질지, 갱지(하급지), 아트지, 모조지, 그라비어지
	도화지	와트만지, 켄트지
	포장용지	중포장크라프트지, 경포장크라프트지, 로루지
	박엽지	라이스지, 글라싱지, 인디아지, 콘덴서지, 전기전열지
	잡종지	가공원지, 유산지, 흡수지, 온상지, 바리타지, 복사지, 지도용지
판지	골판지	라이너 보드
	백판지	아이보리 판지, 승차권 용지
	색판지	크라프트지
	황판지	황판지, 백황판지
	건재원지	루핑 원지, 내화용지, 보드 원지

1 신문지

- 신문인쇄에 쓰이는 종이로, 롤로 되어 있고 고속 인쇄 시 잉크 흡수가 빠른 것이 특징이다.
- 대부분 하급갱지로 표면이 거칠고, 색은 약간 갈색을 띤 백색이며, 내구력이 약하나 잉크의 흡착력은 좋다.
- 쇄목펄프 80~85%, 표백이 되지 않는 아류산 펄프에 반 표백한 크라프트 펄프 15~20%를 섞어서 만든다.

- 종이의 질이 균일해야 하며 인장력과 흡유성, 평활도, 불투명성을 지녀야 한다.

2 인쇄용지

- 화학펄프와 쇄목펄프 배합률에 따라 상질지, 중질지, 하급지(갱지), 그라비어 용지 등으로 나뉜다.
- 흡수성, 평활도, 백색도, 불투명도, 표면강도, 내절도, 두께, 평활도, 탄력성 등 인쇄에 적합한 인쇄적성이 있어야 한다.
- 표면이 평활하고 얼룩이 없는 종이로 흡유성이 좋고, 종이의 앞뒷면의 차가 없는 것이 좋다.

3 박엽지

- $30g/cm^2$ 이하의 얇은 종이로, 얇고 불투명하고 부드러운 종이를 말한다.
- 글라싱지 : 표면이 매끈한 종이로 식품, 약품, 금속부품 등의 포장용으로 쓰인다.
- 라이스지 : 불에 연소될 때 악취가 없으며 불투명, 무미, 무취의 특징을 가진다.
- 인디아지 : 사전이나 성서의 인쇄에 가장 많이 사용되는 종이
- 콘덴서지 : 식물 섬유에 첨가물을 가하여 만든 종이
- 전기절연지 : 전기가 통하지 않도록 전선, 콘덴서 등의 전기 기구에 쓰이는 종이

4 도화지

- 와트만지 : 마 또는 면의 파쇄물을 원료로 만든 것으로 수채화에 많이 쓰이는 최고급의 도화용지
- 켄트지 : 화학펄프를 원료로 만든 것으로 스케치나 일반 표현 재료로 가장 많이 사용되는 종이

5 포장용지

- 크라프트지 : 미표백 크라프트 펄프를 주원료로 하는 포장용지

- 로루지 : 양키머신으로 만드는 종이로 한쪽 면에 광택이 있는 포장종이

⑥ 판지

- 두껍고 질기며 딱딱한 종이로 일반적으로 0.3mm 이상이 많다.
- 평활도가 좋아야 한다.
- 흡유성이 좋아야 인쇄효과가 좋다.
- 표면강도가 좋아야 벗겨지지 않고 접착효과가 좋다.
- 판지는 배접가공으로 만들어진다.
- 보통 보드지라고 불린다.
- 상자와 같은 두껍고 단단하며 질긴 종이를 통칭하여 판지라고 한다.

⑦ 잡종지

- 아트지 : 원지 위에 도공액을 코팅한 종이로 광택이 있는 백색 용지 중 가장 많이 사용되고 있다.
- 유산지 : 농유산으로 처리한 후 건조시킨 종이로 베이킹 포장에 사용되고 있다.
- 바리타지 : 종이 표면에 감광제를 발라 사진용 인화지로 쓰이는 종이
- 온상지 : 야채의 조기 발아를 하기 위해 쓰는 종이
- 습윤강력지 : 젖어도 찢어지지 않도록 수지 가공한 종이로 군용 지도용지나 페이퍼 타월에 사용되고 있다.
- 박리지 : 실리콘을 한쪽 면과 양쪽 면에 발라서 만든 종이
- 감압지 : 필기할 때 종이에 압력이 가해져 복사될 수 있도록 가공한 종이
- 트레이싱지 : 복제할 때 주로 사용되는 반투명 황산지가 있다.

| 무료 동영상 |

핵심정리 19 디자인 표현재료 ★★★

1 색재료의 기본 성분

㉠ 안료

- 물에 녹지 않는 것으로서 물체 표면에 불투명한 유색 막을 만든다.
- 도자기의 유약, 화장품, 합성섬유 원료의 착색 등에 다양하게 사용된다.

㉡ 염료

- 물에 녹는 것으로서 섬유 등의 분자와 결합하여 착색하는 유색물질이다.
- 주로 천이나 가죽을 염색할 때 사용한다.

㉢ 체질 : 색의 농도를 조절하기 위해 첨가하는 재료이다.

㉣ 전색제

- 안료를 포함한 도료로 도막을 형성하게 하는 액체 성분이다.
- 기름을 쓰면 유화 물감이 되고, 아크릴 수지를 쓰면 아크릴 물감으로 사용된다.

㉤ 잉크

- 안료에 전색제와 함께 혼합하여 만든 것으로 인쇄에 쓰이는 액체를 말한다.
- 내수성이 좋고 색상이 선명하다.

2 표현재료

㉠ 매직 마커

- 잉크가 내장되어 있고 펠트나 나일론 등의 거친 천 재질의 심을 가진 재료로 색상 수가 풍부하며, 색채가 선명하다.
- 건조 시간이 빨라 디자인 스케치, 패션 일러스트레이션 등 디자인 실무에 많이 사용된다.

㉡ 아크릴 컬러

- 유화의 성질과 비슷하며 합성수지를 사용하여 재료로 건조 시간이 빨라 여러 번 겹치는 효과를 낼 수 있다.

・수용성이며 내수성과 접착성, 고착력이 강하다.

ⓒ 파스텔

・빛이 있는 가루 원료를 막대 모양으로 굳힌 것으로 분말의 입자가 고와 부드러운 배경색채에 사용된다.

・완성 후 색상이 번지기 쉬우므로 색상을 고정시키기 위해 반드시 정착액(픽사티브)을 뿌려주어야 하며 정확하고 정밀한 부분을 표현할 수 없다.

ⓔ 에어브러시

・분무기의 원리를 기계화 한 것으로 핸드 피스(소형 스프레이 건), 호스(공기를 보내는 관), 컴프레서(공기를 압축해서 뿜어내는 기능)로 구성된다.

・부드러운 음영과 치밀하고 정교한 사실 표현이 가능하다.

ⓜ 수채화 물감

・내광성이 뛰어나며 색채가 선명하여 가장 맑고 투명한 효과를 내는 채색재료이다.

・물에 용해되는 아라비아풀과 혼합된 안료로 물을 사용하여 명도를 조절한다.

・색을 섞을 시 발색이 좋아 풍경화, 정물화 등에 사용된다.

ⓗ 필름 오버레이

・아트필름 또는 스크린 톤의 착색재료를 지정된 부분에 압착시켜 표현하는 렌더링 재료이다.

ⓢ 포스터컬러

・안료에 아라비아고무 등의 고착제를 섞은 것으로 불투명한 수채 물감이다.

・물과 혼합하여 사용되며 건조가 빠르며 밝고 정확한 색상과 은폐력을 갖는다.

ⓞ 색연필

・특수유지와 소량의 바니시로 응고시켜 압착한 심을 나무로 감싼 것이다.

・수용성과 유성 색연필을 구분하며 휴대가 간편하고 매우 정밀한 표현이 가능하다.

ⓩ 연필

・스케치, 데생 등 모든 표현에 이용되는 가장 기본적인 재료이다.

・강도의 기호 H(심의 단단한 정도)와 짙기 B(심의 무른 정도)로 표시하며, H는 숫자가 높을수록 단단하며, B는 숫자가 높을수록 부드러운(짙은) 심이다.

・연필심의 진하기는 연필심의 경도와는 관계없이 연필의 진한 정도를 결정한다.

・연필심의 경도는 종이의 섬유질에 의한 마멸을 연필심이 얼마나 견디는가의 정도를 말한다.

| 무료 동영상 |

핵심정리 20 사진재료 일반 ✪

1. 필름의 종류

・흑백 필름 : 명암대조의 장점을 가지며, 오늘날에는 과거 장면 등의 특수 효과를 나타낼 때 사용한다.

・컬러 필름 : 발색현상에 의해 다양한 색을 재현하는 감광유제를 필름 베이스에 도포해 놓은 필름으로 피사체의 명암은 반대가 되고, 색깔은 보색으로 발색되는 필름은 컬러 네거티브 필름이라 한다.

・폴라로이드 필름 : 현상과 인화 과정이 따로 필요하지 않고 촬영 후에 즉시 결과를 볼 수 있는 필름이다.

1 흑백 필름의 구조

・보호막층-고감도・저감도 유제층-접착제-필름베이스-할레이션 방지층으로 구성되어 있다.

・할로겐화은 함량과 제조 방법에 따라 감광도, 입상성, 콘트라스트 등 필름의 사진적 성질이 달라진다.

2 컬러 필름의 구조

・보호막층-청감유제층-황색 필터층-적감유제층-중간층-할레이션 방지층-필름 베이스로 구성되어 있다.

3 필름의 형태

㉠ 롤 필름

- 1889년 코닥에서 개발되어 지금까지 널리 사용하고 있으며, 휴대하기 편리하고 연속적으로 많은 양을 촬영할 수 있다.
- 촬영 도중에 일정 부분을 꺼내서 현상할 수 없다는 단점이 있다.

㉡ 시트 필름

- 한 번 촬영에 1장씩 사용하게 되어 있는 낱장짜리 필름으로, 컷 필름이라고도 한다.
- 촬영 도중 필요한 것만 현상하고, 쉽게 필름을 교환할 수 있다.

4 필름의 보관

- 찬 곳에 보관하는 것이 좋다.
- 되도록이면 빨리 현상하는 것이 좋다.
- 감광유제의 유효기간은 1년 정도 남은 것이 좋다.

2. 필름의 특성

1 감광도

감광재료가 가시광선에 대해 갖는 감도나 사진 필름 광선에 대한 감광성의 정도를 나타내는 값을 말한다.

㉠ 감도의 표시

- 감도의 표시는 ISO/DIN으로 사용하고 있다.
- 빛의 감광능력을 수치로 표시한 것으로 고감도, 중감도, 저감도 등을 알 수 있다.

ASA	미국표준협회
ISO	국제표준화기구
DIN	독일공업규격
JIS	일본표준규격

㉡ 감도에 따른 필름의 종류

- 저감도 : 정교한 사진 촬영에 주로 쓰이며 ISO 100 이하의 수치를 가진 필름으로 노출의 관용도가 좁고 콘트라스트가 강하다.
- 중감도 : 일반 촬영에 주로 쓰이며 ISO 100, ISO 200 정도의 수치를 가진 필름이다.
- 고감도 : 밤이나 어두운 불빛, 실내의 흐린 빛에서 쓰이는 ISO 400 이상의 수치를 가진 필름으로 노출 관용도는 좋으나 저감도나 중감도에 비해 콘트라스트가 떨어진다.

2 감색성

- 감광 재료가 빛의 파장, 즉 색에 대해 반응하는 성질을 말한다.
- 청감성 : 흑백 인화지에만 사용되며 주로 가시광선의 청색광에만 반응하여 장파장 광에는 보이지 않는다.
- 정색성 : 장파장인 빨강에 반응토록 하였으나 현재는 사용되는 경우가 거의 없으며, 인쇄물의 사진제판용으로 주로 사용한다.
- 전정색성 : 일반 사진에서 주로 사용되며 모든 가시광선 400~700nm 파장에 반응을 하며 모든 감광재료에 사용하고 있다.

3 해상력

- 촬영 시 피사체를 어느 정도 세밀하고 정밀하게 묘사시켜 주는 능력을 말하며, 카메라의 렌즈와 필름의 입상성이 해상력을 좌우하게 된다.
- 저감도 필름일수록 입자가 고와서 해상력이 좋고, 고감도일수록 해상도가 떨어진다.

4 입상성

- 감광 유제면에 입자가 가늘고 고르게 퍼져 있는 정도를 말한다.
- 저감도일수록 입상성이 좋아진다.

⑤ 관용도

- 촬영 시 노출 과부족의 허용 정도를 말하는 것으로서 물체의 콘트라스트가 강할수록 관용도가 좁아진다.
- 흑백 필름이 관용도가 제일 넓다.
- 적정한 노출의 영상을 만들어내는 필름의 감광 범위로, 필름의 감광 속도가 빠를수록 관용도가 크다.

⑥ 콘트라스트

- 필름이 피사체의 밝고 어두움을 어느 정도 명도대비로 나타내느냐 하는 정도의 차이를 말한다.
- 명암의 차이가 많이 나면 경조, 농도차가 적으면 연조, 계조가 풍부하면 중간조라 하며 고감도는 연조, 저감도는 경조이다.

3. 현상 처리 과정

```
현상 → 중간 정지 → 정착 → 수세(세척) → 얼룩 방지제 → 건조
```

- 현상 : 필름의 감광 막면에 만들어진 잠상을 눈에 보이는 금속은으로 바꾸는 처리 과정
- 중간 정지 : 빙초산이나 물을 사용하여 현상작용을 정지하는 과정
- 정착 : 정착액을 사용하여 현상된 화상을 안정화시키는 과정
- 수세 : 장기간 보존하기 위한 처리과정으로서 필름 베이스 속의 정착액을 제거하고 금속은 화상의 색이 변하는 것을 막는 과정
- 얼룩 방지제 : 물방울에 의한 얼룩과 돌돌 말리는 것을 방지하기 위해 약품을 처리하는 과정
- 건조 : 현상과정의 마지막 단계로 필름의 물기나 습기를 제거하는 과정

4. 인화의 종류와 수정 방법

- 현상된 필름과 같은 크기로 인화하는 밀착 인화와 음화 필름을 확대기에 넣어 렌즈의 조절장치를 이용해 상의 크기를 늘리는 확대 인화 방법이 있다.

① 인화 수정 방법

- ㉠ 버닝 : 인화를 부분적으로 검게 하기 위해 손이나 두꺼운 종이를 사용하여 부분 노광을 더해 주는 기법
- ㉡ 닷징 : 인화를 부분적으로 밝게 하기 위해 확대기의 빛을 부분적으로 가리는 기법
- ㉢ 스포팅 : 사진의 흰 점을 스포팅 물감을 사용하여 수정하는 작업
- ㉣ 에칭 : 사진의 검은 점을 수정칼로 인화지의 유제면을 벗겨내는 작업
- ㉤ 크로핑 : 확대한 인화지의 주의를 잘라내는 작업
- ㉥ 트리밍 : 인화 시 비뚤어진 화상을 바로 잡아주거나 어떤 부분을 잘라내는 작업
- ㉦ 노트리밍 : 네거티브 전체를 확대하는 작업

② 인화재료 및 도구

- ㉠ 확대기 : 필름을 확대 인화할 때 사용
- ㉡ 이젤 : 인화지를 고정하거나 크기를 조절(트리밍)할 때 사용
- ㉢ 포커스 스코프 : 초점을 맞출 때 사용
- ㉣ 확대 타이머 : 인화지에 노광시간을 맞출 때 사용
- ㉤ 안전등 : 인화 시 감광재료에 손상을 막기 위해 사용
- ㉥ 트레이 : 인화 과정 중 사용되는 약품을 담는 접시
- ◎ 암실용 시계 : 야광으로 시간을 측정하는 데 사용
- ㉧ 계량컵 : 화학 용액의 혼합과 희석할 때 사용
- ㉨ 세척용 호스 : 필름을 세척할 때 사용

| 무료 동영상 |

공업재료 – 목재 ⭐

1. 목재의 특성

- 천연의 유기체 고분자 화합물인 단백질, 녹말, 글리코겐 등으로 이루어진 재료이다.
- 사용이 용이하며 가장 오랫동안 사용해 온 재료이다.
- 가공이 쉬워 건축, 토목 등의 핵심 재료로 사용되고 있다.

❶ 장점

- 가벼우며 감촉이 좋고 아름다운 무늬의 종류가 다양하다.
- 열전도율이 낮은 부도체이다.
- 가공이 쉽고 외관이 아름답다.
- 가격이 저렴하고 공급이 풍부하다.
- 비중에 비해 강도가 크다.

❷ 단점

- 흡수성이 크기 때문에 부식이 쉽다.
- 수축과 변형으로 변형이 심하다.
- 내구성이 약하다.
- 가연성으로 화재의 우려가 있다.
- 방향성 때문에 재질이 균일하지 못하다.

2. 목재의 분류

❶ 침엽수

- 송백과 식물이다.
- 조직이 균일해 가공이 쉬우며 연재가 많다.
- 건조가 빠르고 대장재를 얻기에 용이하다.
- 건축재나 토목재로 많이 사용한다.
- 가격이 저렴하고 경제적이다.

- 취재율이 70%에 가깝다.

❷ 활엽수

- 송백과 이외의 식물이다.
- 재질이 경질이다.
- 건조에 많은 시간이 걸리며 가공, 취급이 어렵다.
- 아름다운 무늬결을 가지고 있어 내부 장식, 생활 가구재로 쓰인다.
- 취재율이 50% 이하이다.

3. 목재의 성장과 조직

❶ 목재의 조직

㉠ 나이테

- 나무의 조직으로서 하나의 춘재부에서 추재부를 거쳐 다음 춘재부까지 이르는 하나의 띠를 말하며, 춘재와 추재로 구성되어 있다.
- 춘재(봄, 여름) : 세포층이 넓고 유연하다.
- 추재(가을, 겨울) : 세포층이 좁고 견고하다.

㉡ 변재와 심재

- 수종에 따라 변재와 심재가 구별되는 것을 심재수, 구별되지 않는 것을 변재수라고 한다.
- 변재 : 나무 껍질 쪽의 부분으로 옅은 색을 띠는 조직, 수액이 많아 건조 시 변형이 심하고 내구성이 떨어진다.
- 심재 : 나무의 가운데 부분으로 견고하고 짙은 색을 띠는 조직, 무겁고 풍부하여 변재보다 질이 좋으며 빛깔이 짙고 강도, 내구력, 비중 등 변재보다 양호하다.

㉢ 수심과 수피

- 수심 : 목재의 중앙 부분에 위치하며, 갈라지기 쉬운 조직이다.
- 수피 : 목재의 껍질을 말하며 방음, 방습 등에 사용되는 코르크에 원료로 사용된다.

2 목재의 일반적 성질

- 목재의 무게와 비중 : 목재의 밀도와 무게는 목재 속의 수분의 함유량에 따라 달라진다.
- 함수율 : 목재 중에 수분을 전건상태의 목재 무게로 나누어 100을 곱한 것으로 함수율이 적을수록 목재가 수축되고 무게도 감소하게 된다.
- 내구성 : 목재가 변질되기까지 환경에 견디는 저항력을 말한다.
- 수축과 팽창 : 목재를 건조시키면 수축이 일어나서 목재의 표면에서 내부까지 균열이 일어난다. 일반적으로 목재를 빨리 건조시기면 목재의 안과 밖의 수분 차이로 인하여 균열이 생긴다.
- 열과 전기에 대한 성질 : 목재는 수분이 증가하면 열전도율도 증가한다. 주로 경질재일수록 열전도율이 크다.

3 목재의 상처

- 갈라짐 : 심재 또는 변재의 중심부에서 방사형으로 균열이 생기는 것을 말한다.
- 옹이 : 섬유의 이상 발달에 의해 생긴 것으로 나무의 질을 저하시킨다.
- 혹 : 균류의 작용으로 섬유의 일부가 부자연스럽게 발달하여 생긴다.
- 썩정이 : 속이 비거나 부분적으로 썩어서 얼룩이 생기는 것이다.
- 껍질박이 : 나무의 상처 등으로 껍질이 나무 내부로 몰입된 것이다.

4 가공된 목재의 종류 및 특성

ⓐ 합판
- 원목을 얇게 오려내고 이것을 섬유 방향이 직교하도록 겹쳐 붙인 것으로, 단판을 3, 5, 7장 등으로 홀수로 붙여 사용한다.
- 잘 갈라지지 않고 방향에 따라서 강도의 차이도 작다.
- 값도 싸고 무늬가 좋은 판을 얻을 수 있다.

ⓑ 파티클 보드
- 목재를 얇고 잘게 조각을 내어 접착제로 붙여 압축·가열한 성형 열압한 판상 제품을 말한다.
- 내마멸성과 경도가 높으며 각 방향의 강도차가 없다.

ⓒ 집성 목재
- 10~30mm의 이음판을 잘 건조시킨 다음 여러 장 포개서 합성수지 접착제로 접착한 목재를 말한다.
- 강도가 크며 뒤틀림, 갈라짐 등이 적어 용도에 따른 대량생산이 가능하다.
- 외관이 아름다운 목재 생산이 가능하다.

ⓓ 플로어링 : 한쪽에 홈을 파고 다른 쪽에 축을 끼워 맞춘 것으로, 재질이 단단하고 무늬가 아름다워 마루 바닥이나 벽장식과 음향 효과를 얻을 때 쓰인다.

ⓔ 적층재 : 다수의 단판을 일정한 섬유 방향으로 접착한 것으로 균질의 대장재를 얻을 수 있다.

ⓕ 경화적층재 : 합성수지에 담근 단판을 고압으로 접착시킨 것으로, 균질성과 내습성 등이 증가한다.

ⓖ 섬유판 : 섬유화한 목재를 가열·압축한 것으로, 균질성이 있고 강도와 방향성이 개선된 것이다.

| 무료 동영상 |

핵심정리 22 공업재료 – 플라스틱 ★★

1. 플라스틱의 일반적 성질

- 낮은 밀도를 가진 절연체로서 빛을 잘 반사하지 않고, 투명하거나 반투명한 재료로서 석유 화학 산업의 발달로 인해서 나타났다.
- 주원료는 석탄, 석유이며 일반적으로 열경화성 수지와 열가소성 수지로 나뉜다.

ⓐ 장점
- 타 재료에 비해 가벼우며, 자유로운 형태로 가공 용이하다.

- 내수성이 좋아 재료의 부식이 없다.
- 전기절연성이 우수하고 열전도율이 적어 보온효과가 있다.
- 착색이 용이하고, 다양한 재질감을 낼 수 있다.

ⓒ 단점
- 자외선에 약하며 내열온도가 낮고 연소하기 쉽다.
- 내후성이 나쁘며 환경오염의 주범이 되기도 한다.

2. 플라스틱의 분류

❶ 열경화성 플라스틱

- 열에 안전하므로 150℃ 이상에서도 잘 견디나 3차원적 구조가 되어 성형 후 재사용이 불가능하다.
- 압축, 적층, 성형 등의 가공법을 거치므로 비능률적이다.
- 가열 시 경화하며 강도가 높고 대부분이 반투명 또는 불투명 제품에 사용된다.
- 일반적으로 내열성, 내용제성, 내약품성, 전기절연성이 좋고, 충전제를 넣어 단단한 성형물을 만들 수 있다.
- 종류 : 페놀수지(PF), 멜라민 수지(MF), 에폭시 수지(EP), 우레아 수지(UF), 우레탄 수지(PUR), 폴리에스테르

❷ 열가소성 플라스틱

- 열 변형 온도가 낮아 150℃ 내외로 변형되며 가열 시 연화되고 유동성을 갖게 되지만, 다시 냉각하면 원래 상태로 되돌아간다.
- 화학적 변화를 일으키지 않아 성형 후 재사용이 가능하다.
- 투광성이 높아 거의 모든 재료에서 투명 제품에 사용된다.
- 압출 성형, 사출 성형에 의해 쉽게 가공할 수 있다는 장점이 있는 반면, 내열성 내 용제성은 열경화성 수지에 비해 약하다.

- 종류 : 염화비닐 수지, 폴리스티렌, ABS 수지, 아크릴 수지 등의 투명한 수지와 폴리에틸렌, 나일론, 폴리아세탈 수지 등의 유백색 수지

3. 플라스틱의 성형 기술

❶ 사출 성형

- 가열 실린더 안에 플라스틱 입자가 가열 용융·유동화되면서, 사출 피스톤을 통해 금형 안에 압입, 냉각시킨 뒤 열린 금형에서 자동적으로 성형품이 만들어지는 성형법이다.
- 자동생산에 따라 고속의 대량생산이 가능하며 정확한 치수와 안정적인 품질의 성형품을 만들 수 있다.
- 다양한 형태의 성형이 가능하며, 착색과 가공이 용이하다.

❷ 압출 성형

- 압출 성형기를 이용해 분말의 열가소성 플라스틱을 실린더에 넣어 스크류에 연속 회전하며 물이나 공기로 냉각·고화시켜 성형품을 얻는 방법이다.
- 플라스틱 튜브, 파이프와 같은 기다란 제품(봉, 관, 선)을 얻는 가공 방법이다.
- 열가소성 수지 중 특히 폴리에틸렌이나 염화비닐 수지 등의 주요한 성형법이다.

❸ 압축 성형

형틀 속에 재료를 넣고 열과 압력을 가하여 성형하는 방법으로 열경화성 수지의 가장 일반적인 성형법이다.

❹ 블로우 성형

열을 가해 재료를 연화한 후 형틀에 넣고, 공기를 넣어 형틀에 밀착시켜 경화하는 성형법이다.

| 무료 동영상 |

 23 공업재료 – 금속/점토/석재/ 섬유/유리/연마/접착제 ✪✪

1. 금속

◼ 금속재료의 범위와 분류

㉠ **철재** : 철재는 탄소 함유량 정도에 따라 분류되며, 순철, 선철(주철), 강으로 나뉜다.

㉡ **비철금속** : 철금속에 속하지 않는 모든 금속으로 일반금속(구리, 철, 알루미늄 등)과 귀금속(금, 은, 백금 등) 등이 있다.

◻ 금속의 일반적인 성질

㉠ **장점**

- 열 및 전기의 양도체이며, 상온에서 고체상태의 결정체이다.
- 전성과 연성이 좋고, 불에 타지 않는다.
- 저항과 내구성이 크며 가공하여 얇은 형태로도 가능하다.

㉡ **단점**

- 비중이 크고, 녹이 슬 염려가 있다.
- 값이 많이 나가며, 가공이 쉽지 않고 색이 다양하지 않다.

◼ 금속의 종류

㉠ **순철** : 불순물을 전혀 함유하지 않은 순도 100%인 철로서, 내부 변형력이 매우 낮고, 정련된 순철은 공정이 어렵고 비용이 많이 든다.

㉡ **주철(선철)** : 탄소 함유량이 1.7% 이상인 합금을 말하며 난로, 맨홀의 뚜껑 등의 주물제품으로 사용된다.

㉢ **강** : 0.1~1.5%의 탄소를 함유한 철로 강은 경도에 따라 연강과 경강, 탄소 함유량에 따라 탄소강과 저탄소강으로 분류된다.

◼ 금속의 가공

㉠ **열처리**

- 가열 및 냉각 방법으로 금속재료의 구조를 변경시키는 작업을 말한다.
- 열처리 방법

풀림	가열로 금속을 정상적인 성질로 회복하는 열처리 방법(재질을 균일화)
담금질	금속을 높은 온도까지 가열하여 빠르게 냉각시키는 과정(재료의 경화)
뜨임	담금질한 강을 다시 가열하여 서랭하는 과정(재료의 인성 부여)
불림	금속을 높은 온도까지 가열 후 공기 중 서서히 냉각(표준화된 금속)

㉡ **금속의 표면처리**

- 금속 표면을 아름답게 보이도록 하거나 표면의 내식성 또는 내마모성을 개선하는 등의 목적을 위하여 처리하는 방법을 말한다.
- 전처리 : 금속의 도금 시 먼지나 이물질이 묻어 있는 표면을 깨끗이 처리하는 과정이다.
- 전처리 불완전 : 도금이 벗겨짐, 얼룩이 생김, 부식이 생김을 말한다.
- 도금 : 금속의 표면이나 비금속 표면에 다른 금속을 사용하여 피막을 처리한다.
- 도장 : 금속에 도료를 도장함으로써 부식을 방지하고 착색효과를 얻는 방법이다.
- 연마 : 금속의 표면을 문질러서 광택을 내는 방법이다.
- 칠보 : 금속에 유약을 발라 고온으로 열처리해 착색하는 방법이다.

2. 점토

- 장석질 암석으로 화성암, 화강암, 석영 등이 온천이나 풍화작용으로 인해 긴 세월이 지나 변질되어 생겨난 생성물이다.

- 점토의 화학 성분은 내화성, 소성 변형, 색채 등에 영향을 준다.
- 점토는 물에 젖으면 가소성이 생기고 건조하면 굳어지며, 높은 온도로 구웠다가 식히면 그 강도가 더욱 커진다.

1 점토의 제조 과정

원토 처리 → 조합 및 혼화 → 건조 → 유약처리 → 소성 → 장식

2 점토 제품의 분류

㉠ 토기
- 점토 제품 중 저급의 제품으로 600~900℃ 정도로 유약처리 없이 소성한 것이다.
- 벽돌, 기와, 항아리, 화분 등에 사용된다.

㉡ 도기
- 가소성이 있는 제품으로 낮은 온도에서 소성된 것이다.
- 타일, 위생도기 등에 사용된다.

㉢ 석기
- 가소성과 성형성이 자유로우며, 단단한 제품으로 1,250~1,300℃에서 소성한 것이다.
- 건축용품, 민예도기에 사용된다.

㉣ 자기
- 투광성이 좋은 고급제품으로 1,250~1,450℃에서 소성한 것이다.
- 흡수성이 적고 매우 단단하여 경도 및 강도가 점토 중 가장 크다.
- 전기의 부도체로 이화학용품 및 전자기, 건축용, 장식용, 식탁용에 사용된다.

3 점토 제품의 종류

㉠ 벽돌
풍화된 점토에 가는 모래와 석회 등을 첨가해 점성과 색을 조절하여 틀에 넣고 굳혀 소성시킨 제품이다.

㉡ 타일
- 벽을 보호하는 목적으로 벽에 붙이는 실용적인 제품으로 채색 등을 가미해 장식적 효과도 줄 수 있다.
- 내구성이 좋으며 시공이 간단하고 시공 후에 균열을 일으키거나 변색하는 일이 거의 없다.
- 위생이 요구되는 주방, 화장실, 욕실 등에 주로 쓰인다.

㉢ 테라코타
점토를 제련해서 만들 수 있는 블록으로 부서지기는 쉬우나 보존성은 좋고 시공이 대체로 쉽고 주문제작에 의해 자유로운 형상 제작이 가능해 조각 작품의 소재로 널리 쓰인다.

㉣ 뉴 세라믹스
기존의 천연원료를 정제하거나 합성한 원료를 사용하여 그 성질을 개선시킨 재료로 인공 보석, 탄소섬유, 인공뼈, 핵융합 등 사회 전반에 걸쳐 폭넓게 사용되고 있다.

4 석고의 분류

㉠ 소석고
- 석고 원석을 190℃ 내로 가열한 것으로 건조 시간이 빠르다.
- 작업 시 물의 중량비는 40~50%가 알맞다.
- 경화촉진제로 더운물을 이용하며 건식법과 습식법 두 방법이 병용된다.
- 석고 플라스터, 미술 공예용품, 안료 등에 이용된다.

㉡ 경석고
- 석고 원석을 300℃ 내로 가열한 것으로 경화속도는 느리지만 경도가 매우 높다.
- 굳으려는 석고를 다시 반죽해 사용 가능하다.
- 시공은 용이하며 걸레받이, 바닥마루 제조에 쓰인다.

3. 석재

1 일반적 성질

㉠ 장점
- 압축강도가 크다.
- 불연성으로 내구성, 내화성이 좋다.

㉡ 단점
- 인장강도가 작다.
- 열전도율이 작다.
- 비중이 크기 때문에 가공이 힘들다.

2 석재의 종류

㉠ 화성암
- 화산 작용에 의해 마그마가 냉각된 암석이다.
- 화강암, 안산암, 섬록암, 부석 등이 있다.

㉡ 수성암
- 기존 암석이 오랜 세월 동안 지열과 지압의 영향으로 응고 경화된 석재이다.
- 응회암, 사암, 석회암, 점판암, 이판암 등이 있다.

㉢ 변성암
- 변성 작용으로 인해 그 성질이나 조직이 바뀐 암석이다.
- 대리석 : 주성분은 탄산칼슘으로 색채, 무늬 등이 다양하며 치밀하고 견고하여 장식재로 쓰인다.

㉣ 인조석 : 시멘트에 모래와 여러 돌가루를 혼합해 만든 돌로 값이 저렴하고 다루기 편리하다.

4. 섬유

1 섬유의 분류

㉠ 천연섬유
- 식물성 섬유 : 종자섬유(면화), 줄기섬유(대마, 황마), 잎섬유(마닐라삼), 과실섬유(야자섬유), 잡섬유(볏집)
- 동물성 섬유 : 모섬유(양털), 명주섬유(가잠견, 야잠견)
- 광물성 섬유 : 석면섬유(석면)

㉡ 인조섬유 : 재생섬유, 반합성 섬유, 합성섬유, 무기질 섬유

2 섬유의 성질

- 흡습성 : 땀이나 습기를 흡수하는 성질로 의복에서 꼭 필요하다.
- 보온성 : 의복이나 커튼 등의 재료에는 보온성이 필요하다.
- 광택 : 섬유에 따라 광택의 정도가 다르며 직물의 품위와 관계있다.
- 내구성 : 변질이나 변형이 되지 않고 잘 견디는 성질로 내구력이 강해야 한다.

3 삼원 조직

- 평직 : 경사와 위사를 한 가닥씩 서로 섞어 짜는 방법
- 능직 : 경사와 위사를 몇 올 이상씩 건너뛰어 엮어 짜는 방법
- 주자직 : 공단, 양단 등과 같이 경사와 위사가 각각 다섯 올 이상이고 광택이 있는 조직

5. 유리

1 유리의 특성과 성질

㉠ 유리의 특성

- 규사, 탄산석회 등의 원료를 용융된 상태에서 냉각하여 얻은 투명한 비결정 고체이다.
- 내구성이 커서 반영구적이다.
- 불연재료이며 광선 투과율이 좋아 건축의 채광재료로 사용된다.
- 전기 부도체이며 급격한 온도의 변화에 따라 파괴된다.
- 취성이 높아 외부의 힘을 가하면 깨진다.
- 용융상태에서는 전기를 통하게 된다.

㉡ 유리의 성질

- 빛을 굴절, 반사, 흡수, 투과하는 성질이 있다.
- 실온에서는 높은 점성을 가지며, 온도가 높아질수록 점성이 떨어진다.
- 비중 : 보통 유리의 비중은 2.5~2.6 정도이며, 중금속을 다량 함유할수록 비중이 높아진다.
- 유리무게(g)=비중×부피(cm^2)
- 강도 : 유리가 두꺼울수록 휨강도가 작아진다.

2 유리의 제조과정

- 원료 조합 → 용융 → 청정 → 성형 → 서냉 → 인쇄 및 소부 → 가공
- 원료 조합 : 유리 조성을 정한 후 유리원료 조합비를 구하는 과정이다.
- 용융 : 유리 원료에 열이 가해져 액상으로 되는 과정이다.
- 청정 : 용융 시 발생하는 기포를 제거하는 과정이다.
- 성형
  - 블로우 머신 : 용기 생산에 주로 쓰이는 성형법으로, 생산효율이 좋은 일반적인 방법이다.
  - 수취법 : 가열하여 녹은 유리를 관 끝에 놓고 입으로 불어 모양을 만드는 방법으로, 가장 오래된 방법이다.

- 서냉 : 유리 제조의 최후 과정으로, 다시 열을 가한 뒤 냉각시키는 과정이다.
- 인쇄 및 소부 : 제품 표면에 상표 등을 인쇄하여 붙이는 과정이다.
- 검사 : 생산된 제품의 외관, 중량, 치수 등을 검사하는 과정이다.

3 유리 제품

- 판형 유리 : 유리 한쪽 표면에 다양한 무늬가 있는 유리
- 합판 유리 : 두 장 이상 겹쳐 중간에 비닐합성 수지를 첨가한 특수 유리
- 강화 유리 : 유리에 열처리를 강화한 것으로 절단이 되지 않는 유리
- 자외선 통과 유리 : 판유리에 소량의 산화철을 첨가한 유리
- 안전 유리 : 유리에 망입 등을 이용하여 깨질 시 위험 방지를 고려한 유리
- 석영 유리 : 유리 중 내열성이 크고 자외선을 투과하는 유리

6. 연마

1 그라인더 연마

그라인더로 다듬은 면이 매우 매끄러워 금속공예에 많이 쓰이는 연마법이다.

2 버프 연마

헝겊 등으로 만든 버프에 분말 연마제를 붙여 고속 회전시키고 가공물과의 사이에 발생하는 압력에 의해서 가공하여 평활한 면을 만들기 위해 표면을 매끄럽게 하는 방법이다.

3 전해 연마

연마하려는 금속을 전해액 속에서 전기분해하여 금속표면의 더러움을 없애고 볼록 부분을 용해시켜 매끄러운 면을 얻는 연마법이다.

7. 접착제

1 동물성 접착제

- 아교 : 가축이나 근육 또는 뼈, 그 밖의 물고기 껍질 등으로 만든 동물성 접착제이다.
- 어교 : 물고기의 부레를 이용하여 만든 접착제이나 내후성이 나쁘다.
- 카세인 : 우유 속 단백질 가루를 물에 괴어 풀로 만든 것으로, 접착력과 내수성이 좋다.
- 알부민 : 가축의 혈액 중 알부민을 추출하여 접착성을 이용한 것이다.

2 식물성 접착제

- 콩풀 : 가격이 저렴하고 내수성이 크며, 상온에서도 사용 가능하다.
- 녹말풀 : 녹말의 접착성으로 종이나 천을 붙이는 데 사용하며 제조법이 간단하다.
- 옻풀 : 옻에 밀가루를 타서 반죽한 것으로 목재 세공품이나 도자기 등에 쓰인다.
- 아라비아 고무풀 : 물에 잘 녹으나 알코올에는 녹지 않는 접착제이다.

3 합성수지 접착제

- 페놀계 접착제 : 알코올 용액형으로 에폭시 페놀, 가열 경화형 등이 있다.
- 멜라민계 접착제 : 내수합판 또는 목재의 접착에 주로 쓰이며 고온에서 바로 경화한다.
- 에폭시계 접착제 : 휘발성이 없기 때문에 굳을 때 접착 부분의 수축이 없다.
- 폴리에스테르 접착제 : 경화 시 수축되어 접착력이 저하되므로 충전제를 적절히 혼합하여 사용하여야 한다.
- 실리콘 수지 접착제 : 알코올, 벤졸 등의 유기 용제로 60% 정도의 농도로 녹여서 사용하고 200℃의 온도에서도 견디며 전기 전연성, 내수성이 우수하여 가죽 제품 이외의 모든 재료를 붙일 수 있다.

| 무료 동영상 |

핵심 정리 **24 도장재료 일반** ☆

1. 도료의 구성

1 안료

- 제품 표면에 착색피막을 형성하기 위해 사용하는 색소로 물, 용제, 기름 등에 녹지 않는다.
- 무기안료 : 변색되지 않고 안정되어 도료에 많이 쓰이며 내광성, 내열성이 양호하고 가격이 저렴하며 도료, 인쇄잉크, 회화용 크레용, 통신기계, 건축재료, 합성수지 등에 널리 사용된다.
- 유기안료 : 무기안료보다 못하나 색의 종류가 다양하고 인쇄잉크, 도료, 플라스틱 염색 등에 널리 사용된다.

2 수지

도료의 각 성분들을 묶어서 필름을 형성하는 역할로 천연수지와 합성수지를 혼합하여 사용한다.

3 용제

수지를 용해하여 도막에 평활성을 부여하는 성분으로 건조 속도의 조절과 도막의 평활성을 부여한다.

4 첨가제

도료의 성질을 사용 목적에 맞도록 조정하는 성분으로 도료 속에 적은 양을 가미하여 사용한다.

5 전색제

고체 성분의 안료를 밀착시켜 피막을 형성하기 위해 섞는 물질로 안료를 고루 펴주고, 얇은 막을 만들 수 있다.

6 건조제

도료가 도포된 얇은 막이 빨리 건조되도록 해주는 것으로 납, 망간, 코발트 등의 산화물이 사용된다.

2. 도료의 종류

① 천연수지 도료

옻 : 주성분이 우루시올이며 용제가 적게 들고 광택이 우아하여 공예품에 주로 사용된다.

② 유성 페인트

보일유로 이겨놓은 안료에 건조제와 피막제를 섞은 도료로 일반적으로 사용된다.

③ 에나멜 페인트

오일 니스와 안료가 주성분인 도료로 초벌칠용과 덧칠용이 있고 건축용 차량, 선박, 기계 등에 널리 사용된다.

④ 수성 페인트

백색안료와 수용액에 혼합물을 첨가한 것을 시공 전에 넣어 체로 걸러 사용하며 취급이 간단하고, 발화성이 낮으며 가격이 저렴하다.

⑤ 합성수지 도료

- 선명한 색을 얻을 수 있으며 건조 시간이 빠르고 도막이 단단하며 요소수지 도료, 알키드 수지 도료 등이 있다.
- 래커 애나멜 : 재료나 제품의 미장, 보호를 목적으로 하는 도료이다.
- 락카 : 광택과 건조가 우수하며, 분사 형식으로 되어 있어서 작업이 용이하며 실내의 투명 마감재료로 사용된다.

⑥ 그 밖의 도료

- 바니시 : 천연 또는 합성수지 등을 건성유와 같이 가열한 물질에 건조제를 넣어 용제로 녹인 도료이다.
- 핫스프레이 도장 : 열을 가하여 점도를 저하시켜서 도장하여 사용하며 광택이 좋으며 공기의 소비량이 적다.
- 멜라민 수지 도료 : 내수성, 내약품성, 내후성은 좋은 반면 밀착성이 나쁘다.

3. 도장재료의 특성

- 물체의 표면에 피막을 형성하여 녹과 부식을 방지한다.
- 붓칠 또는 기타 방법으로 물체 표면에 얇게 칠할 수 있다.
- 건조되면서 고체 상태의 피막이 된다.

| 무료 동영상 |

 25 **컴퓨터그래픽스의 이해** ★★

1. 컴퓨터그래픽스 개념

1 장점

• 아주 미세한 부분까지 표현이 가능하다.
• 작업 데이터의 이동 및 보관이 간편하다.
• 모형 제작 단계에서 수정이 자유로워 많은 시간과 비용을 절감하게 해 준다.
• 반복되는 단순 작업을 자동적으로 계산하여 작도를 쉽고 빠르게 도와준다.
• 무한대로 복제할 수 있으며, 정보들의 축적으로 나중에 다시 이용할 수 있다.
• 가상적 체험을 모의실험을 통해 이루어 정확한 데이터를 쉽게 얻을 수 있다.

2 단점

• 자연적인 표현이나 기교의 순수함이 없다.
• 디자이너의 도구일 뿐 창의력이나 아이디어를 제공하지 않는다.
• 모니터의 크기에 제약이 있다.
• 모니터와 출력물의 색상이 동일하지 않으며 보정작업을 거쳐야 한다.

3 분류

• 2D : 컴퓨터 페인팅으로 2차원 상의 평면으로 출력된 모든 이미지를 총칭하는 말이다.
• 3D : 3차원 모델 및 음영 표현, 재질 표현 등 모든 입체 표현과정을 뜻한다.
• 4D : 3차원 공간에 시간 축을 더한 것으로 컴퓨터 애니메이션이라고도 한다.

2. 컴퓨터그래픽스 역사

1 제1세대(1950년대) – 진공관 시대

• 1946년 미국 필라델피아의 펜실베이니아 대학에서 모클리와 에커트가 세계 최초의 전자식 컴퓨터인 에니악을 완성하였다.
• 1951년 에커트와 모클리가 세계 최초의 상업용 컴퓨터인 UNIVAC-1을 개발하였다.
• 1958년 미국의 캘컴사가 565드럼 플로터를 개발함으로써 컴퓨터그래픽스의 탄생기 또는 프린터 플로터 시대라고 불리게 되었다.

2 제2세대(1960년대) – 트랜지스터 시대

• IBM사와 제너럴 모터스사가 공동으로 자동차 설계를 위한 시스템 DAC-1을 개발하여 CAD/CAM 시스템을 만들었다.
• 1961년 MIT 출신 서덜랜드가 '스케치패드' 방식을 개발하면서 컴퓨터그래픽스의 큰 발전을 가져왔다.
• 본격적인 CRT 시대가 되면서 1970년대로 연결되는 애니메이션 발전의 시작을 알렸다.
• 최초의 비디오 게임인 '스페이스 워'를 만들어 좋은 반응을 얻었다.

❸ 제3세대(1970년대) – IC 시대

- 미국의 벨 연구소에서 집적회로(IC) 개발에 성공하였다.
- 영화와 TV 등에 본격적으로 컴퓨터그래픽스가 이용되었다.
- 벡터 스캔형 CRT가 보급되었다.
- 표현 기법이 플랫 셰이딩→고라우드 셰이딩→퐁 셰이딩 기법으로 바뀌면서 음영처리를 세밀하게 하게 되었다. 주로 면 처리의 실험적인 하프톤 애니메이션이 제작되었다.
- 서덜랜드, 에반스가 제작한 하프톤 애니메이션은 최초의 기념비적 영상이라 할 수 있다.
- 1976년 애플 컴퓨터를 개발하였다.

❹ 제4세대(1980년대) – LSI 시대

- 컴퓨터의 대형화와 OA 시대가 개막되었다.
- 래스터 스캔형 CRT가 등장하였다.
- 해안이나 산 등이 자연현상의 복잡한 형태를 간략하게 영상화하려는 시도(프랙탈 이론)를 하였다.
- 만화 영화가 컴퓨터그래픽스에 도입되었다.

❺ 제5세대(1990년대 이후) – VLSI 시대

- 국내 영화에 컴퓨터그래픽스가 도입되어 점차 활발해지고 있다.
- GUI 환경의 윈도가 발표되면서 그래픽 환경으로 변화되었다.
- 디지털 영화의 기법으로 매트 페인팅, 옵티컬 합성, 스톱 모션 촬영 등 모두 컴퓨터로 처리하였다.
- 컴퓨터그래픽 변천사 중 바이오 소자와 광 소자가 개발되었으며, 인공지능 컴퓨터가 등장한 시기이다.

3. 컴퓨터그래픽스 원리

❶ 자료 표현의 단위

- 비트(Bit) : Binary Digit의 약자, 이진수(0 또는 1) 조합의 정보 표현의 최소 단위
- 니블(Nibble) : 4Bit로 이루어진 단위
- 바이트(Byte) : 8Bit로 이루어진 단위, 한 개의 문자를 표현하는 단위, 영문/숫자(1Byte), 한글/한자(2Byte)
- 워드(Word) : 연산의 기본 단위, Half Word(2Byte), Full Word(4Byte), Double Word(8Byte)
- 필드(Field) : 레코드를 구성하는 기본 단위, 데이터 처리의 최소 단위
- 레코드(Record) : 자료 처리의 기본 단위로 하나 이상의 필드로 구성
- 파일(File) : 프로그램 구성의 기본 단위
- 데이터베이스(Database) : 파일들을 모아 놓은 집합체

❷ 처리 속도의 단위

$ms \rightarrow \mu s \rightarrow ns \rightarrow ps \rightarrow fs \rightarrow as$

- 밀리초 : ms(milli second : 10^{-3}sec)
- 마이크로초 : μs(micro second : 10^{-6}sec)
- 나노초 : ns(nano second : 10^{-9}sec)
- 피코초 : ps(pico second : 10^{-12}sec)
- 펨토초 : fs(femto second : 10^{-15}sec)
- 아토초 : as(atto second : 10^{-18}sec)

❸ 기억 용량의 단위

$KB \rightarrow MB \rightarrow GB \rightarrow TB \rightarrow PB$

- 1KB(Kilo Byte)=1024Byte=2^{10}
- 1MB(Mega Byte)=1024KB=2^{20}
- 1GB(Giga Byte)=1024MB=2^{30}
- 1TB(Tera Byte)=1024GB=2^{40}
- 1PB(Peta Byte)=1024TB=2^{50}

④ 비트 수에 따른 문자와 색상 표현의 수

- 1Bit : 0 또는 1 중, 검정이나 흰색 중에 한가지 색을 표현한다.
- 8Bit(=1Byte) : 2^8=256 문자나 색상을 표현한다.
- 16Bit : 2^{16}=65,536(약 6만 5천) 문자나 색상을 표현한다.
- 24Bit : 2^{24}=16,777,216(약 16만 7천) 문자나 색상을 표현하며 트루컬러(True Color)라고 한다.
- 32Bit : 2^{32}=4,294,967,296(약 42억 9천) 문자나 색상을 표현한다.

⑤ 명령어의 구분

㉠ 내부 명령어

파일이 별도로 존재하지 않고 COMMAND.COM(명령어 해석기) 속에 포함되어 실행되는 명령어(종류 : COPY, CD, MD, RD, DIR, TIME, DATE 등)

㉡ 외부 명령어

파일이 각자 존재하는 명령어(종류 : FORMAT, XCOPY 등)

⑥ 좌표계

㉠ 직교 좌표계(Rectangular Coordinate System)

- 각 축의 교차점을 원점이라고 하며, 원점(x, y, z)의 값을 (0, 0, 0)으로 표현하며 x=넓이, y=높이, z=깊이 또는 두께를 표현한다.
- 좌표계에서 x축은 수평으로, y축은 수직으로 표현되며, z는 3차원을 표현 시 사용한다.
- 직교 좌표계는 모두 0으로 시작되어 표현되기 때문에 정확한 위치를 표현할 수 있다.

㉡ 극 좌표계(Polor Coordinate System)

수치값을 정의하지 않고 임의의 원점으로부터 거리와 각도로 표현한다.

| 무료 동영상 |

핵심 정리 26 컴퓨터그래픽스의 원리 ★★★

1. 디자인 프로세스와 컴퓨터그래픽스

① 이미지 표현의 요소

㉠ **커서** : 컴퓨터의 지시나 특정 명령어의 수행 및 컴퓨터 내에서 마우스나 기타 표현 도구를 사용하여 명령어를 선택하거나 선택된 명령어의 위치를 알게 해 준다.

㉡ **윈도** : 화면 위에서 그림을 그리거나 채색하는 등의 장소를 드로잉 영역이라 하며, 윈도는 그림이 나타나는 부분이다.

㉢ **아이콘** : 각종 프로그램, 명령어, 또는 데이터 파일을 쉽게 지정할 수 있도록 하기 위해 각각에 해당되는 조그만 그림 또는 기호를 만들어 화면에 표시하는 것이다.

㉣ **픽셀** : 디지털 이미지의 기본 단위로서 화면을 구성하는 최소 단위이다.

㉤ **포인터** : 마우스의 위치를 알려주는 작은 그림이다.

㉥ **그래픽 메뉴**

- 사용자가 사용하기 쉽게 제시한 일종의 기호 체계이다.
- 페인트 메뉴 : 팔레트
- 드로잉 메뉴 : 연필, 붓, 에어브러시 등
- 기능 메뉴 : 작업을 처리해야 하는 표현 기능들

② 이미지 표현 프로세스

이미지 구상 단계 → 드로잉을 위한 툴 선택 단계 → 색상 선택 단계 → 이미지 표현 단계

2. 디자인 작업을 위한 컴퓨터그래픽스

1 기본 개념

㉠ 해상도(Resolution)

- 모니터 내에 포함되어 있는 비트맵 이미지가 몇 개의 픽셀로 구성되어 있는가를 나타내는 것으로서 수평, 수직으로 inch 혹은 cm당 표시될 수 있는 점의 수이다.
- 해상도가 높을수록 이미지의 질은 높아진다.
- PPI(Pixel Per Inch) : 1인치당 화면에 출력되는 해상도 단위로 사용
- DPI(Dot Per Inch) : 1인치당 출력되는 점의 수로, 해상도 단위로 사용
- LPI(Line Per Inch) : 1인치당 인쇄되는 선의 수로, 해상도 단위로 사용
- 웹용 해상도 : 72dpi, 출력용 해상도 : 300dpi

㉡ 앨리어싱(Aliasing) : 저해상도에서 곡선이나 사선이 계단모양으로 나타나는 현상이다.

㉢ 안티 앨리어싱(Anti-Aliasing)

- 저해상도에서 곡선이나 사선을 표현할 때 생기는 계단현상을 완화하기 위해 사용하는 기법이다.
- 이미지에서 톱니 모양의 거칠은 부분을 중간색으로 보완시켜 부드러운 직선으로 보이게 하는 기능이다.

㉣ DTP(Desktop Publishing) : 전자출판, 탁상출판이라고도 하며, 개인용 컴퓨터를 이용하여 출판물의 입력과 편집, 인쇄 등의 전 과정을 컴퓨터화한 전자 편집 인쇄 시스템이다.

㉤ 캘리브레이션(Calibration) : 모니터와 실제 인쇄했을 때의 색상이 일치하지 않을 때 여러 시험을 통해 일치하도록 조정해 주는 작업이다.

㉥ 색상 영역(Color Gamut)

- 개멋이란 컬러 시스템이 표현할 수 있는 컬러 대역(표현 범위)을 말한다.
- 색상 표현의 순서 : CIE Lab 〉 RGB 〉 CMYK

2 이미지 처리

㉠ 벡터 그래픽

- 벡터 방식은 각기 다른 도형의 특성이 수학적인 형태로 모델화되어 있어서 크기 조절, 회전, 선의 굵기, 색상 등의 특성을 변경시킬 수 있는 연산 등을 수행할 수 있다.
- 해상도의 손실 없이 확대, 축소, 회전 등의 변환이 자유롭다.
- 이미지 출력 시 크기에 관계없이 출력기가 갖는 최고의 해상도로 출력이 가능하다.
- 사용 분야 : 도면 제도, 심벌 디자인, 로고, 캐릭터 등의 분야에 사용
- 프로그램 : CAD, 일러스트레이터, 코렐드로우

㉡ 래스터 그래픽

- 비트맵 방식이라고도 하며 픽셀이 조밀한 래스터 이미지로 고품질의 이미지 처리가 가능하다.
- 이미지의 축소, 확대, 반복, 이동이 가능하나 크기를 변화하면 해상도가 변한다.
- 픽셀(기본 단위)로 이루어져 있으며 일반적인 사진 이미지 합성작업에 사용한다.
- 사용 분야 : 리터칭, 페인팅, 이미지 프로세싱
- 프로그램 : 포토샵, 페인터, 코렐 포토 페인트

3 컬러 모델

㉠ RGB 모델

- Red, Green, Blue
- 주로 영상 이미지, TV, 컴퓨터그래픽 등에 사용한다.
- RGB 모드는 색상은 각각 R : 0~255, G : 0~255, B : 0~255로 값을 표현한다.

㉡ CMYK 모델

- Cyan(청록), Magenta(자주), Yellow(노랑), Black(검정)
- 4도 분판 인쇄나 컬러 출력에 사용된다.
- CMYK를 100%로 하여 %로 색상을 나타낸다.

© LAB 모델

• L(a, b)로 표기한다.

• L은 명도, 색상과 채도는 a와 b의 값으로 결정된다.

② HSV 모델

Hue, Saturation, Value(색상, 채도, 명도)

4 특정 모드

㉠ 비트맵 이미지 : 디지털 이미지에서 가장 작은 단위로 1 Bit, 즉 0과 1의 단순한 색상이다.

㉡ 그레이 스케일 : 0~255까지 8비트로 나타내며, 흑백 사진처럼 흑과 백 그리고 중간에 회색을 넣는 색상모드이다.

㉢ 듀오톤 모드 : 기본적으로 컬러모드가 그레이스케일이 되어 있어야 사용 가능하며, 검정과 다른 색상 1가지를 이중으로 적용하는 색상모드이다.

㉣ 인덱스컬러 모드 : 8비트(256컬러표)를 사용하는 단일 채널 이미지로서 256색 이하로 줄여야 하며, 이미지의 용량을 줄일 수 있어 웹, 게임 그래픽용 이미지를 제작하는 데 사용한다.

5 파일 포맷

㉠ 벡터 포맷

• AI : 벡터 포맷 중 일반적으로 가장 많이 사용하며 어도비 일러스트레이터 포맷

• CDR : 코렐드로우 파일 포맷

• EPS : 4도 분판을 목적으로 하는 그래픽 포맷으로 비트맵이나 벡터 방식의 이미지 모드에서 사용할 수 있는 파일 포맷

• PostScript : 어떤 출력장치에도 왜곡됨 없이 그래픽 이미지를 표현해 줄 수 있는 파일 포맷

㉡ 비트맵 포맷

• PSD : 포토샵에서 레이어와 알파 채널 등을 모두 저장할 수 있는 파일 포맷

• GIF : 최대 256가지 색으로 제한되며 온라인 전송을 위한 압축파일로 용량이 적고 투명도, 인터레이스, 애니메이션이 지원 가능한 그래픽 파일 포맷으로 Indexed mode로 사용된다.

• JPG : 그래픽 파일 포맷 중에 압축률이 좋고 이미지의 질을 최대한으로 유지하면서 효율적으로 파일을 압축하는 데 사용하는 가장 좋은 포맷

• PNG : GIF와 JPEG의 장점을 합친 것으로 이미지의 투명성과 관련된 알파채널에서 향상된 기능을 제공하고 24비트 컬러처럼 저장할 수 있는 효율적인 파일 포맷

• TIFF : 편집 프로그램으로 보낼 때 사용하는 것으로 무손실 압축을 지원하는 포맷

• TGA : 알파 채널을 지원하는 파일 포맷

• BMP : 마이크로소프트사에서 지원하는 파일 포맷으로 압축 방법을 사용하지 않는 파일

㉢ 문서 파일 포맷

• TXT : 가장 널리 사용되고 있는 텍스트 표준 파일 포맷

• PDF : 전자책, 디지털 문서에 유용하게 활용할 수 있는 정보 표현 포맷으로 벡터와 비트맵 그래픽 모두를 표현할 수 있으며, 어도비사의 아크로벳에서 사용되는 문서 포맷

㉣ 사운드 포맷

• AIFF : 오디오 교환 파일 포맷 형식

• WAV : 윈도의 표준 사운드 포맷. 직접 재생이 가능

• AU : 유닉스에서 사용하는 포맷

• MID : 표준 형식의 미디 파일

• MP3 : 음반 CD에 가까운 음질을 유지시키면서 기존 데이터를 압축한 포맷

㉤ 3D 파일 포맷

• DWG : 오토캐드용 도면 저장 포맷

• DXF : 오토캐드용 3D 프로그램으로 전환 시에 저장되는 포맷

• 3DS : 오토데스크사의 3D 스튜디오의 3D 파일 포맷

| 무료 동영상 |

핵심정리 27 컴퓨터그래픽스 시스템 구성 ★★★

1. 컴퓨터 시스템의 구성

- 하드웨어(Hardware)는 딱딱한 제품이라는 의미로 컴퓨터 시스템을 구성하는 물리적인 부품, 즉 기계적인 장치를 말한다.
- 소프트웨어(Software)는 하드웨어를 사용하기 위한 각종 명령의 집합으로서 일반적으로 프로그램이라 부른다.
- 컴퓨터의 5대 기능 : 입력, 출력, 연산, 제어, 기억
- 컴퓨터의 3대 기능 : CPU(연산+제어+기억), 입력, 출력

2. 중앙처리장치

1 중앙처리장치(CPU)의 구성

㉠ 연산장치(ALU) : 자료를 입력받아 산술연산, 관계연산, 논리연산 등을 수행하는 장치이다.

㉡ 제어장치(Control Unit) : 모든 장치들을 감시, 감독, 지시, 통제하는 기능을 가지며 명령 해독기, 번지 해독기, 부호기 등으로 구성되어 있다.

㉢ 레지스터(Register) : CPU 내의 자료나 수행될 명령의 주소를 일시적으로 저장하는 데 임시기억 장소로 사용되는 고속의 기억회로로 가장 속도가 빠르다.

2 중앙처리장치(CPU)의 성능 단위

- MIPS(Million Instruction Per Second) : 1초 동안에 100만 개의 명령어를 처리할 수 있는 속도를 다타내는 단위
- FLOPS(Floating−point Operation Per Second) : 1초 간 처리할 수 있는 부동소수점의 연산 횟수

- MHz(Megahertz) : 1초당 백만 번 CPU에 공급되는 클럭 주파수(단위 : MHz)

3. 기억장치

데이터나 프로그램을 기억하는 장치로 주기억장치와 보조기억장치로 나뉜다.

	주기억장치	보조기억장치
용량	소용량	대용량
휘발성 여부	휘발성	비휘발성
가격	고가	저가
접근 속도	빠름	느림
사용 용도	CPU가 처리하는 명령과 데이터	처리가 끝난 결과가 데이터에 반영구적 보존

1 주기억장치(Main Memory)

㉠ 롬(ROM; Read Only Memory)

- 제조 시 한 번 기록된 내용을 읽을 수는 있지만 다시 기록하거나 삭제를 제한하는 기억장치이다.
- 전원이 꺼져도 기억된 내용이 지워지지 않는 비휘발성 메모리이다.
- ROM에는 주로 기본 입 · 출력 시스템(BIOS), 글자 폰트, 자가 진단 프로그램(POST) 등의 펌웨어(Firmware)를 저장하는 데 사용한다.

㉡ 램(RAM; Random Access Memory)

- 일반직으로 '주기억장치'라고 하며, 자유롭게 읽고 쓸 수 있는 기억장치이다.
- 전원이 꺼지면 기억된 내용이 모두 사라지는 휘발성 메모리이다.
- RAM에는 현재 사용 중인 프로그램이나 데이터가 저장되어 있다.

2 보조기억장치

㉠ 자기 디스크 : 둥근 원형에 자성 물질을 입혀 이를 회전시키면서 데이터를 기록하고 읽는 장치이다.

ⓛ HDD(하드 디스크) : 고정식 대용량 기억 매체로 보조 기억장치의 핵심이며 파티션 작업 후 사용 가능하다.

ⓒ DVD(Digital Video Disk) : CD-ROM의 향상판으로 대용량 저장이 가능하며 화질, 음질이 우수하여 고화질 영상 매체로 활용된다.

ⓔ CD-ROM : 550MB~850MB 대용량의 판독 전용 장치이며, 안정성이 뛰어나며 영구 보존이 가능하다.

ⓜ USB 메모리 : 읽기, 쓰기, 삭제가 자유로운 작은 크기의 저장장치로 USB와 호환이 가능하다.

ⓗ 외장하드 : 보조기억장치인 하드 디스크 드라이브를 휴대용으로 만든 대용량 저장장치이다.

4. 입력장치

컴퓨터로 데이터나 도형, 그림, 화상, 문자, 컬러 등 정보를 입력해주는 장치들로 2진코드로 변환하여 저장된다.

ⓖ 키보드(Keyboard)
- 컴퓨터 입력장치의 대표로 문자, 숫자, 기호 등을 입력하는 장치이다.
- 작동 방식에 따라 기계식과 멤브레인식으로 나뉜다.

ⓛ 마우스(Mouse)
- 평면 위에서 2차원 움직임을 인식할 수 있도록 화면 상의 화살표(포인터)가 같은 방향으로 움직이도록 조정하는 장치이다.
- 동작원리에 따라 볼 마우스, 광 마우스, 기계식 마우스 등으로 나뉜다.

ⓒ 트랙볼(Track Ball) : 표면에 있는 볼을 손으로 회전하면서, 회전 방향이나 빠르기에 따라 커서를 제어하는 장치이다.

ⓔ 조이스틱(Joystick) : Stick의 움직임에 따라 스크린 상의 위치를 움직이는 장치로 게임 컨트롤러라고도 한다.

ⓜ 태블릿(Tablet) : 컴퓨터그래픽의 자유로운 표현(연필과 붓의 느낌)에 적합하며 스타일러스 펜이나 퍽(Puck)을 이용하여 입력하는 장치이다.

ⓗ 스캐너(Scanner)
- 그림이나 사진 등의 필요한 부분을 컴퓨터가 처리할 수 있는 형태로 바꾸어 주는 장치이다.
- 입력된 파일의 크기를 원하는 대로 축소, 확대가 가능하며 원하는 영역만 스캔할 수도 있다.
- 색상과 콘트라스트를 더욱 정확하게 조절하기 위해 감마 보정이라는 방법을 사용한다.
- 해상도를 조정할 수 있다(단위 : DPI - 1인치당 점의 수).
- 화소(pixel)의 방출이 많을수록 해상도가 높다.
- 드럼 스캐너, 평판 스캐너, 핸드 스캐너, 3D 스캐너 등이 있다.

ⓢ 디지털 카메라(Digital Camera) : 촬영한 영상을 내부 기억장치로 저장할 수 있는 장치이다.

ⓞ 라이트 펜 : 광펜이라고 하며, 스크린 상에 터치를 위해 사용되는 펜 형태의 입력장치이다.

ⓩ 터치 스크린 : 스크린에 접촉하여 메뉴나 아이콘을 직접 선택 가능한 입력장치이다.

5. 출력장치

데이터를 사람이 알아 볼 수 있도록 변환하여 외부로 출력해 주는 장치로 문자나 소리, 인쇄, 프린트 등의 결과물들을 시각적, 청각적으로 표현한다.

1 영상표시 장치(모니터)

ⓖ CRT
- 음극선관을 이용하여 출력을 표시하는 PC 모니터로 가장 역사 깊은 화면 장치이다.
- 장점 : 가격이 저렴하며, 속도가 빠르고, 컬러가 다양하다.
- 단점 : 전력 소모가 많고, 공간을 많이 차지하며, 눈의 피로가 크다.

ⓒ LCD

- 백라이트를 사용하고 액정의 편광 정도를 조절하여 화면의 밝기를 조정하여 출력하는 장치이다.
- 모니터의 부피와 크기가 작아 휴대 및 이동이 편리하며 노트북, PC 등에 사용한다.
- 장점 : 전력 소비가 적고 눈에 부담이 적다.
- 단점 : 가격이 비싸며 화면이 각도와 빛의 밝기에 따라 명암비, 색이 균일하게 보이지 않는다.

ⓒ PDP

- 특징 : 플라즈마 발광을 이용하여 문자를 나타내는 장치이다.
- 장점 : 고해상도이며 화면의 떨림이 없어 눈이 덜 피로하다.
- 단점 : 가격이 비싸고 전력 소모가 많다.

ⓔ LED

- LED(Light Emitting Diode)는 발광 다이오드를 이용하는 장치로 컴퓨터, 프린터, 오디오, VTR 등 표시화면으로 사용된다.
- 장점 : 전력 소모가 적고, 내구성이 우수하며, 회로가 간단하다.
- 단점 : 부품 단가가 높아 가격이 비싸다.

ⓜ 모니터 화면의 구성

- 화면의 크기 : 대각선의 길이를 인치(Inch)로 표시한다.
- Pixel(Picture Element) : 화면을 구성하는 가장 기본이 되는 단위로 화소라고 한다.
- 해상도(Resolution) : '가로 픽셀수 × 세로 픽셀수'로 결정되며, 픽셀 수가 많을수록 해상도가 높다.

❷ 프린터

ⓐ 충격식 프린터

- 헤드의 해머가 이동하면서 핀에 충격을 가해 인쇄하는 방식으로 소음이 심하다.
- 프린터의 초기 방식으로 흑백으로 출력되는 도트 매트릭스 프린터와 활자식 프린터가 있다.

ⓑ 비충격식 프린터

잉크의 분사 또는 드럼과 토너를 이용하는 방식으로 소음이 거의 없다.

열전사 프린터	• 잉크 리본을 열로 녹여 인쇄하는 방식이다. • 인쇄 속도가 느리고 유지비가 많이 든다.
감열식 프린터	• 감열지에 열을 가해 검게 변색시켜 인쇄하는 방식이다. • 팩시밀리, 은행의 번호표, 바코드 라벨 인쇄 등에 사용한다.
잉크젯 프린터	• 네 가지(C, M, Y, K) 노즐을 통해 잉크를 분사시켜 문자나 이미지를 인쇄하는 방식이다. • 도트 프린터에 비해 소음이 적고, 흑백과 컬러 모두 지원된다. • 노즐이 막히거나 잉크가 용지에 번짐으로 인해 품질이 떨어질 수 있다.
레이저 프린터	• 복사기 원리에 따른 것으로 드럼에 토너 가루를 이용하여 인쇄하는 방식이다. • 번짐 현상이 없어 인쇄가 선명하다. • 고가이며, 빠른 속도로 인쇄가 가능하나 부피가 크고 무겁다.

❸ 플로터(Plotter)

- X축과 Y축을 마음대로 움직이는 펜을 사용하여 그래프, 도면, 그림, 사진 등의 이미지를 정밀하게 인쇄하고자 할 때 사용하는 출력장치이다.
- A0의 크기까지 출력이 가능하다.

❹ 출력장치의 용어

ⓐ 스풀 : 입출력 데이터를 일단 고속의 보조기억장치에 일시 저장해 두어 중앙처리장치가 지체 없이 프로그램의 처리를 계속하는 방법이다.

ⓑ 모아레(Morie) 현상 : 스크린의 각도가 맞지 않아 망점이 서로 겹치면서 생기는 물결 모양의 노이즈를 말한다.

ⓒ 트랩 : 인쇄 시 각 필름을 미세하게 겹쳐서 흰 바탕의 빈틈을 없애도록 조절하는 기능을 말한다.

| 무료 동영상 |

핵심정리 28 컴퓨터그래픽스 활용 ★★★★

1. 2차원 컴퓨터그래픽스

1 포토샵

- Adobe의 대표적인 비트맵 방식의 이미지 수정 프로그램이다.
- 사진 이미지의 색상을 교정하고 합성 및 수정하여 이미지를 편집할 수 있다.
- 그림이나 문자를 화소로 나타내며 비트맵으로 데이터를 처리한다.
- 고급 인쇄에는 해상도 300dpi, 신문이나 저해상도 이미지 인쇄는 해상도 150dpi, 화면용·동영상 편집 경우에는 해상도 72dpi를 적용한다.

2 일러스트레이터

- 일러스트는 대표적인 벡터 방식의 드로잉 프로그램이다.
- 도형, 로고, 심벌, 캐릭터, 캐리커처, CI, 패턴 등 제작에 사용한다.
- 확대하거나 축소해도 품질과는 상관이 없어 해상도의 영향을 받지 않는다.

3 오토캐드(Auto CAD)

- 컴퓨터를 이용하여 설계하는 것으로 빠른 시간 안에 도면의 제작, 수정 및 보안이 가능하고 출력 시 정확한 치수 및 정보가 전달될 수 있어 많이 사용한다.
- 설계는 건축, 기계, 자동차, 항공 등 다양한 범위에서 사용한다.

2. 3차원 컴퓨터그래픽스

1 3차원 그래픽스 개요

- 자동차의 충돌, 건물 설계, 기계 등의 분야에서 사용한다.
- 3차원 그래픽의 점, 선, 면은 X(넓이), Y(높이), Z(깊이) 축을 중심으로 이동, 변형한다.
- 모델링 제작 과정 : 모델링 → 투영 → 은면 소거 → 셰이딩 → 매핑 → 디스플레이

2 모델링의 종류

㉠ 와이어프레임 모델(Wire-Frame Model)
- 뼈대라는 의미를 가지며, 면과 면이 만나는 선만으로 입체를 형성하는 방법이다.
- 물체를 선으로만 간단히 표현하는 방법으로 처리속도는 빠르고 구조가 간단하나 물체의 부피, 무게, 실제감 등을 표현할 수 없다.

㉡ 서페이스 모델(Surface Model)
- 표면처리 방식의 모델링으로 매핑을 이용한다.
- 면을 중심으로 하여 물체를 표현하고 곡선과 곡면을 통해 물체의 외형만을 표현하는 방법이다.

㉢ 솔리드 모델(Solid Model)
- 가장 고급스러운 모델링으로 물체의 내부까지도 꽉 차 있는 모델링이다.
- 가공하기 전 상태를 미리 예측하거나, 부피, 무게 등의 다양한 정보를 제공할 수 있다.

㉣ 파라메트릭 모델(Parametric Model)
- 수학적으로 계산되는 곡면처리 모델로 렌더링 시간이 오래 걸린다.
- CAD를 이용한 항공기, 자동차, 선박 등 설계 시 사용된다.

ⓜ 프랙탈 모델링

- 단순한 형태에서 출발하여 점차 복잡한 형상을 구축하는 모델링이다.
- 혹성, 해안, 지형, 산 같이 복잡한 도형의 표현이 가능하다.

ⓗ 파티클 모델링

불, 폭발, 연기 등을 표현하는 모델링으로 게임의 특수 효과에 활용된다.

3. 컴퓨터그래픽스 렌더링

- 렌더링(Rendering)이란, 2차원 화상에 광원, 위치, 색상 등으로 사실감을 불어넣어서 3차원 화상을 만드는 과정을 말한다.
- 2차원 환경을 3차원으로 렌더링하기 위해서는 객채, 빛, 카메라가 필요하다.

◼ 셰이딩(Shading)

- 물체에 입체감을 더하기 위해 빛으로 음영을 표현하는 것을 말한다.
- 빛의 방향, 거리의 어둡고 밝기 등에 따라 입체감과 사실감을 더할 수 있다.

ⓗ **플랫 셰이딩** : 단일 다각형으로 음영을 주는 기법으로서, 가장 단순한 방식으로 렌더링 속도가 빠르다.

ⓛ **고라우드 셰이딩** : 플랫 셰이딩과 퐁 셰이딩의 중간 방식으로, 벡터를 인위적으로 조절하여 부드럽게 보인다.

ⓒ **퐁 셰이딩** : 가장 사실적인 음영으로 부여할 수 있는 셰이딩 기법으로 부드러운 곡선 표현이 가능하며, 반사와 그림자 등의 표현으로 실제감을 느낄 수 있다.

ⓔ **메탈 셰이딩** : 금속의 재질감이나 반사를 표현하는 기법이다.

◪ 매핑(Mapping)

ⓗ **이미지 매핑** : 텍스처 매핑이라고도 하며, 3D 컴퓨터 그래픽에서 특성(Texture)으로 제공되는 이미지 오브젝트의 표면 처리에 사용하는 것이다.

ⓛ **범프 매핑** : 요철이 있는 면을 표현하기 위한 질감 전사 방법으로 골프공 매핑이라고도 한다.

ⓒ **투명 매핑** : 매핑된 이미지의 명도 단계에 따라 객체의 투명도를 조절하는 방식을 말한다.

❸ 반사 기법

ⓗ **레이 트레이싱(Ray Tracing : 광선 추적법)** : 렌더링 시 광원에서 나오는 광선을 추적하여 물체에 반사율, 굴절률을 계산하는 렌더링 표현 방식을 말한다.

ⓛ **리플렉션(Reflection)** : 레이 트레이싱을 뺀 나머지 반사 기법으로 물체에 빛이 비추어지는 부분을 반사하여 실제감을 부여하는 방식을 말한다.

4. 컴퓨터 애니메이션

- '생명을 불어넣다'라는 어원으로 컴퓨터를 사용하여 사물의 연속적 이미지를 동영상으로 만들어내는 기술이다.
- 기본 단위는 프레임으로 우리나라에서 채택하고 있는 NTSC 방식의 TV화상은 초당 30프레임이다.

◼ 애니메이션의 종류

ⓗ **셀 애니메이션** : 전통적 기법으로 투명한 플라스틱 및 필름 위에 수작업으로 채색하여, 배경 위에 놓고 촬영하여 움직이는 영상을 만들어 내는 방법이다.

ⓛ **컷아웃 애니메이션** : 종이 위에 형태를 그리고 잘라 낸 다음 손으로 각각의 종이들을 직접 한 장면씩 움직여 가면서 촬영해 가는 기법이다.

ⓒ **로토스코핑 애니메이션** : 애니메이션 이미지를 실제 영상과 합성하는 방법으로서 실사 촬영한 인물 이미지와 캐릭터의 동작 이미지를 일치시키는 것이다.

ⓔ 스톱모션 애니메이션 : 클레이 애니메이션이라고도 하며, 점성이 있는 찰흙을 소재로 인형을 만들고, 이 인형을 조금씩 움직여 한 컷씩 촬영하여 연결하는 기법이다.

ⓜ 키프레임 애니메이션 : 컴퓨터를 통해 원하는 중요 장면 사이에 변환되는 동작 내지 장면들을 수학적으로 자동 생성하는 기술로 보간법이라 말한다.

ⓗ 모션 캡처 : 인간의 손, 다리, 머리, 허리 등에 감지기를 부착하여 움직임을 기록하는 방법으로 실제 배우 또는 동물의 움직임을 디지털화하는 기술을 말한다.

ⓢ 모핑(Morphing) : 이미지 형태를 다른 이미지의 형태로 점차 변환되는 효과를 만드는 기능을 말하며, 상업용 광고나 영화의 특수효과 처리에 많이 활용된다.

ⓞ 3D 애니메이션 : 3차원 모델링 기법에 의한 애니메이션 제작 기법으로 슈렉, 벅스라이프, 토이스토리 등이 있다.

② 애니메이션 제작 과정

기획 → 스토리보드 → 제작 → 음향 및 합성 → 레코딩

| 무료 동영상 |

핵심정리 29 기타 컴퓨터에 관한 지식 ★

1. 하드웨어

ⓐ 버스(BUS) : 컴퓨터 내부, 외부 각종 신호원 간의 데이터나 전원 전송용 공통 전송로이며, 버스선(Bus Line)이라고도 한다.

ⓑ 캐시 메모리(Cache Memory) : 고속의 중앙처리장치(CPU)와 상대적으로 느린 주기억장치 사이에서 데이터와 명령어를 일시적으로 저장하는 소형의 고속 기억장치이다.

ⓒ 펌웨어(Firmware)

• 사용자 입장에서 변경할 수 없는 컴퓨터 프로그램과 자료가 들어 있다.

• 일반적으로 롬(ROM)에 저장된 하드웨어를 제어하는 마이크로 프로그램을 의미한다.

• 프로그램이라는 관점에서는 소프트웨어와 동일하지만 하드웨어와 밀접한 관계를 가지고 있다는 점에서는 일반 응용 소프트웨어와 구분되며, 펌웨어는 소프트웨어와 하드웨어의 특성을 모두 가지고 있다고 할 수 있다.

ⓓ 버그(Bug) : 프로그램이나 하드웨어 상의 잘못된 동작이나, 정상적인 작동을 하지 않는 기계적 오류를 말한다.

ⓔ 가상현실(Virtual Reality) : 3차원으로 표현되는 것으로 과학실험이나 컴퓨터 게임, 의학, 비행조종 등 실제 상황과 같은 훈련을 할 때 이용된다. 컴퓨터로 만들어 놓은 가상의 세계에서 사람이 실제와 같은 체험을 할 수 있도록 한다.

ⓕ 백업(Backup) : 일반적으로 데이터의 보전이나 사고에 대비해 중요한 데이터들을 미리 다른 장소에 보관하는 작업을 말한다.

ⓖ 스풀(Spool) : 컴퓨터의 중앙처리장치와 입출력 장치의 속도 차이를 위해 고속의 보조기억장치에 데이터를 입력하여 작업의 효율을 향상시키는 것으로, 입력장치에 대한 스풀의 응용을 입력 스풀링이라고 하며, 스풀 기능을 수행하는 소프트웨어를 스풀러라고 한다.

ⓗ 바코드(Bar Code) : 여러 종류의 폭이 백색과 흑색으로 평행 줄을 이루며, 막대 부호와 여백 및 광학 시 문자 인식을 위한 문자로 구성되어 매체상에 인쇄(표시)된 공통 상품용 기호를 말한다.

ⓘ 어셈블러(Assembler) : 상징적 기호 언어를 사용하여 작성한 프로그램을 기계어로 된 프로그램으로 번역하는 것이다.

ⓙ 컴파일러(Compiler) : 컴퓨터 프로그래밍에서 공통적으로 사용되는 의미로는 포트란이나 코볼 등 고수준 언어로 작성된 컴퓨터 프로그램의 모든 원시 코드를

프로그램의 실행 전에 목적 코드로 번역하는 프로그램이다.

㉠ 디버깅(Debugging) : 밝혀진 결함을 분리시켜 정정하는 과정으로 결함 분리 수정을 성공적으로 하려면 고도로 숙련된 문제 해결 기술이 필요하다. 통상적으로 사용되는 결함 분리 수정 방법에는 귀납법, 연역법, 역행법이 있다.

㉢ GUI(Graphical User Interface) : 컴퓨터와 사용자가 상호 작용하게 하는 사용자 인터페이스의 하나로 사용자가 키보드로 문자를 입력하는 방식이 아니라 마우스 등의 위치 지정 도구를 사용하여 도형의 형태로 화면에 표시되는 아이콘을 지정하여 메뉴, 명령을 선택하는 것을 말한다.

㉣ 인공지능(AI) : 인간의 학습능력과 이해능력 등을 프로그램으로 실현하여 컴퓨터가 할 수 있도록 한다.

㉤ 사물인터넷(IoT) : 세상에 존재하는 유무형의 사물들(things)과 연결하여 새로운 서비스를 제공하는 것을 의미한다.

㉮ 웨어러블 : 정보통신기기를 몸에 지니고 다닐 수 있게 하여 언제나 컴퓨팅 환경을 제공한다.

㉯ 스토리지 : 인터넷 산업의 발달로 기존의 서버보다 더 큰 대용량의 저장장치를 의미한다.

2. 소프트웨어(Software)

㉠ 포스트스크립트(Postscript)
- 미국 어도비 시스템사가 개발한 페이지 기술 언어(PDL)이다.
- 벡터와 레스터 데이터를 모두 사용할 수 있다.
- 포스트스크립트는 출력장치의 해상도에 의존하지 않고 아웃라인 폰트를 불러내어 그 크기를 조절할 수 있다.

㉡ 클립아트(Clip Art) : 문서를 작성할 때 편리하게 이용할 수 있도록 모아놓은 여러 가지 조각 그림을 말한다.

㉢ 해상도(Resolution)
- TV, 모니터, 카메라, 프린터, 플로터 등 그래픽을 표시하는 장치의 화상이 어느 정도 세밀하게 재현되는지를 나타내는 정도를 말한다.
- 해상도는 픽셀(Pixel)로 결정된다.
- 해상도가 높으려면 픽셀의 크기가 작아지거나 픽셀 간격이 좁아져야 한다.
- 해상도가 낮아지려면 픽셀의 크기가 커지거나 이미지가 커지면 된다.

㉣ 픽셀(Pixel)
- TV, 모니터의 화상을 구성하는 최소의 점을 의미하며, 화소라고 한다.
- 픽셀의 숫자가 많으면 많을수록 해상도는 좋아진다.

㉤ 벡터(Vector)
- 속도, 가속도와 같이 크기와 방향을 함께 갖는 양을 나타내기 위해 사용되는 개념으로, 보통 시작점과 끝점을 가지는 화살표로 나타낸다.
- 컴퓨터그래픽스(CG)에서 화면이나 플로터에 그려지는 선분으로, 특히 점을 사용하지 않고 실제로 점과 점을 연결하는 선분에 의해 그림을 나타내는 방식이다.
- 드로잉이 쉬우며 해상도와는 무관하다.

㉥ 베지어 곡선
- 일러스트와 같은 드로잉 프로그램에서 일반적으로 펜 툴을 사용하여 2개의 기준점과 2개의 방향점으로 구성되어 있는 것을 말한다.
- 방향점은 곡선의 방향 각도와 깊이를 정할 수 있다.

㉦ 캘리브레이션 : 모니터의 색상을 출력물과 가깝게 조절하는 것을 의미한다.

㉧ 개멋(Gamut) : 컬러 시스템이 표현할 수 있는 컬러 표현 범위를 말한다.

㉨ 그리드(Grid) : 그물이라는 뜻으로 가로, 세로의 격자로 이미지를 이동하거나 수정, 편집할 때 정확한 크기나 위치를 갖도록 해주기 위해 사용되는 것을 말한다.

ⓧ 모아레 : 전자출판 시 4원색의 분해과정 중에 색의 스크린 각도가 맞지 않아 생기는 물결 모양의 현상을 말한다.

ⓒ 디더링 : 색상 수가 부족하여 특정 색을 표시할 수 없는 경우, 표시할 수 있는 색상들의 화소를 모아 되도록 비슷한 색상으로 만들어내는 것을 말한다.

ⓔ 마스터페이지 : 페이지의 레이아웃 프로그램에서 여백, 머리말 그리고 모든 기본 설정 사항을 매 페이지마다 적용할 수 있도록 만들어 놓은 템플릿을 의미한다.

ⓟ 레이어 : 투명한 도면 같은 것으로, 여러 장 겹쳐서 하나의 이미지로 만들어 수정작업을 용이하게 하는 기능이다.

ⓗ 트루컬러 : 24비트의 컬러로, 1670만 이상의 색상을 표현할 수 있다.

㉮ 시뮬레이션(Simulation) : 제품, 건축, 도시환경 디자인 시 사전에 디자인 결과를 예측하기 위해 컴퓨터그래픽스를 활용하는 방법을 말한다.

㉯ 래스터 라이징 : 벡터 방식의 이미지를 비트맵 방식의 이미지로 전환시키는 과정을 의미한다.

㉰ 가상 메모리 : 실제 사용 프로그램의 메모리가 내장되어 있는 실제 램보다 더 크거나, 더 필요할 때 하드 디스크의 일부분을 메모리처럼 사용하는 기능을 말한다.

㉱ 매핑 : 이미지의 질감 처리를 의미하며, 2D의 이미지를 3D 오브젝트에 표면(질감)을 입혀주는 것을 말한다.

㉲ 위지윅(WYSIWYG) : 워드프로세싱이나 전자출판에서 컴퓨터 화면에 나타나는 문자와 그림의 형상이 프린터로 최종 인쇄한 문서의 모양과 똑같다는 것을 나타내는 용어이다.

3. 기타 인터넷 관련 용어

㉠ TCP/IP
  • 컴퓨터 간의 통신을 위해 미국 국방부에서 개발한 통신 프로토콜로 TCP와 IP를 조합한 것이다.
  • 인터넷에서 많이 쓰이는 자료 전송 규약이다.

㉡ 하이퍼텍스트
  문서 내의 하나의 단어나 구(Phrase), 기호, 화상과 같은 요소와 그 문서 내의 다른 요소 또는 다른 하이퍼텍스트 문서 내의 다른 요소 사이의 연결을 의미한다.

㉢ HTML
  • 인터넷 웹 페이지의 하이퍼텍스트 문서를 만들기 위해 사용되는 기본 언어이다.
  • 문서의 글자 크기, 글자 모양, 그래픽, 색, 문서 이동 등을 정의하는 언어로 구성되어 있으며, 태그(Tag)라는 명령어로 구분하여 사용된다.

㉣ 서버 : 통신망 상에서 다른 컴퓨터에 대하여 그 통신망의 전부 또는 일부에 대한 접속과 그 통신망의 자원, 즉 디스크 장치, 파일, 인쇄기 등에 대한 접속을 제어하는 관리 소프트웨어를 운용하는 컴퓨터나 장치 또는 프로그램이다.

㉤ 월드 와이드 웹 : 인터넷에서 월드 와이드 웹 정보를 검색하는데 사용되는 응용 프로그램을 웹 브라우저 또는 브라우저라고 한다. 브라우저 자체에는 인터넷 접속 기능이 포함되어 있지 않으나 윈도 XP 등에 인터넷 접속용 소프트웨어가 설정되어 있으면 브라우저의 기동만으로 전 세계 웹 서버에 있는 홈 페이지를 볼 수 있다.

㉥ CSS(Cascading Style Sheet) : 웹 문서의 전반적인 스타일을 미리 저장해 두는 기술로 HTML을 이용해서 웹 페이지를 제작할 때 전반적인 세세한 글자체나 글자 크기 등을 지정해 주어야 하지만 CSS를 만들어 저장해두면 웹페이지 전체에 효과를 적용할 수 있어 작업시간이 단축된다. 하나의 스타일을 정의하면 여러 개의 문서에서 사용할 수 있으며 수정이 용이하다.

㉦ 전자 데이터 교환 시스템(EDI; Electronic Data Interchange) : 기업 간의 거래에 관한 데이터나 문서를 표준화하여 컴퓨터 통신망으로 거래 당사자의 컴퓨터 사이에서 직접 전송 또는 수신할 수 있는 시스템이며 서류의 작성과 발송, 서류 정리 절차 등의 번거로운 사무처리가 없어지고 시간의 단축, 비용의 절감, 유통이 신속·원활하게 된다.

ⓞ 스트리밍(Streamming) : 오디오나 비디오 데이터를 인터넷을 통해 전송받으면 곧바로 재생시키는 기술로 파일이 전송되기 전이라도 클라이언트 브라우저 또는 플러그 인에서 데이터의 표현이 시작될 수도 있다.

ⓩ 인트라넷(Intranet) : 기업 내부의 정보망으로 전자우편 시스템, 전자결재 시스템 등을 인터넷 환경으로 통합하여 사용하는 것을 말한다.

ⓒ 앵커(Anchor) : 웹상에서 다른 문서와 연결된 그림이나 문자를 말하며, HTML에서 주로 사용되는 언어로 하이퍼링크와 비슷한 기능이다.

㉠ 쿠키(Cookie) : 인터넷 사용자에 대한 특정 웹 사이트의 접속 정보를 저장하고 있는 작은 파일을 말하며, 쿠키를 이용하면 인터넷 접속 시 매번 아이디와 비밀번호를 입력하지 않아도 자동으로 로그인할 수 있다.

㉡ 프로토콜(Protocol) : 데이터 통신상에서 컴퓨터끼리 정보를 교환할 때 사용하는 규칙, 규약을 의미한다.

㉢ 링크(Link) : 연계 또는 연결이라는 뜻으로 둘 이상의 프로그램이나 문서를 연결하는 것을 의미한다.

ⓗ 네트워크 범위와 연결
- 근거리 통신망 : LAN(Local Area Network)
- 도시 통신망 : MAN(Metropolitan Area Network)
- 원거리 통신망 : WAN(Wide Area Network)
- 부가가치 통신망 : VAN(Value Area Network)

㉮ 라우터(Router) : 어떤 통신망 내에서 트래픽 흐름의 경로를 결정하여 메시지 전달을 신속히 처리하기 위한 컴퓨터 또는 중계장치이다.

㉯ 유비쿼터스 : 언제, 어디서나, 누구나가 모든 기기와 정보를 주고받을 수 있는 환경을 의미한다. 유비쿼터스의 기본 조건으로는 디지털, RFID, USN 등이며, 이를 실현하는 곳은 최근 홈네트워크와 U−시티 등에서 찾아볼 수 있다.

㉰ 대시보드 : 한 화면에서 다양한 정보를 여러 종류의 웹 기반 콘텐츠를 재사용할 수 있도록 구성하고, 문서, 웹 페이지, 메시징, 미디어 파일 등 다양한 콘텐츠를 중앙 집중적으로 관리하고 찾을 수 있도록 하는 사용자 인터페이스 기능이다.

㉱ 해시태그 : 트위터, 페이스북 등 소셜 미디어에서 특정 핵심어를 편리하게 검색할 수 있도록 #과 특정 단어를 붙여 쓴 메타데이터의 한 형태이다.

㉲ SSL(Secure Sockets Layer) : 월드와이드웹(WWW) 브라우저와 웹 서버 간에 데이터를 안전하게 주고받기 위한 업계 표준 프로토콜이다.

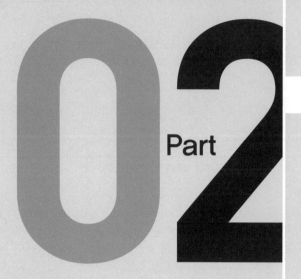

02

Part

꼭! 알아야 할
기출문제 260선

꼭! 알아야 할 기출문제 260선

1과목 | 산업 디자인 일반(80문제)

01 디자인에서 갖춰야 할 조건 중 가장 중요한 것은?

① 실용성과 아름다움　　② 실용성과 상징성

③ 순수성과 아름다움　　④ 개성과 상징성

> 디자인은 인간의 행복을 위한 물질적 생활환경의 개선 및 창조를 목적으로 실용성과 아름다움이 조화되어야 됨

02 디자인(Design)이란 단어의 어원은?

① 구상(Composition)

② 데지그나레(Designare)

③ 욕구(Desire)

④ 나타내다(Designate)

> 디자인의 어원 : 라틴어 –'데지그나레', 불어 –'데생'

03 디자인 분류에 속하지 않는 것은?

① 공예　　　　　　② 건축 디자인

③ 산업 디자인　　　④ 애니매이션

> 디자인의 분류 : 시각전달 디자인, 제품 디자인, 환경 디자인

04 다음은 사람과 사람 간에 시그널, 사인, 심벌이라는 기호에 의해서 의미를 전달하는 디자인으로 정신적인 표현이 주가 되는 디자인 분야는?

① 시각 디자인　　　② 제품 디자인

③ 환경 디자인　　　④ 공예 디자인

> 시각전달 디자인 : 사람과 사람 간의 기호에 의해서 의미를 전달하는 과정

05 굿 디자인(Good Design)의 조건이 아닌 것은?

① 합목적성　　　　② 심미성

③ 종합성　　　　　④ 독창성

> 굿 디자인의 조건 : 합목적성, 심미성, 독창성, 경제성

06 다음 디자인 조건 중 기능성과 실용성이 중요시 되는 것은?

① 합목적성　　　　② 경제성

③ 심미성　　　　　④ 독창성

> 합목적성 : 디자인의 조건 중 가장 객관적인 것으로 기능이 중시됨

07 기업이 일관된 이미지를 부여함으로써 어디서나 시각적으로 이미지가 구별될 수 있도록 한 체계적인 이미지 전략은?

① CF　　　　　　② BI

③ CI　　　　　　④ DM

> CI(Corporate Identity) : 기업의 이미지 통합을 광고 매체를 이용하여 불특정 다수의 사람들에게 표현하며, 기업의 전략적 이미지를 통합

08 주로 인물을 소재로 하여 익살, 유머, 풍자 등의 효과를 살려 그린 그림으로, 어원은 이태리어 '과장하다'에서 유래된 말로 대상의 특징을 포착, 과장하여 그려졌고, 작가의 드로잉 능력과 관찰력, 상상력 그리고 개성 있는 표현이 요구되는 그림은?

① 카툰(Cartoon)　　　② 캐리커처(Caricature)

③ 캐릭터(Character)　　④ 콜라주(Collage)

> 카툰 : 대개 사회나 정치풍자를 비롯하여 일상생활의 유머, 넌센스 등을 소재로 다룸으로써 웃음을 제공하는 기능

정답 ▶ 01 ① 　02 ② 　03 ① 　04 ① 　05 ③ 　06 ① 　07 ③ 　08 ②

09 4차원 디자인이 아닌 것은?

① 편집 디자인　　② 영상 디자인

③ 애니메이션　　④ 가상현실 디자인

 편집 디자인은 2차원 디자인

10 제품 디자인의 설명 중 잘못된 것은?

① 과학, 기술, 인간, 환경 등이 공존하는 분야이다.

② 생산 가능한 형태, 구조, 재료 등을 잘 선택한 설계이어야 한다.

③ 인간과 자연의 매개 역할로서 도구적 장비이다.

④ 인간의 감성에 맞춘 순수한 예술이어야 한다.

 제품 디자인은 기능적으로 완벽하며, 형태가 아름답고, 가격이 합리적인 제품을 창조하는 데 목적을 둠

11 다음 중 환경 디자인과 거리가 먼 것은?

① 조경설계　　② 도시계획

③ 실내계획　　④ 제품설계

 제품 디자인은 인간의 특성을 고려하여 기계나 제품, 구조물 등을 디자인하는 것으로 제품설계는 분류에 속함

12 다음 형태의 분류 중 성격이 다른 하나는?

① 이념적 형태　　② 순수 형태

③ 기하학 형태　　④ 현실적 형태

 • 이념적, 순수, 기하학적인 형태는 눈에 보이지 않는 형태 (점, 선, 면, 입체 등)
• 현실적 형태는 자연 형태와 인위 형태로 나뉨

13 면을 소극적인 면(Negative Plane)과 적극적인 면(Positive Plane)으로 구분할 때 적극적인 면의 성립 조건은?

① 점의 밀집이나 선의 집합으로 성립된다.

② 선으로 둘러싸여 성립된다.

③ 공간에서 입체화된 점이나 선에 의해서 성립된다.

④ 선의 이동이나 폭의 확대 등에 의해서 성립된다.

 • 소극적인 면 : 입체의 한계나 교차
• 적극적인 면 : 점의 확대, 선의 이동이나 폭의 확대

14 다음 디자인 요소 중 면의 설명이 옳은 것은?

① 평면은 곧고 평활한 표정을 가지며, 간결성을 나타낸다.

② 수직면은 동적인 상태로 불안정한 표정을 주어 공간에 강한 표정을 더한다.

③ 수평면은 고결한 느낌을 주고, 긴장감을 높여준다.

④ 사면은 정지 상태를 주고 안정감을 나타낸다.

 ② 사면, ③ 수직면, ④ 수평면

15 선의 유형별 특징에 관한 설명 중 잘못된 것은?

① 직선은 경직, 명료, 확실, 남성적 성격을 나타낸다.

② 곡선은 고결, 희망을 나타내며 상승감, 긴장감을 높여준다.

③ 사선은 동적이고 불안정한 느낌을 주지만 강한 표현을 나타내기도 한다.

④ 수평선은 평화, 정지를 나타내고 안정감을 더해준다.

 • 수직선 : 고결, 희망, 상승감, 긴장감
• 곡선 : 우아, 여성적, 섬세함, 동적

16 선의 조형적 표현 방법 중 단조로움을 없애주는 흥미를 유발시켜 활동적인 분위기를 조성하지만 지나치게 많이 사용하면 불안정한 느낌을 주는 것은?

① 곡선　　② 수평선

③ 포물선　　④ 사선

 • ① 곡선 : 우아, 부드러움, 여성적
• ② 수평선 : 평화, 정지, 안정감
• ③ 포물선 : 동적, 발전적

17 게슈탈트(Gestalt)의 법칙이 아닌 것은?

① 근접성의 법칙

② 유사성의 법칙

③ 폐쇄성의 법칙

④ 종속성의 법칙

> 해설 게슈탈트(Gestalt)의 법칙 : 근접성의 법칙, 유사성의 법칙, 연속성의 법칙, 폐쇄성의 법칙

18 게슈탈트 심리학자들이 연구해 낸 형태에 관한 시각의 기본 법칙과 설명이 틀린 것은?

① 근접성 – 비슷한 모양의 형, 그룹을 하나의 부류로 보는 것

② 유사성 – 비슷한 모양이 서로 가까이 놓여있을 때 그 모양을 합하면 동일한 형태로 보이는 것

③ 연속성 – 형이나 영의 그룹이 방향성을 지니고 연속되어 보이는 것

④ 폐쇄성 – 형태에 대한 지속적이고 고정적인 인식을 하는 시지각의 항상성을 의미하는 것

> 해설 게슈탈트(Gestalt)의 법칙 : 근접성의 법칙, 유사성의 법칙, 연속성의 법칙, 폐쇄성의 법칙
> ① 근접성의 법칙 : 가까이 있는 것끼리 짝짓는 성질
> ② 유사성의 법칙 : 비슷한 요소들이 연관되어 보이는 성질
> ③ 폐쇄성의 법칙 : 연결되어 있지 않은 도형을 강제로 닫아 보려는 성질

19 시각 디자인의 구성 원리인 균형에 관한 설명 중 틀린 것은?

① 균형은 안정감을 창조하는 질(Quality)로서 정의된다.

② 의도적으로 불균형을 구성할 때도 있다.

③ 좌우의 무게는 시각적 무게로 균형을 맞춰야 한다.

④ 전체적인 조화를 위해서 불균형이 강조되어야 한다.

> 해설 전체적인 조화를 위해서는 균형이 강조되어야 함

20 다음 중 유사, 대비, 균일, 감각 등이 포함되어 나타내는 디자인의 원리는?

① 통일   ② 조화

③ 균형   ④ 리듬

> 해설 ① 통일 : 미적 관계의 결합이나 질서
> ③ 균형 : 시각적 안정감을 창조하는 성질
> ④ 리듬 : 똑같은 현상 또는 사건이 주기적으로 반복

21 다음 중 시각적 안정감과 명쾌감을 유발시키는 구성 원리인 균형에 속하지 않는 것은?

① 비대칭   ② 반복

③ 주도   ④ 비례

> 해설 반복은 방사, 점이와 함께 율동에 속함

22 다음 중 반복, 점이, 방사 등에 의해 동적인 활기를 느낄 수 있는 디자인 원리는 무엇인가?

① 조화   ② 리듬

③ 비례   ④ 균형

> 해설 • 조화 : 두 개 이상의 요소 또는 부분적인 상호관계
> • 율동 : 형태나 색채 등이 반복되어 표현되었을 때나 색의 표현에 있어서 점점 어둡거나 밝은 명암 단계에서 느낄 수 있는 미적 형식 원리
> • 비례 : 부분과 부분 또는 부분과 전체의 수량적 관계
> • 균형 : 시각적 안정감을 창조하는 성질

23 미적 형식원리에서 비례에 대한 설명으로 가장 올바른 것은?

① 한 선을 축으로 하여 서로 마주 보게끔 형상하는 것이다.

② 부분과 부분 또는 부분과 전체의 수량적 관계이다.

③ 2개 이상의 요소 또는 부분적인 상호관계의 통일이다.

④ 동일한 요소나 대상을 둘 이상 배열하는 것을 말한다.

① 대칭, ③ 조화, ④ 반복

24 서로 다른 부분의 조합에 의하여 생기는 시각 상 힘의 강약에 의한 형의 감정 효과인 것은?

① 통일　　　　　② 리듬

③ 반복　　　　　④ 대비

 ① 통일 : 미적 관계의 결합이나 질서
② 리듬 : 똑같은 또는 사건이 주기적으로 반복됨에 따라 리듬이 생김
③ 반복 : 동일한 요소를 둘 이상 배열하는 것

25 다음과 같은 그림이 나타내는 주된 디자인의 원리는?

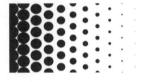

① 조화　　　　　② 강조

③ 균형　　　　　④ 율동

 율동은 색의 표현에 있어서 점점 어둡거나 밝은 명암단계에서 느낄 수 있는 미적형식으로 점증과 반복 등에서 느낄 수 있음

26 다음 그림은 시지각의 원리 중 어디에 속하는가?

① 군화의 법칙　　　　② 도형과 바탕의 원리

③ 객관적 태도의 법칙　④ 공동운명의 법칙

 도형과 바탕의 원리로 명도에 의한 착시, 도지반전의 원리, 루빈스의 컵으로도 불림

27 고대 그리스인은 비례를 여러 조형물의 디자인에 체계적으로 적용했다. 오늘날까지 기본적인 조형원리의 하나로 쓰이고 있는 비례는?

① 황금분할비　　　　② 등비수열비

③ 등차수열비　　　　④ 루트직사각형

 황금분할의 비는 1:1.618로 오늘날까지 사용

28 디자인의 요소로서 빛에 대한 설명 중 잘못된 것은?

① 빛은 거칠거나 부드러움, 무르거나 단단함 등의 촉각적인 성질을 가지고 있다.

② 빛은 입체의 표면을 드러나게 한다.

③ 빛의 밝음과 어두움도 조형대비나 색채대비 못지않게 중요한 요소이다.

④ 네온사인, 영화, 텔레비전, 멀티스크린 등은 빛이 만들어 내는 것이다.

 빛은 시각적인 성질만을 가짐

29 다음 중 평면 디자인의 원리에서 가시적인 시각 요소와 거리가 가장 먼 것은?

① 중량　　　　　② 형태

③ 색채　　　　　④ 질감

 • 시각요소 : 형태, 크기, 색채, 질감, 빛
• 상관요소 : 방향, 위치, 공간감, 중량감

30 다음 중 18세기 후반 수공업적 가내공업을 대량생산 방식으로 바꾸면서 공예 간에 혼란을 야기했던 시기는?

① 산업혁명　　　　② 미술공예운동

③ 독일공작연맹　　④ 바우하우스

해설 산업혁명의 원동력은 동력기계의 발명으로 디자인사적 의미로는 디자인이 민주화되며 대량생산이 실현됨

31 19세기 미술공예운동(Arts & Crafts Movement)에 관한 설명 중 틀린 것은?

① 대량생산 제품에 대한 찬성

② 양산제품에서의 품질문제 제기

③ 수작업으로 돌아가자는 주장

④ 만드는 즐거움과 예술적 가치 주장

 미술공예운동 : 기계적 생산을 부정하고 수공예 부흥 운동
으로 기계에 의한 대량생산에 반대하였으며 아르누보 운동
에 큰 영향을 주었음

32 예술은 대중을 위해서 뿐만 아니라, 대중에 의해서, 대중의 예술이 되어야 한다고 주장하고 예술의 사회화와 민주화를 위해 미술공예운동을 실천한 사람은?

① 존 러스킨

② 윌리엄 모리스

③ 오웬 존스

④ 헨리 드레이퍼스

 미술공예운동-근대미술운동의 아버지 '윌리엄 모리스'

33 다음이 설명하고 있는 디자인 양식은?

- 19세기 후반에 유행하기 시작한 식물의 줄기를 연상시키는 유기적 형태의 디자인, 철이나 콘크리트재료를 적극적으로 이용한 신예술 양식
- 흑백의 강렬한 조화와 이국적 양식, 쾌락적, 생체적, 여성적, 유기적 곡선, 비대칭 구성이 특징
- 윌리엄 브레들리, 오브리 비어즐리, 가우디 등이 대표 작가

① 미술공예운동　　② 아르누보

③ 독일공작연맹　　④ 신조형주의

 아르누보는 19세기 말엽 유럽에서 헨리 반 데 벨데를 중심으로 전 조형 분야에 식물무늬와 같은 동적이고 곡선적인 장식의 추상형식을 중시한 범유럽적인 운동으로 전통적 양식에서 탈피하고 새로운 미를 창조하고자 한 신예술 양식

34 다음 중 '모든 새 양식은 새로운 재료, 새로운 생각이 기존 형식의 변경과 신형식을 요구하는 데서 성립한다.'라고 하는 정신으로 표현한 조형운동으로 19세기 말 오스트리아를 중심으로 과거의 양식을 답습하는 것에 반대하여 일어난 신예술운동은?

① 세세션　　　　② 큐비즘

③ 팝아트　　　　④ 데 스틸

 ① 세세션(분리파) : '분리하다'라는 뜻으로 19세기 말 독일과 오스트리아를 중심으로 일어난 미술운동
② 큐비즘 : 파리를 중심으로 자연과 인간을 기하학적인 단순한 형체로 표현한 미술혁신운동
③ 팝아트 : 대중 예술이란 뜻으로 1962년 뉴욕을 중심으로 일어난 운동이며 특징으로는 역동성, 유선형, 경량성과 이동성 등이 있음
④ 데 스틸 : '양식'이라는 뜻으로 추상적 형태, 수직, 수평의 화면 분할, 3색과 무채색 사용으로 순수성과 직관성을 중시한 신조형주의 운동

35 '형태는 기능으로부터 유래한다.'는 기능미를 주장한 사람은 누구인가?

① 루이스 설리반

② 헤르만 무테지우스

③ 피터 베렌스

④ 발터 그로피우스

 ② 헤르만 무테지우스 : 독일공작연맹
④ 발터 그로피우스 : 바우하우스

36 1907년 미술가, 공예가와 실업계를 포함한 산업인 등이 모여 미술과 공예를 개혁하기 위하여 만든 디자인 진흥 기관은?

① 바우하우스(Bauhaus)

② 비엔나 분리파(Secession)

③ 독일공작연맹(DWB)

④ 유겐트 스틸(Jugent still)

 독일공작연맹은 1907년 헤르만 무테지우스를 중심으로 한 기계생산의 질 향상과 적합한 조형을 찾기 위한 운동

37 독일공작연맹의 이념을 계승한 운동으로 1919년에 개교하여 1933년에 폐교된 진보적인 디자인 대학으로 현대 디자인과 디자인 교육에 방대한 영향을 미친 학교는?

① 바우하우스 　　② 울름조형대학

③ 베르크분트 　　④ 영국왕립대학

 해설　바우하우스의 창설자는 발터 그로피우스로 바우하우스의 교육은 예술과 공업기술의 새로운 통합을 목표로 기초, 공방, 건축, 교육 등의 순서로 실시하였으며, 예술과 공업기술의 합리적 통합과 실용성을 강조였으며, 기계의 허용과 기계의 결점 제거로 굿 디자인을 만드는 것을 목표로 함

38 다음 중 시지각의 원리에 근거를 둔 추상적, 기계적 형태의 반복과 연속 등을 통한 시각적 환영, 지각, 색채의 물리적 및 심리적 효과와 관련한 디자인 사조는?

① 아르누보 　　② 미술공예운동

③ 팝 디자인 운동 　　④ 옵 아트

 해설　옵아트는 생리적 착각의 회화이며 망막의 예술로 흑과 백을 사용한 형태 중심의 작품들이 중심을 이루었으며 색채의 원근감을 도입하여 시각적 일루전(illusion)을 표현한 디자인 사조

39 마케팅에 대한 설명 중 틀린 것은?

① 고객의 필요에 초점을 두어야 한다.

② 고객의 필요, 충족을 통해서 이익을 획득한다.

③ 기업의 제품개발, 광고전개, 유통설계를 중심으로 한 운동이다.

④ 소비자 중심에서 기업 중심으로 가야 한다.

 해설　마케팅의 목표는 소비자의 필요와 욕구를 확인하고 필요한 요구에 대한 만족을 효과적으로 제공하여 소비를 확대시켜 기업이 시장에서 비교우위를 가지게 하고 이를 유지 · 강화시키는 것으로 기업 중심에서 소비자 중심으로 발전하고 있음

40 마켓 셰어(Market Share)란?

① 잠재시장의 수요

② 지방시장의 잠재량

③ 회사의 시장점유율

④ 시장의 지역적 분포도

 해설　경쟁 시장에서 어떠한 상품의 총 판매량 가운데 한 기업의 상품이 차지하는 비율(=시장 점거율)

41 다음 중 마케팅 믹스(Marketing Mix)의 4가지 구성 요소(4P's)가 아닌 것은?

① 제품 　　② 영업

③ 경로 　　④ 촉진

 해설　마케팅 믹스 4P's : 제품, 가격, 경로(유통), 촉진
- 제품(Product) : 판매할 제품
- 가격(Price) : 재화와 서비스를 획득함으로써 얻게 되는 가치
- 유통(Place) : 생산자로부터 소비자에게 옮겨지는 경로
- 촉진(Promotion) : 광고, 홍보, 판매촉진을 하는 활동

42 다음 중 제품수명 주기를 바르게 나열한 것은?

① 도입기 → 성숙기 → 수동기 → 쇠퇴기

② 도입기 → 수동기 → 성숙기 → 쇠퇴기

③ 도입기 → 성숙기 → 성장기 → 쇠퇴기

④ 도입기 → 성장기 → 성숙기 → 쇠퇴기

 해설
- 도입기 : 제품이 처음 시장에 도입되어 광고의 브랜드 인지도를 높이는 시기
- 성장기 : 매출량이 급격히 증가하는 시기
- 성숙기 : 판매율이 둔화되어 이익이 축소되고 경쟁사만 남게 되는 시기
- 쇠퇴기 : 제품의 판매가 빠른 속도로 줄어들어 브랜드 이름을 바꿔서 다시 시장에 내놓은 도약 전략을 펴야 하는 시기

43 다음 중 시장 세분화의 주요 변수로 가장 거리가 먼 것은?

① 종교적 변수

② 지리적 변수

③ 인구통계적 변수

④ 행동특성적 변수

 해설
- 지리적 변수 : 시·군 규모, 인구밀도, 기후 등
- 인구 통계적 변수 : 연령, 성별, 교육수준, 소득수준, 직업 등
- 사회 심리적 변수 : 사회계급, 생활스타일 등
- 행동 특성적 변수 : 구매 형태, 소구 형태, 사용자 지위 등

44 소비자가 물품을 구입하기까지는 다양한 심리적 변화를 거쳐야 하며, 이것을 구매심리 과정이라 한다. 구매심리 과정이 올바르게 표현된 것은?

① 주목 – 흥미 – 욕망 – 기억 – 구매행위

② 흥미 – 주목 – 기억 – 욕망 – 구매행위

③ 주목 – 욕망 – 흥미 – 구매행위 – 기억

④ 흥미 – 기억 – 주목 – 욕망 – 구매행위

 해설
구매 심리 과정을 아이드마(AIDMA)법칙이라고도 함
- 주의(A) : 제품이나 서비스를 통해 주의를 끄는 것
- 흥미(I) : 타사 제품과 차별화 시켜 소비자의 흥미를 유발시키는 것
- 욕망(D) : 흥미 유발로 구입하고자 하는 욕망이 일어나는 것
- 기억(M) : 구매 상황의 선택에서 그것을 떠올리는 것
- 행동(A) : 소비자의 구매 욕구가 일어나 행동으로 옮기는 것

45 디자인 리서치(Design Research)란?

① 디자인의 제조원가

② 디자인의 조사연구

③ 디자인 특허권

④ 디자인 평가

 해설
디자인 리서치란 디자인 과정 중의 전반부에서 행해지는 사용자 조사인 디자인 유저 리서치를 의미하며, 데이터의 수집 정보와 분석의 연구에 대한 계획을 말함

46 소비자의 생활유형(Life Style) 중에서 유동적 구매의 소비자 집단에 대한 설명으로 올바른 것은?

① 충동적으로 상품을 구매하기 때문에 상품에는 무관심하다.

② 특정 상품의 브랜드를 좋아하며 반복적으로 구매한다.

③ 상품의 상징성이나 구매자 자신의 이미지 고양에 민감하다.

④ 합리적인 구매동기 부여에 민감하다.

 해설
② 관습적 소비자 집단
③ 감정적 소비자 집단
④ 합리적 소비자 집단

47 다음 중 마케팅 조사의 실사 방법이 아닌 것은?

① 개인 면접법

② 우편 조사법

③ 관찰 조사법

④ 확대 조사법

 해설
시장조사 방법 : 개인면접법, 전화조사법, 우편조사법, 관찰조사법, 전자 설문지법 등

48 매슬로우(Maslow)의 욕구 5단계 순서가 바르게 나열된 것은?

① 자아 욕구→생리적 욕구→안전의 욕구→사회적 욕구→자기실현의 욕구

② 생리적 욕구→자아욕구→사회적 욕구→안전의 욕구→자기실현의 욕구

③ 자아 욕구→생리적 욕구→사회적 욕구→안전의 욕구→자기실현의 욕구

④ 생리적 욕구→안전의 욕구→사회적 욕구→자아 욕구→자기실현의 욕구

 해설
하위 단계의 욕구가 완전히 만족되어야 상위 단계로 올라가는 것이 아니라, 하위 단계의 욕구가 어느 정도 충족이 되면 상위 단계의 욕구가 발생됨

• 생리적 욕구 : 음식, 성, 생존
• 안전의 욕구 : 질서, 보호
• 사회적 욕구 : 애정, 집단에서의 소속
• 자아(존경)의 욕구 : 지위, 권위, 명예
• 자기실현 욕구 : 3차적 욕망, 이상

49 디자인의 분류상 인간과 사회를 맺는 정신적 장비에 해당하는 디자인은?

① 제품 디자인(Product Design)

② 시각전달 디자인(Visual Communication Design)

③ 공간 디자인(Space Design)

④ 실내 디자인(Interior Design)

• 제품 디자인 : 공업 디자인이라고도 하며, 인간에게 자연을 대신하여 도구를 제공하는 디자인
• 시각 전달 디자인 : 사람과 사람 간에 시그널, 사인, 심벌이라는 기호에 의해서 의미를 전달하는 디자인 분야
• 환경 디자인 : 사람의 주변에서 도구나 사물을 사용하며 살아가는 공간적 환경을 디자인

50 다음 중 레이아웃의 중요성이 아닌 것은?

① 다른 광고와의 차별화 및 주목성을 높일 수 있다.

② 광고의 목적을 달성하도록 유도한다.

③ 안정감을 줄 수 있도록 한다.

④ 화려함을 강조하여야 한다.

레이아웃 : 문자, 그림, 기호 등의 구성요소들을 편집 공간에 효율적으로 배치하는 것으로 지나친 화려함을 강조해서는 안됨

51 편집 디자인의 레이아웃 요소 중에서 계획된 편집물들을 지면 안에 배치하는 작업으로 내용과 중요도에 따라 각각 분할하여 배열하는 것을 무엇이라고 하는가?

① 포맷   ② 라인 업

③ 타이포그래피   ④ 마진

• 편집 디자인의 구성 요소 : 레이아웃, 타이포그래피, 서체
• 레이아웃의 구성 요소 : 라인 업, 포맷, 여백

52 다음 중 에디토리얼 디자인의 형태별 분류가 잘못된 것은?

① 서적 스타일 : 잡지, 화집, 단행본

② 스프레드(Spread) 스타일 : 카탈로그, 팸플릿

③ 카드 스타일 : 브로슈어, 매뉴얼

④ 시트(Sheet) 스타일 : 명함, 안내장

형태별 분류
• 시트 스타일 : 낱장 형식(명함, 안내장, DM 등)
• 스프레드 스타일 : 접는 형식(신문, 카탈로그, 팸플릿 등)
• 서적 스타일 : 책 형식(사보, 잡지, 매뉴얼, 단행본 등)

53 다음 인쇄 판식에 관한 설명 중 잘못된 것은?

① 평판 : 물과 기름의 반발 원리를 이용한 것으로 옵셋 인쇄가 대표적이다.

② 볼록판 : 화선부가 볼록부이며 볼록부에만 잉크가 묻기 때문에 문자가 선명치 못하고 박력이 없다.

③ 오목판 : 평평한 판면을 약품이나 조각으로 패이게 하는 방법으로 그라비어 인쇄가 대표적이다.

④ 공판 : 인쇄하지 않을 부분의 구멍을 막아 제판하여 인쇄하며 인쇄량이 비교적 적은 인쇄에 사용된다.

볼록판 인쇄는 인쇄 방법 중 가장 오래된 기술로서 볼록판 인쇄는 평판에 비해 잉크가 두껍게 찍힘
① 평판 : 옵셋 인쇄
② 볼록판 : 활판 인쇄
③ 오목판 : 그라비어 인쇄
④ 공판 : 스크린 인쇄

54 신문광고의 내용적 요소로서, 기업이 광고에 반복해서 사용하는 간결하면서도 힘이 있는 말이나 문장은?

① 헤드라인   ② 보드카피

③ 슬로건   ④ 캡션

• 광고의 내용적 요소 : 헤드라인, 보드카피, 슬로건, 캡션
• 광고의 조형적 요소 : 일러스트레이션, 트레이드 심벌, 브랜드, 코퍼레이트 심벌, 로고 타입, 보더 라인
① 헤드라인 : 전체 광고 내용을 함축적으로 전달함
② 바디카피 : 광고의 구체적 내용을 전달하며, 도입, 중간, 결말의 구성 형태를 가짐
④ 캡션 : 사진이나 그림에 붙이는 설명문

정답 ▶ **49** ② **50** ④ **51** ② **52** ③ **53** ② **54** ③

55 의미하는 내용의 형태를 상징적으로 시각화한 것으로 언어를 초월해서 직감적으로 이해할 수 있도록 만들어진 그래픽 심벌을 무엇이라고 하는가?

① 로고타입(Logotype)

② 타이포그래피(Typography)

③ 픽토그램(Pictogram)

④ 일러스트레이션(Illustration)

 ② 타이포그래피 : 글자를 구성하는 디자인
④ 일러스트레이션 : 회화, 사진, 도표, 도형, 문자 이외의 것을 시각화한 것

56 도로나 도로변의 산기슭, 논, 밭 같은 곳에 설치하는 간판은?

① 로드사인 ② 애드벌룬

③ 점두간판 ④ 입간판

 ② 애드벌룬 : 기구에 광고물을 매달아 하늘에 띄워 시선을 끄는 광고
③ 점두간판 : 상점의 입구에 설치한 간판
④ 입간판 : 옥외에 세워서 설치하는 간판

57 포스터의 종류에서 연극, 영화, 음악회, 전람회 등의 고지적 기능을 가진 포스터는?

① 상품광고 포스터

② 계몽 포스터

③ 문화행사 포스터

④ 공공캠페인 포스터

 포스터 광고는 강한 상징성과 전달성을 가지며 설득적 기능을 갖고 있는 매체로 위치, 크기, 색상의 선택이 자유롭고 주목성을 높일 수 있음
① 상품광고 포스터 : 소비자를 상품과 연결시켜 구매행위가 일어나도록 하여야 함
② 계몽 포스터 : 국민의 의식을 깨우치게 할 목적으로 만들어지는 포스터
④ 공공캠페인 포스터 : 대중을 설득하여 통일된 행동으로 유도함

58 매체의 신뢰성이 있으며, 구독자의 수나 독자층이 매우 안정되어 있어 광고하고자 하는 상품이나 서비스에 대한 확실한 결과를 얻을 수 있는 광고는?

① 신문 광고 ② 잡지 광고

③ 옥외 광고 ④ 구매시점 광고

 ② 잡지 광고 : 특정한 독자층을 갖으며, 매체로서의 생명이 김
③ 옥외 광고 : 소비자에게 친근감을 주며 은밀히 동화되도록 많은 정보를 전달함으로써 아름답고 쾌적한 도시의 시각환경을 조성하는 문화적 기능을 가짐
④ 구매시점 광고(POP) : 예상고객에게 상품에 대한 지식과 소식을 알려줌으로써 구매의욕에서 구매행위로 유도할 수 있음

59 다음 중 잡지 광고의 특징이라 볼 수 없는 것은?

① 독자의 구성이 매우 차별화되어 있다.

② 전파 매체나 인터넷에 비해 보존성이 낮다.

③ 잡지는 수명이 비교적 길다고 할 수 있다.

④ 높은 회독률로 높은 광고효과를 기대할 수 있다.

 잡지광고는 성별, 연령, 학력, 직업, 취미 등에 따라 특정 구매층이 나눠지게 되며, 회독률과 열독률이 높고 보전성이 높고 수명이 비교적 길다고 할 수 있음

60 TV 광고 중 프로그램과 프로그램 중간에 삽입되는 광고는?

① 블록 광고

② 스폿 광고

③ 프로그램 광고

④ 네트워크 광고

 ① 블록 광고 : 30초짜리 CM 열 개를 하루 방송 중 일정 시간을 정해 모은 다음 방송하는 광고
③ 프로그램 광고 : 광고주가 스폰서로서 특정 프로그램을 제공하고 그 프로그램 속에 원하는 광고 메시지를 넣는 광고
④ 네트워크 광고 : 전국에 방송망을 가지고 있어 전국을 통하여 하는 광고

61 POP 광고의 기능에 관한 설명으로 잘못된 것은?

① 판매점에 온 소비자에게 브랜드나 브랜드 네임을 알릴 수 있다.

② 신제품을 알리는 데 좋으며 신제품의 기능, 가격을 강조한다.

③ 상품에 대한 자세한 설명은 충동구매를 방지한다.

④ 점원의 설명보다 우수한 대변인이 될 수 있다.

 해설　POP 광고는 소비자의 구매심리를 직접 자극하여 구매의욕을 극대화할 수 있으며, 배색을 통해 소비자의 시선을 끌 수 있는 특징을 가짐

62 DM(Direct Mail) 광고의 설명 중 틀린 것은?

① 시기와 빈도를 자유롭게 조절한다.

② 특정한 대상이 읽도록 할 수 있다.

③ 구매 장소에서 직접적인 판매촉진 효과가 있다.

④ 소비자에게 직접 우송하는 광고 방법이다.

 해설　다이렉트 메일(DM) 광고는 직접 광고로서 소비자에게 직접 호소하며 주로 편지나 엽서를 우편으로 보내는 광고로 예상 고객에게 광고 메시지를 직접 전달할 수 있다는 장점이 있음

63 포장의 기능과 거리가 먼 것은?

① 생산에서 소비자까지의 유통과정에서 제품을 보호해 주는 기능을 가질 것

② 소비자의 구매를 자극할 수 있는 심미성을 가질 것

③ 과학적인 독특한 시각적 특징을 가질 것

④ 제품의 내용이나 정보를 알려주는 전달성을 가질 것

해설　포장 디자인의 기능 : 보호와 보존성, 편리성, 상품성, 심리성 등

64 오즈번(Alex Osborn)에 의해 창안된 회의 방식으로 디자인에서 널리 사용되고 있는 그룹 형태의 아이디어 발상 방법은?

① 브레인스토밍　　　② 시스템 분석법

③ 요소간 상관분석법　④ 체크리스트법

 해설　브레인스토밍은 디자인 아이디어 창출 기법 중 집단사고에 의한 자유분방한 아이디어를 얻기 위하여 서로 비평을 금하고 상대방의 아이디어에 상승 작용을 할 수 있게 하는 기법으로, 이미 제출된 아이디어들의 조합과 이들을 활용하여 개선하는 방법

65 다음 중 디자인의 발전 단계가 맞는 것은?

① 모방→적응→수정→혁신

② 모방→수정→혁신→적응

③ 모방→수정→적응→혁신

④ 모방→혁신→적응→수정

 해설　• 모방 : 기존 형태와 기능을 그대로 모방
• 수정 : 형태의 일부만 수정
• 적응 : 기존의 기능을 이용하여 새로운 용도, 형태 창조
• 혁신 : 새로운 형태와 기능을 창조

66 다음의 디자인 문제 해결 과정 중 '필요성을 제시'하는 과정은?

① 분석　　　　　　② 계획

③ 종합　　　　　　④ 평가

 해설　디자인 문제 해결 과정 : 계획→조사→분석→종합→평가

67 제품을 디자인하는 과정 중에서 스타일이 결정된 단계에서 제품의 완성 예상도를 실물처럼 표현하는 것은?

① 렌더링　　　　　② 모델링

③ 아이소메트릭 투영법　④ 조감 투시도법

 해설　렌더링이란 표현이라는 뜻으로 제품을 디자인하는 과정 중 스타일이 결정되는 단계에서 아직은 현존하지 않는 것을 마치 실물이 눈앞에 있는 것처럼 표현하는 완성 예상도

정답　61 ③　62 ③　63 ③　64 ①　65 ③　66 ②　67 ①

68 디자인 과정 중 스케치의 역할이 아닌 것은?

① 의도된 형태를 정착시킨다.

② 실물이 가진 형태나 색채, 재질감을 실물과 같이 충실하게 표현한다.

③ 이미지(Image)를 구체적으로 펼쳐가는 작업이다.

④ 의도된 형태를 발전, 전개시킨다.

 • 스케치는 이미지를 포착하기 위한 목적으로 표현하는 기법으로 개략적으로 그린 그림을 말함
• ② 실물과 같이 그리는 것은 렌더링

69 디자인 작업 중 이미지를 포착하기 위한 목적으로 표현하는 기법은?

① 아이디어 스케치   ② 렌더링

③ 제도   ④ 모델링

 ① 아이디어 스케치 : 이미지를 포착하기 위한 방법으로 신속하고 자유롭게 아이디어를 전개
② 렌더링 : 스타일이 결정된 단계에서 제품의 완성 예상도를 실물처럼 표현하는 작업
③ 제도 : 평면도, 입면도, 단면도로 그리는 일
④ 모델링 : 디자이너의 아이디어를 확인하기 위하여 디자인만을 입체화하는 작업

70 아이디어 발상 초기 단계에 행해지는 메모의 성격을 띤 스케치로, 일반적으로 빨리 그리는 스케치이기에 조형처리, 색채처리 등의 세부적인 입체 표현에 구애받지 않는 스케치는?

① 프레젠테이션 스케치   ② 스타일 스케치

③ 러프 스케치   ④ 스크래치 스케치

 스케치의 종류
• 러프 스케치 : 개략적으로 그린 후 포착된 이미지를 비교 검토하기 위한 스케치
• 스타일 스케치 : 스케치 중에서 가장 정밀하고 정확함을 요구하는 스케치
• 스크래치 스케치 : 난필의 의미로 아이디어 발상 과정의 초기 단계에서 프리핸드 선에 의한 스케치로 입체적인 표현은 생략하고 약화 형식으로 표현한 스케치

71 아이디어를 발전시키기 위하여 형태, 구조, 재료, 가공법 등을 개략적으로 그리고, 포착된 이미지를 하나하나 비교 검토하기 위한 스케치는?

① 섬네일 스케치   ② 스크래치 스케치

③ 러프 스케치   ④ 스타일 스케치

 섬네일 스케치(Thumbnail Sketch) : 작고 정리되지 않은 선으로 그린 간략한 이미지의 개념으로 디자인 주제에 대한 다양한 요소들을 생각하고 해석하는 최초의 스케치

72 디자인 전달에 사용되는 모델로서 제시형 모형이라고도 하며, 아이디어를 전개하고 확인하는 데 이용되는 가장 정밀한 모델로 외관상으로 최종 제품의 이미지에 가장 가까운 모델은?

① 프로토타입 모델

② 프레젠테이션 모델

③ 러프 모델

④ 워킹 모델

 • 스터디 모델 : 디자인 과정의 초기(개념화) 단계에서 디자이너의 이미지 전개와 확인, 형태감과 균형을 파악하기 위한 모형(=러프 모델, 연구용 모델)
• 프레젠테이션 모델 : 외형상으로 실제 제품에 가깝도록 도면에 따라 제작됨(=제시용 모델)
• 프로토타입 모델 : 디자인을 결정하는 모델로서 외관과 기능까지 완성품과 같이 만든 모델(=워킹 모델)

73 다음 중 실내 디자인에서 추구하는 궁극적인 목표와 일치하는 것은?

① 유행성, 보편성, 개성

② 효율성, 아름다움, 개성

③ 기능성, 효율성, 보편성

④ 재료성, 아름다움, 유행성

 실내 디자인은 실내 공간을 아름답고, 기능적으로 만들어 생활의 쾌적함을 추구하는 것이 목적 효율성, 아름다움, 개성을 지녀야 함

74 실내 디자인의 4단계 과정에 관한 설명이 맞는 것은?

① 기획과정 – 실내 디자인 작업과 관련되어 디자인을 시정하거나 시공상의 문제점을 해결하는 단계이다.

② 설계 단계 – 기획 과정에서 수집한 정보를 활용하여 대상 공간에 가구를 배치하는 단계이다.

③ 시공과정 – 설계과정의 결과를 기초로 하여 실제 작업을 하는 단계이다.

④ 사용 후 평가과정 – 결과를 기초로 하여 관련되어 있는 모든 정보를 수집하는 관계이다.

 실내 디자인 프로세스 : 기획 설계 → 기본 설계 → 실시 설계 → 공사 감리
- 기획과정 : 실내 디자인 작업과 관련되어 있는 모든 정보를 수집하는 단계
- 설계과정 : 디자인 의도를 확인하고 공간의 재료나 가구, 색채 등에 대한 계획을 시각적으로 제시하는 단계
- 시공과정 : 설계과정의 결과를 기초로 하여 실제 작업을 실시하는 단계
- 사용 후 평가과정 : 결과를 기초로 하여 디자인을 시정하거나 시공상의 문제점을 해결하는 단계

75 실내 공간을 구성하는 실내의 기본 요소로 옳게 구성된 것은?

① 벽, 바닥, 천장, 창문과 문

② 벽, 재료, 천장, 색채

③ 벽, 창문과 문, 형태, 색채

④ 형태, 질감, 재료, 매스

 실내 디자인 기본적 요소
- 수평적 요소 : 바닥, 천장, 보
- 수직적 요소 : 벽, 기둥, 개구부

실내 디자인 장식적 요소
- 조명, 가구, 액세서리, 디스플레이 등

실내 디자인 관계 요소
- 사람, 물체, 공간

76 실내 공간 중 시선이 많이 머무는 곳으로 실내 분위기 형성에 가장 큰 영향을 미치며 공간의 구분, 공기의 차단, 소리의 차단, 보온 등의 기능을 갖고 있는 실내 디자인 요소는?

① 바닥　　　　　　　② 벽

③ 천장　　　　　　　④ 마루

- 바닥 : 실내 디자인의 기본요소 중 인간의 접촉 빈도가 가장 높은 곳
- 천장 : 실내 공간의 윗부분에서 외부의 소리, 빛, 열 및 습기 등 환경의 중요한 매체
- 중문과 창문 : 한 공간과 인접된 공간을 연결, 공기와 빛을 통과시켜 통풍과 채광이 가능

77 주거 공간을 크게 3영역으로 나누었을 때 기본 영역에 해당되지 않는 것은?

① 공동 공간　　　　　② 수납 공간

③ 개인적 공간　　　　④ 작업 공간

- 공동 공간 : 거실, 응접실, 현관 등
- 개인적 공간 : 침실, 서재, 화장실 등
- 작업 공간 : 가사작업을 위한 공간

78 대중이 이용하는 실내 공간으로 공항, 역사, 터미널, 미술관, 박물관 등을 대상으로 디자인하는 것은?

① 공공 인테리어　　　② 상업 인테리어

③ 사무실 인테리어　　④ 객실 인테리어

 상업 인테리어 : 판매를 위한 상점일 경우 건물을 아름답게 통합해야 하고, 숙박시설의 경우 휴식을 충분히 할 수 있도록 해야 함

79 수익 유무에 따른 실내 디자인의 분류에 속하는 것은?

① 주거 공간　　　　　② 영리 공간

③ 업무 공간　　　　　④ 특수 공간

 영리 공간으로는 상업 공간이 있고, 비영리 공간으로는 주거, 업무, 특수 공간 등이 있음

80 전부를 천장이나 벽면에 투사하여, 그 반사광으로 조명하는 방법으로 은은한 빛이 골고루 비치나 조도가 약해서 침실이나 병실에 적당한 조명은?

① 간접 조명

② 국부 조명

③ 전반확산 조명

④ 직접 조명

- 국부조명 : 필요한 부분에 집중적으로 조명효과를 내는 것으로 주로 미술 전시품 행사장 등에서 볼 수 있음
- 선반확산 소명 : 직접조명과 간집조명 빙식을 병용하는 조명
- 직접조명 : 빛의 90%~100%가 아래로 향하는 조명으로 조명률은 좋으나 눈부심과 강한 그림자가 생기는 단점이 있는 조명

2과목 | 색채학 및 도법(80문제)

81 다음 중 망막에서 무수히 많은 색을 지각하는 작용을 하는 시세포는?

① 상피체　　　　② 추상체

③ 모양체　　　　④ 간상체

- 추상체 : 색을 구별하는 역할을 하며 주로 밝은 곳에서 작용
- 간상체 : 색채 지각보다는 명암을 식별하는 역할을 하며 주로 어두운 곳에서 작용

82 사람이 눈으로 볼 수 있는 가시광선의 범위는?

① 350~150nm　　　② 480~180nm

③ 950~350nm　　　④ 780~380nm

아이작 뉴턴이 프리즘 분광실험을 통해 빛의 파장에 따라 굴절하는 각도가 다른 성질을 이용하여 눈이 색채를 지각하는 파장의 범위를 가시광선이라 하며, 380~780nm(나노미터) 범위를 말함

83 다음 중 파장이 가장 긴 색과 짧은 색이 맞게 짝지어진 것은?

① 빨강과 주황　　　② 빨강과 남색

③ 빨강과 보라　　　④ 노랑과 초록

빨간색으로부터 보라색으로 갈수록 파장이 짧아지며 380nm 쪽은 보라색, 단파장. 780nm 쪽은 빨강, 장파장

84 색의 항상성(Color Constancy)을 바르게 설명한 것은?

① 빛의 양과 거리에 따라 다르게 인지된다.

② 조명의 밝기에 따라 색채가 다르게 인지된다.

③ 배경색과 조명이 변해도 색채를 그대로 인지한다.

④ 배경색에 따라 색채가 다르게 인지된다.

항색성 또는 색의 항상성이라고도 함

85 명소시와 암소시의 중간 밝기에서 추상체와 간상체 양쪽이 작용하고 있는 시각의 상태는?

① 황혼시　　　　② 박명시

③ 저명시　　　　④ 약명시

추상체와 한상체가 동시에 함께 활동하는 것을 박명시라 하며 대표적인 색은 녹색

86 거울에 비친 대상이 거울면 배후에 있다고 지각되는 상태의 색은?

① 공간색　　　　② 물체색

③ 투과색　　　　④ 경연색

① 공간색 : 유리병처럼 투명하거나 반투명인 물체의 공간에서 볼 수 있는 색
② 물체색 : 물체가 각자의 색을 가지고 있는 것으로 보이는 색
③ 투과색 : 물체를 통과해서 나오는 빛에 의해 느끼는 색

정답 ▶ 80 ①　81 ②　82 ④　83 ③　84 ③　85 ②　86 ④

87 다음은 색채현상 중 어느 것에 관한 설명인가?

해가 지고 주위가 어둑어둑해질 무렵 낮에 화사하게 보이던 빨간 물체가 밤이 되면 검게, 낮에는 파란 물체가 밤이 되면 밝은 회색으로 물체들이 밝게 보인다.

① 푸르킨예 현상
② 색각조절 현상
③ 베졸트 현상
④ 변색 현상

 푸르킨예 현상 : 낮에 추상체로부터 밤에 간상체로 이동하는 현상으로, 주위의 밝기 변화에 따라 물체의 명도가 달라 보이는 현상으로 어두운 곳에서 청록색이 가장 밝게 느껴짐

88 색의 3속성이 아닌 것은?

① 명도   ② 채도
③ 대비   ④ 색상

 색의 3속성 : 색상, 명도, 채도
• 색상 : 색채를 구별하는 데 필요한 색의 명칭
• 명도 : 색의 밝고 어두운 정도, 그레이 스케일
• 채도 : 색의 순수한 정도, 색채의 포화상태, 색채의 강약, 색의 맑기

89 다음 색에 대한 설명 중 옳은 것은?

① 색채는 일반적으로 무채색, 유채색, 보색으로 분류한다.
② 무채색은 흰색, 회색, 검정의 색기가 없는 것을 말한다.
③ 유채색은 무채색을 포함한 모든 색을 말한다.
④ 무채색과 유채색을 혼합하면 무조건 무채색이 된다.

 • 무채색 : 흰색, 검정, 회색의 명도 차이만을 가지고 있는 색
• 유채색 : 색상을 갖는 모든 색을 일컫는 말로서 색상, 명도, 채도의 차이를 가지고 있음

90 영, 헬름홀츠의 3원색설을 설명한 것 중 틀린 것은?

① 영·헬름홀츠의 3원색은 빨강, 초록, 파랑이다.
② 노랑은 빨강과 녹색의 수용기가 같이 자극되었을 때 지각된다.
③ 3종류 빛 수용기의 반응 양에 따라 무한의 색이 느껴진다.
④ 감산혼합의 이론과 일치되는 점이 있다.

 영·헬름홀츠의 3원색설은 망막에 적·녹·청의 시신경 섬유가 있다는 이론으로 색광혼합인 가산혼합과 일치함

91 가산혼합에 관한 설명 중 틀린 것은?

① 적(Red), 녹(Green), 청(Blue)이 3원색이다.
② 같은 파장의 색을 혼합하면 항상 같은 파장의 색을 낳는다.
③ 색광혼합의 중간색이 색료혼합의 3원색이다.
④ 혼합 결과 명도가 낮아져 감법혼색이라고도 한다.

 색광혼합은 가산혼합이라고도 하며, 색광의 3원색은 R, G, B이고, 컬러TV, 스포트라이트 등의 조명에 사용되며, 혼합할수록 명도가 높아짐. 동시에 모두 혼합하면 흰색이 됨

92 색료혼합에 대한 설명 중 잘못된 것은?

① 3원색은 YELLOW, MAGENTA, CYAN이다.
② 2차색들은 색광혼합의 3원색과 같다.
③ 컬러 슬라이드, 컬러 영화필름, 컬러 인화사진 등이 그 예이다.
④ 2차 색들은 명도는 낮아지고 채도는 높아진다.

 감산혼합이라고 하며, 기본 색은 C, M, Y이며 색을 혼합하면 채도는 무조건 낮아지며 모두 섞었을 때 검정(B)색이 됨
Cyan+Magenta=Blue
Magenta+Yellow=Red
Yellow+Cyan=Green
색을 혼합하면 채도는 무조건 낮아짐

정답 ▶ **87** ① **88** ③ **89** ② **90** ④ **91** ④ **92** ④

93 채도를 낮추지 않고 어떤 중간색을 만들어 보자는 의도로 화면에 다양한 색의 작은 점이나 무수한 선이 조밀하게 배치하여 사물을 묘사하려고 한 것에 속하는 것은?

① 가산혼합　　　　② 감산혼합
③ 병치혼합　　　　④ 회전혼합

 병치혼합 : 여러 가지 색이 조밀하게 분포되어 있을 경우 멀리서 보면 각각의 색들이 주위의 색들과 혼합되어 보이는 현상(컬러TV, 인상파 화가들의 점묘법, 모자이크, 직물)

94 혼색계의 설명으로 옳지 않은 것은?

① 물체색을 표시하는 표색계이다.
② 대표적인 것은 C.I.E. 표준 표색계이다.
③ 좌표 또는 수치를 이용하여 표현하는 체계이다.
④ 심리적이고 물리적인 빛의 혼색 실험결과에 기초를 두고 있다.

 • 혼색계 : 색광을 표시하는 표색계로 심리적, 물리적인 빛의 혼색 실험에 기초를 두고 좌표 또는 수치를 이용하여 표현하는 체계
• 현색계 : 색채를 표시하는 표색계로 색표 같은 것을 미리 정하여 그것에 번호나 기호를 붙이고 측색하고자 하는 물체의 색채와 비교하여 물체의 색채를 표시하는 체계

95 다음 중 먼셀표색계의 색상 구성에 대한 설명으로 맞는 것은?

① 8색상을 각각 3색상으로 세분, 기본 24색상을 정함
② 12색상을 각각 2색상으로 구분, 기본 24색상을 정함
③ 스펙트럼의 7색상에 간(間)색을 추가 14색을 정함
④ 주요 5색상에 간색을 추가하여 기본 10색상을 정함

 • 색상 : 주 5색상(빨강(R), 노랑(Y), 초록(G), 파랑(B), 보라(P))에 간색을 추가하여 10색상으로 표현하였고, 다시 세분하여 20색상환을 정함
• 명도 : 무채색은 명도 0~10단계로 나누어 총 11단계로 구성됨
• 채도 : 무채색을 0으로 하고 14까지의 수치로 표시

96 현재 우리나라 한국산업규격(KS A 0080-71)으로 제정, 교육용으로 채택되어 널리 사용되는 표색계는?

① 레오나르도 다빈치 표색계
② 오스트발트 표색계
③ CIE 표색계
④ 먼셀 표색계

97 빨강의 색상 기호를 먼셀 색체계에서 "R 4/14"이라고 표시할 때, "R"이 나타내는 것은?

① 명도　　　　　　② 색상
③ 채도　　　　　　④ 색명

 먼셀 색상 기호 : HV/C
색상(H), 명도(V), 채도(C)

98 먼셀의 색입체에 대한 설명 중 틀린 것은?

① 수평으로 자르면 동일 명도면이 나타난다.
② 수직으로 자르면 동일 채도면이 나타난다.
③ 중심축으로 가면 저채도, 바깥둘레로 나오면 고채도가 된다.
④ 색의 3속성에 따라 배열되어 있다.

 수직으로 자르면 동일 색상면이 나타남

99 다음 중 먼셀의 20색상환에서 보색대비의 예가 아닌 것은?

① 빨강(Red) - 청록(Blue Green)
② 파랑(Blue) - 주황(Orange)
③ 노랑(Yellow) - 남색(Purple Blue)
④ 파랑(Blue) - 초록(Green)

 파랑의 보색은 주황, 초록의 보색은 자주

100 다음 오스트발트 색입체에서 화살표가 나타내는 계열은?

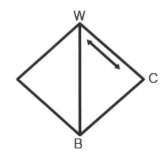

① 등흑색계열　　　　② 등순색계열

③ 등백색계열　　　　④ 등색상계열

 • 오스트발트에 의해 창안한 표색계로 색은 C(Color Content), 흰색은 W(White), 흑색은 B(Black)로 표시하였으며, 색입체는 원뿔 2개를 맞붙여 놓은 모양으로 복원뿔체의 형태를 가짐
• 삼각형의 배열에 따라 등순계열, 등흑계열, 등백계열로 배열하면 하나의 등색상면을 나타냄

101 계통색명(Systematic Color Name)이라고도 하며 색상, 명도, 채도를 표시하는 색명은?

① 일반색명　　　　② 관용색명

③ 고대색명　　　　④ 유행색명

 계통색명(일반색명) : 색상, 명도, 채도를 표시하는 색명으로 유채색의 수식어를 표기할 때는 '톤 수식어+기본 색이름'으로 표기

102 옛날부터 전해 내려오는 습관적으로 사용하는 색의 고유한 색명은?

① 계통색명　　　　② 관용색명

③ KS색명　　　　④ 일반색명

 관용색명 : 옛날부터 습관적으로 사용되어온 고유한 색명을 지닌 것으로 동물, 광물, 지명, 인명 등의 이름에서 유래된 색 하나하나의 고유한 색명

103 동시대비의 지각 조건이 아닌 것은?

① 색상차가 클수록 대비현상은 강해진다.

② 시간차에 의해서 발생한다.

③ 자극과 자극의 거리가 멀어질수록 대비현상은 약해진다.

④ 자극을 부여하는 크기가 작을수록 대비의 효과가 커진다.

 ② 시간차에 의해서 나타나는 대비현상은 계시대비

104 다음 동시대비 중 보색대비에 관한 것은?

① 무채색 위의 유채색은 훨씬 많은 색으로 채도가 높아져 보이는 현상

② 밝은 색은 더 밝게, 어두운색은 더 어둡게 보이는 색의 대비현상

③ 색상의 거리가 가까울 때 일어나는 현상

④ 서로의 영향으로 인하여 뚜렷해지고 각각의 채도가 더 높게 보이는 현상

 ① 채도대비
② 명도대비
③ 색상대비

105 어떤 두 색이 맞붙어 있을 경우, 그 경계의 언저리가 멀리 떨어져 있는 부분보다 색상대비, 명도대비, 채도대비의 현상이 더욱 강하게 일어나는 것은?

① 계시대비　　　　② 면적대비

③ 명도대비　　　　④ 연변대비

 ① 계시대비 : 하나의 색을 보고 자극을 받았다가 연속해서 다른 색을 보았을 때, 그 색이 다르게 보이는 현상
② 면적대비 : 색이 차지하는 면적의 크기에 따라 색이 다르게 보여지는 현상
③ 명도대비 : 명도가 서로 다른 색들이 서로의 영향으로 인하여 대비가 강해지는 현상

106 어떤 색을 보고 난 후에 다른 색을 보았을 경우, 먼저 본 색의 영향으로 다음에 보는 색이 다른 색으로 보이는 현상은?

① 색상대비　　　　② 면적대비

③ 계시대비　　　　④ 동시대비

 해설
① 색상대비 : 서로 다른 색들의 영향으로 색상의 차이가 크게 보이는 현상
② 면적대비 : 색이 차지하는 면적의 크기에 따라 색이 다르게 보이는 현상
④ 동시대비 : 시점이 한 곳에 집중되어 두 가지 이상의 색을 한꺼번에 볼 때 순간적으로 일어나는 현상

107 강한 고채도의 색은 주목성이 높아 다른 색과 반발하기 쉽다. 어떤 색과 배색하여야 가장 효과적인가?

① 반대색　　　　② 난색계

③ 중성색　　　　④ 한색계

해설
중성색은 색의 반발성을 둔화시키기 위해 사용하며, 중성색으로 연두, 초록, 자주, 보라가 있음

108 주위색의 영향으로 오히려 인접색에 가깝게 느껴지는 경우를 말하는 것은?

① 정의 잔상　　　　② 동화현상

③ 부의 잔상　　　　④ 주목성

해설
색의 동화현상은 대비현상과는 반대되는 개념으로 어떤 색이 인접한 주위의 색과 가깝게 느껴지므로 옆에 있는 색과 비슷한 색으로 보이는 현상으로 색상, 명도, 채도 차이가 적을수록 잘 일어남

109 병원 수술실 벽면을 밝은 청록색으로 칠하는 가장 큰 이유는?

① 수술 시 잔상을 막기 위해

② 수술 시 피로를 덜기 위해

③ 색상대비로 인하여 잘 보이기 위해

④ 환자의 정서적인 안정을 위해

 해설
청록 보색잔상을 막기 위함

110 강하고 짧은 자극 후에도 계속 보이는 것으로, 어두운 곳에서 빨간 불꽃을 빙빙 돌리면 길고 선명한 빨간 원을 볼 수 있는데, 이것은 어떤 현상이 계속해서 일어나기 때문인가?

① 부의 잔상　　　　② 정의 잔상

③ 보색효과　　　　④ 도지반전 효과

 해설
정의 잔상 : 어떤 자극이 사라진 뒤에도 망막의 흥분상태가 계속 남아있어 상의 밝기와 색이 그대로 느껴지는 현상

111 다음 중 가장 명시성이 좋은 배색은?

① 빨간 바탕에 파랑　　② 초록 바탕에 빨강

③ 노란 바탕에 검정　　④ 하얀 바탕에 주황

 해설
• 명시도는 어떤 색이 인접색의 영향을 받아 멀리서도 잘 보이는 것으로 명시성 또는 시인성이라 하며, 특히 명도 차이를 크게 두면 높아짐
• 명시도가 가장 높은 색은 검은색과 노랑의 배색으로 교통표지판이 대표적임

112 색의 주목성에 대한 설명 중 틀린 것은?

① 고명도, 고채도의 색은 주목성이 높다.

② 일반적으로 명시도가 높으면 주목성도 높다.

③ 녹색은 빨강보다 주목성이 높다.

④ 포스터, 광고 등에는 주목성이 높은 배색을 한다.

 해설
주목성은 눈을 끄는 힘을 말하며 고채도, 고명도의 색이 주목성도 높음

113 다음 중 후퇴, 수축되어 보이는 계통의 색과 팽창, 진출되어 보이는 색이 맞게 연결된 것은?

① 고명도색 － 난색계의 색

② 한색계의 색 － 난색계의 색

③ 고채도의 색 － 한색계의 색

④ 난색계의 색 － 고채도의 색

 해설
• 팽창되어 보이는 색은 고명도, 고채도, 난색이고, 수축되어 보이는 색은 저명도, 저채도, 한색에 속함
• 명도가 높으면 팽창되어 보이고 명도가 낮으면 수축되어 보임

정답　106 ③　107 ③　108 ②　109 ①　110 ②　111 ③　112 ③　113 ①

114 다음 중 색의 온도감에 대한 설명이 옳은 것은?

① 연두, 보라, 자주 색은 난색이다.

② 중간 온도의 느낌을 주는 색을 중간색이라 부른다.

③ 명도가 낮을수록 차갑게 느껴진다.

④ 삼속성 중 색상에 주로 영향을 받는다.

 빨강, 주황, 노랑의 적색 계통의 난색은 따뜻하게 느껴지고, 파랑, 청록의 청색 계통의 한색은 차갑게 느껴지며, 연두, 보라 계통의 중성색은 중간온도가 느껴짐

115 색의 3속성 가운데 무게감에 가장 관계가 있는 것은?

① 순도   ② 명도

③ 채도   ④ 색상

해설 색의 무게감(중량감)은 주로 명도에 의해 좌우됨. 고명도의 흰색은 가벼운 느낌, 저명도의 검정에서는 무거운 느낌을 가짐

116 다음 중 색의 연상과 상징이 옳게 연결된 것은?

① 노랑 – 위험, 혁명, 분노, 희열

② 빨강 – 명랑, 유쾌, 냉담, 신뢰

③ 파랑 – 명상, 냉정, 성실, 추위

④ 녹색 – 충고, 영원, 신비, 혁명

해설 • 노랑 : 희망, 쾌활, 광명, 활동, 경박
• 빨강 : 흥분, 정열, 분노, 위험, 혁명
• 녹색 : 청춘, 평화, 영원, 안전, 성숙

117 색채의 일반적인 감정 효과에 대한 설명으로 틀린 것은?

① 장파장 계통의 색은 따뜻한 색이다.

② 연두, 자주, 녹색 등은 중성색이다.

③ 명도가 낮은 색은 무겁게 느껴진다.

④ 채도는 높고 명도가 낮은 색은 부드러운 느낌을 준다.

해설 색의 경연감에서 부드러운 느낌은 저채도, 고명도에서 느껴짐

118 색의 3속성에 따라 오메가 공간이라는 색입체를 만들고, 색채조화의 정도를 정량적으로 설명한 색채조화론은?

① 비렌의 색채조화론

② 셔브릴의 색채조화론

③ 문, 스펜서의 색채조화론

④ 오스트발트의 색채조화론

 ① 비렌 : 색채 공감각에서 식당 내부의 가구 등에 식욕이 왕성하도록 유도하기 위한 색채는 주황색(갈색 계열)임
② 셔브릴 : 색의 3속성을 기초로 유사조화와 대비조화로 구분
③ 문, 스펜서 : 조화는 크게 쾌감과 불쾌감을 주는 것으로 구별하며 부조화는 제1부조화, 제2부조화, 눈부심으로 구분
④ 오스트발트 : 독자적인 색채조화론의 체계를 만듦

119 색의 3속성 개념을 도입한 색상환에 의해서 색의 조화를 유사조화와 대비조화로 나누고 정량적 색채조화론을 제시한 사람은?

① 문(Moon. P.), 스펜서(Spencer D.E)

② 셔브릴(Chevreul, M.E.)

③ 져드(Judd)

④ 오스트발트(Ostwalt Wilhelm)

 ① 문, 스펜서 : 오메가 공간이라는 색입체를 설정하여 성립된 색채조화 이론
④ 오스트발트 : 독자적인 색채조화론의 체계를 만듦

120 색채조화의 이론에서 보편적으로 공통되는 몇 가지 원리가 있다. 다음 중 이에 해당되지 않는 것은?

① 색조의 원리   ② 질서의 원리

③ 유사의 원리   ④ 비모호성의 원리

 져드의 색채조화 원리에는 질서의 원리, 친근성(동류)의 원리, 유사의 원리, 명료성(비모호성)의 원리, 대비의 원리가 있음

 정답 ▶ 114 ④   115 ②   116 ③   117 ④   118 ③   119 ②   120 ①

121 가장 가까운 색채끼리의 배색은 보는 사람에게 친근감을 주며 조화를 느끼게 한다. 이와 관련된 색채조화의 원리는?

① 질서의 원리　　　② 명료성의 원리

③ 동류의 원리　　　④ 친근감의 원리

 해설
① 질서의 원리 : 색 공간에 규칙적으로 선택된 색들끼리 잘 조화됨
② 명료성의 원리 : 색상, 명도, 채도가 분명한 배색에서만 얻어짐
④ 친근감의 원리 : 자연과 같이 친숙하게 사람에게 잘 알려진 배색은 조화된다.

122 배색의 효과 중 채도와 면적 간의 관계에 있어, 균형이 맞고 수수한 느낌이 들도록 배색하는 방법은?

① 저채도의 색을 좁은 면적에, 고채도의 색을 넓은 면적에 사용한다.

② 저채도의 색과 고채도의 색을 같은 크기의 면적에 사용한다.

③ 저채도의 색을 넓은 면적에, 고채도의 색을 좁은 면적에 사용한다.

④ 저채도의 색은 왼쪽에, 고채도의 색은 오른쪽에 사용한다.

해설
좁은 면적에는 채도를 높이고, 넓은 공간에서는 채도를 낮추어 균형을 맞추어야 함

123 빨강, 주황, 노랑과 같은 배색 또는 녹색, 청록, 파랑과 같은 배색에서 받는 느낌은?

① 강함, 똑똑함, 생생함, 활기참

② 평화적임, 안정됨, 차분함

③ 동적임, 화려함, 적극적임

④ 예리함, 자극적임, 온화함

 해설
유사색상의 배색은 색상환에서 가까운 색의 배색으로, 대체로 애매하고 다부지지 못한 느낌을 주며 통일성이 있고 부드러운 분위기를 조성하는 데 효과적임
• 동일 색조의 조화 : 차분함, 시원시원함, 통일성
• 유사 색조의 조화 : 화합적, 평화적, 안정, 차분함
• 반대 색조의 조화 : 강함, 생생함, 예리함, 동적임, 자극적임

124 다음 중 가장 부드럽고 통일된 느낌을 주는 배색은?

① 색상차가 큰 배색

② 비슷한 색상끼리의 배색

③ 높은 채도끼리의 배색

④ 채도의 차가 큰 배색

 해설
① 색상차가 큰 배색 : 강한 느낌
③ 높은 채도끼리의 배색 : 매우 화려하지만 좀 어지럽다는 느낌
④ 채도의 차가 큰 배색 : 기분 좋고 활기 있는 느낌

125 다음 중 분명함과 동적인 화려함 등의 이미지를 느끼게 하는 배색은?

① 동일색상의 배색　　② 반대색상의 배색

③ 유사색조의 배색　　④ 동일색조의 배색

 해설
반대색상의 배색
• 선명하면서도 풍부한 조화가 이루어짐
• 각 색의 독특한 특성을 살릴 수 있음
• 활기와 긴장감을 나타낼 수 있음

126 색채 조절의 목적과 거리가 먼 것은?

① 일의 능률 등을 향상시킨다.

② 안전을 유지시켜 사고를 줄여준다.

③ 기계의 성능을 향상 시킨다.

④ 신체 피로와 눈의 피로를 덜어준다.

 해설
색채 조절의 효과는 주의가 집중되게 하므로 일의 능률을 올리고, 신체의 피로를 덜게 하고 특히 눈의 피로를 막을 수 있으며 쾌적한 실내 분위기를 조성하고 안전을 유지시켜 사고를 줄여줌

127 다음 중 도면의 용도에 의한 분류에 해당하는 것은?

① 조립도, 부품도

② 부품도, 공정도

③ 계획도, 제작도

④ 배치도, 상세도

정답 ▶ 121 ③　122 ③　123 ②　124 ②　125 ②　126 ③　127 ③

도면의 분류
- 용도에 따른 분류 : 계획도, 제작도, 주문도, 견적도, 승인도, 설명도
- 내용에 따른 분류 : 부품도, 조립도, 상세도, 공정도, 결선도, 배관도, 계통도
- 작성 방법에 따른 분류 : 스케치도, 원도, 사도, 청사진도

128 선의 종류에 관한 설명 중 틀린 것은?

① 실선은 물체의 외형을 표시하는 선이다.

② 가는 실선은 치수선, 지시선, 해칭선 등에 사용한다.

③ 파선은 보이는 부분의 모양을 표시하는 선이다.

④ 가는 일점 쇄선은 중심선, 절단선, 상상선, 피치선 등에 사용된다.

- 가는 실선 : 치수선, 치수 보조선, 지시선, 해칭선, 파단선, 회전단면선
- 파선 : 보이지 않는 부분의 형상을 나타내는 선
- 1점 쇄선 : 중심선, 절단선, 경계선, 기준선

129 선이 한 곳에 중복되었을 때 우선해서 그어야 하는 순서로 옳은 것은?

① 외형선 → 중심선 → 숨은선 → 절단선 → 치수 보조선

② 외형선 → 숨은선 → 절단선 → 중심선 → 치수 보조선

③ 외형선 → 절단선 → 숨은선 → 중심선 → 치수 보조선

④ 외형선 → 숨은선 → 중심선 → 절단선 → 치수 보조선

- 선 그리는 순서 : 기준선 → 원호 원 → 수평선 → 사선 → 파선
- 선의 우선 순위 : 외형선 → 숨은선 → 절단선 → 중심선 → 무게 중심선 → 치수 보조선

130 도면에서 사용하는 '판의 두께'를 나타내는 기호는?

① t   ② C

③ R   ④ S

 지름 Ø, 반지름 R, 모따기 C

131 다음 중 도면에 사용하는 길이 치수의 단위는?

① mm   ② cm

③ inch   ④ m

 길이는 원칙적으로 mm를 사용하며 단위 기호는 쓰지 않음

132 다음 제도용지 중 A3의 크기는?

① 210mm×297mm   ② 297mm×420mm

③ 420mm×594mm   ④ 594mm×841mm

① A4 : 210mm × 297mm
③ A2 : 420mm × 594mm
④ A1 : 594mm × 841mm

133 척도의 종류 중 실제 크기보다 크게 그리는 것은?

① 현척   ② 축척

③ 실척   ④ 배척

- 실척 : 같은 크기로 그린 것(1:1)
- 배척 : 실제보다 확대해서 그린 것(2:1, 5:1, 10:1)
- 축척 : 실제보다 축소해서 그린 것(1:2, 1:5, 1:10)
- N.S : 비례척이 아님

134 치수를 옮기거나 선의 등분을 나눌 때 사용하는 용구는?

① 삼각스케일   ② 컴퍼스

③ 디바이더   ④ 운형자

- 삼각스케일 : 길이를 재거나 또는 길이를 줄여 그을 때 사용
- 디바이더 : 제도 시 선분을 옮기거나 자에서 치수를 옮길 때 주로 사용
- 컴퍼스 : 원 또는 원호를 그릴 때 사용
- 운형자 : 컴퍼스로 그리기 어려운 불규칙한 원호나 곡선을 그릴 때 사용

정답 ▶ **128** ③   **129** ②   **130** ①   **131** ①   **132** ②   **133** ④   **134** ③

135 다음 평면도법은 무엇을 하기 위한 것인가?

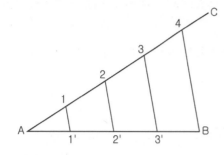

① 직선의 2등분 ② 직선의 n등분

③ 수직선 긋기 ④ 사다리꼴 그리기

 직선을 n등분할 때에 평행선 원리를 이용하여 작도함

136 그림에 해당하는 작도법은?

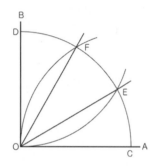

① 수직선 긋기 ② 직선의 n등분

③ 직각의 3등분 ④ 각의 n등분

137 다음 도형에서 구하고자 하는 것은?

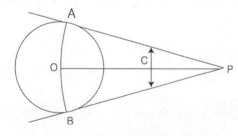

① 원주 밖의 1점에서 원에 접선 긋기

② 원의 중심 구하기

③ 주어진 반지름의 원 그리기

④ 수직선을 2등분하기

138 원에 내접하는 정5각형을 작도하는 방법에서 가장 먼저 해야 할 순서는?

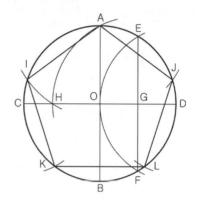

① AH의 반지름 원호로 I를 구한다.

② GA의 반지름 원호로 H를 구한다.

③ 중심 O의 원을 수평, 수직으로 등분한다.

④ 반지름 OD를 2등분하여 교점 G를 구한다.

 원에 내접하는 정5각형 작도 순서 : 다→라→나→가→H의 점 I와 A를 연결한 직선이 5각형의 한 변이 되며, 같은 방법으로 점 J, K, L을 구하여 직선을 연결

139 다음 그림과 같은 곡선은?

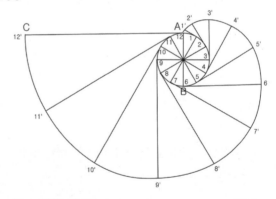

① 인벌류트 곡선

② 싸이클로이드 곡선

③ 등간격 나사선

④ 자유곡선

140 다음 그림과 같은 곡선은?

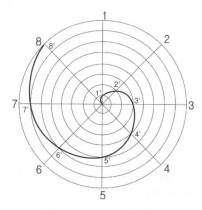

① 등간격 나사선　　② 아르키메데스 와선

③ 정사각형 와선　　④ 5각형법 와선

141 다음 그림 중 두 원을 교차시킨 타원 그리기의 작도법은? (단, 도형의 형상만으로 판단할 것)

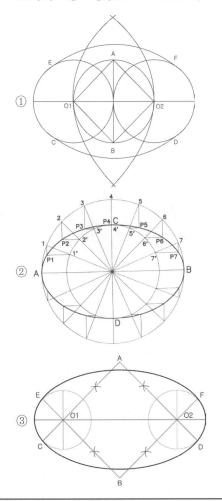

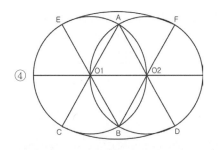

해설
① 두 원을 연접시킨 타원
② 장축이 주어진 근사 타원
③ 장축과 단축이 주어진 타원

142 정 투상도법에서 제1각법에 대한 설명 중 잘못된 것은?

① 눈→물체→화면의 순서가 된다.

② 정면도는 평면도 아래에 그린다.

③ 선박이나 가옥 등에 많이 사용한다.

④ 좌측면도는 정면도의 우측에 그린다.

해설
제1각법은 물체를 보는 방향과 반대 방향으로 도면이 나타나는 것으로 정면도를 중심으로 평면도는 아래, 저면도는 위에, 좌측면도는 우측에, 우측면도는 좌측에, 배면도는 앞에 그려져 있음

143 다음 입체의 정투상도가 올바른 것은?

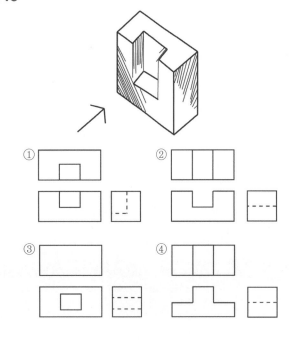

144 투상도법 중 기준이 눈으로부터 눈–화면–물체의 순서로 되어, 눈으로 볼 때 투상면은 공간에 있는 물체보다 앞에 투상하는 방법은?

① 제1각법   ② 제2각법

③ 제3각법   ④ 제4각법

 해설   ① 제1각법 : 눈→물체→화면
          ③ 제3각법 : 눈→화면→물체

145 다음 그림과 같이 3각법으로 보았을 때, 번호 순서대로 도면명이 연결된 것은?

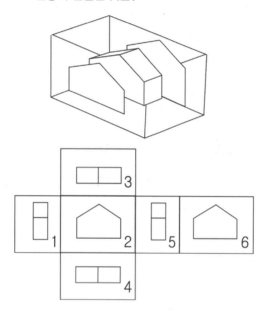

① 좌측면도–정면도–평면도–저면도–우측면도–배면도

② 우측면도–정면도–저면도–평면도–좌측면도–배면도

③ 좌측면도–정면도–평면도–배면도–우측면도–평면도

④ 우측면도–정면도–평면도–배면도–좌측면도–저면도

해설   3각법은 정면도를 중심으로 평면도는 위에, 저면도는 아래에, 좌측면도는 좌측으로, 우측면도는 우측으로, 배면도는 뒤에 그려져 나타남

146 다음 중 물체의 앞면 모서리는 수평선과 평행하게 하고, 옆면 모서리는 수평선과 임의의 각도 α로 하여 그린 투상도는?

① 등각투상도   ② 부등각투상도

③ 사투상도   ④ 축측투상도

 해설   ① 등각투상도 : 물체의 세 모서리가 120°의 각을 이루는 투상도로서, 세 축의 투상면이 모두 같은 각을 이루는 투상도
      ② 부등각투상도 : 투상면과 이루는 각이 모두 다른 투상도
      ③ 사투상도 : 투사선이 투상화면에 경사져 있을 때의 평행투상을 말하며, 입체도를 그릴 때에 주로 사용하는 투상도
      ④ 축측투상도 : 투상면에 대하여 투사선이 직각이거나 물체가 경사를 가지는 경우 투상도

147 다음 중 축측 투상도에 해당되는 것은?

① 투시 투상도   ② 등각 투상도

③ 사투상도   ④ 복면 추상도

 해설   축측 투상도 : 등각 투상도, 부등각 투상도, 2등각 투상도

148 다음 그림과 같이 물체를 왼쪽으로 돌린 다음 앞으로 기울여 두 개의 옆면 모서리가 수평선과 30°되게 잡으면 물체의 세 모서리가 120°의 각을 이룬다. 이런 투상도를 무엇이라고 하는가?

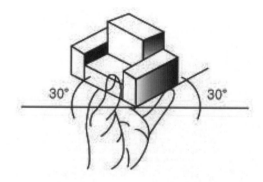

① 부등각 투상도   ② 등각 투상도

③ 보조 투상도   ④ 회전 투상도

149 그림의 투상도는?

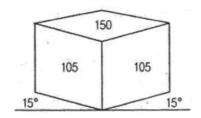

① 2등각 투상도

② 1소점 투시도

③ 사투상도

④ 2소점 투시도

 3개의 축선이 서로 만나서 이루는 세 각들 중에서 두 각은 같고, 나머지 한 각은 다른 경우를 2등각 투상도라 함

150 등각 투상도에서 물체의 세 모서리가 이루는 등각도는?

① 30°

② 60°

③ 90°

④ 120°

 등각 투상도는 물체의 세 모서리가 120°의 각을 이루는 투상도로서, 세 축의 투상면이 모두 같은 각을 이루게 됨

151 지형의 높고 낮음을 표시하는 것과 같이 기준면 위에 투상한 수직 투상은?

① 표고투상

② 축측투상

③ 구면투상

④ 복면투상

 표고투상 : 지형의 높고 낮음을 표시하는 것과 같이 기준면 위에 투상한 수직투상

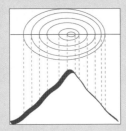

152 다음 그림과 같은 단면도의 명칭은?

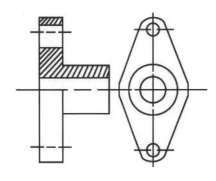

① 전 단면도

② 반 단면도

③ 부분 단면도

④ 회전 단면도

 반 단면도는 대칭형 대상물의 중심선을 경계로 하여 외형도의 절반을 조합하여 그린 단면도로서, 좌우 대칭 또는 상하가 대칭인 물체 상태에서 1/4을 절단하여 표시. 한쪽 단면도라고도 함

153 물체의 기본적인 모양을 가장 잘 나타낼 수 있도록 물체의 중심에서 반으로 절단하여 도시한 것은?

① 온 단면도

② 한쪽 단면도

③ 부분 단면도

④ 회전 단면도

 ② 한쪽 단면도 : 대칭형 대상물의 중심선을 경계로 하여 외평도의 절반을 조합하여 그린 단면도로서 좌우 또는 상하가 대칭인 물체에서 1/4을 절단한 것
③ 부분 단면도 : 전개가 복잡한 조립도에서 많이 사용하는 단면 도형
④ 회전 단면도 : 보이는 그대로 그리면 독도가 어려워 질 때 그 부분을 회전시켜 도시한 것

154 다음 중 깊이가 있게 하나의 화면에 그려지므로 원근법이라고도 하며, 광학적인 원리와 흡사하기에 사진기하학이라고도 말하는 도법은?

① 투시도법

② 투상도법

③ 기본도법

④ 입체도법

 투시도 : 시점과 대상물을 연결한 투사선에 의해 대상물의 상이 그려지는 것

155 투시도법의 기본 요소는?

① 대상, 형상, 거리　　② 색채, 명암, 음영

③ 그늘과 그림자　　　④ 시점, 대상물, 거리

 투시도법의 3요소 : 시점, 대상물, 거리

156 평면도와 입면도에 의하여 투시도를 그리는 형식으로, 하나의 소점이 깊이를 좌우하도록 작도하는 도법은?

① 평행 투시도법　　② 유각 투시도법

③ 조감 투시도법　　④ 등각 투상도법

 ① 평행 투시도법 : 1소점 투시도로 소실점이 1개이며, 대상 물체를 화면에 평행하거나 수직으로 그리는 것
② 유각 투시도법 : 화면에 물체의 수직 면들이 일정한 각도를 유지하고 있으며 소실점이 2개
③ 조감 투시도법 : 눈 아래에 넓고 멀리 펼쳐진 세상을 비스듬히 굽어 본 형상대로 그리는 것

157 그림과 같이 물체를 표현하는 투시법은?

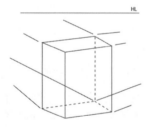

① 사각투시　　　② 유각투시

③ 평행투시　　　④ 삼각투시

 육면체의 1개 모서리가 화면과 평행하고, 다른 두 방향의 모서리가 각각 화면에 경사져 2개의 소점을 가지는 투시도

158 투시도법의 종류 중 높은 빌딩이나 탁자를 임의의 거리를 두고 내려다 본 것 같이 표현할 수 있으며, 최대의 입체감을 나타낼 수 있는 도법은?

① 등축 투시도법　　② 평행 투시도법

③ 유각 투시도법　　④ 사각 투시도법

 • 평행 투시도 : 실내 투시도에 주로 사용
• 유각 투시도 : 건물의 외관을 표현에 주로 사용

159 눈 아래에 넓고 멀리 펼쳐진 세상을 비스듬히 굽어 본 형상대로 그리는 것은?

① 지도　　　　　② 렌더링

③ 스케치　　　　④ 조감도

 조감도 : 높은 빌딩이나 탁자를 임의의 거리를 두고 내려다 본 것 같이 표현

160 투시도에서 화면을 나타내는 기호는?

① HL　　　　　② GL

③ CV　　　　　④ PP

 HL(Horizontal Line, 수평선) : 눈의 높이선
GL(Ground Line, 지면선) : 화면과 지면이 만나는 선
CV(Center of Vision, 시중심) : 화면에 보이는 투상점
PP(Picture Plane, 화면) : 지표면에서 수직으로 세운 면

3과목 │ 디자인 재료(44문제)

161 자연 자원과 인간의 수요를 서로 엮고 있는 하나의 시스템으로서 디자인 재료와 밀접한 상호 관계를 맺고 있는 재료 사이클의 3요소는?

① 형태, 제품, 생산　　② 물질, 에너지, 환경

③ 물질, 제품, 응용　　④ 재질, 생산, 구조

 재료 사이클의 3요소 : 물질, 에너지, 환경

162 탄소가 주 요소가 되는 복합물을 의미하며, 특히 탄소와 수소의 결합으로 만들어져 탄화수소(Hydrocarbon)라고 부르기도 하는 재료는?

① 무기재료　　　② 유기재료

③ 금속재료　　　④ 유리재료

• 무기재료 : 무기재료는 탄화수소를 제외한 모든 물질을 가리키는 것으로서 공업적으로는 금속, 유리, 도자기 등
• 유기재료 : 수소, 산소, 질소, 황, 인 등과 더불어 탄소가 주 요소가 되는 복합물을 의미하며, 특히 탄소와 수소의 결합으로 만들어진 탄화수소라고도 함. 목재, 종이, 섬유, 플라스틱 등

163 무기재료에 해당되지 않는 것은?

① 금속　　　　　　　② 유리

③ 도자기　　　　　　④ 플라스틱

 • 유기재료 : 목재, 섬유, 피혁, 펄프, 플라스틱
• 무기재료 : 금속, 유리, 도자기, 철, 알루미늄, 석재, 점토, 도료 등

164 산업제품에 사용되는 재료가 일반적으로 구비해야 할 조건은?

① 양적으로 충분하여 품질이 균일해야 한다.

② 고가이나 특이한 재질이면 된다.

③ 특수한 기계로 가공할 수 있어야 한다.

④ 구입하기는 어려워도 가공성이 좋아야 한다.

 • 구입하기 쉽고, 가공성이 좋아야 함
• 소비자가 아름답고 실용적인 제품을 저렴하게 구입할 수 있도록 함
• 생산자는 소비자의 마음을 사로잡아 제품의 이윤을 남기도록 함

165 다음 중 부재와 직각이 되는 방향에 대한 힘의 저항력을 무엇이라고 하는가?

① 인장강도　　　　　② 압축강도

③ 전단강도　　　　　④ 표면강도

 ① 인장강도 : 재료가 양쪽으로 잡아 당겨지는 인장력에 견디는 정도
② 압축강도 : 재료가 압축에 의해서 파괴될 때 견디는 정도
③ 전단강도 : 재료와 직각되는 방향에 대한 힘에 저항하려는 성질을 의미
④ 표면강도 : 인쇄용지의 경우 종이 표면의 섬유가 찢기는 데 대한 저항력

166 기원 전 3200년경 물풀을 가늘게 쪼개어 물에 불린 후 가지런히 펴서 눌러 붙여 말린 판을 사용한 종이의 시초는?

① 함무라비　　　　　② 파피루스

③ 히에로 클리프　　　④ 시나이 알파벳

 파피루스는 기록을 위한 재료 중 가장 오래된 것임

167 다음 종이의 제조공정을 바르게 나열한 것은?

| 1) 사이징 | 2) 충전 | 3) 정정 |
| 4) 고해 | 5) 착색 | 6) 초지 및 완성 |

① 4) − 1) − 2) − 5) − 3) − 6)

② 1) − 2) − 3) − 4) − 5) − 6)

③ 3) − 2) − 1) − 5) − 4) − 6)

④ 2) − 1) − 4) − 5) − 3) − 6)

 종이의 제조공정
• 고해 : 펄프에 기계적 처리를 하는 과정
• 사이징 : 섬유의 아교 물질로 피복시키는 공정
• 충전 : 광물성의 가루를 첨가하고 걸러내는 공정
• 착색 : 색을 내는 과정
• 정정 : 불순물을 제거
• 초지 및 완성 : 실제 종이를 만들어 완성하는 단계

168 종이의 분류 중 양지로만 구성된 것은?

① 신문지, 인쇄종이, 도화지

② 필기용지, 종이솜, 선화지

③ 도화지, 색판지, 백판지

④ 창호지, 습자지, 신문지

해설 • 양지 : 신문지, 도화지, 인쇄용지
• 판지 : 골판지, 백판지, 황판지, 색판지, 건재 원지 등
• 선화지 : 기계로 만든 화지
• 습자지 : 기계로 만든 화지

169 변성가공으로 종이의 질을 변화시켜 사용 목적에 알맞게 만든 용지가 아닌 것은?

① 유산지 ② 아트지
③ 벌커나이즈드 파이버 ④ 크레이프지

 변성가공은 화학적인 가공이나 기계적인 가공에 의해 종이 질을 변화시키는 방법으로 황산지, 벌커나이즈드 파이버, 크레이프지, 익스텐서블 페이퍼 등이 있음
② 아트지 : 도피가공

170 다음 중 기계펄프에 속하는 것은?

① 아황산펄프
② 쇄목(碎木)펄프
③ 소다펄프
④ 크라프트(kraft)펄프

 기계펄프 : 원료를 기계적으로 처리하여 만드는 펄프로 쇄목펄프가 대표적임

171 보기의 설명에 해당되는 종이는?

· 화학펄프를 점상으로 두드려 분해하여 만듦
· 강한 광택과 표면이 매끈함
· 질기며 지질이 균일하고, 파라핀 가공을 함
· 식품, 담배, 약품 등의 포장에 사용

① 인디아지 ② 글라싱지
③ 라이스지 ④ 콘덴서지

 ① 인디아지 : 사전이나 성서의 인쇄에 가장 많이 사용되는 종이
② 글라싱지 : 식품, 약품, 금속부품 등의 포장용으로 박엽지의 한 종류
③ 라이스지 : 불에 연소될 때 악취가 없어야 함(불투명, 무미, 무취)
④ 콘덴서지 : 식물 섬유에 첨가물을 가하여 만든 종이

172 화학펄프에 황산바륨과 젤라틴을 바른 것으로 종이 표면에 감광재를 발라 인화지로 쓰이는 종이는?

① 황산지 ② 바리타지
③ 인디아지 ④ 글라싱지

 ① 황산지 : 물과 기름에 잘 젖지 않아 식품, 약품 포장용지 이용
② 바리타지 : 사진용 인화지의 원지로 잡종지
③ 인디아지 : 사전이나 성서에 사용되는 박엽지의 한 종류
④ 글라싱지 : 식품, 약품, 금속부품 등의 포장용으로 박엽지의 한 종류

173 마 또는 면의 파쇄물을 원료로 하여 만든 것으로, 특히 수채화에 많이 쓰이는 최고급의 도화 용지는?

① 와트만지 ② 황산지
③ 글라싱지 ④ 라이스지

 와트만지는 사람 이름에서 딴 것으로 최고급 도화 용지

174 물을 사용하여 혼합할 수 있으나 건조 후에는 물에 지워지지 않고 유화의 성질과 비슷하며 합성 수지로 만들어 접착성과 내수성이 강한 디자인 표현 재료는?

① 수채화 물감 ② 크레파스
③ 아크릴 컬러 ④ 파스텔

 아크릴 컬러
· 유화의 성질과 비슷하며 합성 수지를 사용하여 제작된 물감
· 물에 녹는 성질이 있어 색의 혼용이 가능함
· 건조 시간이 빨라 여러 번 겹치는 효과를 냄
· 내수성과 접착성, 고착력이 강함

175 매직 마커의 장점으로 볼 수 없는 것은?

① 색상이 다양하고 풍부하다.
② 색상이 선명하고 아름답다.
③ 수채화의 붓 자국 표현에 효과적이다.
④ 건조시간이 빠르다.

매직 마커는 일러스트레이션용 펠트 펜(Felt Pen)으로 색상의 수가 풍부하고 회색 계통의 무채색도 갖추어져 있으며, 색채도 선명하고 아름답고, 건조가 빠른 것이 장점

176 물에 거른 탈산석회에 여러 가지 안료를 넣고, 아라비아 고무용액으로 반죽하여 길쭉한 막대형으로 만들어 놓은 디자인 표현 재료로, 잘 묻어나고 번지기 쉽기 때문에 정착액을 뿌려 색상을 고정시켜야 하는 채색 재료는?

① 연필   ② 파스텔

③ 색연필   ④ 마커

 파스텔은 선적인 표현과 분말을 통한 문지르기 효과를 내며, 완성 후 색상이 번지기 쉬우므로 색상을 고정시키기 위해 반드시 정착액(픽사티브)을 뿌려주어야 하며, 정확하고 정밀한 부분을 표현할 수 없음

177 연필의 심도에 따라 무른 심→단단한 심의 순서대로 옳게 나열된 것은?

① 2B → HB → 2H   ② 2H → HB → 2B

③ HB → 2B → 2H   ④ 2B → 2H → HB

 강도의 기호 H(심의 단단한 정도)와 짙기 B(심의 무른 정도)로 표시하며, H는 숫자가 높을수록 단단하며, B는 숫자가 높을수록 부드러운(짙은) 심이다.

178 포스터컬러와 관계 없는 것은?

① 물에 용해되는 채색재료이다.

② 색과 색을 혼합하여 여러 가지 색상을 만들 수 있다.

③ 변색이 잘 안되며, 겹쳐 칠하기도 가능하다.

④ 명도와 채도 조절이 용이하며 반투명하다.

 포스터컬러는 안료에 아라비아고무 등의 고착제를 섞은 것으로 불투명한 수채물감으로 건조가 빠르며 밝고 정확한 색상과 은폐력을 갖음

179 다음 물감의 종류 중 물을 사용하여 명도를 조절하며, 가장 맑고 투명한 효과를 얻을 수 있는 것은?

① 유화 물감   ② 수채화 물감

③ 컬러 마커   ④ 포스터컬러

 수채화 물감은 내광성이 뛰어나며 색채가 선명하여 가장 맑고 투명한 효과를 내는 채색재료로 흘리기와 번지기 효과를 낼 수 있음

180 필름의 감도를 표시하는 기호 중 국제표준화 규격으로 세계적으로 널리 사용되고 있는 것은?

① ASA   ② DIN

③ ISO   ④ ASO

 ① DIN : 독일공업규격
② ASA : 미국표준협회
③ ISO : 국제표준화기구
④ KS : 한국산업규격(KS)은 한국의 국가표준

181 다음 중 필름의 현상 순서를 바르게 나열한 것은?

① 현상 → 정착 → 중간정지 → 세척 → 건조

② 현상 → 중간정지 → 세척 → 정착 → 건조

③ 현상 → 중간정지 → 정착 → 세척 → 건조

④ 정착 → 현상 → 중간정지 → 세척 → 건조

 필름 현상 순서 : 현상 → 중간 정지 → 정착 → 수세(세척) → 얼룩 방지제 → 건조
- 현상 : 필름의 감광 막면에 만들어진 잠상을 눈에 보이는 금속은을 처리하는 과정
- 중간 정지 : 빙초산이나 물을 사용하여 현상작용을 정지하는 과정
- 정착 : 정착액을 사용하여 현상된 화상을 안정화하는 과정
- 수세 : 정착액을 제거하고 금속은 화상의 색이 변하는 것을 막는 과정
- 얼룩 방지제 : 물방울에 의한 얼룩방지를 위해 약품을 처리하는 과정
- 건조 : 필름의 물기나 습기를 제거하는 과정

182 다음 중 세밀한 부분까지도 정교하게 나타내고 싶거나 미세한 입자로 네거티브를 크게 확대하고자 할 때 유리한 필름은?

① 저감도　　　　② 중감도

③ 고감도　　　　④ 초고감도

- 저감도 : 정밀사진, 정물사진 등을 찍을 때 주로 사용
- 중감도 : 일반 촬영에 주로 사용
- 고감도 : 밤이나 어두운 불빛, 실내의 흐린 빛에서 유용

183 다음의 설명에 해당하는 목재의 상처는?

- 껍질의 흔적인데 섬유의 이상 발달에 의해 생긴다.
- 나이테가 밀집하고 송진이 많아서 단단하다.
- 대패질이 곤란하다.
- 나무의 질을 저하시킨다.

① 갈라짐　　　　② 옹이

③ 껍질박이　　　④ 썩정이

① 갈라짐 : 심재 또는 변재가 중심부에서 방사형으로 균열이 생기는 것으로 함수량의 수축과 건조의 불균형 시 원형 균열이 생김
③ 껍질박이 : 나무의 상처 등으로 껍질이 나무 내부로 몰입된 것
④ 썩정이 : 속이 비거나 부분적으로 썩어서 얼룩이 생기는 것

184 다음 목재의 주요 성분이 아닌 것은?

① 리그닌

② 셀룰로오스

③ 아세테이트

④ 헤미셀룰로오스

① 셀룰로오스 : 제지, 인견 등의 원료
② 헤미셀룰로오스 : 탄수화물 중 셀룰로오스를 제외한 물질
④ 리그닌 : 세포를 단단히 하는 물질

185 파티클 보드의 특징과 관계가 먼 것은?

① 각 방향의 강도차가 없다.

② 못 쓰는 목재나 나뭇조각으로 만든다.

③ 경도가 높으며 내마멸성이 있다.

④ 방음, 전기적 성질은 떨어지나 모서리가 강하다.

파티클 보드는 목재를 잘라 작은 조각으로 만든 다음 결합제를 넣어서 만들며 섬유판이라고도 하며, 높은 압력과 온도에서 성형한 판 모양의 제품으로 모서리가 약하고, 경도가 높으며, 내마멸성이 있음

186 다음 중 오버레이 합판에 관한 가장 올바른 설명은?

① 합판에 드릴프레스로 구멍을 뚫어 흡음효과가 있다.

② 합판 표면에 특수한 무늬를 전사 인쇄한다.

③ 합판 표면에 합성 수지판 등을 입힌다.

④ 합판 표면에 금속판을 접착한다.

오버레이 합판 : 합판 표면에 합성수지, 금속판, 프린트지, 천 등을 표면에 붙힌 합판으로 장식용으로 사용

187 플라스틱 제품 중 가장 오랜 역사를 가진 것으로 일반적으로 베이클라이트(bakelite)라고도 하는 것은?

① 멜라민 수지　　　② 요소 수지

③ 페놀 수지　　　　④ 푸란 수지

열경화성 플라스틱
- 가열 시 경화하며 강도가 높고 대부분이 반투명 또는 불투명 제품에 사용
- 페놀 수지(PF), 멜라민 수지(MF), 에폭시 수지(EP), 우레아 수지(UF), 우레탄 수지(PUR), 폴리에스테르 등

열가소성 플라스틱
- 투광성이 높아 거의 모든 재료에서 투명 제품에 사용
- 염화비닐 수지, 폴리스티렌, ABS 수지, 아크릴 수지 등의 투명한 수지와 폴리에틸렌, 나일론, 폴리아세탈 수지 등

188 플라스틱 재료의 특징에 대한 설명으로 잘못된 것은?

① 가볍고 강도가 높다.

② 방수성이 크다.

③ 타 재료와의 친화력이 크다.

④ 환경오염이 없다.

> **해설** 플라스틱은 석유산업의 발달로 오늘날 여러 분야에 사용되고 있는 재료
> - 장점 : 타 재료에 비해 가벼우며, 자유로운 형태로 가공이 용이하고 다양한 재질감 표현이 가능. 내수성이 좋아 재료의 부식이 없음
> - 단점 : 자외선에 약하며, 내열온도가 낮고, 연소하기 쉬움. 내후성이 나쁘고, 환경오염이 있음

189 열가소성 플라스틱에 대한 설명으로 틀린 것은?

① 냉각하였다가 가열하면 원래의 상태로 되돌아갈 수 없다.

② 열을 받으면 물리적 변형이 생긴다.

③ 가열하면 아무런 화학적 변화를 일으키지 않는다.

④ 압출 성형, 사출 성형에 의해 쉽게 가공할 수 있다.

> **해설** 열가소성 플라스틱은 재료가 이미 큰 고분자 물질로 되어 있어 가열 시 연화되고 유동성을 갖게 되지만, 다시 냉각하면 원래 상태로 되돌아감

190 열경화성 수지의 가장 일반적인 성형법으로 형틀 속에 재료를 넣고 열과 압력을 가하여 성형하는 방법은?

① 압출 성형　　　② 압축 성형

③ 진공 성형　　　④ 사출 성형

> **해설**
> - 압출성형 : 실린더에 넣어 스크류에 연속 회전하며 물이나 공기로 냉각·고화시켜 성형품을 얻는 방법
> - 압축성형 : 열경화성 수지의 가장 일반적인 성형법으로서, 형틀 속에 재료를 넣고 열과 압력을 가하여 성형하는 방법
> - 진공성형 : 열을 가해 재료를 연화한 후 형틀에 넣고, 공기를 넣어 형틀에 밀착시켜 경화하는 성형법
> - 사출성형 : 사출 피스톤을 통해 금형 안에 압입, 냉각시킨 뒤 열린 금형에서 자동적으로 성형품이 만들어지는 성형 방법

191 보기의 특성 중 금속의 일반적인 성질에 해당하는 것을 모두 고른 것은?

> ⓐ 비중이 작다.
> ⓑ 열 및 전기의 양도체이다
> ⓒ 녹이 슬기 쉽다.
> ⓓ 전성과 연성이 좋다.
> ⓔ 이온화했을 때에는 음이온이 된다.

① ⓐ, ⓓ　　　　② ⓑ, ⓔ

③ ⓐ, ⓑ, ⓓ　　　④ ⓑ, ⓒ, ⓓ

> **해설** 금속의 특징
> - 열 및 전기의 양도체이며, 상온에서 고체 상태의 결정체
> - 전성과 연성이 좋고, 불에 타지 않음
> - 저항과 내구성이 크며 가공하여 얇은 형태로도 가능
> - 비중이 크고, 녹이 슬 염려가 있음
> - 값이 많이 나가며, 가공이 쉽지 않고 색이 다양하지 않음

192 항공기, 자동차, 기차 등의 차체 중량 감소를 목적으로 사용되는 재료는?

① 알루미늄　　　② 구리

③ 철　　　　　　④ 스테인리스스틸

> **해설** 알루미늄 : 은백색의 가볍고 무른 금속으로 지구의 지각을 이루는 주 구성 원소 중 하나로, 가볍고 내구성이 큰 특성을 이용해 항공기, 자동차, 기차 등의 차체 중량 감소를 목적으로 사용됨

193 다음 중 열전도율이 가장 높은 재료는?

① 세라믹　　　　② 알루미늄

③ 플라스틱　　　④ 구리

> **해설** 열전도율이 높은 순서
> 은 〉 구리 〉 알루미늄 〉 플라스틱 〉 세라믹

194 형상기억합금의 고려 사항이 아닌 것은?

① 온도를 임의로 조절할 수 있는가

② 형상 회복에 따라 발생하는 힘은 어느 정도인가

③ 몇 ℃에서 형상이 회복 되는가

④ 수소의 저장과 방출은 수월한가

 형상기억합금은 일정한 온도가 되면 원래의 형상으로 되돌아가는 금속으로 화재경보기, 파라볼라(Parabola) 안테나로 이용되며, 인공근육 등 의료용·치과용으로도 이용되는 합금

195 다음 중 금속의 열처리 방법이 아닌 것은?

① 담금질　　　　② 뜨임

③ 풀림　　　　　④ 연마

 금속의 열처리 방법
· 풀림 : 가열로 금속을 정상적인 성질로 회복하는 열처리 방법
· 담금질 : 금속을 높은 온도까지 가열하여 빠르게 냉각시키는 과정
· 뜨임 : 담금질한 강을 다시 가열하여 서랭하는 과정
· 불림 : 금속을 높은 온도까지 가열 후 공기 중 서서히 냉각시키는 과정

196 얇은 철판에 두께의 변화를 주지 않고 표면과 이면에 오목한 부분과 볼록한 부분이 반복되도록 금형을 사용하여 성형하는 기법은?

① 압인가공　　　　② 소성가공

③ 엠보싱가공　　　④ 압출가공

 ① 압인가공 : 요철이 난 공구로 재료를 눌러 겉면에 필요한 문자나 문양 등을 내는 가공
② 소성가공 : 물체의 소성을 이용해서 변형시켜 갖가지 모양을 만드는 가공
④ 압출가공 : 고온으로 가열 연화(軟化)한 금속 재료 등을 다이스를 부착한 용기에 넣어 강한 압력을 가해서 구멍으로부터 압출하여 성형하는 가공

197 다음 중 금속과 비금속의 복합체로 이루진 물질이며 디자인, 전기, 전자 등에 널리 쓰이는 재료는?

① 도자기　　　　② 유리

③ 알루미늄　　　④ 플라스틱

 도자기
· 비금속 원소와 금속 원소가 서로 결합되어 있는 형태로 물리적으로나 화학적으로 안정적이며, 주로 자기류, 요업, 전자 재료 등에 이용
· 점토 제품의 경도와 우수성은 토기〈 도기〈 석기〈 자기 순으로 볼 수 있으며, 자기의 강도와 경도가 가장 큼

198 다음 중 수성암에 속하지 않는 것은?

① 사암　　　　　② 응회암

③ 안산암　　　　④ 석회암

 · 수성암 : 응회암, 사암, 석회암, 점판암, 이판암
· 화성암 : 화강암, 안산암, 감람석, 섬록암, 부석

199 전기의 부도체이지만 표면의 습도량이 크면 전기 저항력이 약해지며, 용융상태에서는 전기를 통하게 되는 재료는?

① 유리　　　　　② 플라스틱

③ 금속　　　　　④ 멜라민

 유리는 이집트에서 처음 사용되었으며 모래(규사), 석회(탄산칼슘), 소다(탄산나트륨)의 혼합물을 1,500℃까지 가열하여 녹인 후 급속히 냉각시켜 만든 비결정의 탄화수소계 고체 물질
유리의 성질
· 유리의 비중은 2.5~2.6 정도
· 유리가 얇아질수록 휨강도가 커지게 됨
· 유리는 전기의 부도체

200 다음 중 직물의 3원 조직이 아닌 것은?

① 평직　　　　　② 능직

③ 익직　　　　　④ 주자직

해설
① 평직 : 경사와 위사를 한 가닥씩 서로 섞어 짜는 방법
② 능직 : 경사와 위사를 몇 올 이상씩 건너뛰어 엮어 짜는 방법
④ 주자직 : 공단, 양단 등과 같이 경사와 위사가 각각 다섯 올 이상이고, 광택이 있는 조직

201 다음 중 합성 수지계 접착제가 아닌 것은?

① 요소　　　　　　② 알부민

③ 실리콘　　　　　④ 에폭시

 해설
• 동물성 접착제 : 아교, 어교, 알부민, 카세인
• 식물성 접착제 : 콩풀, 녹말풀, 옻풀, 아라비아 고무풀
• 합성 수지 접착제 : 페놀계 접착제, 멜라민계 접착제, 에폭시계 접착제, 폴리에스테르 접착제, 실리콘 수지 접착제

202 원래 상태로는 물체에 염착되는 성질이 없지만 전색제에 의해 물체에 고착되는 도장재료는?

① 염료　　　　　　② 안료

③ 용제　　　　　　④ 첨가제

 해설
① 염료 : 제품 표면에 착색피막을 형성하기 위해 사용하는 색소
② 안료 : 제품 표면에 착색피막을 형성하기 위해 사용하는 색소로 물, 용제, 기름 등에 녹지 않음
③ 용제 : 수지를 용해하여 도막에 평활성을 부여하는 성분
④ 첨가제 : 도료의 성질을 사용 목적에 맞도록 조정하는 성분

203 용제에 대한 설명 중 옳은 것은?

① 도막을 결성하는 성분이다.

② 도막에 방습효과를 주는 성분이다.

③ 도료에 여러 가지 색상을 나타낸다.

④ 수지를 용해하여 도막에 평활성을 부여하는 성분이다.

 해설
용제 : 수지를 용해하여 도막에 평활성을 부여하는 성분으로 건조 속도의 조절과 도막의 평활성을 부여

204 핫 스프레이 도장에 대한 설명으로 틀린 것은?

① 건조에 충분한 시간이 필요하다.

② 광택이 좋다.

③ 두꺼운 도막을 얻으려면 여러 번 칠해야 한다.

④ 흐름, 풀림, 메마름이 적다.

 해설
핫 스프레이 도장 : 열을 가하여 점도를 저하시켜서 얇게 도장하는 방법

4과목 | 컴퓨터그래픽스(56문제)

205 컴퓨터그래픽스의 도입 효과에 대한 설명으로 거리가 먼 것은?

① 다양한 대안의 제시가 비교적 쉽다.

② 여러 가지 수정이 용이하며 변형이 자유롭다.

③ 컴퓨터그래픽 기기를 쉽게 익힐 수 있다.

④ 정보들의 축적으로 나중에 다시 이용할 수 있다.

 해설
컴퓨터그래픽스 도입의 장점
• 컴퓨터 시뮬레이션을 통한 비용 절감
• 시각적 전달효과가 높은 문서 증가
• 디자인 개발에서 분석 및 설계의 용이
• 색상, 재질의 수정이 자유로워 비용 절감
• 작업 데이터의 이동 및 보관 간편
• 가상의 세계를 표현 가능
• 아주 미세한 부분까지 표현 가능

컴퓨터그래픽스 도입의 단점
• 컴퓨터그래픽 기기나 프로그램 습득은 시간과 노력이 요구됨
• 모니터와 출력물 간의 색상 차이가 있어 보정작업을 거쳐야 함
• 불법 복제와 모방으로 인한 지적재산권 및 저작권 침해 문제가 있음

206 다음 중 컴퓨터 세대를 나누는 기억소자의 순서를 바르게 나열한 것은?

① 트랜지스터-진공관-IC-LSI

② IC-진공관-트랜지스터-LSI

③ LSI-트랜지스터-진공관-IC

④ 진공관-트랜지스터-IC-LSI

- 제1세대 : 프린터/플로터 - 진공관(최초의 진공관식 컴퓨터 : 에니악)
- 제2세대 : CAD/CAM, 리플래시형 CRT - 트랜지스터
- 제3세대 : 벡터 스캔형 CRT - 직접회로(IC)
- 제4세대 : 레스터 스캔형 CRT - LSI
- 제5세대 : 바이오 소자와 광 소자, 인공지능 - VLSI

207 컴퓨터 주기억 장치의 연산 단위에 대한 크기의 순서를 바르게 배열한 것은?

① Bit 〈 Byte 〈 Kilobyte 〈 Gigabyte 〈 Terabyte

② Byte 〈 Bit 〈 Kilobyte 〈 Terabyte 〈 Gigabyte

③ Bit 〈 Byte 〈 Kilobyte 〈 Terabyte 〈 Gigabyte

④ Bit 〈 Byte 〈 Terabyte 〈 Gigabyte 〈 Kilobyte

Bit 〈 Byte 〈 KB 〈 MB 〈 GB 〈 TB 〈 PB

208 다음 중 컴퓨터 연산의 기본 단위로 맞는 것은?

① 4Bit=1Byte

② 8Bit=1Byte

③ 12Bit=1Byte

④ 16Bit=1Byte

1Byte=8Bits
- 1KB(Kilo Byte)=1024Byte=2^{10}
- 1MB(Mega Byte)=1024KB=2^{20}
- 1GB(Giga Byte)=1024MB=2^{30}
- 1TB(Tera Byte)=1024GB=2^{40}
- 1PB(Peta Byte)=1024TB=2^{50}

209 한글 한 문자를 표현하기 위해 필요한 비트(bit)는 몇 개인가?

① 1

② 2

③ 8

④ 16

210 24비트 트루 컬러(True Color)를 구현하는 전체 색 숫자의 근거는?

- 바이트 : 문자, 숫자 및 특수 기호 등을 나타내기 위하여 8개의 비트를 묶어서 정보를 표현하는 단위
- 한글, 한자 : 2바이트=16비트
- 영문, 숫자, 특수문자 : 1바이트=8비트

① 2^{256}

② $(2^8)^3$

③ $(3^8)^2$

④ $(2^3 \times 3 \times 3)^2$

24 Bit : 224=16,777,216(약 1670만 색) 문자나 색상을 표현 24Bit는 트루컬러(True Color)라고 하며, $(2^8)^3$으로 구현

211 다음이 설명하고 있는 것은?

- 그래픽 작업 시 화면 상에 나타난 아이콘, 객체의 선택을 위하여 마우스의 움직임과 동일하게 움직이는 화살표 또는 십자 모양
- 모니터 화면에서 그림이나 글자가 입력되거나 출력될 위치에 깜박거리는 표시

① 아이콘(Icon)

② 커서(Cursor)

③ 픽셀(Pixel)

④ 패턴(Pattern)

① 아이콘(Icon) : 각종 프로그램, 명령어, 또는 데이터 파일들을 쉽게 지정할 수 있도록 하기 위해 각각에 해당되는 조그만 그림 또는 기호를 만들어 화면에 표시한 것
② 커서(Cursor) : 컴퓨터의 지시나 특정 명령어의 수행 및 컴퓨터 내에서 마우스나 기타 표현 도구를 사용하여 명령어를 선택하거나 선택된 명령어의 위치를 알려줌
③ 픽셀(Pixel) : 디지털 이미지의 기본 단위로서 화면을 구성하는 최소 단위

212 다음 중 원점으로부터의 거리와 각도를 사용하여 좌표를 나타내는 좌표계는?

① 원통 좌표계(Cylindrical Coordinate System)

② 모델 좌표계(Model Coordinate System)

③ 극 좌표계(Polar Coordinate System)

④ 직교 좌표계(Cartesian Coordinate System)

• 극 좌표계 : 수치 값을 정의하지 않고 임의의 원점으로부터 거리와 각도로 표현한 좌표
• 직교 좌표계 : 각 축의 교차점을 원점이라고 하며, 원점 (x, y, z)의 값을 (0, 0, 0)으로 표현하며 x=넓이, y=높이, z=깊이 또는 두께를 표현한 좌표로 '데카르트 좌표계'라고도 함

213 1인치당 픽셀의 수를 나타내는 단위는?

① DPI
② EPI
③ LPI
④ PPI

 • DPI(Dot Per Inch) : 1인치당 인쇄되는 점의 수
• PPI(Pixel Per Inch) : 1인치당 픽셀의 수
• LPI(Line Per Inch) : 1인치당 출력되는 선의 수

214 어떤 화상을 얼마나 세밀하게 표시할 수 있는지 그 정밀도를 나타내는 척도는?

① 리플렉트(Reflect)
② 디더링(Dithering)
③ 하프톤(Halftone)
④ 레졸루션(Resolution)

 이미지 해상도(Resolution) : 모니터 내에 포함되어 있는 비트맵 이미지가 몇 개의 픽셀로 구성되어 있는가를 나타내는 것으로서 수평, 수직으로 inch 혹은 cm당 표시될 수 있는 점의 수로 해상도가 높을수록 이미지의 질은 높아짐

215 컴퓨터 운영체제나 브라우저의 종류와 상관없이 공통적으로 사용되는 웹 안전색의 색상 수는?

① 256
② 255
③ 236
④ 216

 웹 안전 컬러는 216색으로 운영체제나 브라우저의 종류에 무관하게 똑같은 색 재현을 할 수 있는 색상 수

216 저해상도에서 곡선이나 사선을 표현할 때 생기는 계단현상을 완화하기 위해 셀의 그리드에 단계별 색을 넣어 계단 현상을 없애 주는 것은?

① 앨리어스(Alias)
② 안티 앨리어스(Anti-alias)
③ 디더링(Dithering)
④ 확산(Diffusion)

 • 앨리어스 : 저해상도에서 곡선이나 사선이 계단모양으로 나타나는 현상
• 안티 앨리어스 : 앨리어스 현상이 일어나지 않도록 하는 것을 말함

217 벡터 이미지의 특성에 대한 설명으로 틀린 것은?

① 선과 면이 깔끔하고 정갈하다.
② 다양한 질감과 사실적인 효과의 연출이 가능하다.
③ 글자, 로고, 캐릭터 디자인에 적합하다.
④ 축소, 확대하더라도 이미지의 질에 영향을 주지 않는다.

 • 벡터 그래픽 : 각기 다른 도형의 특성이 수학적인 형태로 모델화 되어 있어서 크기 조절, 회전, 선의 굵기, 색상 등의 특성을 변경시킬 수 있는 연산 등을 수행(일러스트레이터)
• 래스터 그래픽 : 비트맵 방식이라고도 하며 픽셀이 조밀한 레스터 이미지로 다양한 질감과 사실적인 효과의 연출은 고품질의 이미지 처리에 적합(포토샵)

218 옵셋 인쇄나 원색분해 출력의 기본 컬러 방식은?

① Cyan, Magenta, Yellow, Black
② Cyan, Magenta, Yellow, Blue
③ Red, Blue, Yellow
④ Red, Green, Blue

 • CMYK 모드 : 4도 분판 인쇄나 컬러 출력에 사용
• RGB 모드 : 주로 영상 이미지, TV, 컴퓨터그래픽 등에 사용

정답 ▶ **213** ④ **214** ④ **215** ④ **216** ② **217** ② **218** ①

219 포토샵 프로그램에서 이중톤 모드(Duotone Mode)를 지원하는 컬러 모드는?

① Grayscale mode ② RGB mode

③ CMYK mode ④ Indexed mode

> 컬러 사진을 흑백 사진으로 전환할 때 쓰이는 방식으로 이미지를 이중톤 모드(Duotone Mode)로 변환하려면 일단 이미지가 Grayscale 상태로 전환 후 설정

220 인터넷이나 모뎀과 같은 통신상에서 트루컬러 그래픽 이미지의 질을 최대한으로 유지하면서 효율적으로 파일을 압축하는 데 사용되는 가장 좋은 포맷 방식은?

① JPEG ② PSD

③ EPS ④ PICT

> ① JPEG : 그래픽 파일 포맷 중에 압축률이 가장 뛰어나며 이미지 손실이 적음
> ② PSD : 포토샵에서 레이어와 알파 채널 등을 모두 저장할 수 있는 파일 포맷
> ③ EPS : 4도 분판을 목적으로 하는 그래픽 포맷
> ④ PICT : TIFF와 마찬가지로 이미지를 활용한 편집을 하려고 할 때 효과적으로 사용

221 최대 256가지 색으로 제한되는 단점은 있으나 파일의 압축률이 좋고 인터넷에서 아이콘이나 로고 등 간단한 그래픽 제작 시 유용하게 사용되는 포맷(Format) 방식은?

① JPEG ② TIFF

③ EPS ④ GIF

> ① JPEG : 그래픽 파일 포맷 중에 압축률이 가장 뛰어나며 이미지 손실이 적음
> ② TIFF : 편집프로그램으로 보낼 때 사용
> ③ EPS : 4도 분판을 목적으로 하는 그래픽 포맷으로 비트맵이나 벡터 방식의 이미지 모두에서 사용할 수 있는 파일 포맷
> ④ GIF : 최대 256가지 색으로 제한되며 용량이 적고 투명도, 인터레이스, 애니메이션이 지원 가능한 그래픽 파일 포맷

222 하이퍼텍스트 기능과 전자 목차 기능을 제공하고 인쇄 상태 그대로를 컴퓨터에서 보여주므로 전자책과 디지털출판에 적합한 파일포맷 형식은?

① PDF ② PNG

③ TGA ④ TIFF

> • PDF : 전자책, 디지털 문서에 유용하게 활용할 수 있는 정보 표현 포맷
> • PNG : GIF와 JPEG의 장점을 합친 것으로 이미지의 투명성과 관련된 알파 채널을 저장할 수 있는 파일 포맷
> • TGA : 알파 채널을 지원하는 파일 포맷
> • TIFF : 편집 프로그램으로 보낼 때 사용하는 것으로 무손실 압축을 지원하는 포맷

223 컴퓨터의 저장 포맷 중 분판 출력을 목적으로 고품질 인쇄출력에 가장 적합한 파일 포맷은?

① EPS ② BMP

③ PNG ④ JPEG

> ① EPS : 4도 분판을 목적으로 하는 그래픽 포맷으로 비트맵이나 벡터 방식의 이미지 모드에서 사용할 수 있는 파일 포맷
> ② BMP : 24비트 비트맵 파일 포맷으로 웹에서 사용가능하지만 압축이 안됨
> ③ PNG : GIF와 JPEG의 장점을 합친 것으로 8비트 컬러를 24비트 컬러처럼 저장 가능
> ④ JPEG : 그래픽 파일 포맷 중에 압축률이 가장 뛰어나며 이미지 손실이 적음

224 컬러 모드 중 인간이 보통 색을 인지하는 방식을 기초로 한 모델로, 색의 3가지 기본 특성인 색상, 명도, 채도에 의해 색을 표현하는 방식은?

① RGB ② CMYK

③ HSB ④ Lab

> ① RGB : Red, Green, Blue 빛의 3원색을 혼합하여 색표현 – 영상, TV, 컴퓨터그래픽 사용 모드
> ② CMYK : Cyan(청록), Magenta(자주), Yellow(노랑), Black(검정) – 인쇄, 프린트 사용 모드
> ③ HSB : 가장 전통적인 방식은 H(색상), S(채도), B(명도)를 사용한 방식으로 가장 쉽게 색상을 만들 수 있음
> ④ Lab : L은 명도, 색상과 채도는 a와 b의 값으로 결정되며 L(a, b)로 표기

정답 ▶ **219** ① **220** ① **221** ④ **222** ① **223** ① **224** ③

225 다음 중 모아레(Moire) 현상에 관한 설명으로 틀린 것은?

① TV에서 출연자가 입은 가는 줄무늬 의상에서 모아레 현상이 나타난다.

② 각 색상의 스크린 각도가 일치하지 않아서 생기는 물결모양의 현상이다.

③ 인쇄물 이미지를 스캔받을 경우에는 필터를 이용하여 모아레 현상을 막을 수 있다.

④ 하프톤 도트 모아레 패턴은 모니터 상에서 교정이 가능하다.

 해설   TV나 모니터 같은 영상 기기에서 발생하는 모아레는 모니터 상의 교정이 불가능함

226 다음 중 디더링(Dithering)에 대한 설명으로 옳은 것은?

① 흰색과 검정으로 표현될 때 중간색 데이터를 잃어버리는 현상

② 색의 값을 포함한 디지털 이미지의 최소 단위

③ 디스플레이 되는 이미지의 색 공간 차이에서 오는 결점을 보완하는 방법

④ 이미지를 표현하기 위한 픽셀의 수

해설   디더링 : 256컬러의 경우 원래의 색과 비슷한 색을 섞어 원하는 색에 가능한 가깝게 만들어 주는 방식을 택하고 있는 방식

227 다음 중 개멋(Gamut)을 잘 설명한 것은?

① 인쇄상의 컬러 CMYK를 RGB로 전환하는 것을 말한다.

② 컬러 시스템이 표현할 수 있는 컬러대역(표현 범위)을 말한다.

③ 빛의 파장을 컬러로 표현하는 방법과 컬러 시스템을 말한다.

④ 컬러 시스템 간의 컬러 차이점을 최소화하는 기능을 말한다.

 해설   Gamut : 모니터, 프린터, 소프트웨어 등에서 표현할 수 있는 색 영역

228 모니터의 색상과 출력물 간의 색 공간이 다르고 설정에 따라 색 재현성이 다르기 때문에 색상 차이를 최소화 하기 위한 과정은?

① 캘리브레이션(Calibration)

② 새츄레이션(Saturation)

③ 모드(Mode)

④ 메모리(Memory)

 해설   캘리브레이션(Calibration) : 모니터와 실제 인쇄했을 때의 색상이 일치하지 않을 때 여러 시험을 통해 일치하도록 조정해 주는 작업

229 다음 중 컴퓨터 시스템의 기본 구성 장치가 아닌 것은?

① 입력장치   ② 출력장치

③ 중앙처리장치   ④ 스피커장치

 해설   하드웨어의 5대 장치 : 입력, 출력, 기억, 연산, 제어장치이며, 그중 CPU는 기억, 연산, 제어로 묶어 표현 가능

230 중앙처리장치(CPU)에 대한 설명 중 잘못된 것은?

① 컴퓨터의 속도는 CPU의 속도에 의해 좌우된다.

② CPU는 사람으로 치면 두뇌에 해당되는 구성요소이며, 마이크로프로세서라고도 한다.

③ CPU는 크게 제어장치, 연산장치, 출력장치로 구성되어 있다.

④ CPU는 계산 작업을 수행하는 장치로서 명령어를 실행하고 데이터를 처리한다.

 해설   중앙처리장치(CPU)는 명령어의 해석과 자료의 연산, 비교 등의 처리를 제어하는 컴퓨터 시스템의 핵심적인 장치로 연산장치, 제어장치, 기억장치로 구성

231 다음 중 입력장치에 해당되지 않는 것은?

① 플로터　　　　　② 마우스

③ 스캐너　　　　　④ 디지타이징 태블릿

 • 입력장치 : 마우스, 디지타이저, 라이트 펜 등
　　　• 출력장치 : 모니터, 프린터, 플로터 등

232 다음 중 레지스터(Register)의 설명으로 옳은 것은?

① 마이크로프로세서가 처리하기 위한 자료나 수행될 명령의 주소를 일시적으로 저장하는 데 사용되는 고속의 기억회로로 가장 속도가 빠르다.

② 컴퓨터 시스템에서 각 부품들 사이에 데이터를 전송하는 통로이다.

③ 기록된 데이터를 단지 읽은 수만 있는 메모리로, 운영체계처럼 컴퓨터를 사용하는데 꼭 필요한 내용을 담고 있다.

④ 스크린 화상을 표시하기 위하여 필요한 정보를 읽고 쓸 수 있는 비디오 램 등을 탑재한 보드를 말한다.

해설 ② BUS(버스), ③ ROM, ④ 비디오카드

233 다음 중 입출력 데이터를 일단 고속의 보조기억장치에 일시 저장해 두어 중앙처리장치가 지체 없이 프로그램의 처리를 계속하는 방법을 뜻하는 말은?

① 클립보드(Clip Board)

② 캐시 메모리(Cache Memory)

③ 스풀(Spool)

④ 하드 디스크(Hard Disk)

해설 스풀(Spool) : 컴퓨터의 중앙처리장치와 입출력장치의 속도 차이를 위해 고속의 보조기억장치에 데이터를 입력하여 작업의 효율을 향상시키는 것

234 주문자가 요구하는 대로 정보를 기억시켜 둔 것으로 기억된 정보를 읽어낼 수는 있으나 변경시킬 수 없는 메모리이며, 주로 프로그램이나 변경될 소지가 없는 데이터 메모리로 사용되는 것은?

① RAM　　　　　② ROM

③ Hard Disk　　　④ Floppy Disk

 • RAM : 자유롭게 읽고 쓸 수 있는 기억장치로 전원이 꺼지면 기억된 내용이 모두 사라지는 휘발성 메모리이며, 입력장치로부터 제공된 데이터 정보를 교환, 처리하는 기능을 가짐
　　　• ROM : 한 번 기록한 후에는 빠른 속도로 읽어내는 것만을 허용하고 다시 기록하는 행위는 금하거나 극히 제한하는 기억장치

235 가상메모리(Virtual Memory)의 기능을 가장 잘 설명한 것은?

① 사용자가 보조기억장치에 해당하는 용량을 기억장치처럼 사용하도록 구형된 메모리

② 중앙처리장치와 주기억장치 사이의 속도 차이를 극복하기 위한 메모리

③ 필요시 주기억장치로 옮겨 사용할 수 있도록 기억하는 장치

④ 프로그램이 실행될 때 보조기억장치로 자료를 이동시켜 실행시킬 수 있는 기억장치

해설 가상 메모리는 현재 사용 프로그램의 메모리가 내장되어 있는 실제 램보다 더 크거나, 더 필요할 때 하드 디스크를 메모리처럼 사용하는 기능

236 네 가지 노즐을 통해 잉크를 뿌려서 문자나 어떤 이미지를 나타내는 프린트 방식은?

① 레이저 프린터 방식

② 잉크젯 프린터 방식

③ 도트 매트릭스 방식

④ 펜 플로터 방식

① 레이저 프린터 방식 : 복사기 원리에 따른 것으로 드럼과 토너를 가지고 인쇄하는 방식
③ 도트 매트릭스 방식 : 헤드의 해머가 이동하면서 핀에 충격을 가해 인쇄하는 방식으로 소음이 심함
④ 펜 플로터 방식 : X축과 Y축을 마음대로 움직이는 펜을 사용하여 그래프, 도면, 그림, 사진 등의 이미지를 정밀하게 인쇄하고자 할 때 사용

237 포토샵 프로그램에서 Lighting Effects 필터를 적용할 때 적합한 컬러 모드는?

① RGB 모드
② CMYK 모드
③ Gray Scale 모드
④ Index 모드

Lighting Effects, Lens Flare는 RGB 모드에서만 이용이 가능함

238 투명한 도면 같은 것으로, 여러 장 겹쳐서 하나의 이미지로 만들어 수정작업을 용이하게 하는 기능은?

① 채널(Channel)
② 패스(Path)
③ 레이어(Layer)
④ 스와치(Swatches)

① 채널 : 검은색과 흰색의 이미지로 구성되어 있으며 선택된 영역이 합성되지 않도록 막아주는 마스크 역할을 하는 것
② 패스 : 펜 툴로 선택 영역을 선택할 때 사용하는 것
④ 스와치 : 컬러 팔레트

239 벡터 이미지에 사용되는 점과 핸들(제어점)을 조정하여 곡선을 그리는 방식은?

① Point
② Nurbs
③ Polygon
④ Bezier

베지어 : 컴퓨터 그래픽에서 임의의 형태의 곡선을 표현하기 위해 수학적으로 만든 곡선으로, 최초의 제어점(Control Point)인 시작점과 최후의 제어점인 끝점 그리고 그 사이에 위치하는 내부 제어점의 이동에 의해 다양한 자유 곡선을 얻는 방법

240 포토샵에서 일러스트레이터로 작업한 EPS 파일을 불러오려고 한다. 어떤 명령을 수행해야 하는가?

① New
② Copy
③ Open
④ Place

① New : 새로운 파일 생성
② Copy : 선택 영역 복사
③ Open : 기존 파일 열기

241 다음 3차원 그래픽의 모델링 중 물체를 선으로만 표현하는 방법은?

① 서페이스 모델링
② 와이어프레임 모델링
③ 솔리드 모델링
④ 프랙탈 모델링

해설
• 서페이스 모델링 : 면에 대한 정보를 가지고 있으며, 와이어프레임과 솔리드의 중간으로 스타일링뿐만 아니라 인간공학 등 어떤 디자인이건 사용이 가능함
• 와이어프레임 모델링 : 면과 면이 만나는 선만으로 입체를 형성하는 방법으로 처리속도는 빠르지만 물체의 부피, 무게, 실제감 등을 표현하기 어려운 표현 방식
• 솔리드 모델링 : 내부까지도 꽉 차 있는 입체로, 보다 기본적인 단순한 입체로 이루어져 있음

242 3차원 형상 모델링 중 제품 디자인에서 많이 사용되는 속이 꽉 찬 모델링으로 수치 데이터 처리가 정확하여 제품 생산을 위한 도면 제작과 연계된 모델은?

① 와이어프레임 모델
② 서페이스 모델
③ 솔리드 모델
④ 곡면 모델

243 단순한 모양에서 출발하여 점차 더 복잡한 형상으로 구축되는 기법으로 산, 구름 같은 자연물의 불규칙적인 움직임을 표현하는 모델링 기법은?

① 파라메트릭 모델(Parametric Model)
② 프랙탈 모델(Fractal Model)
③ 서페이스 모델(Surface Model)
④ 와이어프레임 모델(Wire-Frame Model)

<del>해설</del> 프랙탈(Fractal) : 다소 파편적인 성질을 가진 형태로 기본 형태와 닮은 형상이 끊임없이 수학적으로 반복되는 형태

244 렌더링 시 광원에서 나오는 광선을 추적하여 물체에 반사율, 굴절률을 계산하는 렌더링 표현 방식은?

① Ray Tracing   ② Mapping

③ Extruding   ④ Painting

 해설   레이 트레이싱(광선추척법) : 렌더링 시 광선들의 빛을 계산해 주는 방식으로 매우 정확한 반사와 굴절에 의해 표면의 질감과 명암, 이미지를 만들어 내는 기법이며, 가장 사실적 표현이 가능하나 시간은 오래 걸림

245 돌기를 형성한 것 같이 표면에 Texture를 사용하여 물체의 음양각을 주는 기법은?

① 범프 매핑(Bump Mapping)

② 픽처 매핑(Picture Mapping)

③ 스펙큘라 매핑(Specular Mapping)

④ 리플렉션 매핑(Reflection Mapping)

 해설   Texture를 사용하여 물체의 음양각을 주는 기법은 범프 매핑은 3차원 렌더링 기법에 있어서 요철이 있는 면을 표현하기 위한 질감 전사 방법

246 셀 애니메이션 작업 시 오브젝트 사이에서 변형되는 단계의 중간 프레임을 제작하는 보간법을 무엇이라 하는가?

① 모핑   ② 트위닝

③ 로토스코핑   ④ 사이클링

 해설   ① 모핑 : 컴퓨터 애니메이션 기법의 하나로 이미지의 형태를 다른 이미지의 형태로 점차 변형하는 기법
③ 로토스코핑 : 애니메이션 이미지를 실제 영상과 합성하는 기법
④ 사이클링 : 하나의 정지된 이미지에 색상을 변화하여 애니메이션 하는 기법

247 로토스코핑(Lotoscoping)이란?

① 오브젝트를 변형시키는 애니메이션 기법

② 날아가는 물체의 합성 및 제작 기법

③ 애니메이션 이미지를 실제 영상과 합성하는 기법

④ 카메라에 움직이는 영상을 매핑하는 기법

 해설   로토스코핑 : 애니메이션 이미지를 실제 영상과 합성하는 방법으로서 실사 촬영한 인물 이미지와 캐릭터의 동작 이미지를 일치하는 것

248 이미지를 화면에 표시할 때 이미지의 윤곽을 먼저 보여주고 서서히 구체적으로 나타나도록 하는 효과는?

① 셰이딩(Shading)

② 앨리어싱(Aliasing)

③ 투명 인덱스(Transparency Index)

④ 인터레이스(Interace)

 해설   인터레이스(Interace) : 하나의 이미지를 여러 번 스캔해 점진적으로 뚜렷하게 보이도록 하는 방법

249 초당 25프레임의 주사율을 갖는 방송 방식으로 주로 유럽, 호주, 중국 등지에서 사용하는 방송 방식은?

① BETACAM   ② PAL

③ VHS   ④ NTSC

 해설   • PAL : 1962년 독일의 텔레푼켄(Telefunken)사가 개발한 컬러 TV 방식. NTSC의 개량 방식이며 신호 전송체계에 따른 색 변형이 적고 방송설비에 고도의 규격이 필요없다는 이점이 있어 독일, 영국, 이탈리아 등 유럽의 여러 나라와 중국에서 채택하고 있음
• NTSC : 초당 30프레임(미국, 일본, 캐나다, 우리나라에서 채택하여 사용)
• PAL : 초당 25프레임(독일, 영국, 이탈리아 등 유럽의 여러 나라와 중국에서 채택하여 사용)

250 컴퓨터 내부 연산처리 방법에는 보통 8, 16, 32, 64비트가 있는데, 이들을 동시에 전송할 수 있는 데이터 크기를 제한하며 신호를 주고받기 위한 역할을 수행하는 것은?

① CPU   ② ROM

③ RAM   ④ BUS

 ① CPU : 인간으로는 두뇌에 해당하는 연산, 기억, 제어를 담당
② ROM : 비휘발성 메모리
③ RAM : 휘발성 메모리
④ 버스(BUS) : 컴퓨터 내·외부, 각종 신호원 간의 데이터나 전원 전송용 공통 전송로

251 클립아트(Clip Art)에 대한 설명으로 가장 적합한 것은?

① 페이지를 인쇄한 뒤에 접착제로 덧붙여 첨부된 일러스트레이션이다.

② 문서를 작성할 때 편리하게 이용할 수 있도록 모아놓은 여러 가지 조각 그림이다.

③ 텍스트와 이미지가 인쇄용 최종 도판에서 레이아웃되면서 붙여지는 제작과정이다.

④ 도판이 요구하는 크기나 내용에 따라 그림의 불필요한 가장자리 부분을 잘라내는 것이다.

 컴퓨터 사용자가 그림이 들어가는 문서를 정리할 때 편리하게 이용하도록 각종 조각 그림들을 만들어 하나의 프로그램으로 저장해 놓은 것을 클립아트라 함

252 동작의 목록을 아이콘이나 메뉴로 보여주고 사용자가 마우스로 작업을 수행하는 방식을 뜻하는 것은?

① CLI   ② LCD

③ GPS   ④ GUI

 GUI(Graphic User Interface) : 현재의 컴퓨터 운영체제에서 대부분 사용되고 있는 방식으로, 그림을 기반으로 사람과 컴퓨터를 연결해주는 일종의 맨-머신 인터페이스(Man-machine Interface)

253 네트워크(Network) 상에서 하드웨어 또는 소프트웨어로 클라이언트들이 요구하는 각종 서비스를 제공하는 장치로 네트워크에 연결된 컴퓨터를 이용해 자신의 능력을 발휘할 수 있는 시스템은?

① 통신 에뮬레이터   ② 서버

③ 케이블   ④ 모뎀

 ① 통신 에뮬레이터 : PC통신에 접속한 개인용 컴퓨터를 호스트 컴퓨터의 단말기처럼 동작하게 하는 프로그램
③ 케이블 : 전력을 공급하거나 정보를 전달하는 데 쓰는 금속이나 유리로 된 선으로 주변장치를 컴퓨터에 연결하기 위해 사용하는 선으로도 사용
④ 모뎀 : 데이터 통신을 하는 경우에 컴퓨터나 단말기 등의 데이터 통신용 기기를 통신 회선과 접속하기 위해서 사용하는 장치

254 3차원 공간에서 시각적으로 경험할 수 있는 실제적이거나 또는 상상 속 환경의 모의실험을 무엇이라고 하는가?

① Graphic Format

② Virtual Reality

③ Growth Model

④ Commercial Film

 Virtual Reality : 고정된 영상보다는 인간의 동작에 따라 움직이는 영상을 이용하여 인간에게 실제로 존재하는 듯한 느낌을 갖도록 하는 기술

255 워드프로세싱이나 전자출판에서 컴퓨터 화면에 나타나는 문자와 그림의 형상이 프린터로 최종 인쇄한 문서의 모양과 똑같다는 것을 나타내는 용어는?

① 하이퍼미디어(Hypermedia)

② 하이퍼텍스트(Hypertext)

③ 위지윅(WYSIWYG)

④ 포스트스크립트(Postscripts)

 위지윅(WYSIWYG) : 프로그램에서 처리하는 문서의 모양이 영상표시장치에 보이는 대로 출력되는 시스템

256 제품, 건축, 도시환경 디자인 시 사전에 디자인 결과를 예측하기 위해 컴퓨터그래픽스를 활용하는 방법을 무엇이라고 하는가?

① 렌더링(Rendering)

② 과학적 시각화(Scientific Visualization)

③ 시뮬레이션(Simulation)

④ 캐드 캠(CAD CAM)

 시뮬레이션 : 어떠한 현상이나 사건을 컴퓨터로 모형화하여 가상으로 수행시켜 봄으로써 실제 상황에서의 결과를 예측하는 것으로 비용과 시간을 절감시켜 줌

257 고급언어(High Level Language)를 기계어로 번역하는 프로그램은?

① 컴파일러　　　　② 운영체제

③ 래스터라이징　　④ 레지스터

 컴파일러(Compiler) : 컴퓨터 프로그래밍에서 공통적으로 사용되는 의미로는 포트란이나 코볼 등 고수준 언어로 작성된 컴퓨터 프로그램의 모든 원시 코드를 프로그램의 실행 전에 목적 코드로 번역하는 프로그램

258 범위가 그리 넓지 않은 일정 지역 내에서 다수의 컴퓨터나 OA기기 등을 연결시켜 주는 근거리 통신망을 나타내는 약어는?

① VAN　　　　　　② LAN

③ WAN　　　　　　④ RAN

 ① VAN(Value Added Network) : 부가가치 통신망(가상지역망)
② LAN(Local Area Network) : 근거리 통신망
④ WAN(Wide Area Network) : 광역 통신망

259 포스트스크립트에 관한 설명으로 틀린 것은?

① 크기나 변형에 있어서 이미지의 질과는 관계없이 크기, 모양의 변화가 용이하다.

② 포스트스크립트는 페이지 기술 언어로서 고급 프린터 시스템에 내장 지원된다.

③ 패스의 색과 두께, 그리고 패스의 위치와 크기에 관한 정보도 가지고 있다.

④ 자유곡선과 같은 복잡한 형태는 래스터 이미지 형태로 만들어낸다.

 포스트스크립트는 출력장치의 해상도에 의존하지 않고 아웃라인 폰트를 불러내어 그 크기를 조절할 수 있음

260 컴퓨터 시스템에서 하드웨어 장치를 별도의 설정 없이 입출력 포트에 꽂기만 하면 바로 사용할 수 있는 것을 뜻하는 것은?

① Cable　　　　　② Network

③ PnP　　　　　　④ Node

 꽂아서(Plug) 바로 사용(Play) 한다는 뜻으로 컴퓨터에 주변기기를 추가할 때 별도의 물리적인 설정을 하지 않아도 설치만 하면 그대로 사용할 수 있도록 하는 기능

03
Part

실전 모의고사

실전 모의고사

• 정답 및 해설 : 326쪽

01 다음 중 환경 디자인의 주된 영역이 아닌 것은?

① 섬유패턴 디자인　　② 점포 디자인

③ 조경 디자인　　④ 도시 디자인

02 다음 설명에 해당하는 디자인의 조건은?

포스터는 정보를 전달하기 위하여 제작되고, 의자는 휴식이나 어떤 작업을 위하여 형태를 구성하고 있으며, 집은 사람이 살기 위하여 존재한다.

① 심미성　　② 합목적성

③ 독창성　　④ 경제성

03 타입페이스(typeface) 중 단순하며 획의 굵기가 일정하여 깨끗해 보이는 것은?

① 세리프　　② 산세리프

③ 바스커빌　　④ 해서체

04 다음 중 시각법칙의 원리와 가장 거리가 먼 것은?

① 근접의 원리　　② 유사의 원리

③ 폐쇄의 원리　　④ 음영의 원리

05 디자인의 본질적 의미를 옳게 설명한 것은?

① 아름다움만을 추구하는 조형 활동이다.

② 기능적인 면만을 고려하는 행위이다.

③ 실용적이고 미적인 조형의 가시적인 표현이다.

④ 기존의 디자인을 수정 개선하여 모방하는 활동이다.

06 심벌(Symbol)이 가져야 하는 특성 중 가장 거리가 먼 것은?

① 확대, 축소하여도 느낌이 변하지 않아야 한다.

② 도형과 바탕의 관계에서 균형이 유지되어야 한다.

③ 문자와의 관계를 생각하여 각종 서체와 적응될 수 있는 것이어야 한다.

④ 상징성보다는 특수한 분위기를 연출할 수 있어야 한다.

07 다음 중 일반적으로 초기에 영역 구분과 구체성에 구애받지 않고 수행하는 발산적 아이디어 발상법은?

① 체크리스트법

② 브레인스토밍법

③ 시네틱스법

④ 탐색영역의 확대

08 다음 중 평면 디자인의 원리에서 가시적인 시각 요소와 거리가 먼 것은?

① 중량　　② 형태

③ 색채　　④ 질감

09 동적인 느낌을 주어 표현하는 방법으로 포장지, 벽지, 직물 등의 무늬와 같이 한 번 이상 사용하는 표현 방법은?

① 점이　　② 강조

③ 반복　　④ 유사

10 제품 디자인 과정에서 디자이너의 아이디어를 확인하기 위하여 디자인 안을 입체화시키는 작업은?

① 렌더링

② 모델링

③ 스케치

④ 드로잉

11 사전에 계획된 예상 고객에게 직접 전달할 수 있으므로 소구 대상을 정확하게 선정하여 직접 발송할 수 있는 장점을 가진 광고는?

① 직접 우송 광고(DM)

② 구매 시점 광고(POP)

③ 신문 광고

④ TV 광고

12 다음 중 형태와 바탕에 대한 루빈(Rubin)의 법칙이 아닌 것은?

① 바탕은 형태보다 눈에 잘 보인다.

② 형태는 바탕보다 잘 기억된다.

③ 바탕은 형태 뒤에 있는 것처럼 느껴진다.

④ 윤곽은 그 내부를 형태로 만들어주고 외부와 형태를 구분한다.

13 포장 디자인의 개념과 거리가 가장 먼 것은?

① 상품의 내용을 분명히 해주고, 소비자가 구매 욕구를 일으키도록 한다.

② 상품을 안전하게 사용하도록 보호의 기능을 갖는다.

③ 제조자와 소비자를 연결시켜 주는 촉매제 역할을 한다.

④ 새로운 상품이 판매점에 출현하였음을 소비자에게 알리는 점두 광고의 역할을 주로 한다.

14 앙리 반 데 벨데에 의해 사용된 곡선을 중심으로 한 장식적 양식과 화려한 색채를 사용하던 시기에 전 유럽을 풍미했던 양식은?

① 미술공예운동(Art and Crafts Movement)

② 아르누보(Art Nouveau)

③ 바우하우스(Bauhaus)

④ 시카고파(Chicago School)

15 착시현상 중 주위 도형의 조건에 따라 특정한 도형의 크기나 면적이 더욱 커 보이거나 작아 보이는 현상은?

① 길이의 착시

② 면적과 크기의 착시

③ 방향의 착시

④ 양면시의 입체

16 실내 디자인에서 크기와 모양에 일관성을 부여하고 질서감과 안정감을 주는 원리는?

① 다양성   ② 반복성

③ 고급성   ④ 통일성

17 실내 공간을 구성하는 3대 기본 요소가 아닌 것은?

① 천장   ② 창문

③ 벽   ④ 바닥

18 다음 중 바우하우스가 시도한 디자인 철학과 관련이 없는 것은?

① 대량생산을 위한 굿 디자인의 문제 해결

② 역사주의와 전통적 장식 개념

③ 공업시스템과 예술가의 결합

④ 기계의 허용

19 마케팅 활동에서 광고 관리를 위해 필요한 정보로 생활 스타일(Life style)은 어느 정보에 속하는가?

① 광고정보　　　　② 소비자정보

③ 시장정보　　　　④ 환경정보

20 제품 디자인에서 제품의 완성 예상도는?

① 렌더링(rendering)

② 스크래치 스케치(scratch sketch)

③ 아이디어 스케치(idea sketch)

④ 일러스트레이션(illustration)

21 색의 3속성에 대한 설명 중 틀린 것은?

① 색상, 명도, 채도를 말한다.

② 색상을 둥글게 배열한 것을 색상환이라고 한다.

③ 순색에 무채색을 섞으면 채도가 높아진다.

④ 먼셀 표색계의 무채색 명도는 0~10단계이다.

22 다음 색 중 배경색이 남색일 때, 진출성이 가장 강한 것은?

① 노랑　　　　② 자주

③ 보라　　　　④ 청록

23 아래와 같이 선명한 빨강 바탕에 분홍색을 놓았을 때와 회색 바탕에 분홍색을 놓았을 때, 다음 설명 중 옳은 것은?

① 빨강 바탕의 분홍색이 채도가 높아 보인다.

② 회색 바탕의 분홍색이 채도가 높아 보인다.

③ 두 경우 모두 채도의 변화가 없다.

④ 두 경우 모두 채도가 높아진다.

24 예로부터 전해 내려오는 습관상의 고유 색명은?

① 관용색명　　　　② 일반색명

③ 계통색명　　　　④ 특정색명

25 색료혼합에 대한 설명 중 잘못된 것은?

① 3원색은 YELLOW, MAGENTA, CYAN이다.

② 2차색들은 색광혼합의 3원색과 같다.

③ 컬러 슬라이드, 컬러 영화필름, 컬러 인화사진 등이 그 예이다.

④ 2차색들은 명도는 낮아지고 채도는 높아진다.

26 회전혼합에 대한 설명 중 틀린 것은?

① 원판 위에 물체색을 놓고 회전시킨다.

② 회전혼합은 감법혼색이다.

③ 물체색이 반사하는 반사광이 혼합된다.

④ 회전혼합의 결과는 중간 명도, 중간 색상이 된다.

27 색의 분류 중 무채색에 속하는 것은?

① 황토색

② 어두운 회색

③ 연보라

④ 어두운 회녹색

28 다음 중 색의 연상과 상징이 잘못 연결된 것은?

① 노랑 – 희망, 광명, 유쾌, 경박

② 녹색 – 엽록소, 안식, 중성, 이상

③ 자주 – 애정, 복숭아, 발정적, 창조적

④ 검정 – 겸손, 우울, 점잖음, 무기력

29 다음 중 채도로 색을 구분하는 용어가 아닌 것은?

① 기본색　　　　　② 순색

③ 명청색　　　　　④ 탁색

30 다음 중 파장이 가장 긴 색과 짧은 색이 맞게 짝지어진 것은?

① 빨강과 주황　　　② 빨강과 남색

③ 빨강과 보라　　　④ 노랑과 초록

31 다음 중 때로는 차갑게도, 때로는 따뜻하게도 느껴지는 색의 예가 아닌 것은?

① 청록　　　　　　② 녹색

③ 보라　　　　　　④ 자주

32 먼셀 표색계 5R6/9의 올바른 설명은?

① 명도(V)=9, 채도(C)=6의 빨간색

② 명도(V)=5, 채도(C)=9의 빨간색

③ 명도(V)=6, 채도(C)=9의 빨간색

④ 명도(V)=9, 채도(C)=5의 빨간색

33 투상면 앞쪽에 물체를 놓게 되므로 우측면도는 정면도의 왼쪽에, 평면도는 정면도의 아래쪽에 그리는 정투상도법은?

① 제1각법　　　　　② 제2각법

③ 제3각법　　　　　④ 제4각법

34 투시도법에 쓰이는 부호와 용어가 잘못된 것은?

① E : 시점 – 물체를 보는 사람 눈의 위치

② SP : 입점 또는 정점

③ GL : 기선 – 화면과 지면이 만나는 선

④ VP : 측점 – 정육면체의 측면 깊이를 구하기 위한 점

35 척도의 종류 중 실제 크기보다 크게 그리는 것은?

① 현척　　　　　　② 축척

③ 실척　　　　　　④ 배척

36 다음 그림과 같은 입체물의 우측면도는? (단, 화살표 방향이 정면임)

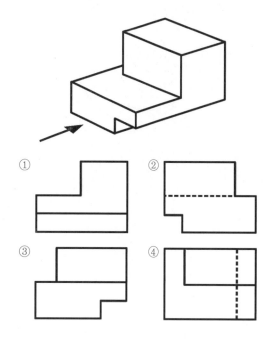

37 다음 그림과 같이 각을 이등분할 때 가장 먼저 구해야 할 것은?

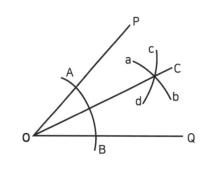

① AB　　　　　　② ab

③ cd　　　　　　④ OC

38 다음 그림 중 아르키메데스 나사선 그리기는 무엇인가?

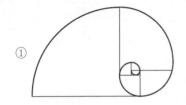

①

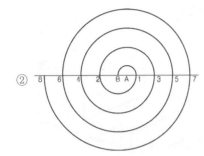

②

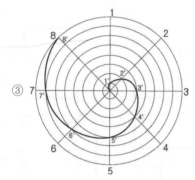

③

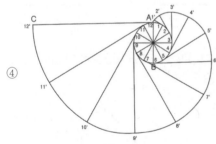

④

39 유각 투시도의 소점은?

① 1개　　　　　　　② 2개

③ 3개　　　　　　　④ 4개

40 등각 투상도에서 물체의 세 모서리가 이루는 등각도는?

① 30°　　　　　　　② 60°

③ 90°　　　　　　　④ 120°

41 다음 중 무기재료에 해당되는 것은?

① 금속　　　　　　　② 목재

③ 피혁　　　　　　　④ 종이

42 다음 종이의 제조 공정을 바르게 나열한 것은?

| ① 사이징 | ② 충전 | ③ 정정 |
| ④ 고해 | ⑤ 착색 | ⑥ 초지 및 완성 |

① ④－①－②－⑤－③－⑥

② ①－②－③－④－⑤－⑥

③ ③－②－①－⑤－④－⑥

④ ②－①－④－⑤－③－⑥

43 네거티브 필름을 확대하기 전에 네거티브 필름과 같은 크기로 시험 인화하는 것을 무엇이라고 하는가?

① 밀착인화　　　　　② 확대인화

③ 스포팅　　　　　　④ 에칭

44 박엽지는 밑바탕이 비치는 종이의 총칭이다. 박엽지에 속하지 않는 것은?

① 도화지　　　　　　② 라이스지

③ 인디아지　　　　　④ 콘덴서지

45 목재의 역학적 성질 중 외력을 받아 변형된 재료에서 외력을 제거했을 때 원형으로 복귀하려는 성질은?

① 변형　　　　　　　② 강도

③ 탄성　　　　　　　④ 소성

46 플라스틱의 장단점에 관한 일반적인 설명 중 잘못된 것은?

① 표면의 경도가 높다.　　② 착색이 용이하다.

③ 열팽창 계수가 크다.　　④ 가공이 용이하다.

47 금속 표면에 다른 금속 또는 합금의 얇은 층을 입혀 피막을 처리하는 방법은?

① 라이닝　　　　　② 도금
③ 도장　　　　　　④ 연마

48 다음 중 핫 스프레이 도장의 장점으로 옳은 것은?

① 건조에 시간이 빨라 수정이 용이하다.
② 스프레이 건이 가벼워 조작하기가 쉽다.
③ 광택이 좋으며, 공기의 소비량이 작다.
④ 밑바탕이 단단하지 않아도 상하지 않는다.

49 VGA(Video Graphic Adapter) 또는 비디오 카드라고도 불리며, 컴퓨터의 디지털 정보를 모니터에 알맞게 디지털 신호로 바꾸어 화면에 나타나는 컬러 수와 해상도를 결정해 주는 장치는?

① 그래픽 소프트웨어　　② 그래픽 보드
③ 중앙처리장치　　　　④ 프린터

50 다음은 어떤 출력장치에 대한 설명인가?

- 그래프, 지도, 도표, 건축용 CAD도면 등을 출력하기 위한 특수 목적으로 사용된다.
- 깨끗한 선과 면으로 출력 결과가 깨끗하다.
- 보통 A0 크기까지의 대형 출력이 가능하다.

① 필름 레코더　　　　② 잉크젯 프린터
③ 열전사 프린터　　　④ 플로터

51 컴퓨터그래픽의 역사에서 CPU의 소자에 의한 분류로 옳은 것은?

① 제1세대 – 트랜지스터
② 제2세대 – 진공관
③ 제3세대 – IC
④ 제4세대 – ENIAC

52 일러스트레이터에서 두 오브젝트 간의 색채 및 모양의 단계적 변화를 위한 명령은?

① blend　　　　　② shear
③ skew　　　　　④ effects

53 벡터 이미지의 특성에 대한 설명으로 옳지 않은 것은?

① 선과 면이 깔끔하고 정갈하다.
② 다양한 질감과 사실적인 효과의 연출이 가능하다.
③ 글자, 로고, 캐릭터 디자인에 적합하다.
④ 축소, 확대하더라도 이미지의 질에 영향을 주지 않는다.

54 어떤 화상을 얼마나 세밀하게 표시할 수 있는지 그 정밀도를 나타내는 척도는?

① 리플렉트(reflect)
② 디더링(dithering)
③ 하프톤(halftone)
④ 레졸루션(resolution)

55 로토스코핑(Lotoscoping)이란?

① 오브젝트를 변형시키는 애니메이션 기법
② 날아가는 물체의 합성과 제작
③ 애니메이션 이미지를 실제 영상과 합성하는 기법
④ 카메라에 움직이는 영상을 매핑하는 기법

56 인터넷이나 모뎀과 같은 통신상에서 트루컬러 그래픽 이미지의 질을 최대한 유지하면서 효율적으로 파일을 압축하는 데 사용되는 가장 좋은 포맷 방식은?

① JPEG　　　　　② TIFF
③ EPS　　　　　　④ PICT

57 컴퓨터그래픽스에서 컬러가 일정한 표준으로 나타나도록 장치의 컬러 상태를 조정하는 과정으로, 보다 전문적으로는 이미지의 입출력 및 처리 과정에서 사용하는 모든 하드웨어 장치의 컬러 특성을 일치시키는 것은?

① 컬러 싱크(Color Sync)

② 개멋(Gamut)

③ 캘리브래이션(Calibration)

④ 팬톤(Pantone) 컬러

58 포토샵 프로그램에서 듀오톤(Duotone)의 설명이 맞는 것은?

① 256단계의 회색 음영 이미지를 칼라 이미지로 전환하는 방식

② 컬러 이미지의 톤(Tone)을 높이기 위해 각각의 픽셀을 세분화하는 방식

③ 컬러 이미지를 256단계의 회색 음영 이미지로 변환하여 어떠한 모드라도 활용 가능하게 하는 방식

④ 그레이스케일(Gray Scale) 이미지를 보다 풍부한 계조로 만들기 위해 컬러 잉크를 추가하는 방식

59 다음 중 앨리어스(Alias)와 안티 앨리어스(Anti-alias)에 관한 설명으로 틀린 것은?

① 안티 앨리어스 처리 시 이미지의 크기는 변하지 않으면서 부드러운 이미지를 얻을 수 있다.

② 페인트 툴로 그린 선은 안티 앨리어스 된 선이다.

③ 시간적 앨리어스는 이미지 데이터를 스캔할 때 데이터를 잃어버리는 현상이다.

④ 12point 이하의 문자는 안티 앨리어스 시키면 오히려 문자 이미지가 흐려 보인다.

60 3차원 형상 모델링 중 속이 꽉 차 있어 수치 데이터 처리가 정확하여 제품 생산을 위한 도면 제작과 연계된 모델은?

① 와이어프레임 모델　　② 서피스 모델

③ 솔리드 모델　　　　　④ 프렉탈 모델

01 다음 그림에서 보여 지는 가장 큰 효과는?

① 정의 잔상   ② 도지 반전

③ 리듬 효과   ④ 매스 효과

02 다음 중 디자인의 궁극적인 목적은?

① 인간의 행복을 위한 물질적 생활환경의 개선 및 창조

② 경제적 이윤을 추구하기 위한 디자이너의 욕망

③ 예술적인 창작 작품 제작을 위한 수단

④ 인간의 장식적 욕구를 충족시키기 위한 수단

03 다음 중 수직선에 대한 느낌으로 가장 알맞은 것은?

① 안정감, 친근감, 평화스러운 느낌

② 엄숙함, 강직함, 긴장감, 준엄한 느낌

③ 움직임, 활동감, 불안정한 느낌

④ 우아하고 부드러운 느낌

04 다음 모형(Model)의 종류 중 가장 정밀도가 높은 것은?

① 프리젠테이션 모델(Presentation Model)

② 프로토타입 모델(Prototype Model)

③ 러프 모델(Fough Model)

④ 더미 모델(Dumy Model)

05 율동(Rhythm)의 일부로, 명도와 채도의 단계에 일정한 변화를 주거나 대상물의 크기에 변화를 주어 생동감 있는 효과를 낼 수 있는 것은?

① 강조   ② 변칙

③ 점증   ④ 반복

06 면에 관한 설명 중 가장 옳은 것은?

① 평면은 곧고 평활한 표정을 가지며, 간결성을 나타낸다.

② 수직면은 동적인 상태로 불안정한 표정을 주어 공간에 강한 표정을 더한다.

③ 수평면은 고결한 느낌을 주고, 긴장감을 높여준다.

④ 사면은 정지 상태를 주고 안정감을 나타낸다.

07 소비자 구매과정 아이드마(AIDMA)에서 M의 의미는?

① 제품이나 서비스를 통해 주의를 끄는 것

② 흥미 유발로 구입하고자 하는 욕망이 일어나는 것

③ 소비자의 구매 욕구가 일어나 행동으로 옮기는 것

④ 구매 상황의 선택에서 그것을 떠올리는 것

08 디자인의 심미성을 성립시키는 미의식에 대한 설명으로 틀린 것은?

① 매우 주관적인 것으로 개개인에 따라 차이가 있다.

② 시대나 국가, 민족에 따라 공통의 미의식이 있다.

③ 디자인할 때 모든 사람의 미의식이 일치되도록 해야 한다.

④ 스타일이나 색의 유행 등도 대중이 공통적으로 느끼는 미의식이라 할 수 있다.

09 다음 중 디자인의 원리가 아닌 것은?

① 균형, 강조　　　　② 비례, 조화

③ 형태, 색채　　　　④ 통일, 반복

10 다음 중 브레인스토밍법을 가장 잘 설명한 것은?

① 회의 중에는 절대 비평하지 않는 개인 위주의 토의법

② 집단사고에 의한 자유분방한 아이디어를 창출하는 방법

③ 모든 아이디어를 간결하고 명백하게 하는 방법

④ 다른 사람의 아이디어를 결합하여 개선하도록 노력하는 방법

11 '구매시점 광고'라고도 하는 것으로 소비자가 상품을 구매하는 장소에서 이루어지는 광고는?

① 디스플레이　　　　② P.O.P 광고

③ 신문 광고　　　　④ 상품 광고

12 예술은 대중을 위해서 뿐만 아니라, 대중에 의해서, 대중의 예술이 되어야 한다고 주장하고 예술의 사회화와 민주화를 위해 미술공예운동을 실천한 사람은?

① 존 러스킨

② 윌리엄 모리스

③ 오웬 존스

④ 헨리 드레이퍼스

13 실내 디자인의 설계 단계에서 특수한 기술 분야의 부분적 설계를 전문 업체가 작성하여 제시하는 도면은?

① 워킹 드로잉

② 샵 드로잉

③ 프리핸드 드로잉

④ 컴퓨터 드로잉

14 디자인 표현 기법 중 최종 디자인을 결정하려는 표현 전달의 단계로 실물과 같이 충실하게 표현하는 것은?

① 렌더링　　　　② 정밀묘사

③ 투시도　　　　④ 정투상도

15 자본주의와 과시적 소비가 지나치게 밀착하는 현상에 대한 저항으로, 좀 더 환경적이고 인간적인 디자인 철학을 제시한 조형 운동은?

① 아르누보

② 독일공작연맹

③ 미술공예운동

④ 반 디자인 운동

16 캘린더에 사용되는 타이포그래피 선택의 유의점과 거리가 가장 먼 것은?

① 쉽게 인지되는지의 가독성

② 숫자와 숫자 사이의 간격을 가독성의 입장에서 고려

③ 화려하고, 튀도록 고려하여 선정

④ 일러스트레이션과 조화를 이룰 수 있는 서체의 선정

17 실내 디자인의 요소 중 개구부(開口部)는 창, 출입문, 배연구 등으로 구분된다. 다음 중 개구부의 디자인에서 고려해야 할 사항으로 거리가 먼 것은?

① 목적, 기능, 형태가 적합해야 한다.

② 건물 외관에서는 포인트가 되고, 건물과 균형을 이루어야 한다.

③ 실내계획에서는 주변과 달리 특이한 형태나 색으로 눈에 띄게 해야 한다.

④ 유지관리를 위해 안정성, 개폐 방법 등을 고려해야 한다.

18 문자 위주로 표현된 편집 디자인이 아닌 것은?

① 학술지   ② 문학지

③ 그래픽 잡지   ④ 단행본

19 게슈탈트(Gestalt) 원리가 아닌 것은?

① 폐쇄성   ② 인접성

③ 유사성   ④ 반복성

20 신문 광고의 구성 요소를 조형적 요소와 내용적 요소로 구분할 때, 내용적 요소에 가까운 것은?

① 캡션(Caption)

② 로고타이프(Logotype)

③ 보더라인(Borderline)

④ 일러스트레이션(Illustration)

21 사람의 눈으로 볼 수 있는 가시광선의 범위는?

① 350~150nm

② 480~180nm

③ 950~350nm

④ 780~380nm

22 다음 중 생동, 열정, 활력으로 상징되는 정열적인 배색은?

① 검정과 회색   ② 녹색과 주황

③ 빨강과 주황   ④ 노랑과 보라

23 먼셀 표색계에 대한 설명 중 틀린 것은?

① 10색상을 10등분하여 전체가 100색상이 되도록 하였다.

② 무채색의 명도 단계는 명도 0에서 10까지 11단계로 구분하였다.

③ 채도 단계는 중심의 무채색의 축을 0으로 하고, 수평 방향으로 차례로 커지게 하였다.

④ 무채색의 표기 방법으로 명도 단위 앞에 H를 붙여 사용한다.

24 색의 항상성(Color Constancy)을 바르게 설명한 것은?

① 빛의 양과 거리에 따라 다르게 인지된다.

② 조명의 밝기에 따라 색채가 다르게 인지된다.

③ 배경색과 조명이 변해도 색채를 그대로 인지한다.

④ 배경색에 따라 색채가 다르게 인지된다.

25 하나의 색이 그보다 탁한 색 옆에 위치할 때 실제보다 더 선명하게 보이는 대비현상은?

① 색상대비   ② 채도대비

③ 보색대비   ④ 계시대비

26 다음 중 색의 동화현상이 가장 잘 일어나는 문양은?

① 좁고 복잡한 문양

② 넓고 단순한 문양

③ 반대 색상의 넓은 문양

④ 팽창색으로 구성된 문양

27 다음과 같은 특징을 가진 기법의 배색은?

- 깊은 애정이 깃들어 있다.
- 비교적 흡수하는 힘과 엄숙한 맛을 지닌 검정이나 이것을 보조하는 회색 계통이 들어가는 것이 좋다.
- 따뜻한 색과 차가운 색을 함께 배색한다.

① 개성적인 배색

② 정열적인 배색

③ 지성적인 배색

④ 명쾌한 배색

28 색채를 색의 3속성에 따라 분류하여 표현한 색 이름은?

① 관용색명

② 고유색명

③ 순수색명

④ 계통색명

29 다음 색의 혼합 중 색료의 혼합에 해당하는 것은?

① 빨강(R)+녹색(G)=노랑(Y)

② 파랑(B)+빨강(R)=자주(M)

③ 자주(M)+노랑(Y)=빨강(R)

④ 빨강(R)+녹색(G)+파랑(B)=흰색(W)

30 색의 3속성에 따라 오메가 공간이라는 색입체를 만들고, 색채조화의 정도를 정량적으로 설명한 색채조화론은?

① 비렌의 색채조화론

② 셔브뢸의 색체조화론

③ 문·스펜서의 색채조화론

④ 오스트발트의 색채조화론

31 똑같은 무게의 상품을 넣은 검은색과 연두색의 상자 중 운반 작업자가 연두색의 상자를 운반했을 때 피로도가 경감했다고 한다. 이것은 색채 감정 효과 중 무엇과 관련이 있는가?

① 온도감　　　　② 중량감

③ 경연감　　　　④ 강약감

32 "빨강, 명도 8, 채도 6"인 색의 먼셀 색 표기가 올바른 것은?

① R5 8/6　　　　② 5R 6/8

③ R5 6/8　　　　④ 5R 8/6

33 도면에서 치수의 단위에 대한 설명으로 틀린 것은?

① 길이의 단위는 mm를 사용하나 단위 mm는 기입하지 않는다.

② 치수기입에는 소수점 부호(.)를 사용할 수 없다.

③ 각도의 단위는 도(°)를 사용한다.

④ 각도는 필요에 따라 분, 초의 단위도 함께 사용할 수 있다.

34 다음 그림과 같이 원기둥에 감긴 실의 한 끝을 늦추지 않고 풀어 나갈 때, 이 실의 끝이 그리는 곡선은?

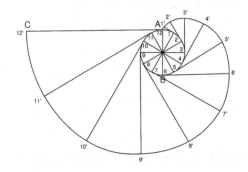

① 등간격 곡선

② 인벌류트 곡선

③ 사이클로이드 곡선

④ 아르키메데스 곡선

35 다음 중 굵은 실선으로 표시하는 선은?

① 외형선

② 치수선

③ 지시선

④ 치수 보조선

36 투시도법에서 물체를 보는 눈의 위치를 표시하는 것은?

① GP　　　　② SP

③ EP　　　　④ HL

37 투상도의 제 3각법을 잘못 설명한 것은?

① 기준이 눈으로부터 눈, 화면, 물체의 순서로 되어 있다.

② 미국에서 발달하여 빠른 속도로 보급되었다.

③ 한국산업규격의 제도 통칙에 이를 적용하였다.

④ 유럽에서 발달하여 독일을 거쳐 우리나라에 보급되었다.

38 높은 빌딩이나 탁자를 임의의 거리를 두고 내려다 본 것 같이 표현하는 투시도법은?

① 1소점 투시법　　② 2소점 투시법

③ 3소점 투시법　　④ 4소점 투시법

39 다음 중 물체의 앞면 모서리는 수평선과 평행하게 하고, 옆면 모서리는 수평선과 임의의 각도 α로 하여 그린 투상도는?

① 등각투상도

② 부등각투상도

③ 사투상도

④ 축측투상도

40 다음 그림과 가장 관련 있는 것은?

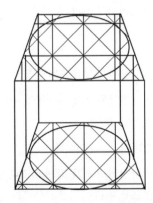

① 정투상도　　② 사투상도

③ 투시도　　④ 부등각 투상도

41 에어브러시(Air Brush)에 관한 설명 중 틀린 것은?

① 거칠고 대담한 표현에 가장 적합하다.

② 공기의 압력을 이용해서 잉크나 물감을 내뿜어 그려진다.

③ 사실적이고 환상적인 일러스트레이션 표현에 알맞은 기법이다.

④ 가장 중요한 것은 콤프레서와 스프레이건의 취급법이다.

42 무기재료에 해당되지 않는 것은?

① 금속　　② 유리

③ 도자기　　④ 플라스틱

43 도료의 구성 성분 중 전색제에 속하지 않는 것은?

① 안료　　② 용제

③ 중합체　　④ 첨가제

44 다음 중 금속재료 가공의 특성이 아닌 것은?

① 사출가공　　② 소성가공

③ 단조가공　　④ 엠보싱 가공

45 종이 제조 과정에서 충전제를 가하면 인쇄 종이는 어떤 점이 좋아지는가?

① 종이가 투명해진다.

② 종이가 유연해진다.

③ 습기에 의한 신축이 커진다.

④ 종이 면이 고르지 않게 된다.

46 현상과 인화 과정이 따로 필요하지 않고 촬영 후에 즉시 결과를 볼 수 있는 필름은?

① 매트릭스 필름　　② 폴라로이드 필름

③ 엑타크롬 필름　　④ 리버설 필름

47 화학적, 기계적 가공에 의하여 종이의 질을 변화시켜 사용 목적에 알맞게 만드는 가공 방법은?

① 도피 가공

② 흡수 가공

③ 변성 가공

④ 배접 가공

48 펄프 제법에 의한 분류 중에서 기계펄프의 대표적인 것은?

① 아황산펄프

② 크라프트펄프

③ 쇄목펄프

④ 유산염펄프

49 다음 중 출력장치가 아닌 것은?

① 디지털 카메라

② 필름 레코더

③ 모니터

④ 빔 프로젝터

50 저해상도에서 곡선이나 사선을 표현할 때 생기는 계단현상을 완화하기 위해 사용하는 기법은?

① 모핑(Morphing)

② 안티앨리어싱(Anti-aliasing)

③ 스위핑(Sweeping)

④ 미러(Mirror)

51 다음 설명 중 일러스트레이터나 포토샵의 메뉴 중 Layer의 정의는?

① 여러 개의 이미지를 순차적으로 포개어 놓는 것

② 각 페이지를 여러 개의 페이지로 나누는 것

③ 각각의 이미지를 그룹(Group)시켜 단순화 시키는 것

④ 두 개의 이미지를 합성하는 것

52 다음 3차원 그래픽의 모델링 중 물체를 선으로만 표현하는 방법은?

① 서페이스 모델링

② 솔리드 모델링

③ 와이어프레임 모델링

④ 프랙탈 모델링

53 다음 중 크기를 변화시켜 출력해도 이미지 데이터의 해상도가 손상되지 않는 이미지는?

① Bit-Map Image

② Vector Image

③ TIFF Image

④ PICT Image

54 다음 중 비트맵(Bit Map) 파일 포맷(Format)이 아닌 것은?

① GIF

② JPEG

③ AI

④ TIFF

55 ROM에 대한 설명으로 틀린 것은?

① 한 번 기록된 데이터를 단지 읽기만 할 뿐 변경할 수 없는 메모리이다.

② Read Only Memory의 약자이다.

③ 컴퓨터 내부에서 신호를 주고받기 위한 통로를 말한다.

④ 전원 공급이 없어도 항시 기억되고 있어 비휘발성 기억 소자라고 칭한다.

56 다음 중 스캐너에 대한 설명으로 틀린 것은?

① 스캐너는 반사된 빛을 측정하기 위해 CCD라는 실리콘 칩을 사용한다.

② 해상도의 단위는 LPI이다.

③ 입력된 파일의 크기를 작게 하거나 원하는 영역만 스캔할 수도 있다.

④ 색상과 콘트라스트를 더욱 정확하게 조절하기 위해 감마보정이라는 방법을 사용한다.

57 2차원 컴퓨터 그래픽스에서 점차적으로 색을 변화시켜 가며 특정 구역 안에 색을 칠해주는 기법은?

① 디더링(Dithering)

② 래스터스캔(Raster Scan)

③ 모자이크(Mosaic)

④ 그러데이션(Gradation)

58 그래픽 사용자 인터페이스를 제공하는 컴퓨터시스템에서 각각의 프로그램이나 명령들을 작은 형태로 만들어 놓은 것은?

① Icon   ② File

③ Bitmap   ④ ld

59 다음 중 2D 그래픽 소프트웨어가 아닌 것은?

① 포토샵(Photoshop)

② 페인터(Painter)

③ 일러스트레이터(Illustrator)

④ 스트라타 스튜디오 프로(Strata Studio Pro)

60 다음 중 개멋(Gamut)을 잘 설명한 것은?

① 인쇄상의 컬러 CMYK를 RGB로 전환하는 것

② 컬러시스템이 표현할 수 있는 컬러대역(표현 범위)

③ 빛의 파장을 컬러로 표현하는 방법과 컬러시스템

④ 컬러시스템 간의 컬러 차이점을 최소화하는 기능

실전 모의고사

· 정답 및 해설 : 334쪽

01 CI(Corporate Identity)는 기업 이미지 통일화를 의미하는 계획적 경영 전략이다. 다음 중 CI의 기본 디자인 요소인 베이직 시스템(Basic System)과 관계가 먼 것은?

① 매체 광고

② 마크, 로고타입

③ 기업 색상

④ 전용 서체

02 디자인의 기능적 조건 중 감성공학 측면의 기능에 해당되는 것은?

① 물리적 기능　　② 생리적 기능

③ 심리적 기능　　④ 사회적 기능

03 다음의 디자인 과정 중에서 정해진 재료로서 대량생산에 따른 규격화와 제품의 경제성을 고려하여 재료에 형태를 주는 과정은?

① 욕구과정　　② 조형과정

③ 재료과정　　④ 기술과정

04 형태심리학자들이 연구해 낸 형태에 관한 시각의 기본 법칙에 대한 설명이 잘못 연결된 것은?

① 근접성 – 근접한 것끼리 짝지어진 것

② 유사성 – 유사한 요소들이 연관되어 보이는 것

③ 연속성 – 유사한 배열이 하나의 묶음으로 되는 것

④ 폐쇄성 – 시지각의 항상성을 의미하는 것

05 독일공작연맹에 관한 설명 중 틀린 것은?

① 헤르만 무테지우스가 창출한 새로운 미술운동이다.

② 기계화 시대에 교육과 산업을 결합시키려는 최초의 시도였다.

③ 예술, 공예, 공업의 협력으로 독일공업제품의 품질을 향상시키려는 것이 기본 이념이다.

④ 나치스 정권으로 20세기 모던 디자인과 바우하우스에 영향을 미치지 못했다.

06 면은 공간을 구성하는 단위이며, 공간 효과를 나타내는 중요한 요소이다. 다음 중 적극적인 면(Positive Plane)은 어느 것인가?

① 점의 밀집　　② 선의 집합

③ 점의 확대　　④ 입체화된 선

07 디자인에서 최종적으로 생명을 불어 넣을 수 있는 요소는?

① 독창성　　② 유행성

③ 재료성　　④ 성실성

08 다음 실내 디자인 기본 요소 중 가장 눈에 띄기 쉬운 요소는?

① 벽　　② 바닥

③ 천장　　④ 지붕

09 소비자 구매심리 과정인 AIDMA 법칙에 해당되지 않는 것은?

① 주목(Attention)　　② 흥미(Interest)

③ 욕망(Desire)　　④ 판매 행위(Action)

10 옥외 광고 중 상점 입구 또는 처마 끝 등에 설치하는 간판은?

① 돌출간판
② 점두간판
③ 입간판
④ 야립간판

11 제품 디자인의 설명 중 잘못된 것은?

① 과학, 기술, 인간, 환경 등이 공존하는 분야이다.
② 생산 가능한 형태, 구조, 재료 등을 잘 선택한 설계이어야 한다.
③ 인간과 자연의 매개 역할로서 구조적 장비이다.
④ 인간의 감성에 맞춘 순수한 예술이어야 한다.

12 평면 디자인에서 시각요소가 아닌 것은?

① 색채
② 형태
③ 크기
④ 중량

13 렌더링에 관한 설명 중 옳은 것은?

① 머리에 떠오르는 이미지를 그리는 것을 말한다.
② 디자인의 개념을 나타내는 이미지 스케일을 말한다.
③ 목업을 제작하기 위하여 그리는 도면의 일종이다.
④ 실제 제품과 같은 상태의 형태, 재질감, 색상 등을 실감 있게 표현하는 것이다.

14 다음 중 패키지의 기능이 아닌 것은?

① 보호와 보존성
② 편리성
③ 상품성
④ 시기성

15 다음 중 1:2:3:5:8:13...과 같은 수열에 의한 비례는?

① 등비수열
② 루트비
③ 정수비
④ 피보나치수열

16 실내 디자인에 있어 미적 효용성을 더해주는 액센트적 역할을 하는 실내 소품 선택 시 고려할 사항과 거리가 먼 것은?

① 실내 소품은 개인의 개성을 나타낼 수 있어야 한다.
② 소품은 지나치게 많이 사용하면 혼란을 주기 때문에 주의해야 한다.
③ 소품은 주변 물건과의 디자인 성격을 잘 고려하여 적절하게 배치해야 한다.
④ 소품을 거는 벽은 되도록 진한 원색이나 무늬가 많은 것을 사용하여 주의를 끌어야 한다.

17 다음 그림에 해당하는 착시는?

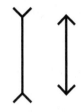

① 기하학적 착시
② 다양한 의미 도형의 착시
③ 밝기의 착시
④ 불가능한 도형의 착시

18 편집 디자인에 관한 설명 중 잘못된 것은?

① 소형 인쇄물을 시각적으로 구성
② 소비자의 상품구매를 위한 기능
③ 시각 커뮤니케이션 표현에 중점
④ 1920년대 미국에서 사용되기 시작

19 다음 중 제품수명 주기의 순서가 바르게 나열된 것은?

① 성장기 → 성숙기 → 쇠퇴기 → 도입기
② 도입기 → 성숙기 → 성장기 → 쇠퇴기
③ 성장기 → 도입기 → 성숙기 → 쇠퇴기
④ 도입기 → 성장기 → 성숙기 → 쇠퇴기

20 신문 광고의 내용적 요소로서, 기업이 광고에 반복해 사용하는 간결하면서도 힘이 있는 말이나 문장은?

① 헤드라인

② 보디카피

③ 슬로건

④ 캡션

21 다음 색의 3속성에 대한 설명 중 옳은 것은?

① 두 색 중에서 빛의 반사율이 높은 쪽이 밝은 색이다.

② 색의 강약, 즉 포화도를 명도라고 한다.

③ 감각에 따라 식별되는 색의 종류를 채도라 한다.

④ 그레이 스케일(Gray Scale)은 채도의 기준 척도로 사용된다.

22 다음 내용 중에 알맞은 말은?

표색계에는 심리 물리적인 빛의 혼색실험에 기초를 두고 색을 표시하는 (A)와 지각색을 표시하는 (B)가 있다.

① 심리계, 지각계　　② 혼색계, 현색계

③ 현색계, 혼색계　　④ 물리계, 지각계

23 점차 어두워지면 가장 먼저 보이지 않는 색과 반대로 밝게 보이기 시작하는 색의 순으로 옳게 짝지어진 것은?

① 노랑–빨강　　② 빨강–파랑

③ 흰색–검정　　④ 파랑–노랑

24 먼셀 표색계에서 색의 밝고 어두운 정도를 나타내는 기본적인 명도 단계는?

① 1~5　　② 1~12

③ 0~10　　④ 0~14

25 보색관계의 배색에 대한 설명 중 가장 거리가 먼 것은?

① 선명하면서도 풍부한 조화가 이루어진다.

② 각 색 저마다의 독특한 특성을 살릴 수 있다.

③ 활기와 긴장감을 나타낼 수 있다.

④ 색채체계에 있어서 원만한 조화를 이룰 수 있다.

26 진출색이 지니는 조건이 아닌 것은?

① 따뜻한 색이 차가운 색보다 진출색이다.

② 밝은 색이 어두운 색보다 진출색이다.

③ 채도가 낮은 색이 채도가 높은 색보다 진출색이다.

④ 유채색이 무채색보다 진출색이다.

27 다음 중 가장 명도가 높은 느낌을 주는 것은?

① 가을 단풍, 낙엽

② 검푸른 바위, 녹슨 무쇠

③ 흰 구름, 흰 솜, 흰 종이

④ 푸른 벌판, 울창한 산림

28 다음 색채 조절 중 가장 적절하지 않은 것은?

① 경주용 자동차는 파란색 계열의 색상이 유리하다.

② 패스트푸드점은 빨간색 계열의 색상이 유리하다.

③ 역이나 병원 등의 대합실은 파란색 계열이 유리하다.

④ 운동선수의 복장은 빨간색 계열의 색상이 유리하다.

29 오스트발트 표색계의 색채 개념은?

① Red+Green+Blue=100%

② White+Black+Color=100%

③ Red+Yellow+Blue=100%

④ White+Blue+Green=100%

30 신인상파 화가의 점묘화는 무슨 혼합인가?

① 회전혼합   ② 병치혼합

③ 가산혼합   ④ 감산혼합

31 C.I.E. 표색계에 대한 설명 중 틀린 것은?

① XYZ표색계라고도 한다.

② 순수파장의 색은 말발굽형의 바깥 둘레에 나타난다.

③ 백색광은 색도도의 중심에 놓이게 된다.

④ 색입체는 복원뿔체의 모양으로 되어 있다.

32 비렌(Birren Faber)의 색채 공감감에서 식당 내부의 가구 등에 식욕이 왕성하도록 유도하기 위한 가장 좋은 색채는?

① 보라색   ② 노란색

③ 주황색   ④ 파란색

33 다음 제도 기호 중 잘못 표현된 것은?

① ø =지름   ② t=두께

③ R=반지름   ④ A=모따기

34 다음 중 선의 우선순위로 옳은 것은?

① 외형선–숨은선–중심선

② 숨은선–중심선–외형선

③ 중심선–외형선–숨은선

④ 외형선–중심선–숨은선

35 투상도법에서 화면과 지면이 만나는 것은?

① 기선   ② 중심선

③ 수평선   ④ 수직선

36 다음 척도 중 축척에 해당되는 것은?

① 5/1   ② 2/1

③ 1/1   ④ 1/2

37 다음 도형은 무엇을 구하기 위한 과정인가?

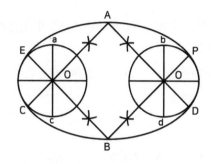

① 두 원을 격리시킨 타원 그리기

② 두 원을 연접시킨 타원 그리기

③ 장축과 단축이 주어진 타원 그리기

④ 4중심법에 의한 타원 그리기

38 주어진 정면도를 기준으로 3각도법에 의한 평면도(왼쪽)와 측면도(오른쪽)가 맞는 것은?

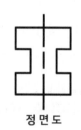

정 면 도

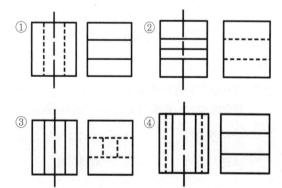

39 다음 중 3개의 축선이 서로 만나서 이루는 세 각들 중에서 두 각을 같게, 나머지 한 각은 다르게 그리는 투상도는?

① 등각투상도 ② 2등각투상도

③ 사투상도 ④ 전개도

40 대칭형인 물체의 외형과 내부의 구조 및 형태를 동시에 표현하는 단면도는?

① 반단면도 ② 계단 단면도

③ 온단면도 ④ 부분 단면도

41 목재의 상처 종류에 속하지 않는 것은?

① 옹이 ② 혹

③ 껍질박이 ④ 나이테

42 다음 중 플라스틱의 특징 설명으로 옳은 것은?

① 가공이 어렵다.

② 열전도율이 높다.

③ 내수성이 좋다.

④ 다른 재료와의 복합이 어렵다.

43 다음 중 유화 성질과 비슷하며 합성 수지를 사용하여 만든 재료로 접착성과 내수성이 강한 재료는?

① 아크릴 컬러 ② 매직 마커

③ 픽사티브 ④ 스크린 톤

44 화학펄프에 황산바륨과 젤라틴을 바른 것으로 종이 표면에 감광재를 발라 인화지로 쓰이는 종이는?

① 황산지 ② 바리타지

③ 인디아지 ④ 글래싱지

45 다음 중 일반적인 금속재료의 특징이 아닌 것은?

① 상온에서는 고체 상태이다.

② 색채가 다양하지 않다.

③ 이온화했을 때 양이온이 된다.

④ 일반적으로 비중이 매우 작다.

46 다음 중 세밀한 부분까지도 정교하게 나타내고 싶거나 미세한 입자로 네거티브를 크게 확대하고자 할 때 유리한 필름은?

① 저감도 ② 중감도

③ 고감도 ④ 초고감도

47 다음 종이의 분류 중 양지로만 구성된 것은?

① 신문지, 인쇄 종이

② 필기 용지, 종이솜

③ 도화지, 색판지

④ 창호지, 습자지

48 전기의 부도체이지만 표면의 습도량이 크면 전기 저항력이 약해지며, 용융상태에서는 전기를 통하게 되는 재료는?

① 유리 ② 플라스틱

③ 금속 ④ 멜라민

49 3차원 물체에 색상, 음영, 질감을 입히는 표현기법이며, 완성제품과 조금도 다르지 않게 그려지기 때문에 팸플릿 및 광고 선전을 위해 사용하는 표현 방법은?

① 모델링 ② 렌더링

③ 컬러링 ④ 디더링

50 컴퓨터 그래픽스의 역사에 대한 설명 중 틀린 것은?

① 1947년 미국 벨 전화연구소의 쇼클리, 브래튼, 바딘에 의해 트랜지스터가 발명되었다.

② 1946년 미국 필라델피아에 있는 펜실베니아 대학에서 미국 국방성의 지원을 받아 만든 세계 최초의 진공관 컴퓨터는 UNIVAC-1이다.

③ 1972년 벨 전화연구소의 리치(D.M.Ritchie)가 C 언어를 개발하였다.

④ 1975년 하버드대학을 중퇴한 빌 게이츠와 친구인 폴알런이 함께 설립한 회사는 마이크로소프트사이다.

51 다음 포토샵 프로그램의 명령 중 필터(Filter) 기능이 아닌 것은?

① Modify   ② Blur

③ Render   ④ Noise

52 포스트스크립트와 유사하고 벡터와 비트맵 그래픽 모두를 표현할 수 있으며, 어도비사의 아크로뱃(Acrobat)에서 사용되는 문서 포맷은?

① TIFF   ② PDF

③ JPEG   ④ EPS

53 컴퓨터 모니터에서 해상도 1024×768 모드(Mode)를 사용하고 있다. 1024, 768이란 숫자의 의미는?

① 트루컬러(True Color)

② 픽셀(Pixel)

③ DPI(Dot Per Inch)

④ 그러데이션(Gradation)

54 중앙처리장치(CPU)에 대한 설명 중 잘못된 것은?

① 컴퓨터의 속도는 CPU의 속도에 의해 좌우된다.

② CPU는 사람으로 치면 두뇌에 해당하는 구성요소이며, 마이크로프로세서라고도 한다.

③ CPU는 크게 제어장치, 연산장치, 출력장치로 구성되어 있다.

④ CPU는 계산 작업을 수행하는 장치로서 명령어를 실행하고 데이터를 처리한다.

55 다음 비트맵과 벡터에 대한 설명 중 틀린 것은?

① 비트맵은 픽셀이라는 점의 집합으로 나타내는 방식이고, 벡터는 도형의 특성을 코드화하여 나타내는 방식이다.

② 사진이나 비디오의 정지화면을 캡처한 경우, 복잡하고 많은 객체들로 구성되어 있어 주로 벡터 방식으로 표현해야 한다.

③ 8비트를 사용하는 경우 256컬러만을 사용하여야 하므로 제약이 많이 따른다.

④ 벡터 방식은 각기 도형의 특성이 수학적인 형태로 모델화되어 있어서 크기 조절, 회전, 선의 굵기, 색상 등의 특성을 변경시킬 수 있는 연산 등을 수행할 수 있다.

56 다음 중 동영상 파일 포맷이 아닌 것은?

① AVI   ② FLA

③ MPEG   ④ NTSC

57 다음 중 원점으로부터의 거리와 각도를 사용하여 좌표를 나타내는 좌표계는?

① 원동 좌표계(Cylindrical Coordinate System)

② 모델 좌표계(Model Coordinate System)

③ 극 좌표계(Polar Coordinate System)

④ 직교 좌표계(Cartesian Coordinate System)

58 GUI(Graphical User Interface) 디자인에 있어서 고려해야 할 원칙이 아닌 것은?

① 예측성　　　　　② 일관성

③ 명료성　　　　　④ 은밀성

59 3차원 프로그램에서 입체물을 만들기 위한 좌표 X, Y, Z 축의 설명이 옳은 것은?

① X=높이, Y=너비, Z=깊이

② X=길이, Y=깊이, Z=너비

③ X=선, Y=면, Z=면적

④ X=너비, Y=높이, Z=깊이

60 하프톤 스크리닝(Halftone Screening)에 관한 설명으로 틀린 것은?

① 컴퓨터는 그러데이션 이미지를 일정한 색의 작은 점으로 나눈다.

② 회전혼합과 같은 효과로 다양한 회색을 만들 수 있다.

③ 점의 크기가 작으면 작을수록 좋은 출력물을 얻을 수 있다.

④ 무채색의 그러데이션은 검은색 잉크만으로 프린트될 수 있다.

01 아무리 잘 그려진 포스터라도 보기 어렵고 내용 전달이 모호하다면 그 포스터는 무엇이 문제인가?

① 경제성   ② 기능성

③ 독창성   ④ 심미성

02 다음 중 마케팅 기능과 거리가 먼 것은?

① 판매 방향 제시

② 기업의 전략적 관리 도구

③ 생산조직 운용

④ 투자 위험의 사전 예방 및 요인의 강화

03 경험적인 통상적 세계보다 더 참된 세계가 존재한다는 믿음을 갖고, 무의식적인 정신세계를 통하여 초월적 세계를 확인하려는 예술적 시도를 한 사조는?

① 큐비즘

② 초현실주의

③ 구성주의

④ 데 스틸

04 다음 중 기하직선형 평면에 대한 설명은?

① 질서가 있는 간결함, 확실, 명료, 강함, 신뢰, 안정 등을 나타낸다.

② 강력, 예민, 직접적, 남성적, 명쾌, 대담, 활발함 등을 나타낸다.

③ 수리적 질서가 있으며 명료, 자유, 확실, 고상함, 짜임새, 이해하기 쉬운 점 등을 나타낸다.

④ 우아하고 부드럽고 매력적이며 불명확, 무질서, 방심, 단정치 못함, 귀찮음 등을 나타낸다.

05 다음 중 인간과 도구의 상호작용이 중요한 연구 대상인 디자인 분야는?

① 스페이스 디자인

② 커뮤니케이션 디자인

③ 프로덕트 디자인

④ 인테리어 디자인

06 다음 중 에디토리얼 디자인에 해당되는 것은?

① 북 디자인   ② 포스터 디자인

③ 패키지 디자인   ④ POP 디자인

07 다음 중 실내 디자인의 요소에서 평면적으로 정적인 요소나 입체적으로는 수직의 선적인 요소로 벽면과 독립되는 경우 새로운 공간감을 생성하는 것은?

① 창   ② 문

③ 계단   ④ 기둥

08 디자인 작업 중 이미지를 포착하기 위한 목적으로 표현하는 기법은?

① 아이디어 스케치   ② 렌더링

③ 제도   ④ 모델링

09 소비자 행동에 영향을 미치는 요인과 가장 거리가 먼 것은?

① 문화적 요인   ② 사회적 요인

③ 개인적 요인   ④ 도덕적 요인

10 바우하우스에 대한 설명이 틀린 것은?

① 조형교육과 기술교육을 함께 가르쳤다.

② 1919년 발터 그로피우스가 설립한 디자인 대학이다.

③ 대표적인 작가로는 헨리 반 데 벨데, 아더 맥머도 등이 있다.

④ 공업 시스템과 예술가 사이의 갈등을 해결하려고 노력했다.

11 실내 디자인에 드는 비용을 최소화 하는 방안으로 틀린 것은?

① 시설비를 줄인다.

② 천장이나 벽면에는 요철을 적게 한다.

③ 표준화된 치수의 제품과 규격화된 기성품을 사용한다.

④ 실내 디자인의 효과를 높이기 위해서는 구입비와 유지관리비를 최대한 많이 책정한다.

12 디자인 아이디어 창출기법 중 집단사고에 의한 자유분방한 아이디어를 얻기 위하여 서로 비평을 금하고, 상대방의 아이디어에 상승작용을 할 수 있게 하는 기법은?

① 문제 분석법

② 체크리스트법

③ 특성 열거법

④ 브레인스토밍법

13 다음 그림과 같은 착시 현상은?

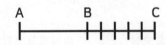

① 분할의 착시　　② 방향의 착시

③ 수평의 착시　　④ 각도의 착시

14 다음 중 시장을 세분화하는 데 있어서 인구 통계적 변화와 관련이 가장 먼 것은?

① 연령, 성별　　② 교육수준

③ 구매 형태　　④ 소득수준

15 주거 공간을 크게 3영역으로 나누었을 때 기본 영역에 해당되지 않는 것은?

① 공동 공간　　② 개인적 공간

③ 수납 공간　　④ 작업 공간

16 표현, 묘사라는 뜻으로 제품 디자인 과정 중 스타일이 결정되는 단계에서 현존하지 않는 것을 실물이 있는 것처럼 표현하는 완성 예상도는?

① 렌더링　　② 투시도

③ 목업　　④ 모델링

17 광고 카피에 대한 설명 중 틀린 것은?

① 캡션은 이미지의 보완적 설명문이다.

② 헤드라인은 카피의 중심으로 본문에 해당하는 부분이다.

③ 구매심리 과정인 AIDMA 법칙을 이용하여 광고 카피에 적용한다.

④ 신문 광고의 구성요소 중 주목률을 결정하는 것은 헤드라인이다.

18 다음 중 게슈탈트 지각심리 요소와 관련이 없는 것은?

① 근접성의 법칙

② 통일성의 법칙

③ 유사성의 법칙

④ 폐쇄성의 법칙

19 포장 디자인에 대한 설명 중 틀린 것은?

① 기능별로 상업포장과 공업포장으로 구분된다.

② 상품보호의 기능을 갖는다.

③ 판매촉진에 기여할 수 있는 방향으로 바뀌고 있다.

④ 포장기술의 발전에 획기적인 전기를 이룬 것은 종교 혁명이다.

20 디자인(Design)이란 단어의 어원은?

① 구성(Composition)

② 데지그나레(Designare)

③ 욕구(Desire)

④ 편집(Edit)

21 표준 20색상환에서 청록색의 보색은?

① 빨강   ② 노랑

③ 보라   ④ 주황

22 두 개 이상의 색을 기능과 목적 또는 효용에 따라 다양한 방법으로 배열하는 것은?

① 구성   ② 배색

③ 조화   ④ 조절

23 다음 중 색의 3속성에 대한 설명으로 잘못된 것은?

① 색의 3속성은 빛의 물리적 3요소인 주파장, 분광률, 포화도에 의해 결정된다.

② 명도는 빛의 분광률에 의해 다르게 나타나고, 완전한 흰색과 검은색은 존재한다.

③ 인간이 물체에 대한 색을 느낄 때는 명도가 먼저 지각되고 다음으로 색상, 채도 순이다.

④ 채도는 색의 선명도를 나타내는데, 순색일수록 채도가 높다.

24 빨강 순색의 색상 기호는 "5R 4/14"이다. 이때 "4"가 나타내는 것은?

① 명도   ② 색상

③ 채도   ④ 색명

25 어떤 두 색이 맞붙어 있을 때 그 경계 언저리에 대비가 더 강하게 일어나는 현상은?

① 면적대비   ② 한난대비

③ 보색대비   ④ 연변대비

26 유사 색조에 배색에서 받는 느낌은?

① 강함, 똑똑함, 생생함, 활기참

② 평화적임, 안정됨, 차분함

③ 동적임, 화려함, 적극적임

④ 예리함, 자극적임, 온화한

27 유채색이 가지고 있는 성질은?

① 색상만 가지고 있다.

② 채도와 명도만 가지고 있다.

③ 채도와 투명도만을 가지고 있다.

④ 색상, 명도, 채도를 가지고 있다.

28 다음 색료의 혼합된 결과 중 채도가 가장 낮은 색은?

① 노랑+흰색   ② 파랑+검정

③ 빨강+회색   ④ 주황+노랑

29 다음 중 빛의 성질에 대한 현상을 잘못 짝지은 것은?

① 굴절 – 렌즈나 프리즘

② 산란 – 저녁노을

③ 회절 – 부처님 후광

④ 간섭 – 무지개

30 교통표지판의 색상을 결정할 때에 가장 고려하여야 할 사항은?

① 심미성　　　　　② 경제성

③ 양질성　　　　　④ 명시성

31 다음 그림은 누구의 색입체 모형인가?

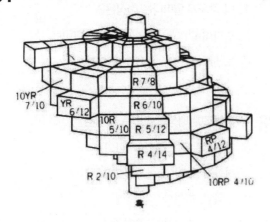

① 오스트발트의 색입체 모형

② 먼셀의 색입체 모형

③ 문·스펜서의 색입체 모형

④ 셔브뢸의 색입체 모형

32 색의 감정을 설명한 것 중 올바른 것은?

① 채도가 높은 색은 탁하고 우울하다.

② 채도가 낮을수록 화려하다.

③ 명도가 낮은 배색은 어두우나 활기가 있다.

④ 명도가 높은 색은 주로 밝고 경쾌하다.

33 선의 종류 중 물체의 보이지 않는 부분을 표시하는 선은?

① 실선

② 파선

③ 일점쇄선

④ 이점쇄선

34 어떤 수치를 다른 장소로 옮기는 데 있어서 가장 적절한 재료는?

① T자　　　　　② 삼각자

③ 컴퍼스　　　　　④ 디바이더

35 원에 내접하는 정오각형 그리기의 작도 내용 중 틀린 것은?

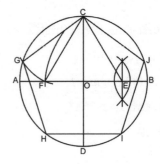

① E는 OB의 2등분 점이다.

② CE=EF

③ CO=CG

④ AB와 CD는 수직이다.

36 등각 투상도(Isometric Projection Drawing)에서 등각축의 각도는?

① 45°　　　　　② 90°

③ 120°　　　　　④ 150°

37 왼쪽의 그림에 대한 제1각법과 제3각법 표기로 바르게 짝지어진 것은? (1각법 – 3각법의 순으로)

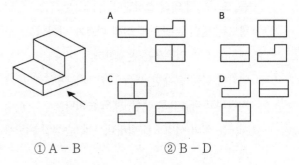

① A – B　　　　　② B – D

③ D – B　　　　　④ B – C

38 투시도를 그릴 때 사용하는 부호와 용어가 틀린 것은?

① PP : 화면

② HL : 지평선

③ SP : 입점(정점)

④ GL : 족선

39 한국산업규격의 제도통칙에 의거한 정투상도법은 어느 것을 사용함을 원칙으로 하는가?

① 제1각법   ② 제2각법

③ 제3각법   ④ 제4각법

40 다음 그림과 같은 투상도의 명칭은?

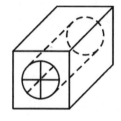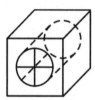

① 축측 투상도   ② 사투상도

③ 부등각 투상도   ④ 1소점 투시도

41 탄소가 주 요소가 되는 복합물을 의미하며, 특히 탄소와 수소의 결합으로 만들어져 탄화수소(Hydrocarbon)라고 부르기도 하는 재료는?

① 무기재료   ② 유기재료

③ 금속재료   ④ 유리재료

42 종이에 플라스틱 필름, 금속의 박을 붙이거나, 종이를 서로 붙여서 두꺼운 판지, 골판지를 만드는 가공 방법은?

① 흡수 가공   ② 엠보싱 가공

③ 변성 가공   ④ 배접 가공

43 파스텔 재료를 이용한 스케치를 하기 전에 알아두어야 할 상식으로 맞지 않는 것은?

① 선의 느낌은 연필과 비슷하나 그림자 부분을 묘사하기가 쉽다.

② 정착액이 필요하다.

③ 다양한 색채를 만들 수 있어서 회화의 재료로도 쓰인다.

④ 매우 정확하고 정밀한 부분을 세밀하게 표현할 수 있다는 장점이 있다.

44 열 및 산에 약하지만 광선에 대한 굴절률이 커서 장신구나 광학용품에 이용되는 유리의 종류는?

① 소다석회유리   ② 칼륨석회유리

③ 알칼리납유리   ④ 붕사유리

45 컬러 필름 중 현실의 상과 반대로 필름에 만들어지는 것은?

① 리버셜 컬러 필름

② 네거티브 컬러 필름

③ 슬라이드 필름

④ 트랜스퍼런스 필름

46 다음 중 종이에 안료와 접착제를 발라서 만들며 강한 광택을 입힌 종이로 사진판, 원색판, 고급인쇄에 쓰이는 것은?

① 글래싱지   ② 모조지

③ 아트지   ④ 와트만지

47 가열하여 유동 상태로 된 플라스틱을 닫힌 상태의 금형에 고압으로 충전하여 이것을 냉각, 경화시킨 다음 금형을 열어 성형품을 얻는 방법은?

① 압축 성형   ② 사출 성형

③ 압출 성형   ④ 블로 성형

48 다음의 재료 중 색상의 수가 풍부하며, 색채도 선명하고 건조가 빠른 장점이 있어 패션 일러스트레이션, 실내 디자인, 디스플레이, 특히 제품 디자인 실무에 많이 사용되는 것은?

① 유화 물감　　　　　② 파스텔
③ 포스터컬러　　　　　④ 마커

49 CAD나 일러스트레이터로 작업한 내용을 포토샵으로 불러서 작업하려 한다. 이때 거쳐야 할 과정은?

① 압축
② 스크랩팅
③ 래스터라이징
④ 벡터화 과정

50 컴퓨터의 주기억 장치의 연산 단위에 대한 크기의 순서를 바르게 배열한 것은?

① bit ⟨ byte ⟨ kilobyte ⟨ Gigabyte ⟨ Terabyte
② byte ⟨ bit ⟨ kilobyte ⟨ Terabyte ⟨ Gigabyte
③ bit ⟨ byte ⟨ kilobyte ⟨ Terabyte ⟨ Gigabyte
④ bit ⟨ byte ⟨ Terabyte ⟨ Gigabyte ⟨ Kilobyte

51 24비트 컬러 중에서 정해진 256컬러의 컬러표를 사용하는 컬러 시스템은?

① Gray mode
② Bitmap mode
③ Index color mode
④ CMYK mode

52 컴퓨터의 기억장치 중 전원이 단절되면 존재하던 모든 정보를 잃게 되는 기능을 가진 것은?

① ROM　　　　　② CPU
③ FDD　　　　　④ RAM

53 다음 벡터 그래픽스에 대한 설명 중 맞는 것은?

① 가장 일반적인 벡터 언어는 포스트스크립트(Postscript)이다.
② 벡터 방식의 프로그램으로는 어도비 포토샵, 페인터, 코렐 포토 페인트 등이 있다.
③ 벡터 그래픽스 작업에서 중요한 것은 해상도이며, 크기가 해상도와 용량에 큰 영향을 준다.
④ 벡터 방식의 이미지를 5배 축소한 후 다시 5배로 크게 하면 본래의 이미지를 갖지 못한다.

54 1,024메가바이트(Megabyte)와 같은 크기는?

① 1킬로 바이트(Kilobyte)
② 1기가 바이트(Gigabyte)
③ 1,000기가 바이트(Gigabyte)
④ 1,000,000바이트(Byte)

55 다음의 대표적인 재질 맵 구성 요소 중 범프(Bump Map) 맵의 설명으로 맞는 것은?

① 맵이 표면이나 물체를 통해 굴절된 것처럼 보인다.
② 밝은 영역은 불투명, 어두운 영역은 투명해진다.
③ 필터 명도에 따라 표면의 하이라이트 패턴을 변화시킨다.
④ 밝은 영역은 돌출되어 보이고, 어두운 영역은 원래 표면에 가깝게 보인다.

56 잡지 광고를 제작하기 위해 QuarkEXprss 프로그램을 활용하고자 한다. 사진 이미지 삽입을 위해 스캐너로 이용하여 사진 이미지를 입력받아 포토샵에서 수정 후 저장하고자 할 때, 다음 중 이미지 파일 포맷으로 가장 적합한 것은?

① EPS　　　　　② GIF
③ TGA　　　　　④ PSD

57 3차원 그래픽에서 시각적으로 꼭짓점들을 연결하는 선으로 물체를 표현하는 방법은?

① 표면 모델링

② 솔리드 모델링

③ 와이어프레임 모델링

④ 프랙탈 모델링

58 톱니 모양의 우툴두툴한 비트맵 이미지의 가장자리 픽셀들을 주변 색상과 혼합한 중간 색상을 넣어 매끄럽게 처리하는 방식은?

① 질감전사(Mapping)

② 렌더링(Rendering)

③ 모델링(Modeling)

④ 안티앨리어싱(Anti-aliasing)

59 산맥, 해안선 등과 같이 복잡하고 불규칙한 자연 현상을 나타내기 위해서 기본이 되는 하나 혹은 두 개의 형태로 반복해서 사용되어지는 기법은?

① Ray Tracing(레이트레이싱)

② Aliasing(앨리어싱)

③ Animation(애니메이션)

④ Fractal(프랙탈)

60 포토샵 프로그램에서 마술봉(Magic Wand) 툴의 기능을 잘못 설명한 것은?

① 마우스로 클릭한 부분과 같거나 유사한 색상의 근처 픽셀들이 선택된다.

② 선택되어지는 영역은 색상과 명도에 근거한다.

③ 색상과 명도의 허용치 조정은 Tolerance 값으로 설정한다.

④ Tolerance 값은 0에서 255까지이며, 최소치로 선택하면 이미지의 전체 영역이 선택된다.

실전 모의고사

01 굿 디자인(Good Design)이 갖추어야 할 4가지 조건은?

① 합목적성, 경제성, 심미성, 독창성

② 기능성, 유행성, 지역성, 경제성

③ 경제성, 심미성, 모방성, 유행성

④ 합목적성, 심미성, 유행성, 모방성

02 다음 중 길이와 너비를 가지며, 넓이는 있으나 두께는 없는 것은?

① 면   ② 명암

③ 색채   ④ 질감

03 휴대용 전화기, 전기믹서 등 생활용품의 외관을 디자인 하는 분야는?

① 시각 디자인

② 제품 디자인

③ 환경 디자인

④ P.O.P 디자인

04 서로 다른 부분의 조합에 의하여 생기는, 시각상 힘의 강약에 의한 형의 감정효과인 것은?

① 통일   ② 리듬

③ 반복   ④ 대비

05 기존 디자인의 기능, 재료, 형태적 변경의 필요에 따라 디자인을 개량하거나 조형을 변경하는 것은?

① 모델링   ② 렌더링

③ 리 디자인   ④ 스타일링

06 표적시장의 선정과 대체적 마케팅전략에서 차별화 마케팅전략의 목적은?

① 경쟁우위 장악

② 시장입지 획득

③ 제품 시장 영역 확인

④ 동질적인 욕구와 선호 충족

07 '구매시점 광고'라고도 하는 것으로 소비자가 상품을 구매하는 장소에서 이루어지는 광고는?

① 디스플레이

② P.O.P 광고

③ 신문 광고

④ 상품 광고

08 디자인 요소 중 운동감을 일으키는 움직임을 나타내기 위한 방법이 아닌 것은?

① 움직임 중에 가장 오래된 것 중 하나가 반복이다.

② 방향과 속도도 운동감을 느끼게 할 수 있다.

③ 대칭구도는 운동감이 강하다.

④ 옵아트(Op Art)에서 사용하는 착시도 하나의 방법이다.

09 다음 인쇄 판식에 관한 설명 중 올바른 것은?

① 평판 : 물과 기름의 반발 원리를 이용한 것으로 옵셋 인쇄가 대표적이다.

② 볼록판 : 화선부가 볼록부이며 볼록부에만 잉크가 묻기 때문에 문자가 선명치 못하고 박력이 없다.

③ 오목판 : 인쇄하지 않을 부분의 구멍을 막아 제판하여 인쇄하며 인쇄량이 비교적 적은 인쇄에 사용된다.

④ 공판 : 평평한 판면을 약품이나 조각으로 패이게 하는 방법으로 그라비어 인쇄가 대표적이다.

10 다음 중 편집 디자인 요소로서 가독성과 불가분의 관계를 갖는 것은?

① 타이포그래피(Typography)

② 포토그래피(Photography)

③ 컬러 디자인(Colordesign)

④ 플래닝(Planning)

11 19세기 말 오스트리아를 중심으로 과거의 양식을 답습하는 것에 반대하여 일어난 신예술운동은?

① 유겐트 스틸(Jugend Stil)

② 로코코(Rococo)

③ 시세션(Secession)

④ 바우하우스(Bauhaus)

12 소비자가 물품을 구입하기까지는 다양한 심리적 변화를 거쳐야 하며, 이것을 구매 심리 과정이라 한다. 구매 심리과정이 올바르게 표현된 것은?

① 주목–흥미–욕망–기억–구매행위

② 흥미–주목–기억–욕망–구매행위

③ 주목–욕망–흥미–구매행위–기억

④ 흥미–기억–주목–욕망–구매행위

13 포장 디자인의 개발 요건과 거리가 가장 먼 것은?

① 투명성　　　　② 심미성

③ 전달성　　　　④ 보호성

14 디자이너가 즉흥적으로 떠오르는 여러 가지 생각을 메모하기 위한 최초의 스케치는?

① 스크래치 스케치　　② 러프 스케치

③ 스타일 스케치　　　④ 컨셉 스케치

15 19세기 미술공예운동(Arts &Crafts Movement)에 관한 설명 중 틀린 것은?

① 대량생산 제품에 대한 찬성

② 양산제품에서의 품질문제 제기

③ 수작업으로 돌아가자는 주장

④ 만드는 즐거움과 예술적 가치 주장

16 인간의 생활 공간에 대한 설명 중 적절하지 않은 것은?

① 사람들이 생활의 많은 시간을 보내는 공간을 때와 장소에 따라서 그 역할에 가장 적합하게 구성하는 것이 실내 디자인이다.

② 생활 공간은 그 성격에 따라 사적인 생활권과 공공의 생활권으로 나눌 수 있다.

③ 개성이나 취향이 최대한 반영되어 구성되는 주택은 공공의 생활권에 속한다고 할 수 있다.

④ 작업 공간에서 일의 능률이 중시되고, 개인의 개성은 비교적 제한한다.

17 설계도로 나타낼 수 없는 재료의 특성, 제품(공사) 성능, 제조(시공) 방법 등을 문장, 숫자로 표시한 것은?

① 견적서　　　　② 시방서

③ 평면도　　　　④ 명세서

18 다음 중 실내 디자인의 목표와 거리가 먼 것은?

① 효율성　　　　② 폐쇄성

③ 경제성　　　　④ 심미성

19 패키지에서 지기를 만들 때 접거나 개봉하기 쉽도록 종이를 잘라내고 접는 선을 미리 눌러 놓는 과정은?

① 엠보싱(Embossing)

② 라미네이팅(Laminating)

③ 합지(Carrying)

④ 톰슨(Thomson)

20 모델링(Modeling)의 종류 중 제품의 성능과 형태가 실제 생산품과 똑같으며, 종합적인 성능 실험과 광고 모델, 전시회 출품에까지 사용되어지는 것은?

① 제시 모형　　　② 연구 모형

③ 제작 모형　　　④ 실험 모형

21 명소시에서 암소시로 옮겨갈 때 붉은색은 어둡게 되고 녹색과 청색은 상대적으로 밝게 변화되는 현상은?

① 색각항상 현상　　② 무채순응 현상

③ 푸르킨예 현상　　④ 회절 현상

22 자극이 사라진 후 원자극과 정반대의 상이 보이는 잔상 효과는?

① 부의 잔상　　　② 정의 잔상

③ 정지 잔상　　　④ 변화 잔상

23 먼셀의 색입체에 관한 설명 중 맞는 것은?

① 무채색 축의 단계는 뉴트럴(Neutral)의 머릿글자를 취하여 N1~N12로 정하였다.

② 채도를 구분하는 단계는 무채색을 0으로 하고 14까지의 수치로 표시하였다.

③ 색상환 상에서 보색관계에 놓이는 색의 채도 합이 14가 되도록 하였다.

④ 국제조명협회(C.I.E) 색표와의 연관이 적어 조명 색채에 적용하기가 어렵다.

24 먼셀의 기본 5색상을 바르게 나열한 것은?

① R, Y, S, U, P

② R, G, B, W, K

③ R, Y, G, B, P

④ YR, GY, BG, PB, RP

25 780nm에서 380nm의 파장 범위에 해당하는 것은?

① 자외선　　　　② 가시광선

③ 적외선　　　　④ 전파

26 색명법에 의한 일반 색명과 관용색명에 관한 설명 중 잘못된 것은?

① 일반색명은 계통색명이라고도 한다.

② KS에서 일반 색명 중 유채색의 기본 색명은 오스트발트(Ostwald)의 10색상에 준하여 색명을 정하였다.

③ 관용색명은 관습적으로 쓰이는 색명으로서 식물, 광물, 지방 이름 등을 빌어서 표현한다.

④ KS에서는 일반 색명으로 나타내기 어려운 경우에 관용색명을 쓰도록 하였다.

27 색채조화의 공통된 원리 중 '비모호성의 원리'란?

① 질서 있는 계획에 따라 선택된 색은 조화된다.

② 잘 알려져 있는 배색이 잘 조화된다.

③ 어느 정도 공통의 양상과 성질을 지니면 조화된다.

④ 애매함이 없고 명료하게 선택된 배색에 의해 조화된다.

28 다음 중 중성색끼리 짝지어진 것은?

① 빨강, 노랑　　　② 녹색, 청록

③ 연두, 자주　　　④ 주황, 파랑

29 먼저 본 색의 영향으로 나중에 보는 색이 다르게 보이는 현상은?

① 동시대비　　　　② 명도대비

③ 계시대비　　　　④ 채도대비

30 거울에 비친 대상이 거울면 배후에 있다고 지각되는 상태의 색은?

① 공간색　　　　② 경연색

③ 물체색　　　　④ 투과색

31 채도를 낮추지 않고 어떤 중간색을 만들어 보자는 의도로 화면에 작은 색점을 많이 늘어놓아 사물을 묘사하려고 한 것에 속하는 것은?

① 가산혼합　　　　② 감산혼합

③ 병치혼합　　　　④ 회전혼합

32 다음의 색채조화에 대한 설명 중 틀린 것은?

① 강한 대비를 보이는 색 사이에 회색을 삽입하면 대립을 약화시킬 수 있다.

② 서로 잘 안 어울리는 색 사이에 회색을 삽입하면 대립이 더욱 심화된다.

③ 서로 대비되는 색 사이에 삽입되는 회색의 명도가 변함에 따라 전체 이미지가 변한다.

④ 같은 대비라도 놓여지는 위치에 따라 전체 이미지가 달라진다.

33 제도에 사용하는 문자에 대한 설명으로 잘못된 것은?

① 한글 자체는 명조체로 하고, 수직이나 74° 경사로 쓰는 것을 원칙으로 한다.

② 도면에서는 그림의 크기나 축척의 정도에 따라 문자의 크기를 달리한다.

③ 문자의 크기는 문자의 높이로 나타내며, 선 굵기는 한글인 경우 문자 높이의 1/9로 하는 것이 적당하다.

④ 영자는 주로 로마자의 대문자를 사용하나 필요한 경우에는 소문자도 사용한다.

34 다음 평면도법은 무엇을 하기 위한 것인가?

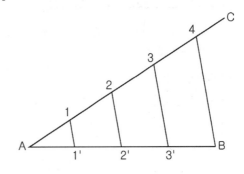

① 직선의 2등분　　　　② 직선의 n등분

③ 수직선 긋기　　　　④ 각의 2등분

35 도면에 기입된 't50'의 의미는?

① 다듬질 치수　　　　② 두께 치수

③ 가공 치수　　　　④ 기준 치수

36 투상도법 중 기준이 눈으로부터 눈−화면−물체의 순서로 되어 눈으로 볼 때 투상 면은 공간에 있는 물체보다 앞에 투상되는 방법은?

① 제1각법　　　　② 제2각법

③ 제3각법　　　　④ 제4각법

37 화면에 대하여 물체의 수직면들이 일정한 각도를 가지고 있으며, 소점이 2개인 경우의 투시도는?

① 평면투시　　　　② 유각투시

③ 사각투시　　　　④ 조감투시

38 다음 그림은 어떤 원을 그리는 작도법인가?

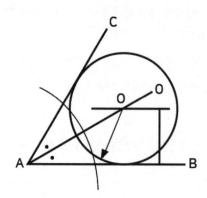

① 주어진 각에 내접하는 원
② 삼각형의 내접원
③ 삼각형의 외접원
④ 원주 상에 있는 한 점에서의 접선

39 다음 물체의 정면도가 바르게 된 것은?

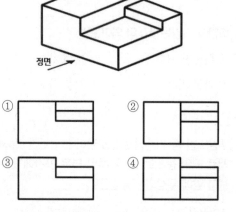

40 다음 중 깊이가 있게 하나의 화면에 그려지므로 원근법이라고도 하며, 광학적인 원리와 흡사하기에 사진기하학이라고도 말하는 도법은?

① 투시도법
② 투상도법
③ 기본도법
④ 입체도법

41 다음 중 표현기법상 치밀하고 정교한 사실 표현이 가능한 도구는?

① 에어브러시
② 매직 마커
③ 아크릴 컬러
④ 포스터컬러

42 춘재와 추재로 구성되어 나무의 무늬 결을 결정짓는 나무의 조직은?

① 수심
② 목질
③ 나이테
④ 수피

43 다음 중 부재와 직각되는 방향에 대한 힘에 저항하려는 것은?

① 인장강도
② 압축강도
③ 전단강도
④ 표면강도

44 주로 담배, 식품, 화장품, 약품 등 작은 상자의 제조에 쓰이는 판지는?

① 백 보드
② P. E 보드
③ 왁스 보드
④ 마닐라 보드

45 동물성 접착제인 아교의 특성이 아닌 것은?

① 엷은 색으로 투명성과 탄성이 크다.
② 짐승의 가죽이나 뼈 등으로 만든다.
③ 접착력이 좋고 늦게 군으며, 내수성이 좋다.
④ 주로 나무나 가구의 맞춤 접착제로 쓰인다.

46 일정한 결정구조를 가지고 있는 금속을 녹아 있는 상태에서 1초 동안 100만℃로 급속 냉각시켜 새로운 결정 구조로 바꾼 금속은?

① 형상기억합금(Shape Memory Alloy)
② 소결합금
③ 수소저장합금
④ 어모르퍼스합금(Amorphous)

47 다음 중 대표적인 포장용지로 사용되는 것은?

① 크라프트지   ② 코트지

③ 모조지   ④ 켄트지

48 용해된 유리소지를 취관 끝에 두고 입으로 불어 늘리는 방법의 성형법은?

① 앰플제법   ② 평판법

③ 수취법   ④ 롤러법

49 컴퓨터 모니터 상의 컬러와 인쇄 출력용의 컬러 차이가 생기는 원인이 아닌 것은?

① 모니터의 이미지 전송 속도와 프린터의 처리 속도가 다르기 때문에

② 모니터와 프린터의 캘리브레이션(Calibration)이 부정확하기 때문에

③ 모니터의 색상을 구성하는 컬러와 인쇄잉크의 컬러 구성이 다르기 때문에

④ 모니터의 색상표현 영역(Color Gamut)과 인쇄잉크의 표현 영역이 다르기 때문

50 픽셀로 이루어진 일반적인 사진 이미지 합성작업에 사용되는 이미지 종류는?

① 벡터 이미지

② 랜덤 이미지

③ 래스터 이미지

④ 오브젝트 이미지

51 다음 중 컴퓨터 시스템의 기본 구성 장치가 아닌 것은?

① 스피커장치   ② 입력장치

③ 중앙처리장치   ④ 출력장치

52 포토샵에서 레이어와 알파 채널 등을 모두 저장할 수 있는 파일 포맷은?

① JPG   ② PSD

③ GIF   ④ EPS

53 컴퓨터에서 어떤 작업을 수행하려고 할 때 일을 구체적으로 실행하기 위한 처리나 동작의 방법 또는 순서가 필요한데, 이것을 무엇이라고 하는가?

① Algorithm(알고리즘)   ② Aliasing(앨리어싱)

③ Alphabet(알파벳)   ④ Alphameric(알파메릭)

54 최대 256가지 색으로 제한되는 단점이 있으나, 파일의 압축률이 좋고 인터넷에서 아이콘이나 로고 등 간단한 그래픽 제작시 유용하게 사용되는 포맷(Format) 방식은?

① JPEG   ② TIFF

③ EPS   ④ GIF

55 렌더링 시 광원에서 나오는 광선을 추적하여 물체에 빛의 반사율, 굴절률을 계산하는 렌더링 표현 방식은?

① Ray Tracing   ② Mapping

③ Extruding   ④ Painting

56 다음 중 픽셀에 대한 설명으로 틀린 것은?

① 픽셀이란 픽처(Picture)와 구성요소(Element)의 결합으로 이루어진 복합어이다.

② 픽셀은 최소의 개체로서 더 이상 부분으로 나눌 수 없다.

③ 픽셀은 인치당 점의 개수이며, 이 수치가 높을수록 고해상도의 이미지를 표현할 수 있다.

④ 픽셀은 하나의 값을 갖고 있으며, 그 값은 픽셀이 담고 있는 정보, 즉 컬러에 근거하고 있다.

57 포토샵에서 CMYK 모드로 작업할 때 활성화되지 않아 실행할 수 없는 필터는?

① Gaussian Blur

② Sharpen Edge

③ Difference Clouds

④ Lighting Effects

58 디스플레이 화면 표시를 두루마리를 볼 때와 같이 상하좌우로 움직이는 것으로, 윈도 방식의 프로그램에 있는 우측과 하단에 있는 표시의 이름은?

① 아이콘(Icon)

② 포인터(Pointer)

③ 스크롤바(Scroll bar)

④ 룰러(Rulers)

59 다음 중 그림이나 사진 등을 필요한 부분을 컴퓨터가 처리할 수 있는 형태로 바꾸어 컴퓨터에 입력하는 장치는?

① 스캐너　　　　② 터치스크린

③ 디지타이저　　④ 모니터

60 색채계에 따른 Full Color의 표현은 일반적으로 RGB, CMYK, Lab, HSK, HSV 등으로 표시한다. 컴퓨터그래픽스 프로그램에서 이러한 색채계를 선택하는 명령어는?

① Adjust　　　　② Mode

③ Duplicate　　　④ Crop

Part **04**

최신 기출문제

기출문제 ▶ 2014년 5회(10월 11일 시행)

01 실내 공간 중 시선이 많이 머무는 곳으로 실내 분위기 형성에 가장 큰 영향을 미치는 실내 디자인 요소는?

① 바닥
② 벽
③ 천장
④ 마루

 해설 벽은 실내 공간 중 시선이 많이 머무는 곳으로 실내 분위기 형성에 가장 큰 영향을 미치며 공간의 구분, 공기의 차단, 소리의 차단, 보온 등의 기능을 갖음

02 다음 중 조화의 원리에 속하지 않는 것은?

① 유사
② 율동
③ 균일
④ 대비

 해설 조화의 원리 : 유사, 대비, 균일, 감각 등

03 다음 중 잠재고객들의 관심을 끌고 구매를 자극해야 하는 제품수명 주기는?

① 도입기
② 성장기
③ 성숙기
④ 쇠퇴기

 해설 도입기 : 제품이 처음 시장에 도입되어 광고의 브랜드 인지도를 높이는 시기

04 TV 광고 중 프로그램과 프로그램 중간에 삽입되는 광고는?

① 블록(Block) 광고
② 스폿(Spot) 광고
③ 프로그램(Program) 광고
④ 네트워크(Network) 광고

 해설 •블록 광고 : 30초짜리 CM 열 개를 하루방송 중 일정 시간을 정해 모은 다음 방송하는 광고
•프로그램 광고 : 광고주가 스폰서로서 특정 프로그램을 제공하고 그 프로그램 속에 원하는 광고 메시지를 넣는 광고
•네트워크 광고 : 전국에 방송망을 가지고 있어 전국을 통하여 하는 광고

05 다음 중 디자인의 의미와 거리가 가장 먼 것은?

① 심적 계획으로 정신 속에서 싹이 터서 실현으로 이끄는 것
② 사용하기 쉽고 안전하며, 아름답고 쾌적한 생활환경을 창조하는 조형 행위
③ 디자인의 기본적 의미를 계획 혹은 설계라고 할 수 있음
④ 기존 사물에 대해서 행해지는 단순 미화 또는 장식

06 신문 광고의 특성이 아닌 것은?

① 즉각적인 광고가 가능하고 적시성을 갖는다.
② 신뢰성과 설득력이 뛰어나다.
③ 자세한 정보를 실을 수 있어 전문성이 있다.
④ 지면의 선정과 광고 효과는 무관하다.

 해설 신문 광고의 단점
•인쇄, 컬러의 질이 다양하지 않음
•광고의 수명이 짧고 독자의 계층 선택이 쉽지 않음
•지면에 따라 다른 광고나 기사에 영향을 받음

07 바우하우스 디자이너들이 가장 강조한 것은?

① 실용성
② 장식성
③ 율동성
④ 경제성

 해설 예술과 공업기술의 합리적 통합을 목표로 실용성을 강조함

정답 ▶ 01 ② 02 ② 03 ① 04 ② 05 ④ 06 ④ 07 ①

08 능률화, 쾌적성, 신뢰감, 친근감, 통일성 등의 디자인 방침 중 신뢰와 친절을 가장 중요시해야 할 공간은?

① 극장　　　　　　② 미술관

③ 은행　　　　　　④ 학교

09 디자인의 요소 중 점에 대한 설명으로 틀린 것은?

① 기하학적으로 점은 눈에 보이지 않는 비물질적인 존재이다.

② 상징적인 면에서의 점은 조형예술의 최소 요소로 규정지을 수 있다.

③ 점은 기하학적으로는 크기가 없고 위치만을 가지고 있다.

④ 점이 확대되면 선으로 느껴지기도 하며, 공간에서 여러 가지 표정을 지닌다.

> 해설　점이 확대되면 면으로 느껴짐

10 〈보기〉의 디자인 특징과 관련이 있는 나라는?

- 완벽주의와 극소주의 디자인
- 전통 수공예에 관한 이미지로 부각
- 1970년대 후반부터 기술혁신과 세련되고 경쟁력이 우수한 제품인 전자제품, 카메라, 자동차 등 하이테크 산업제품에 관한 이미지로 세계적 부각

① 미국　　　　　　② 일본

③ 프랑스　　　　　④ 독일

11 다음 디자인 분야 중 편집 디자인의 전문 분야라 할 수 있는 것은?

① 패키지 디자인

② POP 디자인

③ 로고타입 디자인

④ 브로슈어 디자인

12 C.I.P란 무엇의 약자인가?

① Company Institute Program

② Cooperation Institute Program

③ Corporate Identity Program

④ Coordiantion Identity Program

> 해설　C.I.P : 기업 이미지의 통일화 정책을 의미하며, 기업이나 공공단체가 갖고 있는 이미지를 시각적으로 체계화, 단일화한 것으로서 기업의 실체를 확실하게 인식시키는 데 목적을 둠

13 브레인스토밍(Brainstorming)의 아이디어 개발회의 규칙이라 볼 수 없는 것은?

① 질보다 양을 철저히 추구한다.

② 다른 사람의 의견을 비판하는 데서 아이디어를 얻는다.

③ 자유분방하고 기발한 것을 환영한다.

④ 다른 사람의 아이디어와 결합, 개선하여 발전시킨다.

> 해설　브레인스토밍(Brainstorming) 기본 원칙
> - 비평은 금물
> - 자유분방하고 기발한 것을 환영
> - 질보다는 양을 추구
> - 다른 사람의 아이디어를 얻어서 발전시킴

14 디자인 리서치(Design Research)란?

① 디자인 제조원가　　② 디자인 조사연구

③ 디자인 특허권　　　④ 디자인 평가

15 실내 디자인의 설계 단계에서 특수한 기술 분야의 부분적 설계를 전문 업체가 작성하여 제시하는 도면은?

① 러프 드로잉(Rough Drawing)

② 컴퓨터 드로잉(Computer Drawing)

③ 프리핸드 드로잉(Freehand Drawing)

④ 샵 드로잉(Shop Drawing)

> 해설　샵 드로잉(Shop Drawing) : 제작도라고 하며 물품을 제작할 목적으로 그린 도면. 설계자의 의도를 제작자에게 완전히 전달하기 위한 충분한 내용을 가진 것

16 패키지 디자인 중 포장관리상 형태별 분류에 속하지 않는 것은?

① 단위포장　　　　② 방열포장

③ 내부포장　　　　④ 외부포장

 해설　방열포장 : 포장 방법별 분류

17 다음 중 제품 디자인에서 작업 시 고려해야 할 일반적인 조건이 아닌 것은?

① 기능성　　　　② 성실성

③ 심미성　　　　④ 경제성

해설　제품 디자인의 조건 : 기능성, 심미성, 독창성, 경제성, 안정성 등

18 반복적인 유니트로 구성되어 함께 조립하거나 서로 교체할 수 있는 디자인 경향은?

① 비주얼 디자인　　　　② 모듈러 디자인

③ 콤펙트 디자인　　　　④ 바이오 디자인

해설　모듈러 디자인(Modular Design) : 다양하게 조립할 수 있는 디자인으로 각각의 유닛(개체, 요소)으로 많은 종류의 제품을 만들 수 있는 디자인

19 고결, 희망을 나타내며 상승감을 주는 선은?

① 수직선　　　　② 수평선

③ 곡선　　　　④ 사선

 해설　수직선 : 엄숙함, 강직함, 긴장감, 준엄한 고결, 상승감

20 부분과 부분, 부분과 전체적 사이에 시각적 힘의 안정을 주며, 안정감과 명쾌한 감정을 느끼게 하는 디자인 원리는?

① 조화　　　　② 균형

③ 율동　　　　④ 통일

 해설
- 조화 : 두 개 이상의 요소 또는 부분적인 상호관계
- 율동 : 똑같은 현상 또는 사건이 주기적으로 반복
- 통일 : 미적 관계의 결합이나 질서

21 병원 수술실 벽면을 밝은 청록색으로 칠하는 가장 큰 이유는?

① 수술 시 잔상을 막기 위해

② 수술 시 피로를 덜기 위해

③ 색상대비로 인하여 잘 보이기 위해

④ 환자의 정서적인 안정을 위해

해설　청록 보색잔상을 막기 위함

22 난색 계통의 채도가 높은 색으로 느낄 수 있는 감정은?

① 흥분　　　　② 진정

③ 둔함　　　　④ 우울

 해설　난색 계통의 빨간색(채도가 높은 색)은 흥분을 일으키고, 한색 계통의 파란색(채도가 낮은 색)은 진정효과를 줌

23 깊이가 있게 하나의 화면에 그려지므로 원근법이라고도 하며, 광학적인 원리와 흡사하기에 사진 기하학이라고도 하는 도면은?

① 투시도법　　　　② 투상도법

③ 기본도법　　　　④ 평면도법

 해설　눈으로 물체를 보는 것과 같이 원근법을 이용하여 물체의 형상을 하나의 화면에 그리는 도법으로써 관찰자의 위치와 화면, 대상물의 각도 등에 따라 1소점, 2소점, 3소점 투시도가 있음

24 인간이 사물을 보고 대뇌에서 느낄 수 있으려면, 빛 에너지가 전기화학적인 에너지로 바뀌어야 한다. 이를 담당하는 수용기관은?

① 수정체　　　　② 망막

③ 시신경　　　　④ 각막

정답　16 ②　17 ②　18 ②　19 ①　20 ②　21 ①　22 ①　23 ①　24 ②

망막에는 명암을 식별하는 간상체와 색을 식별하는 추상체가 분포되어 있음

25 대칭적인 물체의 외형과 내부의 구조 및 형태를 동시에 표시하는 단면도는?

① 전단면도   ② 한쪽 단면도

③ 부분 단면도   ④ 회전 단면도

 • 전단면도 : 대상물을 둘로 절단해서 단면으로 나타낸 것 (=온단면도)
• 부분 단면도 : 전개가 복잡한 조립도에서 많이 사용하는 단면 도형
• 회전 단면도 : 절단면을 90°회전하여 그린 단면도

26 다면체 중 꼭짓점에서 이루는 입체각이 똑같고 옆면이 합동이 되는 다각형으로 이루어지는 입체를 정다면체라 한다. 다음 중 정다면체가 아닌 것은?

① 정24면체   ② 정20면체

③ 정12면체   ④ 정6면체

27 채도란 무엇인가?

① 색의 심리   ② 색의 맑기

③ 색의 명칭   ④ 색의 밝기

 채도는 색의 선명도로 맑고 탁함을 뜻함. 순도 또는 포화도라고 함

28 일반적으로 색채조화가 잘 되도록 배색하기 위해서 종합적으로 고려해야 할 사항이 아닌 것은?

① 색상 수는 너무 많지 않도록 한다.

② 모든 색을 동일한 면적으로 배색한다.

③ 주제와 배경과의 대비를 생각한다.

④ 환경의 밝고 어두움을 고려한다.

색채 공간에 접하는 사람들을 고려하여(성별, 나이, 라이프 스타일, 기호 방향) 목적과 기능에 맞는 배색이어야 함

29 빛이 물체에 닿아 대부분의 파장을 반사하면 그 물체는 어떤 색으로 보는가?

① 하양   ② 검정

③ 회색   ④ 노랑

 대부분의 광파장을 반사하면 흰색으로 보이고, 광파장을 흡수하면 검정색으로 보임

30 다음 중 그림의 원 중심을 구할 때 가장 먼저 해야 할 것은?

① 선분 AB의 수직 2등분선을 그린다.

② 선분 BC의 수직 2등분선을 그린다.

③ 임의의 점 O를 정한다.

④ 주어진 원주에 임의의 점 A, B, C를 정한다.

31 표현하고자 하는 물체를 투상 화면에 비스듬히 놓고 수직 투상하는 도법은?

① 사투상   ② 정투상

③ 축측투상   ④ 투시투상

 • 축측투상도 : 투상면에 대하여 투사선이 직각이거나 물체가 경사를 가지는 경우 투상도
• 투시투상 : 물체와 시점 사이에 평면을 놓고 시선과 평면과의 교점으로 이루어지는 상을 구하는 것
• 정투상 : 물체의 각 면을 마주보는 화면에 투상시키는 투상법
• 사투상도 : 물체를 한쪽으로 경사지게 투상하여 입체적으로 나타내는 투상법

32 져드의 조화론 중 '질서의 원리'에 대한 설명이 옳은 것은?

① 사용자의 환경에 익숙한 색이 잘 조화된다.

② 색채의 요구가 규칙적으로 선택된 색들끼리 잘 조화된다.

③ 색의 속성이 비슷할 때 잘 조화된다.

④ 색의 속성 차이가 분명할 때 잘 조화된다.

 ① 동류성의 원리, ③ 유사의 원리, ④ 비모호성의 원리

정답   25 ②   26 ①   27 ②   28 ②   29 ①   30 ④   31 ③   32 ②

33 색의 팽창과 수축을 설명한 것 중 틀린 것은?

① 팽창색은 진출색의 조건과 비슷하며 실제 크기보다 크게 보인다.

② 수축색은 후퇴색의 조건과 비슷하며 실제 크기보다 작게 보인다.

③ 따뜻한 색 쪽이 차가운 색보다 크게 보인다.

④ 밝은 색 쪽이 어두운 색보다 작게 보인다.

 해설 ④ 명도가 높을수록 커 보임

34 먼셀 휴(Munsell Hue)에서 기본 5색에 속하지 않는 것은?

① 5Y   ② 5P

③ 5B   ④ 5YR

해설 빨강, 노랑, 녹색, 파랑, 보라(R, Y, G, B, P)

35 정투상도에 대한 설명 중 틀린 것은?

① 물체의 각 면을 마주보는 화면에 투상시키는 방법이다.

② 주로 제1각법과 제3각법을 사용한다.

③ 한국산업표준에서는 제1각법을 사용하도록 규정하고 있다.

④ 입체를 위해서 투상한 것을 평면도라 한다.

해설 제3각법 : 한국산업규격(KS)의 제도통칙에 의거하여 우리나라에서 사용

36 영 · 헬름홀츠의 3원색설을 설명한 것 중 틀린 것은?

① 영 · 헬름홀츠의 3원색은 빨강, 초록, 파랑이다.

② 노랑은 빨강과 초록의 수용기가 같이 자극되었을 때 지각된다.

③ 3종류 빛 수용기의 반응 양에 따라 무한의 색이 느껴진다.

④ 입체를 위해서 투상하는 것을 평면도라 한다.

37 다음 중 색채계의 종류가 나머지와 다른 하나는?

① 먼셀 색체계

② NCS 색체계

③ 오스트발트 색체계

④ DIN 색체계

해설 혼색계 : 오스트발트 색체계, CIE

38 다음 중 차가운 느낌의 색으로만 나열된 것은?

① 빨강, 주황, 노랑

② 빨강, 파랑, 노랑

③ 청록, 파랑, 남색

④ 주황, 빨강, 남색

해설 파랑, 청록은 진정, 평정, 시원함을 느낄 수 있어 여름에 대표적으로 사용됨

39 투시도법에서 기호 GL은 무엇을 뜻하는가?

① 시선

② 지평선

③ 기선

④ 소점

해설 GL(Ground Line) : 지면선 , 화면과 지면이 만나는 선

40 정다면체의 전개도를 그리는 방법에 관한 설명 중 틀린 것은?

① 실제 길이와 실형을 구한다.

② 작도할 때는 내부 치수보다 외부 치수를 택한다.

③ 작도 후 다시 접을 부분에서는 어느 정도의 여유를 준다.

④ 투상도를 그리고 면에 대한 예견을 한다.

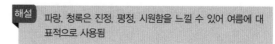

정답   **33** ④   **34** ④   **35** ③   **36** ④   **37** ③   **38** ③   **39** ③   **40** ②

41 다음 중 목재의 주요 성분이 아닌 것은?

① 리그닌

② 셀룰로오스

③ 아세테이트

④ 헤미셀룰로오스

 • 리그닌 : 세포를 단단히 하는 물질
• 셀룰로오스 : 제지, 인견 등의 원료
• 헤미셀룰로오스 : 탄수화물 중 셀룰로오스를 제외한 물질

42 용제에 대한 설명으로 옳은 것은?

① 도막을 결성하는 성분이다.

② 도막에 방습효과를 준다.

③ 도료에 여러 가지 색상을 나타낸다.

④ 도막에 평활성을 부여한다.

 수지를 용해하여 도막에 평활성을 부여하는 성분으로 건조 속도의 조절과 도막의 평활성을 부여

43 종이를 양지, 판지, 기계로 만든 화지로 분류할 때 양지에 속하는 것은?

① 신문지　　　　　② 골판지

③ 창호지　　　　　④ 습자지

 양지 : 신문지, 인쇄용지, 필기용지, 도화지, 포장용지, 박엽지, 잡종지

44 유성계 도료의 특징이 아닌 것은?

① 휘발성이 적어 도막의 살오름이 양호하다.

② 피도장물과의 밀착이나 부착성이 양호하다.

③ 가격이 비교적 저렴하고 색상이 선명하다.

④ 건조가 빠르고 도장 시간이 짧다.

 ④합성수지 도료 : 요소수지 도료, 알키드 수지 도료의 특징

45 신문 용지가 가져야 할 특성이 아닌 것은?

① 종이의 질이 균일하다.

② 평활도와 불투명도 등 인쇄적성을 지녀야한다.

③ 인장력과 흡유성이 있어야 한나.

④ 종이가 뺏뺏하고 강한 광택이 있어야 한다.

 신문은 대부분 하급갱지로 표면이 거칠고, 색은 약간 갈색을 띤 백색이며, 내구력이 약하나 잉크의 흡착력이 좋음

46 필름의 피사체의 밝고 어두움을 나타내는 데 있어서 어느 정도로 검고 희게 또는 진하고 연하게 나타내느냐 하는 정도의 차를 무엇이라고 하는가?

① 콘트라스트　　　② 감색성

③ 관용도　　　　　④ 입상성

해설 •감색성 : 사진 감광 재료의 색광에 대한 감도 특성
•관용도 : 사진 촬영에 있어서 피사체의 광량의 차이를 올바르게 재현할 수 있는 범위
•입상성 : 현상된 은염 사진 감광 재료를 확대했을 때 볼 수 있는 은입자의 불균일한 크기와 분포에 의해 서리가 내린 것처럼 꺼칠꺼칠하게 보이는 특성

47 항공기, 자동차, 기차 등의 차체 중량 감소를 목적으로 사용되는 재료는?

① 알루미늄　　　　② 구리

③ 철　　　　　　　④ 스테인리스스틸

48 보기의 특성 중 금속의 일반적인 성질에 해당하는 것을 모두 고른 것은?

ⓐ 비중이 작다.
ⓑ 열 및 전기의 양도체이다.
ⓒ 녹이 슬기 쉽다.
ⓓ 전성과 연성이 좋다.
ⓔ 이온화했을 때에는 음이온이 된다.

① ⓐ, ⓓ　　　　　② ⓑ, ⓔ

③ ⓐ, ⓑ, ⓓ　　　④ ⓑ, ⓒ, ⓓ

49 2차원 그래픽용 프로그램에서 일반적으로 그림을 그릴 페이지의 크기 및 종이 방향을 설정하는 기능은?

① Perferences

② Document Setup

③ Export

④ Unit

 • Perferences : 환경 설정
• Export : 포토샵에서 다른 포맷의 그래픽 파일로 저장하는 명령
• Unite : 오브젝트를 하나로 합침

50 단순한 모양에서 출발하여 점차 더 복잡한 형상으로 구축되는 기법으로 산, 구름 같은 자연물의 규칙적 움직임을 표현하는 모델링 기법은?

① 파라메트릭 모델(Parametric Model)

② 프랙탈 모델(Fractal Model)

③ 서페이스 모델(Surface Model)

④ 와이어프레임 모델(Wire Frame Model)

 프랙탈(Fractal) : 다소 파편적인 성질을 가진 형태로 기본 형태와 닮은 형상이 끊임없이 수학적으로 반복되는 형태

51 디스플레이 화면 표시를 두루마리 형식으로 볼 때와 같이 상하좌우로 움직이는 것으로, 윈도 방식의 프로그램 우측과 하단에 있는 표시의 이름은?

① 아이콘(Icon)

② 포인터(Pointer)

③ 스크롤 바(Scroll bar)

④ 룰러(Rulers)

해설 • 아이콘(Icon) : 각종 프로그램, 명령어 또는 데이터 파일들을 쉽게 지정할 수 있도록 하기 위해 각각에 해당되는 조그만 그림 또는 기호를 만들어 화면에 표시한 것
• 포인터(Pointer) : 마우스의 위치를 알려주는 작은 그림
• 룰러(Rulers) : 그래픽 프로그램의 눈금자

52 지방과 지방, 국가와 국가, 전 세계에 걸쳐 형성되는 통신망으로 지리적으로 멀리 떨어져 있는 넓은 지역을 연결하는 통신망을 의미하는 약어는?

① VAN   ② LAN

③ WAN   ④ RAN

53 다음 중 포토샵 프로그램만의 고유 파일 포맷은?

① PSD   ② AI

③ EPS   ④ TIF

 PSD : 포토샵에서 레이어와 알파채널 등을 모두 저장할 수 있는 파일 포맷

54 포토샵(Photoshop)의 색상 모드에 대한 설명 중 틀린 것은?

① 이미지를 비트맵 모드로 변환하려면 일반 이미지보다 그레이 스케일 상태이어야 한다.

② RGB 이미지는 포토샵이 지원하는 모든 형식으로 저장할 수 있다.

③ Lab 모드에서의 이미지 수정은 CMYK 모드보다 훨씬 느리다.

④ 그레이스케일 모드는 256단계의 회색 음영으로 표현되며 어느 모드에서든 변환할 수 있고, 다른 모드로의 변환도 가능하다.

55 어떤 화상을 얼마나 세밀하게 표시할 수 있는지 그 정밀도를 나타내는 척도는?

① 리플렉트(Reflect)

② 디더링(Dithering)

③ 하프톤(Halftone)

④ 레졸루션(Resolution)

 이미지 해상도(Resolution) : 모니터 내에 포함되어 있는 비트맵 이미지가 몇 개의 픽셀로 구성되어 있는가를 나타내는 것으로써 수평, 수직으로 inch 혹은 cm당 표시될 수 있는 점의 수

정답 ▶ 49 ② 50 ② 51 ③ 52 ③ 53 ① 54 ③ 55 ④

56 컴퓨터에서 그래픽 작업을 마친 후 인쇄를 위해 인쇄소로 파일을 보낼 경우 색상 체계로 적합한 것은?

① CMYK 모드   ② Bitmap 모드

③ RGB 모드   ④ HSV 모드

 해설
- Bitmap : 디지털 이미지에서 가장 작은 단위로 1bit, 즉 0과 1의 단순한 색상
- RGB 모드 : 세 가지 색상을 사용하여 화면에 최대 16,700,000색상을 재현하며, 3채널 이미지이므로 픽셀당 24(8×3)비트가 들어있는 색상 모드
- HSV 모드 : Hue, Saturation, Value(색상, 채도, 명도) 변화를 보여주는 색상 모드

57 다음 용어에 대한 설명 중 틀린 것은?

① 일반적으로 PC에서 캐시 메모리로 사용되는 것은 DRAM이다.

② ROM은 기록된 데이터를 단지 읽을 수만 있는 메모리를 말한다.

③ RAM은 컴퓨터 작동 정보를 기억할 수 있고 전원이 꺼지면 지워지는 메모리다.

④ SRAM은 DRAM보다 빠른 속도를 가진다.

 해설   SRAM
- 정적 램으로 전원이 공급되지 않아도 기억된 내용이 사라지지 않는 램(RAM)
- 전력 소모가 크며 가격이 고가
- 접근 속도가 빨라 캐시(Cache) 메모리로 사용

58 집합 연산 방법으로 모델링 시, 두 물체가 겹쳐지는 부분만 남기고 나머지 부분을 지우게 하는 방식은?

① Union(합집합)

② Intersection(교집합)

③ Subtraction(차집합)

④ Extrusion(압출)

59 전자출판에 대한 설명 중 거리가 가장 먼 것은?

① 컴퓨터나 전자기기를 이용한 문서 출판을 의미한다.

② DTP(Desk Top Publishing)라고 한다.

③ In Design이나 Quark Xpress와 같은 프로그램에서 주로 작업할 수 있다.

④ 스캔받는 이미지에 특수효과를 줄 때 효과적이다.

60 중앙처리장치(CPU)에 대한 설명 중 틀린 것은?

① 컴퓨터의 속도는 CPU의 속도에 의해 좌우된다.

② CPU는 사람으로 치면 두뇌에 해당하는 구성요소이며, 마이크로프로세서라고도 한다.

③ CPU는 크게 제어장치, 연산장치, 출력장치로 구성되어 있다.

④ CPU는 계산작업을 수행하는 장치로써 명령어를 실행하고 데이터를 처리한다.

해설   CPU는 기억, 연산, 제어장치로 구성

01 연극, 영화, 음악회, 전람회 등 고지적 기능의 포스터는?

① 상품 광고 디자인

② 계몽 포스터

③ 문화행사 포스터

④ 공공 캠페인 포스터

 문화행사 포스터 : 고지적 기능을 가지며, 행사의 정보를 알리기 위해서는 일시와 장소가 표시되어 있는 포스터(연극, 영화, 음악회, 전시회)

02 실내 디자인에 있어 미적 효용성을 더해주는 액센트적 역할을 하는 실내 소품 선택 시 고려할 사항으로 거리가 먼 것은?

① 실내 소품은 개인의 개성을 나타낼 수 있어야 한다.

② 소품을 지나치게 많이 사용하면 혼란을 주기 때문에 주의해야 한다.

③ 소품은 주변 물건과의 디자인 성격을 잘 고려하여 적절하게 배치해야 한다.

④ 소품을 거는 벽은 되도록 진한 원색이나 무늬가 많은 것을 사용하여 주의를 끌어야 한다.

 벽에 거는 소품의 장식적인 요소가 강조될 수 있도록 벽은 무늬가 적고 원색 사용을 자제해야 함

03 포장 디자인의 조건과 거리가 먼 것은?

① 유통 시 취급 및 보관의 유의점을 고려한다.

② 제품의 보호기능을 고려한다.

③ 제품의 성격을 충분히 고려한다.

④ 시장 경기의 흐름을 충분히 고려한다.

해설 포장 디자인의 조건
• 제품의 성격을 충분히 고려
• 제품의 형태, 크기에 대한 배려가 있어야 함
• 유통 시 취급 및 보관의 특성을 고려
• 쌓기 쉽게 디자인해야 함
• 어떤 상태에서든지 매혹적으로 보이도록 디자인해야 함
• 여러 조건하에서도 필요한 정보를 전달할 수 있어야 함

04 보기의 ( ) 안에 공통적으로 들어갈 용어는?

> 바탕과 구별되는 형의 인식은 (   )에 의존한다. 즉, 명암, 색, 질감 또는 깊이 단서들의 (   )가(이) 바탕으로 지각되는 것과 형으로 지각되는 것들을 구별하게 해준다.

① 연속   ② 대비

③ 조화   ④ 강조

 대비현상이 강하면 명도에 의한 착시 영향으로 바탕과 도형으로 지각하게 됨

05 디자인 전개 과정의 분석 내용 중 디자인 문제의 범위 내에서 이루는 부품을 하나하나 분류하여 각각에 대해 평가, 분석하여 과도한 부분이 있으면 줄이거나 제거하는 분석은?

① 사용 과정 분석

② 관계 분석

③ 원인 분석

④ 가치 분석

 가치 분석 : 구매품을 기능과 가격 면에서 조사 · 분석하여 원가를 인하하는 방법

06 다음 중 제품 디자인에서 아이디어를 탐색하는 방법으로 적합하지 않은 것은?

① 브레인스토밍

② 상관표 작성

③ 시네틱스

④ 형태학적 차트 작성

 해설 상관표 : 한 집단에 대한 두 변량의 도수분포표를 함께 나타낸 표

07 아이디어 스케치에 대한 설명이 틀린 것은?

① 자유로운 이미지의 표현

② 신속한 아이디어 전개

③ 이미지를 표착하기 위한 방법

④ 정확도와 정밀성이 높은 그림

 해설 정확도와 정밀성이 높은 그림은 스타일 스케치

08 기업이 일관된 이미지를 부여함으로써 어디서나 시각적으로 이미지가 구별될 수 있도록 한 체계적인 이미지 전략은?

① CF

② BI

③ CI

④ DM

 해설 CIP(Corporate Identity Program) : 기업 이미지의 통일화 정책을 의미하며, 기업이나 공공단체가 갖고 있는 이미지를 시각적으로 체계화, 단일화한 것

09 아이덴티티 디자인 중 기본 시스템에 해당하지 않는 것은?

① 로고타입

② 서체

③ 시그니처

④ 광고

 해설 기본 시스템 : 로고, 마크, 시그니처, 픽토그램, 전용 색상, 전용 서체, 캐릭터 등

10 형태를 분류할 때 기하학의 도형과 같은 조형 요소로 이루어지는 형태는?

① 현실적 형태

② 이념적 형태

③ 자연 형태

④ 유기적 형태

 해설
• 이념적 형태 : 우리의 감각으로 느낄 수 없는 형태(순수 형태, 추상 형태) – 점, 선, 면, 입체
• 현실적 형태 : 우리의 감각으로 느낄 수 있는 형태(자연형태, 인위형태)

11 게슈탈트(gestalt) 요인이 아닌 것은?

① 시각성의 요인

② 유사성의 요인

③ 폐쇄성의 요인

④ 근접성의 요인

 해설 게슈탈트(gestalt) 심리법칙 : 근접성의 요인, 유사성의 요인, 연속성의 요인, 폐쇄성의 요인

12 실내 디자인에 있어서 벽에 대한 설명으로 가장 옳은 것은?

① 공간의 구분, 공기의 차단, 소리의 차단, 보온 등의 기능을 갖고 있으며 인간의 시선이 가장 많이 머무르는 공간 요소이다.

② 대지와 차단 시켜주고, 걸어 다닐 수 있고 가구를 놓을 수 있도록 고른 면을 제공한다.

③ 시선이 별로 가지 않으므로 시각적 요소가 약하다.

④ 건축에서 마감한 공간을 내부에서 재마감하여 전기 조명설치, 방음, 단열, 흡음, 통신 등의 기능을 담당한다.

 해설 벽은 인간의 시선이 가장 많이 머무는 곳으로서 시선과 동작을 차단함

13 인간과 도구의 상호작용(Interaction)이 중요한 연구 대상인 디자인 분야는?

① 스페이스 디자인(Space Design)

② 커뮤니케이션 디자인(Communication Design)

③ 프로덕트 디자인(Product Design)

④ 인테리어 디자인(Interior Design)

 인간이 자연과 함께 생활하면서 생활에 필요한 여러 가지 도구를 창안하였는데, 이와 관련된 디자인을 제품 디자인 이라고 함

14 아르누보에 관한 설명 중 옳은 것은?

① 회화, 건축, 공예, 인테리어, 그래픽 등에 분야에 영향을 주었다.

② 기본적인 형태의 반복, 동심원 등의 기하학적인 문양을 선호하였다.

③ 대량생산의 위한 합리적인 기능적 장식을 사용하였다.

④ 시대에 앞선 기발하고 검진적인 디자인을 사용하였다.

해설 19세기 말 유럽 신예술 양식으로 자연의 유기적 형태와 감각적이고 곡선적인 비대칭 구성을 특징으로 하였으며 주로 담쟁이 넝쿨, 백조, 잠자리, 수선화 등의 형태를 모티브로 하여 곡선적이고 동적인 식물문양을 사용하여 회화, 건축, 공예, 인테리어, 그래픽 등에 분야에 영향을 줌

15 새로운 디자인으로 인하여 나타나는 제품의 발전 기본 요소와 거리가 먼 것은?

① 침체된 시장에서 활로 개척

② 구성 요소(부품)의 대형화

③ 변형된 형태의 개념(새로운 스타일 개발)

④ 제품 이용자의 욕구 변화

해설 신제품 출시, 경쟁 상품과의 차별화, 유통경로와 판매 방법 변경, 제품 기능 및 서비스 변동 또는 향상 등의 이유로 새로운 디자인이 개발되면 소비자들은 구매욕구가 증가되고 침체된 시장이 활성화 됨

16 수직 · 수평의 화면 분할, 3원색과 무채색의 구성 특성을 보이는 근대 디자인 운동은?

① 아르누보(Art nouveau)

② 데 스틸(De stijl)

③ 유켄트 스틸(Jugendstil)

④ 시세션(Secession)

 데 스틸(De Stijl)
데 스틸은 네덜란드어로 '양식(The Style)'이라는 뜻으로 모든 조형 분야의 일체화를 목표로 하였으며, 큐비즘의 영향을 받아 직각과 색의 사용보다 색면 구성을 강조한 조합으로 추상적 형태, 삼원색과 백 · 흑 · 회색만을 사용한 순수 추상조형을 추구

17 마케팅 시스템의 목표와 거리가 먼 것은?

① 소비자 만족 증진

② 소비의 확대

③ 생산의 극대화

④ 생활의 질 증진

해설 마케팅의 목표는 소비자의 필요와 욕구를 확인하고 필요한 요구에 대한 만족을 효과적으로 제공하여 소비를 확대시켜 기업이 시장에서 비교우위를 가지게 하고 이를 유지 · 강화 시키는 것

18 제품 디자인 개발과정 중 디자인 해결안 모색 단계에서 주로 이루어지는 작업은?

① 시장조사

② 렌더링

③ 아이디어 스케치

④ 디자인 목업

 아이디어 스케치 : 디자인 콘셉트에 따른 여러 아이디어를 표현하고, 이미지를 전달하기 위한 표현의 첫 단계

정답 ▶ **13** ③ **14** ① **15** ② **16** ② **17** ③ **18** ③

19 실내 디자인은 여러 단계에 걸쳐 진행된다. 디자인 의도를 확인하고 공간의 재료나 가구, 색채 등에 대한 계획을 시각적으로 제시(Presentation)하는 과정은?

① 기획 단계

② 설계 단계

③ 시공 단계

④ 사용 후 평가 단계

 실내 디자인 프로세스
기획과정 → 설계과정 → 시공과정 → 사용 후 평가과정(공시 감리)

20 다음 중 율동을 구성하는 형식과 가장 거리가 먼 것은?

① 반복   ② 방사

③ 점이   ④ 대칭

 율동 : 반복, 교차, 방사, 점이(점증)

21 다음 중 축측 투상도에 해당되는 것은?

① 투시 투상도   ② 등각 투상도

③ 사투상도   ④ 복면 투상도

 축측 투상도 : 등각 투상도, 부등각 투상도, 2등각 투상도

22 중간혼합으로 병치혼합에 대한 설명 중 틀린 것은?

① 다른 색광이 망막을 동시에 자극하여 혼합하는 현상이다.

② 주로 인쇄의 망점, 직물, 컬러 TV 등에서 볼 수 있다.

③ 색점이 주로 인접해 있으므로 명도와 채도가 저하되지 않는다.

④ 색을 혼합하기 때문에 명도와 채도가 낮아진다.

 색을 혼합했을 때 명도와 채도가 낮아지는 것은 감산혼합

23 배색의 조건과 거리가 가장 먼 것은?

① 사물의 성질, 기능, 용도에 부합되도록 해야 한다.

② 전달성을 염두에 두어야 한다.

③ 난색의 이미지만을 고려한다.

④ 재질과의 관계를 고려해야 한다.

 배색 조건
• 색을 칠하는 바탕의 재질과의 관계를 고려
• 색료의 광학성 또는 조명의 기술적인 조건 등을 배려
• 주제와 배경과의 대비를 고려
• 색채 공간에 접하는 사람들을 고려
• 목적과 기능에 맞는 배색

24 다음 중 색채의 대비에 대한 설명으로 옳은 것은?

① 흰색 바탕 위에 회색은 검정 바탕 위에 회색보다 어둡게 보인다.

② 빨간색 바탕 위에 보라색은 파란색 바탕 위에 보라색보다 붉게 느껴진다.

③ 회색 바탕 위에 빨간색은 분홍색 바탕 위에 빨간색보다 탁하게 보인다.

④ 빨간색은 청록색과 인접하여 있을 때, 명도 차이가 두드러지게 강조된다.

 명도대비 : 명도가 서로 다른 색들이 서로의 영향으로 인하여 밝은 색은 더 밝게, 어두운 색은 더 어둡게 보이며 명도 차가 클수록 대비는 더욱 강해짐

25 먼셀의 기본 5 색상을 나열한 것은?

① R, Y, O, B, P

② R, G, B, W, Y

③ R, Y, G, B, P

④ Y, G, B, Bk, P

 먼셀의 기본 5 색상 : R(Red), Y(Yellow), G(Green), B(Blue), P(Purple)

26 색감각을 일으키는 빛의 특성을 나타내는 색채계는?

① 혼색계　　　　　② 색지각

③ 현색계　　　　　④ 등색상

 해설　혼색계 : 색광을 표시하는 표색계로, 심리적, 물리적인 빛의
혼색 실험에 기초를 두고 있음(C.I.E. 표준 표색계)

27 투시도법으로 얻은 상이 작아서 그대로 사용할 수 없을 경우, 그것을 임의의 크기대로 확대하여 사용하는 도법에 해당되는 것은?

①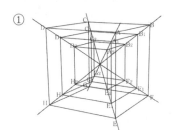

②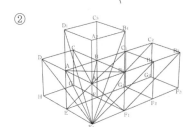

③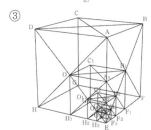

④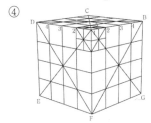

28 입체 각 방향의 면에 화면을 두어 투영된 면을 전개하는 투상 방법은?

① 정투상　　　　　② 2점 투시투상

③ 사투상　　　　　④ 표고투상

 해설　정투상도 : 서로 직각으로 교차하는 세 개의 화면, 즉 평화면, 입화면, 측화면 사이에 물체를 놓고 각 화면에 수직되는 평행 광선으로 투상하여 얻은 도형

29 일반 제도에서 φ30은 무엇을 나타내는가?

① 반지름 30mm

② 모따기 30mm

③ 두께 30mm

④ 지름 30mm

해설　반지름 : R, 모따기 : C, 두께 : t, 지름 : φ

30 제도용 문자의 크기는 문자의 무엇을 기준으로 하는가?

① 너비　　　　　② 굵기

③ 높이　　　　　④ 간격

해설　제도에 쓰이는 문자의 크기는 문자의 높이를 기준으로 함

31 다음 중 시인성이 가장 낮은 배색은?

① 검정 – 노랑　　　② 파랑 – 주황

③ 빨강 – 흰색　　　④ 연두 – 파랑

해설　시인성(명시성)은 명도의 차를 크게 하면 높아짐

32 색의 동화현상에 대한 설명이 틀린 것은?

① 바탕에 비해 도형이 작고 촘촘하면 잘 일어난다.

② 선분이 가늘고 간격이 좁을수록 잘 일어난다.

③ 배경색과 도형색의 명도 차가 적을수록 잘 일어난다.

④ 배경색과 도형색의 색상차가 클수록 잘 일어난다.

 해설　대비현상과는 반대되는 개념으로 어떤 색이 인접한 주위의 색과 가깝게 느껴지는 현상으로서 옆에 있는 색과 비슷한 색으로 보이는 것을 동화현상이라고 하며 색상, 명도, 채도 차이가 적을수록 잘 일어남

정답　26 ①　27 ①　28 ①　29 ④　30 ③　31 ④　32 ④

33 색의 3속성이 아닌 것은?

① 명도   ② 채도

③ 대비   ④ 색상

 색의 3속성 : 색상, 명도, 채도

34 1점 쇄선의 용도에 대한 설명 중 옳은 것은?

① 가공 전후의 모양을 표시하는 선

② 도형의 중심을 표시하는 선

③ 대상물의 일부를 파단한 경계를 표시하는 선

④ 대상물의 보이지 않는 부분을 표시하는 선

 1점 쇄선 : 중심선, 절단선, 경계선, 기준선

35 감광요인에 대한 설명 중 틀린 것은?

① 황–청, 적–녹 등의 차이를 볼 수 있는 것은 추상체의 역할이다.

② 추상체와 간상체가 동시에 함께 활동하는 것을 박명시라고 한다.

③ 닭은 추상체만 있어 야간에는 활동할 수가 없다.

④ 색순응은 물체색을 오랫동안 보면 색의 지각이 강해지는 현상이다.

 색광에 대하여 눈의 감수성이 순응하는 상태. 조명광이나 물체색을 오랫동안 계속 쳐다보고 있으면, 그 색에 순응되어 색의 지각이 약해짐

36 그림의 기본 도법은 무엇을 구하는 것인가?

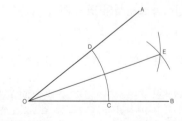

① 각의 2등분   ② 사선 긋기

③ 중심 구하기   ④ 삼각형 그리기

37 채도에 관한 설명 중 틀린 것은?

① 색은 무채색에 이를수록 채도가 낮아진다.

② 색의 맑기 선명도이다.

③ 채도가 높은 색을 정(淸)색, 낮은 색을 탁(濁)색이라 한다.

④ 먼셀 색체계에서는 밸류(value)로 표시된다.

 먼셀 색체계 3속성 표기 : 색상(Hue), 명도(Value), 채도(Chroma)

38 다음의 2색 배색 중 동적인 이미지를 주는 배색이 아닌 것은?

① 빨강 – 청록

② 연두 – 자주

③ 노랑 – 어두운 빨강

④ 하늘색 – 연한 보라

 동적인 이미지를 주는 배색은 배치된 색상 간의 변화감, 강렬한 대비감을 가지는 것으로 색상, 명도, 채도 차이가 높을수록 강렬하게 느껴짐

39 장축과 단축이 주어질 때 타원을 그릴 수 있는 방법이 아닌 것은?

① 직접법   ② 4중심법

③ 대 · 소부원법   ④ 평행사변형법

 직접법 : 정원 작도법

40 다음 표기된 색 중 가장 무겁게 느껴지는 색은?

① 10R 4/7   ② 6P 7/6

③ 10RP 2/2.5   ④ 5B 5/2

 색의 무게감(중량감)은 주로 명도에 의해 좌우된다. 고명도의 흰색은 가벼운 느낌, 저명도의 검정에서는 무거운 느낌을 느낄 수 있기 때문에 먼셀 색상 표기법 H(색상)V(명도)/C(채도)에 의해 ② 명도:7 → ④ 명도:5 → ① 명도:4 → ③ 명도:2 순서로 무겁게 느껴짐

41 재료 사이클의 3요소가 아닌 것은?

① 물질   ② 에너지

③ 환경   ④ 기술

> **해설** 재료 사이클의 3요소 : 물질, 에너지, 환경

42 다음 중 필름의 감도를 나타내는 기호가 아닌 것은?

① DIN   ② ASA

③ ISO   ④ KS

> **해설**
> • DIN : 독일공업규격
> • ASA : 미국표준협회
> • ISO : 국제표준화기구
> • KS : 한국산업규격(KS)은 한국의 국가표준

43 식물의 원료로 발효하는 종이제법을 최초로 발명한 사람은?

① 루이 로베로   ② 채륜

③ 디킨스   ④ 케일러

> **해설**
> • 루이 로베로 : 종이 만드는 기계 발명
> • 채륜 : 종이 제지법 발명
> • 찰스 디킨스 : 영국 소설가
> • 개리슨 케일러 : 미국의 풍자작가

44 종이에 내수성을 가지게 하고, 잉크 번짐을 막기 위해 종이의 표면 또는 섬유에 아교 물질을 피복시키는 공정은?

① 고해   ② 사이징

③ 충전   ④ 착색

> **해설** 사이징 : 종이의 제조공정 중 내수성을 주고, 잉크의 번짐을 방지하기 위하여 종이의 표면이나 섬유에 아교 물질로 피복시키는 공정

45 열경화성 플라스틱 특징은?

① 150℃를 전후로 변형하는 것이 대부분이다.

② 사출 성형 등 능률적인 연속적 가공 방법을 쓸 수 있다.

③ 성형 시 화학적 변화를 일으키지 않기 때문에 다시 사용할 수 있다.

④ 거의 전부가 반투명 또는 불투명 제품이다.

> **해설** 열경화성 플라스틱 특징
> • 열에 안정적
> • 거의 전부가 반투명 또는 불투명
> • 압축, 적층 성형 등의 가공법에 의하기 때문에 비능률적
> • 성형 시 화학적 변화를 일으키기 때문에 재사용이 어려움
> • 열변형 온도가 높아 내열성이 우수

46 도료의 필요 조건으로 가장 거리가 먼 것은?

① 색깔의 변색과 퇴색이 없어야 한다.

② 될 수 있는 한 고가의 제품이어야 한다.

③ 지정된 색상과 광택을 유지해야 한다.

④ 모재에 부착성이 양호하여야 한다.

> **해설** 도료의 필요 조건
> • 칠한 후에는 빨리 건조경화(乾燥硬化)하는 것이 좋음
> • 형성도막이 벗겨지거나 변질되지 않아야 함
> • 표면을 깨끗하게 하고 면을 평활하게 하기 위하여 용제, 계면활성제, 충전제 등을 사용
> • 지정된 색상과 광택을 유지해야 함
> • 모재에 부착성이 양호해야 함

47 중금속에 속하지 않는 것은?

① 구리   ② 아연

③ 알루미늄   ④ 텅스텐

> **해설**
> • 중금속 : 구리, 아연, 텅스텐
> • 경금속 : 알루미늄

48 연필의 심도에 따라 무른 심 → 단단한 심의 순서대로 옳게 나열된 것은?

① 2B → HB → 2H

② 2H → HB → 2B

③ HB → 2B → 2H

④ 2B → 2H → HB

 강도의 기호 H(심의 단단한 정도)와 질기 B(심의 무른 정도)로 표시하며, H는 숫자가 높을수록 단단하며, B는 숫자가 높을수록 부드러운(짙은) 심

49 모니터의 색상과 출력물 간의 색상 차이를 최소화하는 작업은?

① 로토스코핑(Rotoscoping)

② 트림(Trim)

③ 캘리브레이션(Calibration)

④ 새츄레이션(Saturation)

 캘리브레이션(Calibration) : 모니터와 실제 인쇄했을 때의 색상이 일치하지 않을 때 여러 시험을 통해 일치하도록 조정해 주는 작업

50 X–Y 플로터가 개발되면서 종이 위에 정확한 그림 표현(설계도면, 곡선, 복잡한 도형 등)이 가능하였으며, 또한 플로터의 시기라고 칭하기도 한 컴퓨터그래픽스 세대는?

① 제1세대　　　　② 제2세대

③ 제3세대　　　　④ 제4세대

 • 제1세대 : 프린터/플로터
• 제2세대 – 1960년대 : CAD/CAM, 리플래시형 CRT
• 제3세대 – 1970년대 : 벡터 스캔형 CRT
• 제4세대 – 1980년대 : 레스터 스캔형 CRT

51 도면 작성에서 CAD 프로그램을 사용함으로써 갖는 장점이 아닌 것은?

① 정밀한 도면 및 데이터 작성이 가능하다.

② 풍부한 아이디어가 제공된다.

③ 규격화와 데이터 관리가 용이하다.

④ 입력 및 수정이 편리하다.

 디자이너의 도구일 뿐 창의력이나 아이디어를 제공하지 않음

52 스캐너(Scanner)에 대한 설명 중 틀린 것은?

① 스캐너의 해상도는 X, Y의 좌표값으로 나타낸다.

② 컴퓨터그래픽스 작업 시 이미지를 입력한다.

③ 화소(Pixel)의 방출이 많을수록 해상도가 높다.

④ 드럼 스캐너는 원색분해 시스템에서 많이 사용한다.

 스캐너의 해상도는 DPI(1인치당 점의 수)로 표시

53 3차원 형상 모델링 중 속이 꽉 차 있어 수치 데이터 처리가 정확하여 제품생산을 위한 도면 제작과 연계된 모델은?

① 와이어프레임 모델

② 서페이스 모델

③ 솔리드 모델

④ 곡면 모델

 와이어프레임–선, 서페이스–면, 솔리드–입체 표현 방식의 모델링

54 여러 개의 단면 형상을 배치하고 여기에 막을 입혀 3차원 입체를 만드는 방법은?

① 스키닝(Skinning)　　② 스위핑(Sweeping)

③ 브렌딩(Blending)　　④ 라운딩(Rounding)

 스키닝(Skinning) : 여러 개의 단면 형상을 배치하고 여기에 껍질을 입혀 3차원 입체를 만드는 방법

정답 ▶　48 ①　49 ③　50 ①　51 ②　52 ①　53 ③　54 ①

55 동작의 목록을 아이콘이나 메뉴로 보여주고 사용자가 마우스로 작업을 수행하는 방식을 뜻하는 것은?

① CLI　　　　　　② LCD

③ GPS　　　　　　④ GUI

 GUI(Graphic User Interface) : 현재 컴퓨터 운영체제에서 대부분 사용되고 있는 방식으로, 그림을 기반으로 사람과 컴퓨터를 연결해주는 일종의 맨-머신 인터페이스(Man-machine Interface)

56 포토샵 작업 중 처음에 설정한 페이지의 크기를 조절하는 방법이 아닌 것은?

① 이미지의 크기를 변경한다.

② 캔버스의 크기를 변경한다.

③ crop툴을 사용하여 변경한다.

④ Magic wand 툴로 선택하여 변경한다.

 Magic wand 툴은 이미지의 일부 색상이나 명도 영역을 자동 선택해주는 도구

57 다음 중 입력장치에 해당되지 않는 것은?

① 플로터　　　　　② 마우스

③ 스캐너　　　　　④ 디지타이징 태블릿

 • 입력장치 : 마우스, 디지타이저, 라이트 펜 등
• 출력장치 : 모니터, 프린터, 플로터 등

58 고품질 인쇄출력에 가장 적합한 파일 포맷은?

① EPS　　　　　　② BMP

③ PNG　　　　　　④ JPEG

 EPS : 4도 분판을 목적으로 하는 그래픽 포맷으로 비트맵이나 벡터 방식의 이미지 모드에서 사용할 수 있는 파일 포맷

59 모니터 화면에서 그림이나 글자가 입력되거나 출력될 위치에 깜박거리는 표시는?

① 아이콘(Icon)　　　② 커서(Cursor)

③ 픽셀(Pixel)　　　　④ 패턴(Pattern)

 커서(Cursor) : 컴퓨터의 지시나 특정 명령어의 수행 및 컴퓨터 내에서 마우스나 기타 표현 도구를 사용하여 명령어를 선택하거나 선택된 명령어의 위치를 알려줌

60 다음 중 3차원 컴퓨터그래픽스의 기하학적 원형 (Geometric Primitive)이 아닌 것은?

① Torus　　　　　② Cone

③ Boolean　　　　④ Cylinder

 3차원 컴퓨터그래픽스의 기하학적 원형(Geometric Primitive) : 원(Torus), 원기둥(Cylinder), 원뿔(Cone)

01 그림과 같은 대칭은?

① 방사대칭　　　　② 이동대칭

③ 선대칭　　　　　④ 역대칭

 한 선을 축으로 하여 서로 마주 보게끔 하는 것으로써, 일반적으로 도형의 구성이 중앙으로부터 양쪽에 위치하는 것

02 의미하는 내용의 형태를 상징적으로 시각화한 것으로 언어를 초월해서 직감적으로 이해할 수 있도록 만들어진 그래픽 심벌을 무엇이라고 하는가?

① 로고타입(Logotype)

② 타이포그래피(Typography)

③ 픽토그램(Pictogram)

④ 일러스트레이션(Illustrator)

• 타이포그래피 : 글자를 구성하는 디자인
• 일러스트레이션 : 회화, 사진, 도표, 도형, 문자 이외의 것을 시각화 한 것

03 그림의 입체는 어느 면이 이동하여 만들어진 것인가?

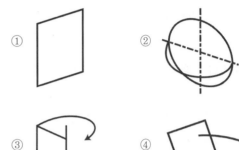

04 디자인을 최종 결정하여 관계자들에게 제시용으로 제작되는 모형(Presentation Model)의 재질로 적합하지 않은 것은?

① 목재 모형　　　　② 모래 모형

③ 석고 모형　　　　④ 금속 모형

05 다음 용어 설명 중 적합하지 않은 것은?

① 멀티미디어란 복합매체로써 동영상, 애니메이션, 사운드, 이미지, 텍스트 등의 매체를 혼합한 것이다.

② HDTV는 텔레비전 해상도를 발전시킨 고품질 텔레비전이다.

③ 뉴미디어란 신문, 방송 등의 기존 매체에 최고의 정보통신 기술이 결합된 미디어 또는 그들을 조합한 네트워크를 총칭한다.

④ 아이덴트(Ident)는 TV 프로그램이나 영화제작에 참여한 연기자와 작가, 연출가 등의 명단을 말한다.

 아이덴트 프로그램과 프로그램 사이에 짧은 시각적 이미지로 나오는 로고영상

06 디자인 실무의 전개 순서가 바르게 된 것은?

① 스케치 – 렌더링 – 제도 – 모델링

② 제도 – 스케치 – 렌더링 – 모델링

③ 모델링 – 제도 – 렌더링 – 스케치

④ 스케치 – 모델링 – 제도 – 렌더링

07 소비자가 광고의 시각전달에 의해 인지할 수 없는 것은?

① 제품의 신뢰성 　　② 가치관

③ 현대인의 감정 　　④ 제품가격

08 형태지각의 심리가 아닌 것은?

① 애매모호한 형태보다 익숙한 형태가 쉽게 인식된다.

② 단순한 형태는 복잡한 형태보다 우선 기억된다.

③ 형태를 지각할 때 항상 불변하게 지각된다.

④ 과거의 경험과 기억은 지각에 영향을 준다.

09 환경 분야에서 디스플레이에 개념이 적용되는데, 그 분야 중 공적 분야에 속한다고 볼 수 없는 것은?

① 박람회 　　② 페스티발

③ 쇼윈도 　　④ 기념행사

 쇼윈도는 기업이 상품을 보여줌으로써 판매를 촉진시키고 이윤을 창출하기 위한 목적으로 공적 분야가 아님

10 심벌(Symbol)의 종류 중 비교적 거리가 먼 것은?

① 로고타입(Logotype)

② 픽토그램(Pictogram)

③ 컬러(Color)

④ 엠블렘(Emblem)

해설 심벌의 종류 : 로고, 픽토그램, 트레이드 마크, 엠블럼 등

11 바우하우스 운동의 창시자는?

① 윌리암 모리스 　　② 헨리 반 데 벨데

③ 루이스 설리반 　　④ 발터 그로피우스

 바우하우스는 1919년 발터 그로피우스가 설립한 종합조형학교

12 게슈탈트의 그루핑 법칙 중 비슷한 모양이 서로 가까이 놓여 있을 때 관찰자가 그 모양들을 합하여 동일한 형태 그룹으로 보는 특징은?

① 유사성 　　② 근접성

③ 연속성 　　④ 친숙성

 근접성의 요인 : 가까이 있는 두 개 또는 그 이상의 시각 요소들이 패턴이나 그룹으로 보일 가능성이 크다는 법칙

13 마케팅 조사의 실사방법이 아닌 것은?

① 개인면접법 　　② 우편조사법

③ 관찰조사법 　　④ 확대조사법

 실사방법 : 개인면접법, 유치법, 전화조사법, 우편조사법, 관찰조사법 등

14 디자인의 실체화 과정에서 가장 먼저 전제되어야 할 것은?

① 용도 　　② 재료와 가공 기술

③ 색상 　　④ 형태

 실내 디자인은 인간 생활에 밀접한 부분이기 때문에 용도에 맞게 합리적이고 기능적이어야 함

15 '마케팅 믹스'라고 하는 마케팅의 구성 요소인 4P에 해당되지 않는 것은?

① 제품 　　② 가격

③ 기업 　　④ 유통

해설 마케팅 믹스 4P's : 제품, 가격, 경로(유통), 촉진

16 인테리어 디자인에서 내부생활 공간을 구성하는 요소와 가장 거리가 먼 것은?

① 인간

② 익스테리어 공간

③ 쉘터의 스킨과 에워싸인 공간

④ 장치

 익스테리어는 건물의 외부 구조, 장치를 말함

17 편집 디자인에서 레이아웃(Lay-Out)의 4대 요소가 아닌 것은?

① 타이포그래피(Typographic)

② 라인업(Line-up)

③ 포맷(Format)

④ 디스플레이(Display)

 레이아웃 4대 요소 : 마진, 라인업, 포맷, 타이포그래피

18 이념적 형태 요소의 동적인 형태에 관한 설명 중 옳은 것은?

① 점의 위치는 없지만 크기가 있다.

② 선은 선의 한계 또는 교차이다.

③ 면은 선이 이동한 것이다.

④ 입체는 점과 선이 이동한 것이다.

 ① 크기는 없고, 위치만을 가진다.
② 선은 면의 한계 또는 교차이다.
④ 입체의 형은 면의 이동에서 생긴다.

19 렌더링에 관한 설명 중 옳은 것은?

① 머리에 떠오르는 이미지를 그리는 것을 말한다.

② 디자인의 개념을 나타내는 이미지 스케일을 말한다.

③ 목업을 제작하기 위하여 그리는 도면의 일종이다.

④ 실제 제품과 같은 상태의 형태, 재질감, 색상 등을 실감나게 표현한 것이다.

20 윌리엄 모리스의 미술공예운동이 전개되게 된 동기가 되었던 세계 최초의 산업 대박람회가 열린 곳은?

① 런던

② 파리

③ 시카고

④ 프랑크푸르트

 세계 최초의 산업 대박람회 : 1851년 영국 런던에서 개최된 수정궁(Crystal Palace) 엑스포

21 회전원판의 두 가지 이상 색이 혼합되어 평균치가 되는 혼색 방법은?

① 색광혼합   ② 계시혼합

③ 병치혼합   ④ 감법혼합

해설 회전혼합은 계시가법혼색에 속함

22 투상도의 제3각법에 대한 설명으로 잘못된 것은?

① 기준이 눈으로부터 눈, 화면, 물체의 순서로 되어 있다.

② 미국에서 발달하여 빠른 속도로 보급되었다.

③ 한국산업표준의 제도 통칙에 의를 적용하였다.

④ 유럽에서 발달하여 독일을 거쳐 우리나라에 보급되었다.

해설 제3각법은 미국

23 한국산업표준에서 일반색명은 어느 색명법에 근거를 두고 있는가?

① KS-SOS   ② DIN-JIS

③ ISCC-NBS   ④ IUSA-NAS

해설 한국산업규격에서 일반색명은 ISCC-NBS 색명법에 근거를 두고 있음

정답   16 ②   17 ④   18 ③   19 ④   20 ①   21 ②   22 ④   23 ③

24 두 정점에서의 거리의 차가 일정한 점의 궤적은?

① 쌍곡선　　　　② 와선

③ 대칭선　　　　④ 사이클로이드

 해설　쌍곡선 : 평면 위에 있는 두 정점으로부터 거리의 차가 일정한 점의 집합으로 만들어지는 곡선

25 다음 그림과 같은 평면도법은?

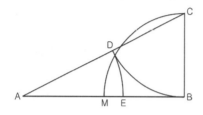

① 직선을 2등분하기

② 직선을 n등분하기

③ 직선을 주어진 비례로 황금분할하기

④ 직선을 황금비로 분할하기

26 다음 중 가산혼합에 해당하는 것은?

① 무대조명의 혼합

② 물감의 혼합

③ 페인트의 혼합

④ 잉크의 혼합

 해설　• 색광 혼합은 가산혼합이라고도 하며, 컬러TV, 스포트라이트 등의 조명에 사용되며 혼합할수록 명도가 높아짐
• 물감, 페인트, 잉크는 색료혼합으로 감산혼합임

27 유사색 조화에 해당되는 것은?

① 연두 – 초록 – 청록

② 주황 – 파랑 – 자주

③ 주황 – 초록 – 보라

④ 노랑 – 연두 – 남색

28 박명시 시기에 일시적으로 잘 보여지지 않는 색과 반대로 밝게 보이기 시작하는 색의 순으로 옳게 짝지어진 것은?

① 노랑 – 빨강　　　　② 빨강 – 파랑

③ 흰색 – 검정　　　　④ 파랑 – 노랑

 해설　박명시 : 해가 지면서 좀 어두워 질 때 물체가 흐릿해져 보기 어려운 상태로 되는 것(추상체와 간상체가 모두 활동하고 있는 시간 상태)

29 색에 관한 설명 중 틀린 것은?

① 물리보색과 심리보색은 반드시 일치한다.

② 색상이나 채도보다 명도에 반응이 더 민감하게 느껴진다.

③ 무채색끼리는 채도대비가 일어나지 않는다.

④ 보색을 대비시키면 채도가 높아지고, 색상을 강조하게 된다.

 해설　• 물리보색 : 두 가지의 재료색(그림물감 등)을 혼합할 경우에 생기는 혼합색이 암회색이 되는 관계(감법혼색)
• 심리보색 : 망막 상에서 남아 있는 잔상 이미지가 원래의 색과 반대의 색으로 나타나는 현상(보색잔상)
• 심리보색과 물리보색은 일치하지 않고 약간의 차이를 보임

30 다음 중 제도의 표시 기호가 올바른 것은?

① 지름 : ⊙　　　　② 반지름 : R

③ 정사각형 : ■　　　　④ 두께 : ≡

 해설　지름 : ø, 정사각형 : □, 두께 : t

31 유사색조의 배색은 어떤 느낌을 주로 주는가?

① 화려함　　　　② 자극적임

③ 안정감　　　　④ 생생함

해설　유사 색조의 조화 : 화합적, 평화적, 안정, 차분함

32 혼합하기 이전의 색의 명도보다 혼합할수록 색의 명도가 높아지는 혼합은?

① 가산혼합
② 감산혼합
③ 중간혼합
④ 병치혼합

 해설 가산혼합 : 색광의 혼합은 색광을 가할수록 혼합색은 점점 밝아지므로, 명도는 높아지고 채도는 낮아진다고 할 수 있음

33 지면과 투상면에 대해 육면체의 각 면이 각기 임의의 경사를 가지도록 놓인 경우의 투시는?

① 평행투시
② 유각투시
③ 사각투시
④ 수평투시

 해설 사각투시 : 육면체의 각 면이 각기 임의의 경사를 가지며 임의의 거리를 두고 내려다 본 것 같이 표현할 수 있으며, 최대의 입체감을 나타낼 수 있는 도법(3소점 투시)

34 절단된 것의 단면을 명시하기 위해 쓰이는 선은?

① 피치선
② 파단선
③ 은선
④ 해칭선

 해설 절단된 부분을 나타낼 때 사용하는 선

35 그림과 같은 전개도의 다면체는?

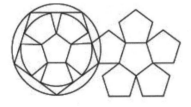

① 정사면체
② 정팔면체
③ 정십면체
④ 정십이면체

36 2소점 유각투시도에서 H.L(Horizontal Line)을 높이면 물체가 어떻게 보인는가?

① 물체의 아래 면이 더욱 확대되어 보인다.

② 물체의 우측면이 더욱 확대되어 보인다.

③ 물체의 윗면이 더욱 확대되어 보인다.

④ 물체가 실제보다 크게 확대되어 보인다.

37 색각(色覺)에 대한 설명 중 잘못된 것은?

① 영·헬름홀츠의 3원색설은 망막에 적·녹·청의 시신경 섬유가 있다는 이론이다.

② 헤링의 4원색설은 청-자, 황-녹, 적-청의 반대되는 수용체가 있다는 이론이다.

③ 영·헬름홀츠의 3원색설은 색광혼합인 가산혼합과 일치된다.

④ 색각이상은 3색형에서 1색형까지 분류된다.

 해설 헤링의 반대색설은 백-흑, 적-녹, 황-청의 반대되는 3개의 반응 과정을 일으키는 수용체가 존재한다고 가정

38 다음 색 중 진출 및 팽창이 가장 큰 색은?

① 5GY 4/4
② 5GY 8/8
③ 5YR 4/4
④ 5YR 8/8

 해설 팽창되어 보이는 색은 고명도, 고채도, 난색에서 느낄 수 있음

39 색의 대비현상에 대한 일반적인 설명으로 잘못된 것은?

① 보색대비 - 보색이 대비되면 본래의 색보다 채도가 높아지고 선명해진다.

② 색상대비 - 색상이 다른 두 색을 인접시키면 서로의 영향으로 색상차가 나지 않게 된다.

③ 면적대비 - 옷감을 고를 때 작은 견본에 비하여 옷이 완성되면 색상이 뚜렷해진다.

④ 채도대비 - 무채색 바탕 위의 유채색은 본래의 색보다 선명하게 보인다.

 해설 색상대비 : 서로 다른 색들의 영향으로 색상의 차이가 크게 보이는 현상

40 동시대비의 지각 조건이 아닌 것은?

① 색상차가 클수록 대비현상은 강해진다.

② 시각차에 의해서 발생한다.

③ 자극과 자극의 거리가 멀어질수록 대비현상은 약해진다.

④ 자극을 부여하는 크기가 작을수록 대비의 효과가 커진다.

 해설 시각차에 의해서 나타나는 대비현상은 계시대비

41 원의 기울기에 따라 여러 변형의 타원으로 구성되어 있으며 원형이 많은 문자 레터링에 사용하기 적합한 도구는?

① 컴퍼스　　　　② 타원형 템플릿

③ 디바이더　　　　④ T자

 해설
• 컴퍼스 : 원 또는 원호를 그릴 때 사용
• 디바이더 : 양각 끝이 모두 뽀족한 침으로 되어 있어 제도 시 선분을 옮기거나 자에서 치수를 옮길 때 주로 사용
• T자 : 제도판 끝에 대고 상하를 움직이지 않게 고정시켜 평행선을 그을 때 사용

42 천연의 유기체 고분자 화합물에 속하지 않는 것은?

① 단백질　　　　② 알루미늄

③ 녹말　　　　④ 글리코겐

해설 천연 유기체 고분자 화합물 : 셀룰로오스, 글리코겐, 녹말, 단백질, 고무 등

43 아트필름 또는 스크린 톤의 착색재료를 사용하여 지정된 부분에 압착시켜 표현하는 렌더링 기법은?

① 에어브러시 렌더링

② 마커 렌더링

③ 아크릴 렌더링

④ 필름 오버레이 렌더링

 해설 필름 오버레이
• 플라스틱이나 깨끗한 물체를 표현하기에 가장 좋은 렌더링 재료
• 아트필름 또는 스크린 톤의 착색재료를 사용하여 지정된 부분에 압착시켜 표현하는 렌더링 기법

44 용해점이 낮은 금속을 용해한 도금탱크에 도금될 소지를 통과 또는 침지시켜 도금층을 얻는 도금은?

① 용융도금　　　　② 용사도금

③ 동도금　　　　④ 니켈도금

 해설 용융도금 : 용융한 금속 중에 철제품이나 구리 등을 침지하여 그 표면을 목적 금속으로 피복하는 방법

45 다음 중 PVDC란?

① 폴리염화비닐수지

② 폴리아미드수지

③ 폴리스티렌

④ 폴리염화비늘리덴수지

 해설 폴리염화비늘리덴수지(PVDC) : 염화비닐리덴과 염화비닐과의 중합체로 방습성, 내열성이 좋고 산소통과성이 작지만 열에 의해 수축함(圖 가정용 랩필름)

46 밤이나 어두운 불빛, 실내의 흐린 빛에서 유용하며 빠른 셔터 속도를 사용할 수 있는 가장 접합한 것은?

① ISO, ASA 50

② ISO, ASA 100

③ ISO, ASA 200

④ ISO, ASA 400

 해설
• 저감도 : ISO 100 이하의 수치를 가진 필름(정교한 사진을 찍을 때 쓰임)
• 중감도 : ISO 100, ISO 200 정도의 수치를 가진 필름(일반 촬영에 주로 쓰임)
• 고감도 : ISO 400 이상의 수치를 가진 필름(밤이나 어두운 불빛, 실내의 흐린 빛에서 유용)

정답 40 ②　41 ②　42 ②　43 ④　44 ①　45 ④　46 ④

47 종이의 밀도가 높을수록 나타나는 장점은?

① 기계적 강도가 증가한다.

② 함수율의 변화가 심하다

③ 가공성이 좋아진다.

④ 평활도가 좋아지며 흡수성이 좋다.

 밀도가 높을수록 기계적 강도가 증가한다는 의미로 섬유 간의 밀착 정도가 높아짐

48 원색판을 이용한 캘린더를 제작하려고 한다. 가장 적합한 종이 재료는?

① 아트지   ② 신문지

③ 모조지   ④ 크라프트지

 아트지 : 종이에 안료와 접착제를 발라서 만들며 강한 광택을 입힌 종이로 사진판이나 원색판의 고급인쇄에 쓰이는 용지로 캘린더 제작에 적합

49 컴퓨터그래픽스의 장점이라고 볼 수 없는 것은?

① 화면과 출력물에 동일한 컬러를 항상 얻을 수 있다.

② 아주 미세한 부분까지 표현이 가능하다.

③ 작업 데이터의 이동 및 보관이 간편하다.

④ 색상, 재질의 수정이 자유로워 비용이 절감된다.

 컴퓨터그래픽스의 단점
- 자연적인 표현이나 기교의 순수함이 없음
- 디자이너의 도구일 뿐 창의력이나 아이디어를 제공하지 않음
- 모니터의 크기에 제약이 있음
- 모니터와 출력물의 색상이 동일하지 않음

50 와이어프레임 모델의 특징과 가장 거리가 먼 내용은?

① 회전 이동이 신속하다.

② 비교적 데이터량이 적다.

③ 추가 삭제가 신속하다.

④ 물체의 면을 잘 표시한다.

 물체를 선으로만 간단히 표현하는 방법으로 처리속도는 빠르고 구조가 간단하나 물체의 부피, 무게, 실제감 등을 표현하기 어려움

51 포토샵의 기능 중 이미지에 원하는 부분만 남기고 나머지 부분을 잘라 없애는 명령은?

① 선택 툴(Marquee Tool)

② 크롭 툴(Crop Tool)

③ 펜 툴(Pen Tool)

④ 올가미 툴(Lasso Tool)

52 컴퓨터 시스템에서 하드웨어 장치를 별도의 설정 없이 입·출력 포트에 꽂기만 하면 바로 사용할 수 있는 것을 뜻하는 것은?

① Cable   ② Network

③ PnP   ④ Node

 꽂아서(Plug) 바로 사용(Play) 한다는 뜻으로 컴퓨터에 주변기기를 추가할 때 별도의 물리적인 설정을 하지 않아도 설치만 하면 그대로 사용할 수 있도록 하는 기능

53 다음 중 TIFF(Tagged Image File Format)에 관한 설명으로 잘못된 것은?

① 애플리케이션과 컴퓨터 플랫폼 간에 파일을 교환할 때 사용되는 파일 포맷이다.

② 기본적으로 OS에 의존하지 않고 사용할 수 있어서 해상도나 압축 방식 등을 기술할 수 있다.

③ 단색에서 컬러까지의 화상데이터를 보존하기 위한 포맷 방식이다.

④ 256색을 이용하여 웹 사이트의 아이콘으로 많이 사용되고 있다.

 GIF : 최대 256가지 색으로 제한되는 단점은 있으나 파일의 압축률이 좋고 인터넷에서 아이콘이나 로고 등 간단한 그래픽 제작 시 유용하게 사용되는 포맷

54 PC에서 데이터를 호환하기 위해 사용하는 주변장치 연결 방식이 아닌 것은?

① IDE   ② SCSI

③ VDSL   ④ USB

 VDSL이란 일반 가정의 기존 전화선을 이용하여 빠른 속도의 양방향 통신이 가능한 통신망으로 '초고속디지털가입자회선'이라고도 함

55 컴퓨터 운용체제(OS; Operating System)가 아닌 것은?

① DOS   ② Window 7

③ UNIX   ④ TARGA

 TARGA : 래스터 그래픽 포맷 파일

56 한글 한 문자를 표현하기 위해 필요한 비트(bit)는 몇 개인가?

① 1   ② 2

③ 8   ④ 16

• 한글 : 16비트
• 영문/숫자/특수문자 : 8비트

57 멀티미디어의 매체적 요소만으로 구성된 것은?

① 시나리오, 그래픽스, 콘티, 영상

② 동영상, 애니메이션, 사운드, 텍스트

③ 공간, 시간, 비디오, 타이틀

④ 스토리, 콘티, 이미지, 음향

해설 멀티미디어의 5대 요소 : 텍스트, 이미지, 사운드, 비디오, 애니메이션

58 스캔할 이미지의 해상도를 지정하는 항목은?

① Document Source

② Image Type

③ Destination

④ Resolution

해설 Resolution=해상도

59 컴퓨터 애니메이션 제작에 있어 영상에서 기본이 되는 단위는?

① 이미지(Image)   ② 프레임(Frame)

③ 픽셀(Pixel)   ④ 카툰(Carton)

60 인간의 오감(五感) 중 컴퓨터그래픽의 발전을 가져오게 된 영향이 가장 큰 감각은?

① 시각   ② 청각

③ 촉각   ④ 미각

해설 컴퓨터그래픽이란 컴퓨터를 이용한 도형 및 화상을 작성하는 기술로, 무한에 가까운 색을 재현, 변형하는 시각적 활동을 말함

01 굿 디자인(Good Design)의 조건이 아닌 것은?

① 합목적성　　　　② 심미성

③ 종합성　　　　　④ 독창성

 굿 디자인의 조건 : 합목적성, 경제성, 심미성, 독창성, 질서성

02 실내 디자인의 목적과 거리가 가장 먼 것은?

① 문화적, 경제적 측면을 고려한 합리적인 실내 공간 계획

② 기능적이고, 쾌적한 환경을 창조하기 위한 실내 공간 계획

③ 독창적이고 합리적인 공간으로 창조하기 위한 실내 공간 계획

④ 기능적 설계요소보다 미적인 요소를 중시한 실내 공간 계획

 심미성과 기능성이 동시에 이루어질 수 있는 실내 공간 계획이 필요함

03 제품 디자인의 프로세스로 가장 적합한 것은?

① 계획 – 분석 – 조사 – 평가 – 종합

② 조사 – 분석 – 계획 – 평가 – 종합

③ 계획 – 조사 – 분석 – 종합 – 평가

④ 조사 – 계획 – 분석 – 종합 – 평가

 제품 디자인의 프로세스 : 계획 – 조사 – 분석 – 종합 – 평가

04 다음 중 제품 디자인의 영역이 아닌 것은?

① 가구 디자인　　　② 완구 디자인

③ 자동차 디자인　　④ 디스플레이 디자인

 디스플레이 디자인은 환경 디자인에 속함

05 고객분석 및 경쟁업자 분석을 하는 것은 다음 제품 디자인 프로세스 중 어디에 속하는가?

① 제품 스케치　　　② 계획

③ 드로잉　　　　　④ 모델링

 제품 디자인 프로세스

계획 수립 → 콘셉트 수립 → 아이디어 스케치 → 렌더링 → 목업 → 도면화 → 모델링 → 결정 → 상품화

06 원시인들이 사용하였던 흙의 사용 용도로 볼 수 없는 것은?

① 집을 짓는 재료　　② 수렵용 도구

③ 물을 담은 용기　　④ 종교적인 토우

 수렵용 도구는 석기를 주로 사용

07 포장 디자인(Package Design)의 주요 기능이 아닌 것은?

① 보호성　　　　　② 생산성

③ 명시성　　　　　④ 환경성

 포장 디자인(Package Design)의 주요 기능 : 보호 보존성, 편리성, 심미성, 상품성, 구매의욕, 재활용성 등

정답 ▶ **01** ③ **02** ④ **03** ③ **04** ④ **05** ② **06** ② **07** ②

08 일반적으로 유연성과 우아함, 부드러움과 운동감이 있으며 사람의 내면을 나타내는 선은?

① 자유곡선형   ② 자유직선형

③ 기하직선형   ④ 기하곡선형

> **해설** 자유곡선형 : 여성적이며 유연하고 자유분방하고 부드러움

09 마케팅의 원칙에 속하지 않는 것은?

① 수요 전제의 원칙   ② 판매 촉진의 원칙

③ 수요 창조의 원칙   ④ 정적 배분의 원칙

> **해설** 마케팅의 원칙 : 수요 전제, 수요 창조, 판매 촉진

10 다음 중 면에 대한 설명이 틀린 것은?

① 길이와 너비를 가진다.

② 공간을 구성하는 단위이다.

③ 수직면은 동적이면서도 안정감을 준다.

④ 넓이는 있으나 두께는 없다.

> **해설** 수직면은 고결한 느낌을 주고 긴장감을 높여줌

11 시각 디자인의 주요 분야가 아닌 것은?

① 텍스타일 디자인   ② 편집 디자인

③ 일러스트레이션   ④ 패키지 디자인

> **해설** 텍스타일 디자인은 제품 디자인에 속함

12 디자인에서 최종적으로 생명을 불어 넣을 수 있는 요소는?

① 독창성   ② 유행성

③ 재료성   ④ 성실정

> **해설** 독창적이고 창조적인 것이 디자인의 핵심으로 '리 디자인(Redesign)'도 모방이 아닌 독창성에 포함됨

13 인테리어 실내 공간의 기본적 요소가 아닌 것은?

① 바닥   ② 가구

③ 벽   ④ 천장

> **해설** 실내 공간의 기본적 요소 : 바닥, 천장, 벽, 기둥 및 보, 개구부

14 편집 디자인의 요소로 가장 거리가 먼 것은?

① 타이포그래피   ② 레이아웃

③ 포토그래피   ④ 스토리보드

> **해설** 스토리보드는 영화, 애니메이션, 광고, 게임 등 각종 영상매체를 만들기 전에 주요 시퀀스를 일러스트나 사진을 이용하여 시각적으로 정리해 놓은 것을 말함

15 다음 중 객실 인테리어(Private Interior)에 해당되는 것은?

① 기숙사의 침실, 교실

② 사무실, 병원의 병실

③ 연구실, 나이트클럽

④ 주택의 거실, 호텔의 객실

> **해설** 객실 인테리어는 호텔이나 여관 등의 숙박 시설에서는 손님이 숙박하는 방. 주택 등에서는 주로 방문객의 응접, 숙박 등을 위해 전용으로 사용하는 방을 말함

16 질감에 대한 설명으로 틀린 것은?

① 빛에 의해 만들어지므로 명암효과에 따라 다르게 보일 수 있다.

② 명도의 대비나 시각적 거리감과 함께 표현된다.

③ 물체의 무게와 안정감을 부여하는 기능이 없다.

④ 촉각적 질감과 시각적 질감으로 나누어진다.

> **해설** 질감은 빛에 의한 명도의 대비나 시각적 거리감과 함께 양감도 표현이 가능하여 안정감을 부여할 수 있음

17 마케팅에 대한 설명 중 틀린 것은?

① 고객의 필요에 초점을 두어야 한다.

② 고객의 필요, 충족을 통해서 이익을 획득한다.

③ 기업의 제품개발, 광고전개, 유통설계를 중심으로 한 활동이다.

④ 소비자 중심에서 기업 중심으로 가야 한다.

18 DM(Direct Mail) 광고라고 볼 수 없는 것은?

① 폴더(folder)

② 리플릿(leaflet)

③ 포스터(poster)

④ 카탈로그(catelogus)

 해설 DM(Direct Mail) 광고의 종류 : 엽서, 폴더, 소책자, 리플릿, 세일즈레터, 레터가젯 등

19 디자인과 건축 분야에서 "형태는 기능을 따른다"라고 기능미를 처음 주장한 사람은?

① 루이스 설리반

② 프랭크 로이드 라이트

③ 윌리엄 모리스

④ 발터 그로피우스

 해설 기능주의의 대표적 인물로 루이스 설리반이 "형태는 기능을 따른다"라고 기능미를 주장

20 디자인 과정 중에서 스케치 역할이 아닌 것은?

① 기본의 형태를 모방한다.

② 아이디어를 빠르게 표현한다.

③ 의도된 형태를 발전, 전개시킨다.

④ 프리젠테이션을 통해 최종 디자인을 결정할 때 쓰인다.

 해설 스케치는 디자인 단계에서 디자이너가 의도한 아이디어를 개략적으로 검토하고 이미지를 구체적으로 펼쳐가는 작업으로써 의도된 형태로 발전, 전개시키는 것을 말함

21 어두워지면 가장 먼저 사라져서 보이지 않는 색은?

① 노랑   ② 빨강

③ 녹색   ④ 보라

 해설 푸르킨예 현상 : 밝은 곳에서는 노랑, 어두운 곳에서는 청록색이 가장 밝게 느끼는 것으로, 파장이 짧은 색이 나중에 사라지고 파장이 긴 색이 먼저 사라지는 현상

22 그림은 무엇을 구하기 위한 것인가?

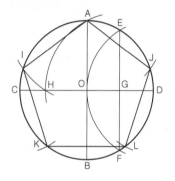

① 원주에 근사한 직선 구하기

② 원에 내접하는 정5각형 그리기

③ 원에 내접하는 반원형 그리기

④ 한 변이 주어진 정5각형 그리기

23 그림의 투상도는?

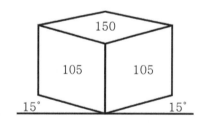

① 2등각 투상도   ② 1소점 투시도

③ 사투사도   ④ 2소점 투시도

 해설 3개의 축선이 서로 만나서 이루는 세 각들 중에서 두 각은 같고, 나머지 한 각은 다른 경우를 2등각 투상도라 함

24 오스트발트의 색입체에서 등가색환 계열에 관한 설명으로 잘못된 것은?

① 링스타(Ring Star)라고 부른다.

② 20개의 등가색환 계열로 되어 있다.

③ 이 계열 속에서 선택된 색은 모두 조화된다.

④ 무채색 축에서 백색량과 흑색량이 같은 등가색환 계열이다.

 해설 오스트발트 표색계의 색입체에서 무채색 축을 중심으로 백색량, 흑색량, 순색량이 같은 색환. 28개의 등가색환이 있음

25 채도를 낮추지 않고 어떤 중간색을 만들어 보자는 의도로 화면에 작은 색점을 많이 늘어놓아 사물을 묘사하려고 한 것에 속하는 것은?

① 가산혼합   ② 감산혼합

③ 병치혼합   ④ 회전혼합

 해설 병치혼합 : 색이 조밀하게 병치되어 보이는 현상으로 무수한 점이 망막에 자극을 주어 혼합되어 보이며, 인접한 색으로 인하여 중간 색상으로 보이는 경우를 말함

26 다음은 무엇을 나타내는 도면인가?

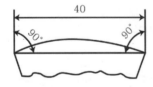

① 현의 치수 기입 방법

② 반지름의 치수 기입 방법

③ 원호의 치수 기입 방법

④ 곡선의 치수 기입 방법

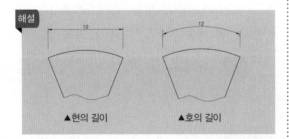

▲현의 길이   ▲호의 길이

27 다음 색상 중 후퇴, 수축색은?

① 노랑   ② 파랑

③ 주황   ④ 빨강

 해설 진출색은 난색 후퇴색은 한색

28 안내표지의 바탕이 흰색일 때 멀리서도 인지하기 쉬운 문자의 색으로 가장 적합한 것은?

① 초록   ② 빨강

③ 파랑   ④ 주황

 해설 명시성이 높은 배색
• 노랑 – 검정 : 철길 건널목, 도로 중앙선, 전봇대
• 빨강 – 흰색 : 수영금지, 교통표지판
• 녹색 – 흰색 : 안전표시, 안내표시, 자동차 번호판

29 색의 3속성에 따라 분류하여 표현하는 색 이름은?

① 관용색명   ② 고유색명

③ 순수색명   ④ 계통색명

해설 일반색명(=계통색명) : 색의 3속성에 따라 수식어를 정하여 표시하는 색명

30 투시도법의 기호와 용어가 틀린 것은?

① GP – 기선

② PP – 화면

③ HL – 수평선

④ VP – 소점

해설 GL(Ground Line) – 지면선 : 화면과 지면이 만나는 선

31 도면에서 치수 단위에 대한 설명으로 틀린 것은?

① 길이의 단위는 cm를 사용한다.

② 길이의 단위는 mm를 사용하나, 단위 mm는 기입하지 않는다.

정답 ▶ 24 ② 25 ③ 26 ① 27 ② 28 ① 29 ④ 30 ① 31 ①

③ 각도는 필요에 따라 분, 초의 단위와 함께 사용할 수 있다.

④ 각도의 단위는 도(°)를 사용한다.

 해설　길이의 단위는 mm를 사용함

32 자연광에 의한 음영 작도에서 화면에 평행하게 비칠 때의 광선은?

① 측광　　　　　　② 배광

③ 역광　　　　　　④ 음광

해설　측광 : 피사체의 측면에서 비추는 광선 또는 조명으로 수평에 가까운 각도로 입사하는 빛

33 색의 분류 중 무채색에 속하는 것은?

① 황토색　　　　　② 어두운 회색

③ 연보라　　　　　④ 어두운 회녹색

해설　무채색은 명도는 있지만 색상과 채도는 없음

34 색채조화에 대한 연구를 통하여 이론을 제시한 사람이다. 관련이 없는 사람은?

① 레오나르도 다빈치

② 뉴턴

③ 셔브뢸

④ 맥스웰

 해설　맥스웰은 영국의 물리학자로 회전판 혼합 발견

35 등각 투상도(Isomertric Projection Drawing)에서 등각축의 각도는?

① 45°　　　　　　② 90°

③ 120°　　　　　④ 150°

 해설　등각 투상도는 물체의 세 모서리가 120°의 각을 이루는 투상도로서, 세 축의 투상면이 모두 같은 각을 이룸

36 색표의 혼합에서 만들 수 없는 색은?

① 주황　　　　　　② 노랑

③ 녹색　　　　　　④ 남색

 해설　C(시안), M(마젠타), Y(노랑)는 3원색으로 혼합하여 만들 수 없는 원색임

37 색채, 질감, 형태, 무늬 등이 어떤 체계를 가지고 점점 커지거나 강해져 동적인 리듬감이 생겨나는 것은?

① 스케일　　　　　② 비례

③ 대비　　　　　　④ 점이

 해설　점이(그러데이션)는 색이나 명암이 점점 밝아지거나 어두워지면서 생기는 시각적인 율동감을 말함

38 선의 종류 중 은선의 용도는?

① 물품의 보이는 외형선을 표시하는 선

② 보이지 않는 부분의 형상을 표시하는 선

③ 치수를 기입하는 데 쓰는 선

④ 도형의 중심을 표시하는 선

해설　(숨)은선은 파선을 사용하며 보이지 않는 부분의 형상을 나타내는 선을 말함

39 색채의 공감각과 거리가 가장 먼 것은?

① 맛　　　　　　　② 냄새

③ 촉감　　　　　　④ 대비

 해설　색의 공감각 : 미각, 청각, 후각, 촉각과 같은 감각 영역의 자극으로부터 하나의 감각이 연쇄적으로 다른 영역의 감각을 불러일으키는 현상

40 영 · 헬름홀츠 지각설에서 주장한 3원색이 아닌 것은?

① Red　　　　　　② Yellow

③ Green　　　　　④ Blue

해설　색각에는 3종(Red, Green, Blue)의 기본 감각이 있고, 이 조합에 의해 색각이 성립한다는 이론

41 안료와 접착제를 종이 표면에 발라 강한 광택을 입힌 것으로 원색판의 고급인쇄에 적합한 종이는?

① 모조지　　　　② 아트지

③ 갱지　　　　　④ 켄트지

 해설
- 모조지 : 아류산 펄프를 원료로 사용하며 인쇄, 필기 및 포장용지에 쓰임
- 갱지 : 원료의 주성분이 쇄목펄프를 사용한 최하급 인쇄용지
- 켄트 : 화학펄프를 원료 스케치나 일반 표현 재료로 가장 많이 사용

42 다음 중 무기재료로 짝지어진 것은?

① 도자기, 플라스틱　　② 우리, 피혁

③ 금속, 유리　　　　　④ 목재, 종이

해설
- 무기재료 : 탄화수소를 제외한 모든 물질, 금속, 유리, 도자기 등
- 유기재료 : 목재, 섬유, 피혁, 펄프, 플라스틱 등

43 에어브러시(Air Brush)에 관한 설명 중 틀린 것은?

① 거칠고 대담한 표현에 가장 적합하다.

② 공기의 압력을 이용해서 잉크나 물감을 내뿜어 그려진다.

③ 사실적이고 환상적인 일러스트레이션 표현에 알맞은 기법이다.

④ 가장 중요한 것은 컴프레서와 스프레이건의 취급법이다.

 해설
에어브러시는 붓의 얼룩을 남기지 않아 부드러운 음영과 치밀하고 정교한 사실 표현이 가능

44 특수 목적의 렌즈 중 꿈같은 환상적 분위기를 연출하는 데 사용하는 것은?

① 줌렌즈　　　　② 마이크로렌즈

③ 시프트렌즈　　④ 연초첨렌즈

 해설
소프트포커스렌즈(연초점렌즈) : 특수 필터나 망사 등의 물체를 렌즈 앞에 부착하여 해상도를 일부러 감소시켜 꿈같은 환상적이고 부드러운 분위기를 표현하는 렌즈

45 아트지, 바리타지 등에 많이 쓰이는 가공지는?

① 변성 가공지　　② 적층 가공지

③ 도피 가공지　　④ 흡수 가공지

 해설
도피 가공지 : 백색, 유색의 안료 또는 접착제를 종이 표면에 발라 만드는 가공(아트지, 바리타지)

46 도료의 구성 성분이 아닌 것은?

① 안료　　　　　② 중합체

③ 첨가제　　　　④ 향료

해설
도료의 구성 성분 : 전색체, 안료, 용제, 건조제, 중합체, 첨가제

47 완성된 원고를 인쇄하기 위해서는 정확한 색 지정이 중요하다. 다음 중 미국 색채 연구소에서 개발되어 세계적으로 통용되는 컬러 가이드는?

① 팬톤 컬러 가이드

② DIC 컬러 가이드

③ 오스트발트 색표집

④ 한국표준 색표집

 해설
미국 팬톤사에서 제작한 인쇄 및 소재별 잉크를 조색하여 제작한 색표집. 컬러 수는 유광판 1015색, 무광판 1013가지로 되어 있음

48 열경화성 수지를 대표하는 플라스틱으로 절연성이 커서 전기 재료로 많이 사용되며 '베이클라이드'라고도 하는 수지는?

① 요소수지　　　② 멜라민 수지

③ 페놀수지　　　④ 푸란수지

 해설
- 요소수지 : 탄산가스와 암모니아에서 얻은 요소와 포르말린을 합한 수지로 무색투명하며, 식기나 장식품 등에 쓰임
- 멜라민 수지 : 멜라민과 포름알데히드로 만드는 열경화성 수지로 전기절연성이 좋아 가구재로 자주 쓰임
- 푸란수지 : 푸란 고리를 함유한 열경화성 수지로 외관상 액체이지만 열에 의해 경화되어 항상 검은색이며, 내수성 접착제로 사용

49 다음 중 비트맵 파일 포맷이 아닌 것은?

① GIF　　　　　　② PSD

③ AI　　　　　　　④BMP

 벡터 포맷 방식 : AI, CDR, EPS, PostScript

50 컴퓨터 그래픽스 파일 포맷에 대한 설명으로 틀린 것은?

① BMP : 마이크로소프트사에서 지원하는 파일 포맷으로 압축 방법을 사용하지 않는다.

② EPS : 포스트스크립트 형태의 파일 형식으로 비트맵 이미지와 벡터 그래픽 파일을 함께 저장할 수 있다.

③ GIF : 사진 이미지 압축에 가장 유리한 포맷으로 정밀한 이미지 저장에 적합한 파일이다.

④ PNG : JPG와 GIF의 장점만을 가진 포맷으로 투명성과 관련된 알파채널에서 향상된 기능을 제공한다.

 GIF : 최대 256가지 색으로 제한되는 단점은 있으나 파일의 압축률이 좋고 인터넷에서 아이콘이나 로고 등 간단한 그래픽 제작 시 유용하게 사용되는 포맷

51 저해상도 곡선이나 사선을 표현할 때 생기는 계단현상을 완화하기 위해 사용하는 기법은?

① 모핑

② 안티 앨리어싱

③ 스위핑

④ 미러

 • 앨리어싱 : 저해상도에서 곡선이나 사선이 계단모양으로 나타나는 현상
• 안티 앨리어싱 : 저해상도에서 곡선이나 사선을 표현할 때 생기는 계단현상을 완화하는 기법

52 컴퓨터의 모니터나 TV에서는 모든 컬러를 3개의 기본색으로 구성한다. 다음 중 그 기본색이 아닌 것은?

① Yellow　　　　② Green

③ Blue　　　　　④ Red

 컴퓨터의 모니터나 TV는 RGB 색상 시스템을 기본

53 컴퓨터그래픽스의 도입 효과에 대한 설명으로 가장 거리가 먼 것은?

① 다양한 대안의 제시가 비교적 쉽다.

② 여러 가지 수정이 용이하며 변형이 자유롭다.

③ 컴퓨터그래픽 기기를 쉽게 익힐 수 있다.

④ 정보들의 축적으로 나중에 다시 이용할 수 있다.

 컴퓨터그래픽 기기나 프로그램 습득은 시간과 노력이 요구됨

54 반사율과 굴절률을 계산하여 투영감과 그림자까지 완벽하게 표현하는 렌더링 기법은?

① 레이트레이싱 방식　　② 셰이딩 방식

③ 텍스처 매핑 방식　　　④ 리코딩 방식

 광선추적 방법(레이트레이싱) : 모델링에서 빛을 표현하는 방법으로 반사와 굴절에 의한 표면 질감과 명암은 물론이고 이미지도 만들어 냄

55 컴퓨터에 내장된 실제 RAM이 사용하려고 하는 프로그램의 권장 메모리보다 작을 때 취해야 할 옳은 방법은?

① Vidio Ram(비디오 램)을 증가시킨다.

② Hard Disk(내장 하드디스크) 용량을 증가시킨다.

③ ROM(Read Only Memory)을 이용한다.

④ Virtual Memory(가상 메모리)를 사용한다.

 실제 사용 프로그램의 메모리가 내장되어 있는 실제 램보다 더 크거나, 더 필요할 때 하드디스크의 일부분을 메모리처럼 사용하는 기능을 말함

56 인덱스 색상 모드에 관한 설명으로 틀린 것은?

① 인터넷 데이터 포맷으로 널리 쓰이는 포맷 방식은 BMP포맷 방식이다.

② 원본 이미지의 색상이 표에 없으면 색상표에서 가장 근접한 색상으로 표시한다.

③ 팔레트 색상을 제한하여 일정한 품질을 유지하면서 이미지의 파일 크기를 줄일 수 있다.

④ 256색을 사용하여 색상을 변환하고 이미지의 색을 저장한다.

> **해설** 인터넷 데이터 포맷으로 널리 쓰이는 포맷 방식은 GIF포맷 방식

57 작업 도중 명령을 취소하고 싶을 때 쓰는 명령은?

① save   ② place

③ group   ④ undo

> **해설** save : 저장, place : 불러오기, group : 그룹

58 움직이지 않는 배경그림 위에 투명한 셀로판지를 올려놓고 한 컷, 한 컷 촬영하는 방법은?

① 투광 애니메이션

② 컷 아웃 애니메이션

③ 클레이 애니메이션

④ 셀 애니메이션

> **해설** 여러 장의 정지되어 있는 그림을 빠르게 보여 주어 그 잔상에 의해 움직이는 영상을 만들어 내는 것으로서, 셀이란 애니메이션 프레임을 구성하는 투명한 플라스틱 소재를 말함

59 컴퓨터에 관한 설명 중 잘못된 것은?

① 컴퓨터에서 CPU는 사람 두뇌에 해당된다.

② CPU는 데이터의 연산 및 컴퓨터 각각의 부분을 제어하는 기능을 갖고 있다.

③ 레지스터(Register)는 CPU의 임시 기억장치로 컴퓨터의 중앙처리장치에서 사용되는 고속의 기억장치이다.

④ 제어장치(Control Unit)에서 덧셈, 뺄셈 등과 같은 산술 연산과 AND, OR 등과 같은 논리 연산을 수행한다.

> **해설** 연산장치(ALU)에서 덧셈, 뺄셈 등과 같은 산술 연산과 AND, OR 등과 같은 논리 연산을 수행

60 3차원 컴퓨터그래픽스에서 물체의 투명도를 조절할 수 있는 셰이딩 기법은?

① Transparency   ② Bump

③ Refraction   ④ Glow

> **해설**
> • Transparency : 투명 매핑
> • Bump : 요철(범프) 매핑
> • Refraction : 반사 매핑
> • Glow : 광선 매핑

01 4차원의 디자인에 속하는 것은?

① 일러스트레이션

② 그래픽 디자인

③ 애니메이션

④ 디스플레이 디자인

 4차원 디자인 : 애니메이션, 영상 디자인, 가상현실 디자인

02 아르누보 양식의 특징이 아닌 것은?

① 대칭

② 생동적

③ 곡선적

④ 여성적

 아르누보는 유럽 신예술 양식으로 자연의 유기적 형태와 감각적이고 곡선적인 비대칭 구성이 특징임

03 바우하우스에 대한 설명이 틀린 것은?

① 조형교육과 기술교육을 함께 가르쳤다.

② 1919년 발터 그로피우스가 설립한 디자인대학이다.

③ 대표적인 작가로는 헨리 반 데 벨데, 아더 맥머도 등이 있다.

④ 공업 시스템과 예술가 사이의 갈등을 해결하려고 노력했다.

해설 바우하우스의 대표적 인물 : 발터 그로피우스, 요하네스 이텐, 바실리 칸딘스키, 라이오넬 파이닝거, 폴 클레, 오스카 슐레머 등

04 디자인의 궁극적인 목적을 가장 바르게 기술한 것은?

① 용도나 기능을 목표로 하는 생산행위에 목적이 있다.

② 인간의 행복을 위한 물질 생활환경의 개선 및 창조를 목적으로 한다.

③ 대중이 미의식보다는 개인의 취향을 전제로 디자인하는 데 목적이 있다.

④ 경제 발전에만 치중한다.

 디자인의 가장 큰 목적은 실용성과 아름다움의 조화

05 광원에서 나온 빛을 천장이나 벽에 부딪혀 확산된 반사광으로 비추는 조명 방식은?

① 직접 조명

② 간접 조명

③ 전반확산 조명

④ 반직접 조명

 • 직접 조명 : 빛의 90~100%가 아래로 향하는 조명 방식
• 반직접 조명 : 투사율 60~90%가 바닥을 향해 비춰지며, 10~40%의 빛은 천장에 반사되어 내려오는 조명 방식
• 전반확산 조명 : 전체적으로 빛이 고르게 퍼지며, 조명기구는 전구에 글로브를 씌우는 방식

06 기하학적 추상 일러스트레이션의 설명 중 옳은 것은?

① 대상을 질서에 의하여 사실적으로 표현하는 것이다.

② 직선, 삼각형, 사각형, 원 등의 형태를 이용하는 것이다.

③ 비구상적, 부정형적인 것을 말한다.

④ 자연계에서 찾아볼 수 있는 형태를 이용한 것이다.

해설 기하학적 추상은 선과 면이 이루는 기하학적인 형태와 절제된 색채로 화면을 구성하는 것이 특징

정답 ▶ **01** ③ **02** ① **03** ③ **04** ② **05** ② **06** ②

07 래피드 프로토타이핑(Ripid Prototyping)에 관한 설명 중 옳은 것은 무엇인가?

① 디자이너가 제품의 평가척도를 만드는 데 필요한 도구

② 짧은 시간 내에 디자인의 실제 모델을 다양하게 만드는 방법

③ 단기간 내에 디자인 기획을 수행할 수 있는 방법론

④ 디자이너가 스케치를 통해 형태를 검토하는 방법

> 해설 쾌속 조형법이라고도 하며 제품 설계에서부터 시제품 제작과 완제품의 대량생산까지 도달하는 데 필요한 시행착오를 컴퓨터를 기반으로 통합하면서 제품 생산시간을 단축하는 것이 특징

08 브레인스토밍에 대한 설명 중 가장 거리가 먼 것은?

① 오스본에 의해 1930년대 후반에 제안된 아이디어 발상법이다.

② 토의 그룹을 만들어 제약이 없는 상태에서 자유롭게 아이디어를 내는 방법이다.

③ 각자의 아이디어를 토의를 통해 선별하고 기존의 아이디어를 보완하는 역할로 사용된다.

④ 이 방법을 진행하는 데 필요한 기본 원칙에는 비평은 금물, 많은 양의 아이디어 요구 등이 있다.

> 해설 브레인스토밍은 이미 제출된 아이디어들의 조합과 이들을 활용하여 개선함

09 물체의 표면이 가지는 성질로서 매끄럽다, 거칠다, 부드럽다, 딱딱하다 등의 느낌은?

① 양감   ② 온도감

③ 재질감   ④ 입체감

> 해설 • 촉각적 질감 : 매끄럽다, 거칠다, 부드럽다, 딱딱하다 등
> • 시각적 질감 : 장식적, 기계적, 자연적 질감

10 박물관, 대형마트, 뷔페식 식당 등의 실내 디자인 계획 시 공통적으로 고려해야 할 사항 중 가장 중요한 것은?

① 난간 및 계단은 설치하지 않는다.

② 동선의 역순과 교차를 고려한다.

③ 사용자를 고려하여 간접 조명을 설치한다.

④ 외부 빛의 유입 방안을 모색하여야 한다.

> 해설 이동의 흐름을 막힘이나 혼잡이 없도록 동선의 역순과 교차를 고려해야 함

11 디자인의 조형 요소가 아닌 것은?

① 형   ② 색채

③ 균형   ④ 질감

> 해설 디자인의 조형 요소 : 형태, 크기, 색채, 질감, 빛 등

12 옵셋(Offset) 인쇄에 대한 설명이 틀린 것은?

① 색채 표현성이 좋다.

② 색도수의 사용이 자유롭다.

③ 대량 인쇄 시 비용이 저렴하다.

④ 지폐나 유가증권 인쇄에 적합하다.

> 해설 그라비어 인쇄는 농담효과를 풍부하게 얻을 수 있어 지폐, 수표, 유가증권, 우표, 벽지 인쇄 등에 적합함

13 마케팅 활동에서 광고관리를 위해 필요한 정보로, 생활 스타일(Life Style)은 어느 정보에 속하는가?

① 광고 정보

② 소비자 정보

③ 시장 정보

④ 환경 정보

> 해설 라이프 스타일은 개인이나 집단에서 나타나는 삶의 방식을 뜻하며, 라이프 스타일은 소비생활과 서비스 체험을 통해 나타남

정답   07 ②   08 ③   09 ③   10 ②   11 ③   12 ④   13 ②

14 기업의 디자인 매니지먼트와 거리가 가장 먼 것은?

① 디자인 프로젝트 관리

② 기업 이미지 관리

③ 소비자의 생활양식 관리

④ 디자인 전략 기획

 디자인 매니지먼트는 디자인 전반에 관련하여 계획을 세운 후 조직을 형성하기 위해 필요한 인원을 선발하고, 자발적으로 창의성을 발휘하도록 지휘하며, 그 활동이 계획된 바에 따라 수행하고 있는가를 분석, 계획하고 통제하는 활동

15 다음 그림과 같은 대칭은?

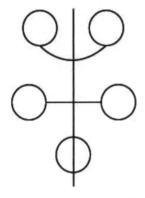

① 역대칭

② 방사대칭

③ 점대칭

④ 선대칭

 선대칭은 한 선을 축으로 하여 서로 마주 보게끔 하는 것으로 일반적으로 도형의 구성이 중앙으로부터 양쪽에 위치하는 것을 말함

16 실내 디자인에 드는 비용을 최소화하는 방안으로 틀린 것은?

① 시설비를 줄인다.

② 천장이나 벽면에는 요철을 적게 한다.

③ 표준화된 치수의 제품과 규격화된 기성품을 활용한다.

④ 실내 디자인의 효과를 높이기 위해서는 구입비와 유지 관리비를 최대한 많이 책정한다.

17 인쇄 판식에 관한 설명 중 잘못된 것은?

① 평판 : 물과 기름의 반발 원리를 이용한 것으로 옵셋 인쇄가 대표적이다.

② 볼록판 : 화선부가 볼록부이며 볼록부에만 잉크가 묻기 때문에 문자가 선명치 못하고 박력이 없다.

③ 오목판 : 평평한 판면을 약품이나 조각으로 패이게 하는 방법으로 그라비어 인쇄가 대표적이다.

④ 공판 : 인쇄하지 않을 부분의 구멍을 막아 제판하여 인쇄하며, 인쇄량이 비교적 적은 인쇄에 사용된다.

 ① 평판 : 옵셋 인쇄
② 볼록판(활판 인쇄) : 인쇄 방법 중에서 가장 오래된 기술로써 화선부가 볼록부인 양각인쇄로 선명하고 강한 인상을 줌
③ 오목판 : 그라비어 인쇄
④ 공판 : 스크린 인쇄

18 다음 중 이념적인 형태에 해당하는 것은?

① 자연형태　　　　② 인위형태

③ 현실형태　　　　④ 순수형태

 이념적, 순수, 기하학적인 형태는 눈에 보이지 않는 형태

19 게슈탈트 요인 중 벌어진 도형을 완결시켜 보려는 경향을 갖는 것은?

① 근접성의 법칙　　② 방향성의 법칙

③ 유사성의 법칙　　④ 폐쇄성의 법칙

 폐쇄성 : 연결되어 있지 않은 도형을 강제로 닫아 보려는 성질

20 통일된 이미지를 소비자에게 전달하기 위해 가장 고려해야 하는 것은?

① 일러스트레이션　　② 브랜드 네임

③ 셀링 포인트　　　④ 브랜드 아이덴티티

 기업이나 단체가 가지고 있는 이미지를 시각적으로 체계화하여 소비자에게 전달하기 위해서는 브랜드 아이덴티티가 중요함

21 입체를 평면에 평행인 평면으로 절단하였을 때의 투상도와 전개도이다. 어떤 입체를 절단한 것인가?

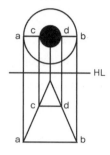 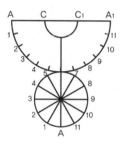

① 원통
② 구
③ 원뿔대
④ 삼각뿔

22 심리적으로 가장 마음을 안정시키는 색은?

① 5Y 6/8
② 5G 4/6
③ 5R 5/10
④ 5YR 3/6

> 해설   심리적 안정과 집중력을 높이기에 좋은 색상은 초록색 계열

23 파장이 가장 긴 색과 짧은 색이 맞게 짝지어진 것은?

① 빨강과 주황
② 빨강과 남색
③ 빨강과 보라
④ 노랑과 초록

> 해설   가시광선의 범위는 380nm~780nm, 380nm쪽은 보라색, 단파장이고 780nm쪽은 빨강, 장파장

24 유사 색조의 배색에서 받는 느낌은?

① 강함, 똑똑함, 생생함, 활기참
② 평화적임, 안정된, 차분한
③ 동적임, 화려함, 적극적임
④ 예리함, 자극적임, 온화함

> 해설   • 동일 색조의 조화 : 차분함, 시원시원함, 통일성
> • 유사 색조의 조화 : 화합적, 평화적, 안정, 차분함
> • 반대 색조의 조화 : 강함, 생생함, 예리함, 동적임, 자극적임

25 물체가 없어진 후에도 얼마 동안 상이 남아 있는 현상은?

① 상상
② 환상
③ 잔상
④ 추상

> 해설   잔상 : 자극을 주어 색각이 생긴 후 자극을 제거하여도 그 흥분이 망막에 남아 있는 상태

26 어두운 상태에서 우리 눈의 간상체가 지각할 수 있는 색은?

① 황색
② 회색
③ 청색
④ 적색

> 해설   • 추상체 : 색을 구별하는 역할을 하며 주로 밝은 곳에서 작용
> • 간상체 : 한상체라고 불리는 망막세포의 일종으로 주로 어두운 곳에서 작용하며 색채 지각보다는 명암을 식별하는 역할을 함

27 먼셀표색계의 채도에 대한 설명 중 틀린 것은?

① 채도는 색상의 강약을 말한다.
② 채도는 색상이 있을 때만 나타난다.
③ 순색은 한 색상에서 무채색의 포함량이 가장 적은 채도의 색을 말한다.
④ 모든 색상의 채도 단계는 동일하다.

> 해설   먼셀표색계의 채도는 수평 방향으로 중심축은 무채도 0단계에서 바깥쪽으로 갈수록 고채도가 되어 14단계로 구성되어 있고 색상마다 다른 채도 단계를 가짐

28 다음 색 중 보색관계로 짝지워진 것은?

① 5R – 5BG
② 10Y – 10RP
③ 5B – 10YR
④ 5P – 10GY

> 해설   보색관계
> 빨강–청록, 주황–파랑, 노랑–남색, 연두–보라, 녹색–자주, 흰색–검정

정답 ▶ 21 ③ 22 ② 23 ③ 24 ② 25 ③ 26 ② 27 ④ 28 ①

29 다음 도형은 무엇을 구하기 위한 것인가?

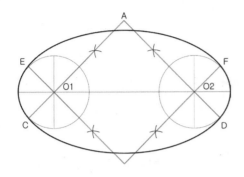

① 두 원을 격리시킨 타원 그리기

② 두 원을 연접시킨 타원 그리기

③ 장축과 단축이 주어진 타원 그리기

④ 4중심법에 의한 타원 그리기

30 배색효과에 대한 설명으로 거리가 먼 것은?

① 고명도의 색을 좁게 하고 저명도의 색을 넓게 하면 명시도가 높아 보인다.

② 같은 명도의 색이라도 면적이 커지면 고명도로 보이고 밝아 보인다.

③ 같은 채도의 색이라도 면적이 작아지면 저채도로 보이고 탁하게 보인다.

④ 같은 명도의 색이라도 면적이 작아지면 고명도로 보인다.

 면적이 크면 명도와 채도가 증대되어 실제보다 밝고 선명하며 고명도, 고채도로 보이고 면적이 작아지면 저명도, 저채도로 보임

31 조감도의 소점은 몇 개인가?

① 1개　　　　② 2개

③ 3개　　　　④ 4개

 조감도는 눈 아래에 넓고 멀리 펼쳐진 세상을 비스듬히 굽어 본 형상대로 그리는 것

32 선의 종류 중 절단면을 나타내는 선은?

① 해칭선　　　　② 파선

③ 피치선　　　　④ 지시선

- 파선 : 대상물의 일부를 파단하거나 떼어낸 경계를 표시하는 선
- 지시선 : 기호 등을 표시하기 위해 끌어내서 사용하는 선
- 피치선 : 반복되는 도형의 피치를 잡는 기준이 되는 선

33 제3각법에서 눈과 물체, 투상면의 순서가 올바른 것은?

① 눈 → 물체 → 투상면

② 투상면 → 물체 → 눈

③ 물체 → 눈 → 투상면

④ 눈 → 투상면 → 물체

- 제3각법 : 눈 → 화면 → 물체
- 제1각법 : 눈 → 물체 → 화면

34 다음 중 단색광을 바르게 설명한 것은?

① 가장 짧은 파장의 광선

② 두 단색광을 합하여 백색광이 되는 광선

③ 눈에 보이지 않는 광선

④ 더 이상 분광될 수 없는 광선

 스펙트럼에 의하여 더 이상 분해되지 않는 빛을 단색광이라고 함

35 다음 중 성격이 다른 하나는?

① 혼색효과　　　　② 전파효과

③ 동일효과　　　　④ 줄눈효과

 색의 동화란 인접된 색들끼리 서로의 영향을 받아 인접색에 더 가깝게 보이는 현상으로 혼색효과, 전파효과, 줄눈효과, 베졸트 효과라고도 함

36 배경색이 N4이고 그림색이 5YR 8/4일 경우 그림색은 어떻게 보이는가?

① 어둡게 느껴진다.

② 강하게 부각된다.

③ 회미하게 부각된다.

④ 더욱 탁하게 느껴진다.

 배경색은 명도 4단계, 그림색은 명도 8단계로 명도대비가 강하게 일어남

37 다음 그림과 같은 곡선은?

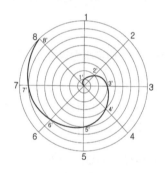

① 인벌류트 곡선 그리기

② 등간격으로 나사선 그리기

③ 아르키메데스 나사선 그리기

④ 하트형 응용곡선 그리기

38 도면을 내용에 따라 분류할 때 해당되지 않는 것은?

① 계통도　　　　② 설명도

③ 배치도　　　　④ 외형도

　• 내용에 따른 분류 : 부품도, 조립도, 상세도, 공정도, 결선도, 배관도, 계통도, 외형도
　• 용도에 따른 분류 : 계획도, 제작도, 주문도, 견적도, 승인도, 설명도

39 점을 찍어가며 그림을 그린 인상파 화가들의 그림과 관련된 혼합은?

① 가산혼합　　　　② 감산혼합

③ 병치혼합　　　　④ 회전혼합

 컬러TV, 인상파 화가들의 점묘법, 모자이크, 직물 등에서 볼 수 있는 것으로서 하나하나의 점으로 병치되어 있음

40 투시도의 종류에 해당되지 않는 것은?

① 평행 투시도

② 투상 투시도

③ 사각 투시도

④ 유각 투시도

 투시도법의 종류
　• 1소점법(평행 투시) : 소실점이 1개
　• 2소점법(유각 투시) : 소실점이 2개
　• 3소점법(경사 투시) : 소실점이 3개

41 유기재료 중 대량생산에 가장 많이 사용되는 것은?

① 목재

② 가죽

③ 볏짚

④ 플라스틱

 석유 화학의 발달로 플라스틱은 대표적인 유기재료로 많이 사용되고 있음

42 포스터컬러의 특성에 관한 설명 중 잘못된 것은?

① 불투명하고 은폐력과 접착력이 강해야 한다.

② 색상이 밝고 정확하며, 광택이 없어야 한다.

③ 입자가 세밀하고 고르며, 매끈하게 칠해져야 한다.

④ 건조된 후에는 칠할 때의 색보다 또렷해야 한다.

 포스터컬러를 칠할 때와 건조 후의 색상차가 나므로 주의해야 하며 칠할 때 색이 더 또렷함

43 물을 용제로 사용하는 도료는?

① 에멀션 도료

② 페놀수지 도료

③ 프탈산 수지 도료

④ 에폭시 수지 도료

 수성도료 : 에멀션 도료, 유화중합 도료로 물을 용제로 쓰는 도료

44 목재의 물리적 성질에 대한 설명으로 옳은 것은?

① 인장강도 – 목재에 압력을 가할 때의 내부 저항력

② 압축강도 – 마멸에 대한 내부 저항력

③ 경도 – 목재를 잡아끄는 왜력에 대한 내부 저항력

④ 전단강도 – 목재의 일부를 남은 부분 위에 올려 놓았을 때, 이 단면이 평행하게 작용하는 저항력

 • 인장강도 : 목재를 잡아당기는 외력에 대한 내부 저항력
• 압축강도 : 목재에 압력을 가할 때의 내부 저항력
• 경도 : 마멸에 대해 내부 저항력

45 종이를 서로 붙여서 두꺼운 판지 또는 골판지를 만드는 가공 방법을 무엇이라 하는가?

① 도피가공

② 배접가공

③ 흡수가공

④ 변성가공

 • 도피가공 : 백색, 유색의 안료 또는 접착제를 종이 표면에 발라 만드는 가공법
• 흡수가공 : 용해 또는 융해시킨 물질을 원지에 흡수시키는 가공법
• 변성가공 : 종이의 질을 화학적, 기계적 가공에 의해 변화시켜 사용목적에 알맞게 만드는 가공법

46 필름의 감도 표시가 아닌 것은?

① ISO

② DIN

③ ASA

④ KS

 한국산업규격(KS; Korean Industrial Standards)은 한국의 국가표준

47 한지의 용도에 따른 분류에 해당하는 것은?

① 화선지

② 닥종이

③ 송엽지

④ 유목지

 • 용도에 따른 분류 : 화선지, 자문지, 상소지, 시지, 초지 등
• 재료에 따른 분류 : 닥종이, 송엽지, 유목지 등

48 다음 재료 중 가볍고 표면의 산화 피막 때문에 내식성이 좋으며, 철강 다음으로 사용량이 많은 금속은?

① 납

② 아연

③ 구리

④ 알루미늄

 알루미늄은 다른 금속에 비해 가볍고, 소성가공이 쉽고, 부식저항이 강하며, 다양한 형상의 모양을 성형할 수 있음

49 컬러사진 필름의 네거티브 필름 이미지를 인화하면 보색으로 표현된다. 이와 같은 포토샵의 기능은?

① Equalize

② Threshold

③ Variations

④ Invert

 • Equalize : 빛의 밝기를 평준화 시켜주는 기능
• Threshold : 검정과 흰색을 256단계 색상으로 표현하는 기능
• Variations : 이미지의 밝기, 색상 보정을 창을 통해 변화를 확인하며 보정하는 기능

50 3D입체 프로그램에서 매핑(Mapping)을 가장 잘 설명한 것은?

① 2D 이미지를 3D 오브젝트 표면에 입히는 것

② 2D로 된 지도나 도형을 3D 입체로 전환하는 것

③ 3D 입체물을 여러 각도에서 단면을 볼 수 있도록 2D의 수치를 기입하는 것

④ Extrude한 입체를 다시 한번 Revolve시키는 것

 매핑(Mapping) : 2D 이미지를 3D 오브젝트 표면에 덮이게 하는 것으로, 물체의 고유한 질감(Texture)을 표현할 수 있음

51 다음 중 고라우드(Gouraud) 셰이딩보다 부드럽고 좋은 질의 화상을 얻을 수 있으며, 부드러운 곡선 표면의 물체에 적용하는 셰이딩 기법은?

① 플랫 셰이딩

② 레이트레이싱

③ 퐁 셰이딩

④ 리플렉션

 해설
- 플랫 셰이딩 : 단일 다각형으로 음영을 주는 기법
- 고라우드 셰이딩 : 플랫 셰이딩과 퐁 셰이딩의 중간 방식
- 퐁 셰이딩 : 가장 사실적인 음영으로 부여할 수 있는 셰이딩 기법

52 컴퓨터그래픽에서 3차원 입체 형상 모델링의 표현 방식이 아닌 것은?

① 와이어프레임 모델링

② 서페이스 모델링

③ 솔리드 모델링

④ 목업 모델링

 해설
3차원 입체 형상 모델링 : 와이어프레임 모델링, 서페이스 모델링, 솔리드 모델링

53 다음 중 픽셀에 대한 설명으로 틀린 것은?

① 1Pixel에 8비트에 할당하는 8색이 표현된다.

② 1Pixel에 16비트에 할당하는 2^{16}색이 표현된다.

③ 수백만 색상 이상을 표현하려면 1Pixel에 24비트를 할당해야 한다.

④ 1,680만 색상의 표현이 가능하면 트루컬러라고 부른다.

 해설
8Bit(=1Byte) : 256문자나 색상을 표현

54 RGB 모드 색상에 관한 설명 중 틀린 것은?

① 혼합될수록 어두워지는 감산혼합이다.

② 영상 이미지 또는 TV 등의 컬러 처리를 수행한다.

③ 빛의 3원색이라고도 한다.

④ 최대의 강도로 3가지 색의 빛이 겹칠 때 흰색으로 보인다.

 해설
가법혼합, 가색혼합, 색광의 혼합이라고 하며, 빛을 섞었을 때처럼 혼합된 값이 밝아지는 것으로 R(Red), G(Green), B(Blue)의 3원색을 말함

55 아날로그 화상을 디지털 화상으로 전환하는 장치가 아닌 것은?

① 디지털 카메라　　② 필름 레코더

③ 모션 캡처　　　　④ 스캐너

 해설
필름 레코더 : 컴퓨터 애니메이션의 디지털 데이터를 아날로그 신호로 출력하여, 극장 상영용 필름 위에 컬러화상으로 기록하는 필름 기록 장비

56 실제 또는 가상의 동적 시스템 모형을 컴퓨터를 사용하여 연구하는 것은?

① 렌더링　　　　　② 과학적 시각화

③ 시뮬레이션　　　④ 캐드 캠

 해설
시뮬레이션 : 실제와 비슷한 모형을 만들어 모의적으로 실험하여 그 특성을 파악하는 일

57 다음 중 입력장치에 해당되는 컴퓨터 그래픽 시스템은?

① 프로젝트　　　　② 프린터

③ 스캐너　　　　　④ 플로터

 해설
- 입력장치 : 마우스, 스캐너, 디지타이저, 라이트 펜 등
- 출력장치 : 모니터, 프린터, 플로터, 프로젝트 등

58 포토샵에서 CMYK 모드로 작업할 때 활성화되지 않아 실행할 수 없는 필터는?

① Gaussian Blur　　② Sharpen Edges

③ Difference Clouds　④ Lighting Effects

 CMYK 모드로 작업할 때 활성화되지 않아 실행할 수 없는 필터 : Lighting Effects, Lens Flare, Artistic, Brush Strokes, Sketch, Texture

59 비트맵 이미지의 특징으로 거리가 먼 것은?

① 깊이 있는 색조와 부드러운 질감을 나타낼 수 있다.

② 이미지의 크기에 따라 출력에 영향을 준다.

③ 압축을 통해 해상도와 파일 크기의 조절이 가능하다.

④ 베지어 곡선의 오브젝트로 구성된다.

 베지어 곡선은 벡터에서 사용됨

60 매킨토시나 윈도 환경에서 광범위하게 사용되며 높은 압축률로 웹용 이미지로 많이 사용되는 그래픽 이미지 압축 포맷 방식은?

① TIFF　　　　　② EPS

③ JPEG　　　　　④ BMP

 • TIFF : 편집프로그램으로 보낼 때 사용
• EPS : 4도 분판을 목적으로 하는 그래픽 포맷
• BMP : 24비트 비트맵 파일 포맷으로 웹에서 사용 가능하지만 압축이 안 됨

01 다음 중 비영리 광고가 아닌 것은?

① 공공 광고

② 정치 광고

③ 기업 광고

④ 이념 광고

 영리 광고 : 이익을 추구하는 목적으로 제품을 판매하여 수익을 내기 위한 상업적 광고

02 제조사와 소비자를 연결해 주는 촉진제가 되며, 유통 과정에서 제품을 보호하는 기능을 가져야 하는 디자인은?

① 편집 디자인

② 포장 디자인

③ 광고 디자인

④ 기업 이미지 디자인

 포장 디자인의 기능 : 보호와 보존성, 편리성, 상품성, 심미성 등

03 다음 중 바우하우스가 시도한 디자인 철학과 관련이 없는 것은?

① 대량생산을 위한 굿 디자인의 문제 해결

② 역사주의와 전통적 장식 개념

③ 공업시스템과 예술의 결합

④ 기계의 허용

 바우하우스는 산업과 예술의 결합을 목표로 기능주의적 방향을 가지는 게 특징임

04 디자인 아이디어 창출 기법 중 집단사고에 의한 자유분방한 아이디어를 얻기 위하여 서로 비평을 금하고, 상대방의 아이디어에 상승작용을 할 수 있게 하는 기법은?

① 문제분석법

② 체크리스트법

③ 특성열거법

④ 브레인스토밍법

 알렉스 오즈번(Alex Osborn)에 의해 1930년대 후반에 제안된 아이디어 발상법으로서, 토의 그룹을 만들어 제약이 없는 상태에서 자유롭게 아이디어를 내는 방법

05 현대 미국의 그래픽 디자인에 가장 뚜렷한 영향을 미친 예술 사조는?

① 아르누보

② 예술 생산

③ 로마네스크

④ 옵 아트, 팝 아트

 팝 아트와 옵 아트는 1960년대 미국을 중심으로 일어난 미술 경향으로 미국만이 아니라 유럽 전역에 공감을 불러 일으켰고 그래픽 분야에도 큰 영향을 주었음

06 다음 중 제품 디자인 과정이 옳은 것은?

① 계획 → 조사 → 분석 → 평가 → 종합

② 계획 → 조사 → 분석 → 종합 → 평가

③ 조사 → 계획 → 종합 → 분석 → 평가

④ 조사 → 계획 → 분석 → 종합 → 평가

07 실내에서 감각적인 효과를 가장 먼저 주는 요소는?

① 색채

② 질감

③ 형태

④ 무늬

 색채는 실내 분위기, 작업 수행 능력에 큰 영향을 미치고, 실내에서 감각적인 효과를 먼저 주는 요소임

08 마케팅에 대한 설명 중 적합하지 않는 것은?

① 마케팅은 크게 미시 마케팅과 거시 마케팅으로 구분할 수 있다.

② 경영현상으로서의 성격으로 확대되고 있다.

③ 마케팅이란 교환과정을 통하여 욕구와 필요를 충족시키려는 인간의 활동을 뜻한다.

④ 마케팅은 생산 활동이 주요 연구대상이다.

09 점이 움직인 궤적을 무엇이라 하는가?

① 점 　　　　　② 선

③ 면 　　　　　④ 입체

 선은 하나의 점이 이동하면서 이루는 자취

10 다음 중 문과 창문의 기능이 아닌 것은?

① 한 공간과 인접된 공간을 연결시킨다.

② 문과 창문의 위치는 가구 배치와 동선에 영향을 준다.

③ 공기와 빛을 통과시켜 통풍과 채광이 가능하게 한다.

④ 내부와 외부의 구획을 하는 역할을 한다.

 벽은 내부와 외부를 구획하고 공간의 구분, 공기의 차단, 소리의 차단, 보온 등의 기능이 있음

11 광고제작물의 구성요소 중에서 독자들에게 주의를 환기시키고 본문으로 유도하기 위한 호소력이 담긴 간결하고 함축미가 있는 말은?

① 캡션 　　　　　② 일러스트레이션

③ 슬로건 　　　　④ 헤드라인

• 캡션 : 사진이나 그림에 붙이는 설명문
• 슬로건 : 반복해서 사용하는 간결한 문장
• 일러스트레이션 : 그림, 삽화, 컷 등의 조형적 요소

12 잡지 광고의 종류와 거리가 먼 것은?

① 기사 중 광고 　　② 스폿 광고

③ 표지 1면 광고 　　④ 목차면 광고

 스폿 광고 : 프로그램과 프로그램 사이에 15, 20초 또는 30초 단위로 방영되는 TV 광고

13 기존 제품의 재료나 기능 또는 형태를 개량하고 개선하는 것은?

① 리터치 　　　　② 리 디자인

③ 굿 디자인 　　　④ 토털 디자인

 리 디자인 : 기존 제품의 재료나 기능 또는 형태를 현대적 감각에 맞게 수정하거나, 더욱 기능적인 디자인으로 개선하는 것

14 다음 중 정지 상태로 이지적인 표정을 가장 잘 나타내는 면은?

① 복합곡면 　　　② 기하곡면

③ 사면 　　　　　④ 자유곡면

• 면의 구분
　– 평면 : 수직면, 수평면, 경사면
　– 곡면 : 기하곡면과 자유곡면
• 곡면의 종류
　– 기하곡면 : 자유곡면에 비해 정연하고 이지적인 느낌 (지구면/구)
　– 자유곡면 : 자유롭고 풍부한 느낌 표현(사막의 능선/파도)

15 디자인 작업 중 이미지를 포착하기 위한 목적으로 표현하는 기법은?

① 아이디어 스케치 　② 렌더링

③ 제도 　　　　　　④ 모델링

제품 디자인 프로세스
• 콘셉트 수립 : 디자인되는 제품의 아이디어나 구상 등 방향을 설정
• 아이디어 스케치 : 디자인 콘셉트에 따른 여러 아이디어를 표현하고, 이미지를 전달하기 위한 표현의 첫 단계
• 렌더링 : 이미지의 완성 예상도
• 제도 : 모델링을 위한 설계 작업
• 모델링 : 제품을 3차원적으로 표현

16 다음 형태 중 가장 동적이며 연속적인 변화를 느끼게 하는 형태는?

① 직육면체　　　　② 삼각형
③ 구형　　　　　　④ 정삼각형

17 다음 중 미술공예운동과 관련이 없는 것은?

① 미술 민주화 운동으로 현대 디자인의 이념적 배경이 되었다.
② 기계에 의한 제품생산을 반대했다.
③ 미술·공예·공업 등을 통합, 최고의 제품생산이 목표였다.
④ 전통적인 장식 개념에서 크게 벗어나지 못했다.

> **해설** 독일공작연맹은 미술·공예·공업 등을 통합, 최고의 제품 생산을 목표로 양질화 규격화하려고 하였음

18 면의 소극적인 면과 적극적인 면으로 구분할 때 적극적인 면의 성립 조건은?

① 점의 밀집이나 선의 집합으로 성립된다.
② 선으로 둘러싸여 성립된다.
③ 공간에서 입체화된 점이나 선에 의해서 성립된다.
④ 선의 이동이나 폭의 확대 등에 의해서 성립된다.

> **해설**
> • 면은 공간을 구성하는 기본 단위이다.
> • 선의 이동이나 입체의 한계 또는 교차에서 생긴다.
> • 공간에 있어서 입체화된 점이나 선에 의해서도 성립된다.
> • 적극적인 면은 점의 확대이다.
> • 길이와 넓이를 가지며, 두께는 없다.

19 게슈탈트 심리학의 창시자 베르트하이머가 제창한 형태변화 법칙의 요인과 거리가 먼 것은?

① 근접성의 요인　　② 유사성의 요인
③ 연속성의 요인　　④ 심미성의 요인

> **해설** 게슈탈트 심리론 : 근접성의 요인, 유사성의 요인, 연속성의 요인, 폐쇄성의 요인

20 매슬로우 욕구 5단계 순서가 옳게 나열된 것은?

① 자아욕구 → 생리적 욕구 → 안전의 욕구 → 사회적 욕구 → 자기실현의 욕구
② 생리적 욕구 → 자아욕구 → 사회적 욕구 → 안전의 욕구 → 자기실현의 욕구
③ 자아욕구 → 생리적 욕구 → 사회적 욕구 → 안전의 욕구 → 자기실현의 욕구
④ 생리적 욕구 → 안전의 욕구 → 사회적 욕구 → 자아욕구 → 자기실현의 욕구

21 먼셀 20색상환에서 청록의 보색은?

① 빨강　　　　　　② 노랑
③ 보라　　　　　　④ 주황

> **해설** 보색관계
> 빨강 – 청록, 주황 – 파랑, 노랑 – 남색, 연두 – 보라, 녹색 – 자주, 흰색 – 검정

22 그림과 같이 물체를 왼쪽으로 돌린 다음 앞으로 기울여 두 개의 옆면 모서리가 수평선과 30°되게 잡으면 물체의 세 모서리가 120°각을 이룬다. 이런 투상도를 무엇이라 하는가?

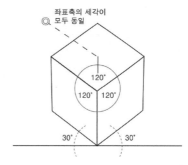

① 부등각 투상도　　② 등각 투상도
③ 보조 투상도　　　④ 회전 투상도

> **해설**
> • 부등각 투상도 : 투상면과 이루는 각이 모두 다른 투상도
> • 회전 투상도 : 보이는 그대로 그리면 독도가 어려워 질 때 그 부분을 회전시켜 도시하게 되는 것
> • 보조 투상도 : 물체의 경사면을 실제의 길이 또는 형태로 나타낼 경우 사용하는 투상도법

23 오스트발트 색채계에 대한 설명이 옳은 것은?

① Yellow의 보색은 Turquoise이다.

② 색상번호, 흑색량, 백색량의 순서로 색을 표기한다.

③ 어떤 색의 보색은 색 차이가 '10'이다.

④ 색상환은 헤링의 4원색설을 기본으로 한다.

 해설 오스트발트의 색은 순색량, 즉 빨강, 초록, 노랑, 파랑(헤링의 4원색설)의 4색상을 기본으로 하고 유채색을 색상기호, 백색량, 흑색량의 순으로 색을 표시함

24 다음 제도용지 중 A3의 크기는?

① 210mm×297mm   ② 297mm×420mm

③ 420mm×594mm   ④ 594mm×841mm

 해설 A0 : 841×1189   A1 : 594×841
A2 : 420×594   A3 : 297×420
A4 : 210×297

25 먼셀 색체계 표기인 5R 6/9에 대한 설명이 옳은 것은?

① 명도(V)=9, 채도(C)=6의 빨간색

② 명도(V)=5, 채도(C)=9의 빨간색

③ 명도(V)=6, 채도(C)=9의 빨간색

④ 명도(V)=9, 채도(C)=5의 빨간색

해설 먼셀은 색상을 휴(Hue), 명도를 밸류(Value), 채도를 크로마(Chroma)라고 부르며, 기호는 H, V, C이며, 표기하는 순서는 H V/C로 표기함

26 그림에 해당하는 작도법은?

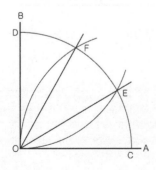

① 수직선 긋기   ② 직선의 n등분

③ 직각의 3등분   ④ 각의 n등분

27 색의 항상성에 관한 설명 중 옳은 것은?

① 가시도 내에서 조명에 따라 같은 색이 달라져 보인다.

② 조명의 자극이 변해도 어떤 물체의 색이 변해 보이지 않는다.

③ 조명이 변하는 즉시 물체의 색도 달라 보인다.

④ 색을 인식할 때는 자극과 감각, 시각과는 관계가 없다.

 해설 항색성 또는 색의 항상성이라고도 함

28 다음 중 축척자(스케일)의 쓰임새로 가장 옳은 것은?

① 그림이나 문자를 그릴 때 사용한다.

② 각도를 측정할 때 사용한다.

③ 도면의 축척에 따라 길이를 알 수 있는 자이다.

④ 컴퍼스만으로 그리기 어려운 곡선이나 원호를 그린다.

 해설 축척자(Reduced Scale)는 길이를 재거나 또는 길이를 줄여 그을 때 사용하는 제도용구

29 강하고 짧은 자극 후에도 계속 보이는 것으로 어두운 곳에서 빨간 불꽃을 빙빙 돌리면 길고 선명한 빨간 원을 볼 수 있는데, 이것은 어떤 현상이 계속해서 일어나기 때문인가?

① 부의 잔상

② 정의 잔상

③ 보색효과

④ 도지의 반전

 해설 정의 잔상 : 어떤 자극이 사라진 뒤에도 망막의 흥분상태가 계속 남아있어 상의 밝기와 색이 그대로 느껴지는 현상

30 색의 3속성에 관한 설명으로 틀린 것은?

① 채도는 색의 강약, 맑기, 선명도이다.

② 색상이란 빨강, 파랑, 노랑이라고 표현하는 이름으로 어떤 색을 다른 색과 쉽게 구별하는 특성으로서 나타내는 성질이다.

③ 명도는 색의 밝고 어두운 정도를 의미한다.

④ 명도는 물체 표면에서 선택적으로 반사되는 주파장에 의해 결정된다.

 색상은 물체 표면에서 선택적으로 반사되는 주파장에 의해 결정되는 속성을 말함

31 하나의 색이 그보다 탁한 색 옆에 위치할 때 실제보다 더 선명하게 보이는 대비현상은?

① 색상대비　　　② 채도대비

③ 보색대비　　　④ 계시대비

- 보색대비 : 보색이 대비되면 본래의 색보다 채도가 높아지고 선명해지는 현상
- 색상대비 : 서로 다른 색들의 영향으로 색상의 차이가 크게 보이는 현상
- 면적대비 : 옷감을 고를 때 작은 견본에 비하여 옷이 완성되면 색상이 뚜렷해지는 현상
- 채도대비 : 무채색 바탕 위의 유채색은 본래의 색보다 선명하게 보이는 현상

32 그림과 같은 투시도법은?

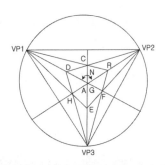

① 평행 투시　　　② 유각 투시

③ 사각 투시　　　④ 입체 투시

 사각 투시 : 소실점 3개

33 투시도에 대한 설명이 틀린 것은?

① 시점과 대상물 사이의 화면에 상을 맺게 만든다.

② 회화 공간에 표현한 대표작으로 '최후의 만찬'을 들 수 있다.

③ 먼 곳에 있는 것은 크게, 가까이 있는 것은 작게 표현한다.

④ 기본 요소는 눈의 위치, 대상물, 거리로 성립된다.

 투시도는 먼 곳에 있는 것은 작게, 가까이 있는 것은 크게 표현함

34 먼셀 색체계에 대한 설명 중 틀린 것은?

① 빨강, 노랑, 초록, 파랑의 4가지 기본 색상에 중간색을 놓고 각각 10등분하였다.

② 색상, 명도, 채도의 3속성에 의해 색을 분류하는 방법이다.

③ 채도 단계는 무채색의 축 0을 기준으로 한 후 수평방향으로 커지게 하였다.

④ 무채색의 표기 방법으로 명도 단위 앞에 N을 붙여 사용한다.

 오스트발트 표색계는 빨강, 노랑, 초록, 파랑의 4가지 기본 색상으로 색상환 24분할, 명도 단계 8분할, 등색상 삼각형에 이들을 28분할시켜 색입체를 구성함

35 간상체와 추상체의 특성과 관계없는 현상은?

① 암순응

② 기억색

③ 스펙트럼 민감도

④ 푸르킨예 현상

 기억색은 과거의 기억이 색깔의 체험에 영향을 주는 현상으로, 회색 종이를 나뭇잎 모양으로 오려 놓고 약한 불빛 아래에서 보면 녹색으로 보이는 현상

정답　30 ④　31 ②　32 ③　33 ③　34 ①　35 ②

36 진출색과 후퇴색에 대한 일반적인 설명 중 틀린 것은?

① 따뜻한 색이 차가운 색보다 진출해 보인다.

② 밝은 색이 어두운 색보다 진출해 보인다.

③ 채도가 높은 색이 채도가 낮은 색보다 진출해 보인다.

④ 무채색이 유채색보다 진출해 보인다.

 유채색이 진출색에 속함

37 3개의 축선이 서로 만나서 이루는 세 각들 중에서 두 각은 같게, 나머지 한 각은 다르게 그리는 투상도는?

① 등각 투상도

② 부등각 투상도

③ 사투상도

④ 전개도

• 등각 투상도 : 물체의 세 모서리가 120°의 각을 이루는 투상도로서, 세 축의 투상면이 모두 같은 각을 이루는 투상도
• 사투상도 : 물체의 앞면 모서리는 수평선과 평행하게 하고, 옆면 모서리는 수평선과 임의의 각도 α로 하여 그린 투상도
• 전개도 : 입체의 표면을 한 평면 위에 펴 놓은 모양을 나타낸 그림

38 도면 치수 숫자와 기호에 대한 설명 중 틀린 것은?

① 치수 숫자는 치수선으로부터 약간 띄어 쓴다.

② 치수는 치수선에 평행하게 도면의 왼쪽에서 오른쪽으로, 아래로부터 위로 읽을 수 있도록 기입한다.

③ 한 도면 내에서 용도에 따라 치수 숫자의 크기를 다르게 한다.

④ 경사진 치수선의 경우, 숫자는 치수선의 위쪽에 기입한다.

 도면의 척도와 관계없이 물체의 실제 치수를 기입하고 한 도면 내에서는 문자의 크기를 같게 표기함

39 반대색의 배색에서 느낄 수 있는 심리는?

① 협조적, 온화함, 상냥함

② 차분함, 일관됨, 시원함

③ 강함, 동적임, 화려함

④ 정적임, 간결함, 건전함

• 동일 색조의 조화 : 차분함, 시원시원함, 통일성
• 유사 색조의 조화 : 화합적, 평화적, 안정, 차분함
• 반대 색조의 조화 : 강함, 생생함, 예리함, 동적임, 자극적임

40 시세포의 기능 부족 등으로 색을 제대로 느끼지 못하는 현상은?

① 색각이상

② 색청이상

③ 배색이상

④ 수용이상

 색을 구별하는 추상세포의 기능이 원활하지 못해 생기는 현상을 색각이상이라고 함

41 종이에 내수성을 주고, 잉크의 번짐을 방지하기 위하여 종이의 표면 또는 섬유를 아교물질로 피복시키는 종이 가공 공정은?

① 고해

② 충전

③ 사이징

④ 정정

• 고해 : 펄프에 기계적 처리를 하는 과정
• 사이징 : 종이의 표면이나 섬유에 아교 물질로 피복시키는 공정
• 충전 : 광물성의 가루를 첨가하고 걸러내는 공정
• 착색 : 색을 내는 과정
• 정정 : 불순물을 제거
• 초지 및 완성 : 실제 종이를 만들어 완성하는 단계

42 종이를 서로 붙여서 두꺼운 판지를 만드는 가공 방법은?

① 도피가공

② 흡수가공

③ 변성가공

④ 배접가공

• 도피가공 : 백색, 유색의 안료 또는 접착제를 종이의 표면에 발라서 만드는 가공법
• 흡수가공 : 용해시킨 물질을 원지에 흡수시키는 가공법으로 종이 표면이 거칠어지나 질에는 변화 없음
• 변성가공 : 종이의 질을 화학적, 기계적 가공에 의해 변화시켜 사용목적에 알맞게 만드는 가공법

43 주성분이 우루시올이며 용제가 적게 들고 광택이 우아하여 공예품에 주로 사용되는 천연 수지 도료는?

① 래커　　　　　② 옻

③ 에폭시 수지 도료　④ 에멀션 도료

 해설　옻 : 건조는 느리나 도막의 경도, 부착성, 광택 등이 뛰어남

44 다음 중 목재질 재료가 아닌 것은?

① 집성재　　　　② 단판

③ 합판　　　　　④ 요소수지

해설　요소수지는 요소와 포르말린의 축합으로 만든 합성수지. 불에 타지 않고 산성에 강하며 가볍고 전기가 통하지 않는다. 가정용 가구의 재료나 도료, 접착제로 쓰임

45 다음 중 물을 사용하여 명도를 조절하며 가장 맑고 투명한 효과를 얻을 수 있는 것은?

① 유화 물감　　　② 수채화 물감

③ 컬러 마커　　　④ 포스터컬러

 해설　수채화의 특징
• 내광성이 뛰어나며 색채가 선명하여 가장 맑고 투명한 효과를 내는 채색재료
• 물에 용해되는 아라비아풀과 혼합된 안료
• 색을 섞을 시 발색이 좋아 풍경화, 정물화 등에 사용됨

46 무기재료의 보편적인 3분류법에 따른 분류로 묶인 것은?

① 단일물, 복합물, 합성물

② 금속재료, 유리, 도자기

③ 유기재료, 무기재료, 복합재료

④ 금속재료, 이온재료, 공유재료

 해설　무기재료는 탄화수소를 제외한 모든 물질을 말하는 것으로써 공업적으로는 금속, 유리, 도자기 등이 대부분이며, 금속의 경우는 비철재와 철재로 구분함

47 용해된 유리소지를 취관 끝에 두고 입으로 불어 늘리는 방법의 성형법은?

① 엠플제법　　　② 평판법

③ 수취법　　　　④ 롤러법

해설　수취법 : 용기 성형법 중 가장 오래된 것으로, 가열하여 녹은 유리를 관 끝에 놓고 입으로 불어 모양을 만드는 방법

48 컬러 네거티브 필름으로 노란색의 피사체를 촬영하여 현상하면 이 피사체는 필름 상에 어떤 색으로 나타나는가?

① 청색(Blue)　　　② 녹색(Green)

③ 적색(Red)　　　④ 노란색(Yellow)

해설　네거티브 필름은 색상이 보색으로 나타남

49 다음 중 최상의 인쇄물을 제작하기 위해 가장 적합한 해상도는?

① 250~300dpi　　② 200~250dpi

③ 150~200dpi　　④ 100~150dpi

해설　인쇄 시 색은 CMYK를 사용하며 일반적으로 신문은 85선(65~100LPI), 잡지는 133선(150~300LPI)이 적당함

50 Illusrtator 작업에서 문자를 Create Outlines으로 변환하는 이유가 아닌 것은?

① 사용한 서체가 없는 컴퓨터에서 출력할 때도 서체가 깨지지 않도록 한다.

② 사용한 글자를 오브젝트로 변환하여 그래픽 효과를 줄 수 있다.

③ 글자를 마스크용 오브젝트로 만들 수 있다.

④ 레이어의 개수를 줄여 용량을 줄일 수 있다.

 해설　여러 개의 이미지를 포개어 놓을 수 있으며, 포토샵 대부분의 작업이 레이어를 통해 이루어짐

51 네 가지 노즐을 통해 잉크를 뿌려서 문자나 이미지를 나타내는 프린트 방식은?

① 레이저 프린터 방식

② 잉크젯 프린터 방식

③ 도트 매트릭스 방식

④ 펜 플로터 방식

> **해설** 잉크를 분사하거나 잉크를 뭉쳐서 분사하는 프린터

52 산맥, 해안선 등과 같이 복잡하고 불규칙한 자연현상을 나타내기 위해서 기본이 되는 하나 혹은 두 개의 형태로 반복해서 사용되어지는 기법은?

① Ray Tracing(레이트레이싱)

② Aliasing(앨리어싱)

③ Animation(애니메이션)

④ Fractal(프랙탈)

> **해설**
> • Ray Tracing(레이트레이싱) : 모델링의 광선추적 방법이며, 모델링에서 빛을 표현하는 방법으로 반사와 굴절에 의한 표면 질감과 명암은 물론이고 이미지도 만들어 냄
> • 프랙탈 : 작은 구조가 전체 구조와 비슷한 형태로 끝없이 되풀이 되는 구조(자연계의 리아스식 해안선, 동물혈관 분포 형태, 나뭇가지 모양, 창문에 성에가 자라는 모습, 산맥의 모습)

53 컴퓨터그래픽을 활용하여 제작한 이미지를 인쇄하고자 할 때 사용하는 인쇄의 4원색은?

① CMYB(Cyan, Magenta, Yellow, Blue)

② CMYK(Cyan, Magenta, Yellow, Black)

③ RGBY(Red, Green, Blue, Yellow)

④ RGBK(Red, Green, Blue, Black)

> **해설** 탁상출판(DTP)을 포함한 다양한 인쇄 시스템에서 사용되는 색 표시 모델의 하나로, 사이안-마젠타-황색-흑색 모델을 가리키는 말. 인쇄업계에서는 이를 YMCK(Yellow-Magenta-Cyan-Black)라고도 부름

54 미국에서 설립된 컴퓨터 학술단체인 ACM(Association of Computing Machinery) 산하의 한 분과로 컴퓨터그래픽스에 관련된 대표적인 국제행사기구는?

① SIGGRAPH

② NICOGRAPH

③ PARIGRAPH

④ NCGA

> **해설** Special Interest Group on Graphic(s) and Interactive Techniques의 약자. 미국계산기학회(ACM) 컴퓨터그래픽(스) 분과회(SIG)의 명칭. 분과회의 명칭보다는 이 분과회가 1974년부터 매년 주최하는 세계 최대의 컴퓨터 그래픽(스) 국제회의로 더 유명하다. 시그래프의 프로그램은 논문 발표, 강연, 세미나, 기기 전시, 필름 & 비디오 쇼 등으로 구성

55 컴퓨터그래픽의 역사에 CPU의 소자에 의한 분류로 옳은 것은?

① 제1세대 : 트랜지스터

② 제2세대 : 진공관

③ 제3세대 : IC

④ 제4세대 : ENIAC

> **해설**
> • 제1세대 : 진공관
> • 제2세대 : 트랜지스터
> • 제3세대 : IC 집적회로
> • 제4세대 : LSI 고밀도 집적회로

56 모니터에 나타난 도형이나 그림을 35mm 슬라이드에 저장하는 출력장치는?

① 플로터

② 필름 레코더

③ 레이저 프린터

④ 스캐너

> **해설** 필름 레코더 : 컴퓨터 애니메이션의 디지털 데이터를 아날로그 신호로 출력하여, 극장 상영용의 필름 위에 컬러화상으로 기록하는 필름 기록 장비

57 벡터 그래픽 방식을 기본으로 하는 프로그램이 아닌 것은?

① Photoshop　　　② Illustrator

③ Coral Draw　　　④ Auto CAD

 해설
- 벡터 그래픽 프로그램 : CAD, 일러스트레이터, 코렐드로우
- 래스터 그래픽 프로그램 : 포토샵, 페인터, 코렐 포토 페인트

58 GIF와 JPEG의 장점을 가진 포맷으로 알파채널을 가지고 있어 웹 디자인에서 GIF 대체용으로 사용되는 파일 포맷은?

① PDF　　　② TIFF

③ EPS　　　④ PNG

 해설
PNG : GIF와 JPEG의 장점을 합친 것으로 8비트 컬러를 24비트 컬러처럼 저장할 수 있어 효율적이며 1600만 컬러모드로 저장 가능하고, 비손실 압축을 사용하여 이미지 변형 없이 원래 이미지를 웹 상에 그대로 표현할 수 있고, 이미지의 투명성과 관련된 알파채널에서 향상된 기능을 제공

59 2D 컴퓨터 애니메이션 제작에서 사용되는 개념이 아닌 것은?

① 인비트윈(in-between)

② 로토스코핑(rotoscoping)

③ 트위닝(tweening)

④ 트레이싱 라인(tracing line)

 해설
- 로토스코핑 : 애니메이션 이미지와 실사 동화상(Live Action) 이미지를 합성시키는 기법
- 인비트윈 : 인비트윈(In-between)이라는 기능이 개발되어 키 프레임(처음과 끝의 움직임)을 지정해 주면, 자동으로 중간에 필요한 동작을 간단히 애니메이션으로 구현하는 기법

60 Photoshop에서 레이어와 알파채널 등을 모두 저장할 수 있는 파일 포맷은?

① JPEG　　　② PSD

③ GIF　　　④ BMP

 해설
- JPEG : 그래픽 파일 포맷 중에 압축률이 가장 뛰어나며 이미지 손실이 적음
- PSD : 포토샵에서 레이어와 알파채널 등을 모두 저장할 수 있는 파일 포맷
- GIF : 사진이미지 압축에 가장 유리한 포맷으로 정밀한 이미지 저장에 적합한 파일
- BMP : 24비트 비트맵 파일 포맷으로 웹에서 사용 가능하지만 압축이 안 됨

01 아이덴티티 디자인의 기본 시스템에 속하는 것이 아닌 것은?

① 패키지 ② 캐릭터

③ 색상 ④ 서체

 해설
- 기본 시스템 : 로고, 마크, 시그니처, 픽토그램, 전용색상, 전용서체, 캐릭터 등
- 응용 시스템 : 사인, 유니폼, 차량, 패키지 등

02 다음 중 간결함, 명쾌한 기능성, 유선형이 디자인 특징인 나라는?

① 독일

② 이탈리아

③ 미국

④ 스칸디나비아

 해설 미국은 신대륙에서 출발하였기 때문에 생활의 필요에 이루어진 실용주의를 바탕으로 성장하였으며 간결함과 기능성이 특징임

03 제품 디자인 개발 시 아이디어 탐색 방법 중 가장 비효율적인 것은?

① 소비자의 욕구, 생활양식 등을 고려한다.

② 영업부서, 판매처로부터 아이디어 제안을 받는다.

③ 제안된 아이디어를 상호 비판을 통해 가려낸다.

④ 자신의 관찰 경험을 디자인에 자연스럽게 연결하여 아이디어 발상과 전개에 활용한다.

해설 다양한 양질의 아이디어를 전개하기 위해서는 상호 비판은 비효율적

04 실내공간 구성요소로만 나열한 것은?

① 면, 바닥, 천장, 창문과 문

② 벽, 재료, 천장, 색채

③ 벽, 창문과 문, 형태, 색채

④ 형태, 질감, 재료, 매스

 해설
- 수평적 요소 : 바닥, 천장, 보
- 수직적 요소 : 벽, 기둥

05 다음 중 가장 높은 신뢰성과 짧은 매체 수명을 가지는 광고는?

① 프로모션 광고 ② 라디오 광고

③ 신문 광고 ④ 잡지 광고

 해설
- 신문 광고 특징 : 신뢰성, 설득성, 안정성, 기록성
- 신문 광고 장점 : 주목률이 높음, 광고 효과가 빠름
- 신문 광고 단점 : 인쇄, 컬러의 질이 다양하지 않음, 광고의 수명이 짧고 독자의 계층 선택이 쉽지 않음

06 디자인의 요소 중 선에 대한 설명으로 틀린 것은?

① 선은 여러 가지 너비를 가지고 있고, 너비를 넓히면 면으로 이동된다.

② 선의 동적 특성에 영향을 끼치는 것은 점의 속도, 강약, 방향 등이다.

③ 점이 일정한 방향으로 진행할 때 곡선이 생긴다.

④ 포물선은 속도감을 주고, 쌍곡선은 균형미를 연출한다.

 해설 점이 일정한 방향으로 진행할 때 직선이 생기고 방향에 따라 수평선, 수직선, 사선으로 구분할 수 있음

정답 **01** ① **02** ③ **03** ③ **04** ① **05** ③ **06** ③

07 다음 중 황금분할의 비로 맞는 것은?

① 1:1.618

② 1:1.414

③ 1:1.518

④ 1:1.418

 황금분할의 비는 1:1.618로 고대 그리스인은 비례를 여러 조형물의 디자인에 체계적으로 적용했으며 오늘날까지 기본적인 조형원리의 하나로 쓰이고 있는 비례

08 다음 중 2차원 디자인에 속하는 것은?

① 타이포그래피

② 가구 디자인

③ 패키지

④ 인테리어

 2차원 디자인 : 타이포, 레터링 디자인, 에디토리얼(편집) 디자인, 그래픽 디자인, 포토 디자인, 일러스트레이션, CIP, 픽토그램, 사인 심벌 디자인

09 실내 디자인의 4단계 과정에 대한 설명이 옳은 것은?

① 기획과정 : 실내 디자인 작업과 관련되어 디자인을 시정하거나 시공상의 문제점을 해결하는 단계이다.

② 설계과정 : 기획과정에서 수집한 정보를 활용하여 대상 공간에 가구를 배치하는 단계이다.

③ 시공과정 : 설계과정의 결과를 기초로 하여 실제 작업을 하는 단계이다.

④ 사용 후 평가과정 : 결과를 기초로 하여 관련되어 있는 모든 정보를 수집하는 단계이다.

• 기획과정 : 실내 디자인 작업과 관련되어 있는 모든 정보를 수집하는 단계
• 설계과정 : 디자인 의도를 확인하고 공간의 재료나 가구, 색채 등에 대한 계획을 시각적으로 제시하는 단계
• 사용 후 평가과정 : 결과를 기초로 하여 디자인을 시정하거나 시공상의 문제점을 해결하는 단계

10 편집 디자인에서 레이아웃이 갖추어야 할 기본 조건과 거리가 가장 먼 것은?

① 가독성

② 주목성

③ 조형성

④ 광고성

 레이아웃은 문자, 기호, 그림, 사진 등의 구성 요소들을 편집 공간에 효과적으로 배치하는 것이며, 기본 조건인 주목성, 가독성, 명쾌성, 조형구성, 창조성 등을 충분히 고려해야 함

11 스크래치 스케치의 설명으로 옳은 것은?

① 조형, 구성 등에 대해 하나하나의 아이디어를 검토하는 것

② 메모의 성격을 띤 스케치로 기본적인 개념 전개의 발전에 중점을 두는 것

③ 비례의 정확성과 투시작도에 의한 외형변화 과정을 색채처리에 의해 구체화하는 것

④ 결정권자에게 설명하고자 형태, 재질, 색채, 스타일을 적절한 용구와 재료를 이용하여 구체화하는 것

 스크래치 스케치
• 아이디어 발생 과정에서 초기 단계의 스케치
• 단필의 의미로 프리핸드 선에 의해 스케치
• '갈겨쓴다'의 의미로 아이디어 발상 과정의 초기 단계에서 사용하며, 입체적인 표현은 생략하고 약화 형식으로 표현함

12 다음 중 이념적인 형의 예로서 옳은 것은?

① 점, 선, 면

② 조약돌, 바다

③ 나무, 꽃

④ 아치, 빌딩

 이념적 형태는 순수 형태, 추상 형태라 하며 점, 선, 면, 입체를 말함

13 빅터 파파넥(Victor Papanek)이 말하는 디자인의 복합 기능 중 재료와 도구, 공정과의 상호작용을 의미하는 것은?

① 방법

② 용도

③ 연상

④ 필요성

정답 ▶ **07** ① **08** ① **09** ③ **10** ④ **11** ② **12** ① **13** ①

빅터 파파넥의 복합기능

- 방법(Method) : 디자인을 할 때 재료와 도구, 공정과의 상호작용
- 용도(Use) : 물건 자체의 쓰임새에 맞게 도구 이용
- 필요성(Need) : 경제적, 정신적, 기술적, 지적인 요구의 복합된 디자인 필요
- 목적지향성(Telesis) : 목적달성을 의미로 자연과 사회, 문화의 변천 작용에 대한 계획적, 의도적 실용화
- 연상(Assiciation) : 불확실한 예상이나 짐작 등에 의한 연상의 가치 결정, 충동과 욕망과의 관계
- 미학(Aesthetics) : 심미적 가치평가 기준으로 지속 가능성을 전제, 형태 조형원리 및 색채는 실체를 만들어 내는 도구

14 멤피스 그룹이 대표적인 경우로 기능주의에 입각한 모던 디자인에 항거하여 인간의 정서적, 유희적 본성을 중시하는 경향을 지닌 양식은?

① 초현실주의   ② 포스트모더니즘

③ 구성주의   ④ 다다이즘

- 초현실주의 : 잠재의식의 표출을 탐구하기 위함
- 구성주의 : 1913~1920년에 러시아에서 전개된 조형운동으로 개인적이고 실용성이 없는 예술을 부정
- 다다이즘 : 일체의 전통이나 권위 등 기존의 예술 형식을 부정하고, 파괴할 것을 주장

15 다음의 디자인 전개과정 중 가장 기초적인 단계는?

① 생산 감리   ② 생산도면 제작

③ 정밀 렌더링   ④ 아이디어 스케치

제품 디자인 과정 : 기획 → 아이디어스케치 → 렌더링 → 모형 → 완성

16 마케팅 목표의 효과적인 달성을 위하여 마케팅 활동에서 사용되는 여러 가지 방법을 전체적으로 균형이 잡히도록 조정, 구성하는 일은?

① 맞춤 마케팅   ② 마케팅 비법

③ 다이렉트 마케팅   ④ 마케팅 믹스

해설 기업이 기대하는 마케팅 목표를 달성하기 위해 전략적으로 실시하는 마케팅 활동을 마케팅 믹스라 하며, 4P는 제품(Product), 유통경로(Place), 판매가격(Price), 판매촉진(Promotion)을 뜻함

17 다음 중 실내 디자인에 드는 비용을 최소화하는 방안이 아닌 것은?

① 평당 시설비용이 많이 드는 공간의 면적을 줄인다.

② 천장이나 벽면에는 요철을 적게 한다.

③ 표준화된 치수의 제품과 규격화된 기성품을 활용한다.

④ 자동화 시설로 편리함을 주며, 시설비는 여유롭게 책정한다.

실내 디자인의 효과를 높이기 위해서는 구입비와 유지 관리비, 시설비의 비용을 합리적으로 책정해야 함

18 다음 중 광고 디자인의 구성요소가 아닌 것은?

① 바디 카피   ② 헤드라인

③ 일러스트레이션   ④ 시그니처

- 광고의 조형적 요소 : 일러스트레이션, 마크, 로고, 보더라인
- 광고의 내용적 요소 : 슬로건, 헤드라인, 서브 헤드라인, 바디카피, 캡션, 캐치프레이즈

19 디자인의 조형원리인 균형과 관련이 없는 것은?

① 비대칭   ② 반복

③ 주도와 종속   ④ 비례

- 균형 : 대칭과 비대칭, 주도와 종속, 비례
- 율동 : 반복, 교차, 점이/점증

20 디자인의 문제해결 과정으로 옳은 것은?

① 계획 → 조사 → 분석 → 종합 → 평가

② 계획 → 분석 → 조사 → 종합 → 평가

③ 계획 → 조사 → 분석 → 평가 → 종합

④ 조사 → 계획 → 분석 → 종합 → 평가

제품 디자인의 문제해결 과정 : 계획 → 조사 → 분석 → 종합 → 평가

21 지형의 높고 낮음을 지도 위에 표시하는 것과 같이 기준만을 정하고 기준면에 평행한 평면을 같은 간격으로 잘라 평화면 상에 투상한 수직투상은?

① 정투상법   ② 축측 투상법

③ 표고 투상법   ④ 사투상법

 해설
- 정투상 : 물체의 각 면을 마주보는 화면에 투상시키는 투상법
- 사투상도 : 물체의 앞면 모서리는 수평선과 평행하게 하고, 옆면 모서리는 수평선과 임의의 각도 α로 하여 그린 투상도
- 축측 투상도 : 투상면에 대하여 투사선이 직각이거나 물체가 경사를 가지는 투상도

22 색의 주목성에 대한 설명 중 틀린 것은?

① 고명도, 고채도의 색은 주목성이 높다.

② 일반적으로 명시도가 높으면 주목성이 높다.

③ 녹색은 빨강보다 주목성이 높다.

④ 포스터, 광고 등에는 주목성이 높은 배색을 한다.

 해설
주위의 색과 명도, 색상, 채도의 차를 크게 주어 배색하였을 때 나타나는 효과가 가장 크며 고명도, 고채도, 난색이 주목성이 높음

23 먼셀의 표색계에서 색의 표기 방법인 H V/C에 대한 설명으로 맞는 것은?

① 색상의 머리 글자는 V이다.

② 명도의 머리 글자는 H이다.

③ 채도의 머리 글자는 C이다.

④ 표기 순서가 H V/C 일 때 H V는 색상이다.

해설
먼셀은 색상을 휴(Hue), 명도를 밸류(Value), 채도를 크로마(Chroma)라고 부르며, 기호는 H, V, C이며, 표기하는 순서는 H V/C

24 등각 투상도에서 등각축의 각도는?

① 45°   ② 90°

③ 120°   ④ 150°

 해설
물체의 세 모서리가 120°의 각을 이루는 투상도를 등각 투상도라고 함

25 가법혼색의 특징이 아닌 것은?

① 색상의 겹침으로 인한 혼색 현상이다.

② 컬러 TV, 스포트라이트 등의 조명이 해당된다.

③ 혼합된 색은 명도가 낮아진다.

④ 3원색은 빨강, 녹색, 파랑이다.

 해설
가법혼색은 색광을 가할수록 혼합색은 점점 밝아지므로 명도는 높아짐

26 다음 중 선을 사용할 때의 우선순위로 옳은 것은?

① 외형선 〉 숨은선 〉 중심선

② 숨은선 〉 중심선 〉 외형선

③ 중심선 〉 외형선 〉 숨은선

④ 외형선 〉 중심선 〉 숨은선

 해설
선의 우선순위 : 외형선 → 숨은선 → 절단선 → 중심선 → 무게 중심선 → 치수 보조선

27 다음 중 색채의 무게감과 가장 관계가 있는 것은?

① 색상   ② 명도

③ 채도   ④ 순도

 해설
명도는 밝기의 정도를 말하며, 사람의 눈에 가장 예민하며 무게감과도 관계가 있음

28 어두운 곳에서 빨간 불꽃을 돌리면 길고 선명한 빨간 원을 볼 수 있다. 어떤 현상 때문인가?

① 색의 잔상   ② 부의 잔상

③ 정의 잔상   ④ 동화 잔상

 해설
정의 잔상 : 어떤 자극이 사라진 뒤에도 망막의 흥분상태가 계속 남아있어 상의 밝기와 색이 그대로 느껴지는 현상으로, 강하고 짧은 자극 후에도 계속 보이는 것

29 다음 그림의 평면도법은 무엇을 나타내는가?

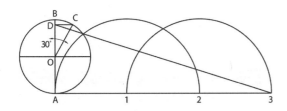

① 원주 밖의 1점에서 원에 접선 긋기
② 원주에 근사한 직선 구하기
③ 원에 외접선 그리기
④ 원호를 직선으로 펴기

30 동양의 전통적 색채는 음양의 역학적 원리에 근거를 두고 있다. 다음 색 중 음의 색은?

① 빨강　　　　　　　② 노랑
③ 파랑　　　　　　　④ 주황

 해설
　• 음의 색 : 파랑
　• 양의 색 : 빨강

31 두 개 이상의 색을 보게 될 때, 때로는 색들끼리 서로 영향을 주어서 인접색에 가까운 것으로 느껴지는 경우가 있다. 이러한 현상을 뜻하는 내용과 관련이 없는 것은?

① 동화효과　　　　　② 전파효과
③ 혼색효과　　　　　④ 감정효과

 해설
　색의 동화란 인접된 색들끼리 서로의 영향을 받아 인접색에 더 가깝게 보이는 현상으로 혼색효과, 전파효과, 줄눈효과, 베졸트 효과라고도 함

32 배색에 관한 내용으로 틀린 것은?

① 강조색은 작은 면적으로 효과를 극대화 할 때 사용하고 배색의 지루함을 없애준다.

② 배색에서 전체적으로 가장 많은 면적과 기능을 차지하는 것은 주조색이라 한다.
③ 여러 가지 색을 서로 어울리게 배열하는 것으로 기능, 목적, 효용에 따라 다양한 방법이 있다.
④ 톤 온 톤(Tone on Tone) 배색은 무채색에 의한 분리 효과를 표현한 배색이다.

 해설
　• 분리 배색 : 무채색에 의한 분리 효과를 표현한 배색 기법
　• 톤 온 톤 배색 : 동일색상에서 톤의 명도 차이를 크게 하여 조화를 이루는 배색 기법
　• 톤 인 톤 배색 : 인접된 색상이거나 유사색상 내에서 같은 톤으로 배색하는 기법

33 색의 3속성 중 색의 밝고 어두운 정도를 뜻하는 것은?

① 색상　　　　　　　② 명도
③ 채도　　　　　　　④ 순도

 해설
　• 색상 : 색채를 구별하는 데 필요한 색의 명칭
　• 명도 : 색의 밝고 어두운 정도
　• 채도 : 색의 선명도를 말하며, 색의 포화도라고 함

34 그림과 같은 타원을 그리기 방법은?

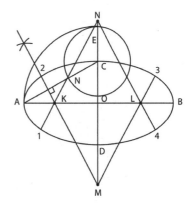

① 두 원을 연접시킨 타원 그리기
② 두 원을 격리시킨 타원 그리기
③ 4중심법에 의한 타원 그리기
④ 장축과 단축을 이용한 타원 그리기

---

35 색채의 표면색을 바르게 설명한 것은?

① 물체의 표면에서 빛이 반사하여 나타나는 색이다.

② 색유리와 같이 빛이 투과하여 나타내는 색을 말한다.

③ 색채는 물체의 간접색과 인접색으로 나눌 수 있다.

④ 분광 광도계와 같은 점안렌즈를 통하여 보는 색이다.

 표면색 : 물체의 표면에서 반사한 빛의 파장 범위가 색으로 보이는 것으로 백색광이나 장파장, 단파장 등을 느낄 수 있는 색

36 "파랑 느낌의 녹색"과 같이 기본 색명에 색상, 명도, 채도를 나타내는 수식어를 붙인 색명은?

① 관용색명 ② 고유색명

③ 일반색명 ④ 기본색명

 일반색명은 계통색명이라고도 부르며, 주로 색의 3속성에 따라 수식어를 정하여 표시하는 색명(노랑, 샛빨강, 파랑 기미의 어두운 녹색, 빨강 기미의 밝은 회색 등)

37 다음 투시도의 작도법은?

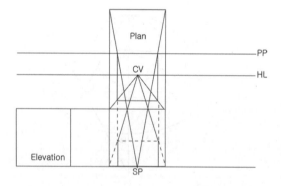

① 1소점 투시도

② 2소점 투시도

③ 3소점 투시도

④ 표고 투상도

 소실점이 하나인 것을 1소점 투시도라고 함(HL : 수평선, GL : 바닥선, SP : 관찰자의 위치, ELEVATION : 입면도)

38 용기와 열정, 생동의 표현, 활력의 원천으로 상징되어 온 색은?

① 빨강 ② 파랑

③ 초록 ④ 보라

 • 빨강 : 흥분, 정열, 분노, 위험, 혁명
• 파랑 : 명상, 냉정, 성실, 추위
• 초록 : 청춘, 평화, 영원, 안전, 성숙
• 보라 : 고귀, 신비, 불안, 우아, 영웅

39 제3각법에 대한 설명 중 옳은 것은?

① 3소점 투시도를 의미한다.

② 일반적으로 디자인 제도에서는 활용하지 않는다.

③ 물체를 제3상한에 놓고 투상하는 방식이다.

④ 정면도를 중심으로 위쪽에 좌측면도, 오른쪽에 우측면도를 놓는다.

 제3각 위치에 두고 투영면을 정투영 하는 일반적인 제도 방식으로 눈으로 볼 때 투상면이 물체보다 앞에 투상하는 방법 (눈 → 화면 → 물체)

40 다음 치수 표시 기호 중 45° 모따기 기호는?

① R ② C

③ P ④ t

 • R : 반지름, 물체의 반지름을 나타낼 때 사용
• t : 두께, 판의 두께를 나타낼 때 사용
• C : 45° 모따기, 물체의 모서리를 45° 잘라내는 크기를 나타낼 때 사용

41 가공지 제조 방법 중 도피가공을 한 종이는?

① 아트지 ② 유산지

③ 리트머스 시험지 ④ 크레이프지

 도피가공은 백색, 유색의 안료 또는 접착제를 종이 표면에 발라 만드는 가공법으로 아트지, 바리타지가 대표적임

42 다음 중 기계펄프에 속하는 것은?

① 아황산 펄프

② 쇄목펄프

③ 소다펄프

④ 크라프트 펄프

 기계펄프 : 원료를 기계적으로 처리하여 만드는 펄프로 쇄목펄프가 대표적임

43 물의 양에 따라 농도 조절이 가능하며 접착력이 강하고 내수성이 뛰어난 표현 재료는?

① 수채물감

② 마커

③ 아크릴 물감

④ 사인펜

해설
• 아크릴 컬러 : 유화의 성질과 비슷. 물의 양에 따라 농도 조절이 가능하며 접착력이 강하고 건조 시간이 빨라 여러 번 겹쳐지는 효과를 얻을 수 있음
• 수채물감 : 물을 사용하여 명도를 조절. 가장 투명하고 맑은 채색을 얻을 수 있음
• 마커 : 색상수가 풍부하며, 색채가 선명. 건조 시간이 빠름

44 가열하여 유동 상태로 된 플라스틱을 닫힌 상태의 금형에 고압으로 충전하여 이것을 냉각, 경화시킨 다음 금형을 열어 성형품을 얻는 방법은?

① 압축 성형

② 사출 성형

③ 압출 성형

④ 블로우 성형

해설
• 압축 성형 : 열경화성 수지의 가장 일반적인 성형법으로써, 형틀 속에 재료를 넣고 열과 압력을 가하여 성형하는 방법
• 압출 성형 : 압출 성형기를 이용해 분말의 열가소성 플라스틱을 실린더에 넣어 연속 회전 스크류에 의해 용융시킨 후 이를 물이나 공기로 냉각 · 고화시켜 성형품을 얻는 방법
• 블로우 성형 : 열을 가해 재료를 연화한 후 형틀에 넣고, 공기를 넣어 형틀에 밀착시켜 경화하는 성형 방법

45 보기와 같은 성질 및 전제 조건이 필요한 용지의 종류는?

표면이 평활하고 보푸라기가 없으며, 거칠지 않고 신축성이 있으며 흡유성이 좋고, 종이의 앞뒷면 차이가 없으며, 제지과정에서 얼룩이 없어야 한다.

① 신문지

② 인쇄용지

③ 도화지

④ 포장지

해설 인쇄용지의 조건
• 흡수성, 평활도, 백색도, 불투명도, 표면 강도, 내절도, 두께, 평면도, 탄력성 등 인쇄에 적합한 인쇄적성이 있어야 한다.
• 표면이 평평하고 보푸라기가 없어야 한다.
• 거칠지 않고 신축성이 좋아야 인쇄가 잘 된다.
• 흡유성이 좋고, 종이의 앞뒷면 차이가 없는 것이 좋다.
• 제지과정에서 얼룩이 있으면 안 된다.

46 필름의 감도를 나타내는 국제 표준화 기구에서 제정한 표시 기호는?

① DIN

② ASA

③ ISO

④ KS

 감도의 표시
• DIN : 독일공업규격
• ASA : 미국표준협회
• KS : 한국산업규격

47 안료에 대한 설명 중 옳은 것은?

① 안료는 일반적으로 물이나 기름 등에 녹는다.

② 안료는 미립자 상태의 액체로 되어 있고, 백색 또는 유색이다.

③ 안료는 입자의 크기가 작아지면 내광성이 커진다.

④ 안료는 전색제와 함께 물체에 착색된다.

해설 안료 : 제품 표면에 착색피막을 형성하기 위해 사용하는 색소로 물, 용제, 기름 등에 녹지 않고, 전색제에 의해 물체에 고착되는 도장재로 입자의 크기가 커지면 내광성이 커짐

48 목재의 화학성분 중 40~50% 가량을 차지하는 것은?

① 셀룰로오스

② 헤미셀룰로오스

③ 리그닌

④ 물

 해설
- 셀룰로오스 : 세포막 성분으로 섬유를 구성하는 섬유소로 40~50% 가량을 차지
- 헤미 셀룰로오스 : 탄수화물 중 셀룰로오스를 제외한 성분으로 20~30% 가량을 차지
- 리그닌 : 식물의 섬유와 물관 사이에 축척되는 물질로 서로 달라붙게 하여 세포를 단단하게 하는 성분으로 20~30% 가량을 차지

49 인쇄와 인쇄용지에 관한 설명 중 맞지 않는 것은?

① 국전지의 사이즈는 636mm×939mm이다.

② A4 사이즈는 210mm×297mm이다.

③ 볼록판 인쇄에 사용하는 판은 잉크가 묻는 화선부와 비화선부보다 높게 되어 있다.

④ 인쇄에 사용되는 기본 컬러는 RGB이다.

 해설
CMYK : 컬러인쇄나 컴퓨터의 작업결과를 잉크젯(Ink-jet) 프린터로 출력할 때 컬러를 표현하는 기본색

50 다음 중 세계 최초의 진공관식 컴퓨터는?

① ENIAC　　　　② EDSAC

③ EDVAC　　　　④ UNICAD

 해설
진공관을 사용한 '1세대 컴퓨터'로 모클리와 에커트가 세계 최초의 전자식 컴퓨터인 에니악을 공동 설계함

51 셀에 그려진 후 촬영된 애니메이션 필름과 동화상 필름을 하나로 합성하여 만드는 애니메이션 기법은?

① 로토스코핑(Rotoscoping)

② 모핑(Morphing)

③ 블랜드(Blend)

④ 트위닝(Twinning)

 해설
- 모핑 : 컴퓨터 애니메이션 기법의 하나로 이미지의 형태를 다른 이미지의 형태로 점차 변형하는 기법
- 로토스코핑 : 애니메이션 이미지를 실제 영상과 합성하는 기법
- 트위닝 : 셀 애니메이션에서 오브젝트 사이에서 변형되는 단계의 중간 프레임을 제작하는 보간법

52 비트맵 방식의 프로그램에서 화면을 구성하고 있는 최소 단위는?

① 픽셀　　　　② 페인팅

③ 필터　　　　④ 채널

 해설
픽셀(Pixel)
- TV, 모니터의 화상을 구성하는 최소의 점을 의미하며, 화소라고 한다.
- 픽셀의 숫자가 많으면 많을수록 해상도는 좋아진다.

53 3차원 컴퓨터그래픽스의 가장 기본적인 형태제작 기법으로서 꼭짓점의 좌표값을 기본으로 모든 형상의 데이터를 구성해가는 것은?

① 큐빅(Cubic)

② 그래비티(Gravity)

③ 메타볼(Metaball)

④ 폴리곤(Polygon)

해설
폴리곤(Polygon)이란 다각형이라는 뜻으로써, 면이 될 수 있는 최소 단위인 삼각형이나 그 이상의 다각형들을 면으로 구성하여 모델링하는 방식으로 가장 대중화 된 3D 모델링 기법

54 탁상출판 혹은 전자출판이라고 일컫는 말의 약어는?

① DPI(Dot Per Inch)

② CAD(Computer Aided Design)

③ DTP(Desk Top Publishing)

④ PPI(Pixel Per Inch)

 해설
DTP : 전자출판, 탁상출판이라고도 하며 개인용 컴퓨터를 이용하여 출판물의 입력과 편집, 인쇄 등의 전 과정을 컴퓨터화한 전자편집 인쇄시스템

55 다음 중 전자출판 방식으로 디자인하고자 할 때 가장 효과적인 소프트웨어는?

① 3D MAX
② Illusrtator
③ Photoshop
④ Indesign

 · 3D MAX : 3D 모델링 프로그램
· Illusrtator : 드로잉 방식의 프로그램
· Photoshop : 이미지 수정 프로그램

56 입출력 데이터를 일단 고속의 보조기억장치에 임시 저장해두어 중앙처리장치가 지체 없이 프로그램 처리를 계속하는 방법을 뜻하는 것은?

① 클립보드(Clip Board)
② 캐시 메모리(Cache Memory)
③ 스풀(Spool)
④ 하드디스크(Hard Disk)

 · 클립보드 : 자료나 프로그램 일부를 저장하는 데 사용되는 Windows 상의 임시 기억 장소
· 캐시 메모리 : 컴퓨터의 처리속도 향상을 위해 사용되는 소형의 고속 기억장치 또는 버퍼 메모리
· 하드디스크 : 자성체로 코팅된 원판형 알루미늄 기판에 자료를 저장할 수 있도록 만든 보조기억장치의 한 종류

57 포토샵에서 이미지 편집 시 패스 기능이 필요 없는 경우는?

① 전체 이미지의 밝기와 색상 보정하기
② 경로를 따라가는 글자 입력하기
③ 스캔받는 이미지의 일부분을 따내기
④ 특정 모양을 만들어 제작하기

해설 전체 이미지의 밝기와 색상을 보정하기 위해서는 Adjustment 명령을 적용해야 함

58 다음 소자에 따른 컴퓨터그래픽스 역사의 분류가 맞지 않는 것은?

① 제1기 – 진공관
② 제2기 – 트랜지스터
③ 제3기 – 집적회로
④ 제4기 – 인공지능

 · 제1세대 : 진공관
· 제2세대 : 트랜지스터
· 제3세대 : IC 집적회로
· 제4세대 : LSI 고밀도 집적회로

59 크기를 변화시켜 출력해도 이미지 데이터의 해상도가 손상되지 않는 이미지는?

① Bitmap Image
② Vector Image
③ TIFF Image
④ PICT Image

해설 벡터 방식은 각기 다른 도형의 특성이 수학적인 형태로 모델화 되어 있어서 크기 조절, 회전, 선의 굵기, 색상 등의 특성을 변경시킬 수 있는 연산 등을 수행할 수 있으며, 해상도의 손실 없이 확대, 축소, 회전 등의 변환이 자유로움

60 3차원 모델의 처리속도 빠르기를 올바르게 표현한 것은?

① 솔리드 모델 〉 와이어프레임 모델 〉 서피스 모델
② 서피스 모델 〉 솔리드 모델 〉 와이어프레임 모델
③ 와이어프레임 모델 〉 서피스 모델 〉 솔리드 모델
④ 서피스 모델 〉 와이어프레임 모델 〉 솔리드 모델

 · 와이어프레임 모델 : 물체를 선으로만 간단히 표현하는 모델링
· 서피스 모델 : 표면처리 방식의 모델링
· 솔리드 모델 : 내부까지도 꽉 차 있는 입체 모델링

01 제품 디자인 과정의 구성을 올바르게 나열한 것은?

① 계획 → 조사 → 분석 → 종합 → 평가

② 계획 → 평가 → 종합 → 조사 → 분석

③ 분석 → 종합 → 평가 → 계획 → 조사

④ 조사 → 계획 → 분석 → 종합 → 평가

02 베르트하이머의 "부분과 부분이 서로 유사성에 의해 그룹을 이루어 보인다."는 유사성의 원리와 관계가 없는 것은?

① 크기의 요인

② 형태의 요인

③ 명도의 요인

④ 유행의 요인

 해설
- 베르트하이머 : 독일의 심리학자, 게슈탈트 심리학의 창시자의 한 사람으로 게슈탈트 이론의 체계화에 기여한 인물
- 유사성의 요인 : 시각적으로 비슷한 형태들(색, 명암, 모양, 크기, 질감, 방향 등)을 하나로 묶어 인식하는 것

03 소비자행동연구의 중요성에 대한 내용과 거리가 먼 것은?

① 마케팅환경의 변화

② 시장세분화 전략의 필요성

③ 애프터서비스의 필요성

④ 마케팅콘셉트의 등장

 해설
소비자행동연구는 상품에 대한 소비자의 반응이나 행동으로 구매자 특성, 판매자 특성, 제품 특성, 상황 특성 등을 파악하여 조직의 목표를 보다 효과적이고 효율적으로 달성하도록 도와주고 마케팅 전략의 수립과 달성에 영향을 미침으로써 시장경쟁에서 우위를 차지할 수 있는 시사점을 제시함

04 제품 디자인에 대한 설명 중 틀린 것은?

① 과학, 기술, 인간, 환경 등이 공존하는 분야이다.

② 생산 가능한 형태, 구조, 재료 등을 고려하여 설계해야 한다.

③ 인간과 자연의 매개 역할로서의 도구이다.

④ 인간의 감성에 맞춘 순수 예술이어야 한다.

 해설
제품 디자인은 여러 측면에서 복합적으로 기능성, 심미성, 독창성, 경제성, 안정성 등이 작용되며 인간이 도구를 만들어 사용함에 있어서 독창적 아름다움과 함께 과학적이고 기술적이어야 하며, 환경과 사회를 고려하는 디자인이어야 함

05 공예품 예술의 수준으로 높이고 사회 개혁 운동으로 전개시켜, 미래 디자인 운동의 시금석이 된 디자인 사조는?

① 아르누보

② 독일공작연맹

③ 미술공예운동

④ 반 디자인 운동

 해설
- 아르누보 : '새로운 예술'이라는 뜻으로 식물무늬와 같은 동적이고 곡선적인 장식의 추상형식을 중시한 범유럽적인 운동
- 독일공작연맹 : 헤르만 무테지우스를 중심으로 한 기계생산의 질 향상과 적합한 조형을 찾기 위한 운동
- 미술공예운동 : 윌리엄 모리스를 중심으로 일어난 공예 개량 운동
- 반 디자인 운동 : 현대의 제도화되고 체계화된 디자인에 대해 반대하는 모든 경향을 통칭하는 것으로 크게 대안적 디자인(Radical Design)을 들 수 있음

정답 ▶ **01** ①　**02** ④　**03** ③　**04** ④　**05** ③

06 포장의 기능과 관계가 먼 것은?

① 내용물 보호　　② 상품정보전달 기능

③ 진열효과 연출　　④ 충동적 구매

 포장 디자인의 기능
- 제품의 성격을 충분히 고려하도록 해야 한다.
- 제품의 형태, 크기에 대한 배려가 있어야 한다.
- 유통 시 취급 및 보관의 특성을 고려한다.
- 쌓기 쉽게 디자인해야 한다.
- 어떤 상태에서든지 매혹적으로 보이도록 디자인해야 한다.
- 여러 조건 하에서도 필요한 정보를 전달할 수 있어야 한다.

07 다음 중 제품의 디자인 요소와 가장 관련이 없는 것은?

① 구조　　② 재료

③ 이론　　④ 형태

 제품의 디자인 요소 : 구조, 형태, 재료, 치수, 표면

08 기계, 건축, 선박 등에 있어서 큰 축척으로 그려졌을 경우, 그 일부분의 축척을 확대하여 모양과 치수, 기구 등을 분명히 하기 위한 도면의 종류는?

① 평면도　　② 입면도

③ 상세도　　④ 단면도

- 평면도 : 물체를 일정한 높이의 수평면에서 절단한 면을 수평 투사한 도면
- 입면도 : 물체의 외관을 나타내는 도면
- 단면도 : 물체의 내부 구조를 명료하게 나타내기 위하여 이 것을 절단한 것으로 가정한 상태에서 그 단면을 그린 그림

09 선의 조형적 표현 방법 중 단조로움을 없애주고 흥미를 유발시켜 활동적인 분위기를 조성하지만 지나치게 많이 사용하면 불안정한 느낌을 주는 것은?

① 수직선　　② 수평선

③ 사선　　④ 포물선

 사선은 운동감, 활동성, 속도감, 불안정한 느낌, 변화, 반항 의 느낌을 가짐

10 수공예 부흥운동인 Art&Craft는 다음 중 어떤 양식을 추구했는가?

① 바로크　　② 고딕

③ 로코코　　④ 로마네스크

 미술공예운동은 19세기 후반 영국에서 윌리엄 모리스를 중심으로 일어난 공예개량운동으로 고딕 양식의 미를 추구함

11 실내 디자인 분야에서 여러 가지 실내장식 액세서리를 이용하여 실내 분위기를 새롭게 연출하는 장식적 디자인은?

① 전시 디자인　　② 하우스 에이전시

③ 코디네이터 디자인　　④ 어번 디자인

- 전시 디자인 : 전시기획에 참여하여 전시 목적, 관람객 층, 전시공간의 구조 등을 파악하여 대중을 상대로 전시하는 공간 디자인
- 코디네이터 디자인 : 건물의 내부를 장식하기 위하여 가구, 벽지, 소품 등을 결정하는 디자인
- 하우스 에이전시 : 특정 광고주의 자본 하에 있는 것으로 그 기업의 경영 지배를 받는 일종의 전속 광고대행사
- 어번 디자인 : 도시 계획을 기초로 하여 인간의 생활에 필요한 공간을 형태화하고 조직화하는 설계 행위

12 타입페이스 중 가장 단순하며 획의 굵기가 일정하여 깨끗해 보이는 것은?

① 세리프　　② 산 세리프

③ 바스커빌　　④ 해서체

- 산 세리프 : 로마자 활자서체의 일종으로 세리프(장식)가 없는 서체, 세로의 선과 가로의 선 굵기가 고른 두께로 된 서체
- 세리프 : 영문 활자체에서 획의 끝에 달린 장식용 꼬리 또는 그와 같은 꼬리가 달린 서체

13 차별화 마케팅 전략의 목적으로 거리가 먼 것은?

① 경쟁우위 강화　　② 시장입지 획득

③ 수익증대　　④ 협력업체 합병

14 다음 중 디자인의 궁극적인 목적은?

① 인간의 행복을 위한 생활환경의 개선 및 창조

② 경제적 이윤을 추구하기 위한 디자이너의 욕망

③ 예술적인 창작 작품 제작을 위한 수단

④ 인간의 장식적 욕구를 충족시키기 위한 수단

15 실내 디자인의 계획 단계에서 고려할 조건으로 가장 거리가 먼 것은?

① 입지적 조건　　② 건축적 조건

③ 설비의 조건　　④ 색채의 조건

 해설 설계 단계 : 디자인 의도를 확인하고 공간의 재료나 가구, 색채 등에 대한 계획을 시각적으로 제시하는 단계

16 디자인의 조형 요소와 관련이 없는 것은?

① 질감　　　　② 색

③ 형　　　　　④ 기호

 해설 디자인의 조형 요소 : 형태, 크기, 색채, 질감, 빛 등

17 면의 특징에 관한 설명 중 틀린 것은?

① 점의 확대, 폭의 확대 등에 의해 성립된다.

② 이동하는 선의 자취가 면을 이룬다.

③ 길이와 너비, 넓이는 있으나 두께는 없다.

④ 삼각형, 사각형, 원형 등을 무정형이라 한다.

해설 무정형은 외형이 일정하지 않은 상태를 말함

18 타이포그래피에 대한 설명 중 가장 올바른 것은?

① 활자를 통해 정보를 효과적으로 전달하는 것을 말한다.

② 타이포그래피의 글자 디자인은 레터링에 비해 약하다.

③ 활판에 의한 인쇄술이다.

④ 활판에 의한 글자의 구성만을 의미한다.

 해설 글자를 구성하는 디자인을 일컬어 타이포그래피라고 하며 글자체, 크기, 여백 등을 조절하여 전체적으로 읽기 좋도록 구성하여 정보를 효과적으로 전달하는 표현 기술

19 다음 중 시각 디자인 분야가 아닌 것은?

① 광고 디자인

② 패브릭 디자인

③ 포장 디자인

④ 타이포그래픽

 해설 제품 디자인 분야 : 텍스타일 디자인, 벽지 디자인, 타피스트리 디자인, 패브릭 디자인, 가구 디자인, 용기 디자인, 패션 디자인, 액세서리 디자인

20 다음 중 온화하고 유연한 동적인 표현을 가지는 것은?

① 수직선　　　　② 수평선

③ 곡면　　　　　④ 사선

 해설
• 수직선 : 엄숙함, 강직함, 긴장감, 준엄한 고결, 상승감, 권위, 희망, 상승
• 수평선 : 평화, 평온, 정지, 안정감, 무한함
• 사선 : 운동감, 활동성, 속도감, 불안정한 느낌, 변화, 반항

21 다음 투시도에 대한 설명 중 틀린 것은?

① 물체를 보고 그 형상을 판별할 수 있는 범위를 시야라 한다.

② 시점을 정점으로 하고 시중심선을 축으로 하여 꼭지각 60도의 원뿔에 들어가는 범위를 시야라 한다.

③ 큰 것을 그릴 때는 시거리를 짧게 잡아야 한다.

④ 시야의 넓음은 시거리에 의해서 정해진다.

 해설 큰 물체를 그릴 때는 시거리를 길게 잡아야 시야가 넓어짐

22 형태의 대상물과 그것을 관찰하는 눈과의 사이에 화면을 두고 시점에서 대상물의 각 점을 이어 화면에 투영된 그림을 얻는 도법은?

① 정 투상도

② 투시도

③ 일러스트레이션

④ 등각 투상도

> 해설 투시도는 시점과 대상물을 연결한 투사선에 의해 대상물의 상이 그려지는 것으로 1, 2, 3소점 투시 투상이 있음

23 치수 보조선에 알맞은 용도의 선은?

① 굵은 실선

② 가는 실선

③ 가는 일점쇄선

④ 굵은 일점쇄선

> 해설
> • 굵은 실선 : 외형선
> • 가는 실선 : 치수선, 치수 보조선, 지시선, 해칭선, 파단선
> • 가는 일점쇄선 : 중심선, 기준선, 피치선
> • 굵은 일점쇄선 : 기준선, 특수 지정선

24 푸르킨예 현상을 설명한 것 중 틀린 것은?

① 어두워지면서 파장이 긴 색이 가장 먼저 사라지고 파장이 짧은 색이 나중에 사라진다.

② 새벽이나 초저녁의 물체들이 푸르스름한 색으로 보이는 현상을 말한다.

③ 어두운 곳의 명시도를 높이기 위해서는 초록이나 파랑 계열의 색이 유리하다.

④ 조명이 점차 어두워지면서 파란색 계통이 먼저 영향을 받는다.

> 해설 명소시에서 암소시로 옮겨갈 때 청색보다 적색이 먼저 사라지는 현상으로, 붉은색은 어둡게 되고 녹색과 황색은 상대적으로 밝게 변화되는 현상

25 다음 그림과 같은 작도법은?

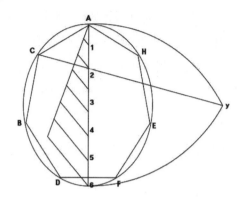

① 한 변이 주어진 임의의 정다각형

② 원에 내접하는 임의의 정다각형

③ 원의 중심 구하기

④ 다각형에 내접하는 원 그리기

26 같은 색상에서 큰 면적의 색은 작은 면적의 색보다 화려하고 박력이 있어 보이는데 이러한 현상은?

① 정의 잔상

② 명도효과

③ 부의 잔상

④ 매스효과

> 해설 매스효과는 동일 색상의 경우, 큰 면적의 색은 작은 면적의 색 견본을 보는 것보다 화려하고 박력이 가해지는 인상으로 보이는 것으로 면적대비 효과의 결과임

27 다음 중 후퇴, 수축되어 보이는 계통의 색은?

① 고명도의 색

② 한색계의 색

③ 고채도의 색

④ 난색계의 색

> 해설
> • 팽창, 진출색 : 난색 계통의 색
> • 후퇴, 수축색 : 한색 계통의 색

28 빛에 대한 설명으로 틀린 것은?

① 빛은 눈을 자극하여 시각을 일으키는 물리적 원인이다.

② 분광된 빛은 단색광이라 한다.

③ 태양의 빛을 백색광이라고 한다.

④ 동일 파장으로 구성되어 있다.

> 해설 빛은 파장에 따라 굴절률이 다르기 때문에 서로 다른 색으로 분산을 일으키게 되며 빨강보다 파장이 긴 빛을 적외선, 보라보다 파장이 짧은 빛을 자외선이라고 함

29 다음 중 색채의 중량감에 대한 설명으로 옳은 것은?

① 주로 채도에 의해 좌우된다.

② 중명도의 회색보다 노란색이 무겁게 느껴진다.

③ 난색 계통보다 한색 계통이 가볍게 느껴진다.

④ 주로 고명도의 색은 가볍게 느껴진다.

> 해설 중량감은 주로 명도에 의해 좌우되며 고명도의 경우 심리적으로 가볍고 팽창된 느낌, 저명도의 경우 무겁고 수축된 느낌을 가짐

30 입체에서 서로 직각으로 만나는 모서리를 세 축으로 하여 투상도를 그리면 입체의 형상을 한 투상도로 나타낼 수 있다. 이러한 투상법은?

① 구 투상도

② 축측 투상도

③ 각기둥 투상도

④ 사투상도

> 해설 투상면에 대하여 투사선이 직각이거나 물체가 경사를 가지는 경우를 말하며 물체의 세 모서리가 120°의 각을 이루는 등각 투상도, 두 각은 같고 나머지 한 각은 다른 2등각 투상도, 투상면과 이루는 각이 모두 다른 부등각 투상도로 구분됨

31 한국산업표준(KS) 물체색의 색 이름에 대한 설명으로 틀린 것은?

① 먼셀의 10색상환에 근거하여 기본 색 이름을 정하였다.

② 색 이름은 크게 계통색 이름과 관용색 이름으로 구별된다.

③ 기본 색 이름 앞에 붙는 색 이름 수식형은 빨간, 흰 등과 같은 형용사만 사용된다.

④ 관용색명은 일상적으로 자주 사용되고 많은 사람이 색을 연상할 수 있는 색명이다.

> 해설 색 이름 수식형 3가지 유형
> 1. 기본 색 이름의 형용사(예 빨간, 노란, 파란, 흰, 검은)
> 2. 기본 색 이름의 한자 단음절(예 적, 황, 녹, 청, 남, 자, 갈, 백, 회, 흑)
> 3. 수식형이 없는 2음절 색 이름에 "빛"을 붙인 수식형(예 초록빛, 보랏빛, 분홍빛, 자줏빛)

32 대칭형인 물체의 외형과 내부의 구조 및 형태를 동시에 표시하는 단면도는?

① 반 단면도   ② 계단 단면도

③ 온 단면도   ④ 부분 단면도

> 해설
> • 반 단면도 : 상하가 대칭인 물체 상태에서 1/4을 절단하여 표시하는 것(=한쪽 단면도)
> • 계단 단면도 : 단면도를 표시하고자 하는 부분의 명시할 곳을 계단 모양으로 절단한 것
> • 전 단면도 : 대상물을 둘로 절단해서 단면으로 나타낸 것(=온 단면도)
> • 부분 단면도 : 전개가 복잡한 조립도에서 많이 사용하는 단면 도형

33 먼셀표색계와 같이 색표 같은 것을 미리 정해 놓고 물체의 색채와 비교하여 물체의 색을 표시하는 표색계는?

① 혼색계   ② 관용색명

③ 고유색명   ④ 현색계

> 해설
> • 혼색계 : 심리적이고 물리적인 빛의 혼색실험에 기초를 두고 색을 표시
> • 현색계 : 물체색을 표시하는 표색계, 지각색을 표시

34 먼셀 표색계의 기본색은?

① RED, YELLOW, GREEN, BLUE, PURPLE

② YELLOW, ULTRMARINE BLUE, RED, SEA
GREEN

③ ORANGE, TURQUOISE, PURPLE, LEAF
GREEN

④ RED, GREEN, BLUE

 해설 먼셀 표색계의 기본 5색 : 빨강(R), 노랑(Y), 초록(G), 파랑(B),
보라(P)

35 전개가 복잡한 비대칭형의 물체 내부를 상세하게 표
시할 필요가 있을 때에 사용하는 도법은?

① 한쪽 단면도 　　　② 계단 단면도

③ 부분 단면도 　　　④ 회전 단면도

 해설
• 한쪽 단면도 : 상하가 대칭인 물체 상태에서 1/4을 절단하
여 표시하는 것(=반단면도)
• 계단 단면도 : 단면도를 표시하고자 하는 부분의 명시할
곳을 계단 모양으로 절단한 것
• 부분 단면도 : 전개가 복잡한 조립도에서 많이 사용하는
단면 도형
• 회전 단면도 : 절단면을 90°회전하여 그린 단면도

36 은선을 사용할 때 주의사항으로 틀린 것은?

① 은선이 외형선에 접속될 때에는 여유를 둔다.

② 은선이 외형선에서 끝날 때에는 여유를 두지 않는다.

③ 은선과 외형선의 교점에서는 여유를 두지 않는다.

④ 다른 은선과의 교점에서는 여유를 두지 않는다.

37 미국의 색채학자 저드가 주장하는 색채조화의 네 가
지 원칙이 아닌 것은?

① 방향성의 원리 　　　② 질서의 원리

③ 친근성의 원리 　　　④ 명료성의 원리

 해설 저드의 색채조화 원리
• 질서의 원리 : 규칙적으로 선택된 색들끼리 조화
• 친근성의 원리 : 가장 가까운 색채끼리의 배색은 보는 사
람에게 친근감을 주며 조화
• 명료성의 원리 : 두 가지 색 이상의 배색 선택에 석연치
않은 점이 없는 명료한 배색에서만 얻어짐
• 대비의 원리 : 배색된 색채들의 서로 반대되면서도 애매
한 점이 없을 때 잘 조화

38 날이 저물어 서서히 어두워지기 시작하면 추상체와
간상체가 같이 작용하게 되어 사물의 윤곽이 흐릿하
여 보기가 어렵게 된다. 이러한 상태는?

① 명소시 　　　② 암소시

③ 박명시 　　　④ 형태시

 해설
• 명소시 : 추상체가 활동하여 물체의 형태, 색채를 분명히
감지할 수 있는 상태
• 암소시 : 간상체가 활동하여 물체의 명암을 감지할 수 있
는 상태
• 박명시 : 명소시와 암소시 중간 정도의 밝기에서 추상체
와 간상체가 모두 활동하고 있는 상태

39 다음 중 인접색의 조화에 해당하는 것은?

① 노랑 – 다홍 – 빨강

② 노랑 – 남색 – 자주

③ 다홍 – 연두 – 남색

④ 녹색 – 주황 – 보라

 해설 유사색 : 인접색이라고도 하며, 색상환에서 가까운 거리의 색

40 다음 중 가장 가벼운 느낌을 주는 색은?

① 자주 　　　② 노랑

③ 녹색 　　　④ 파랑

해설 중량감은 명도에 의해 좌우되며 고명도일수록 가벼운 느낌
을 가짐

41 다음 중 열가소성 플라스틱은?

① 페놀수지 　　　　② 에폭시 수지

③ 멜라민 수지 　　　④ 염화비닐 수지

 열가소성 수지 : 폴리에틸렌, 염화비닐 수지, 폴리스티렌, 폴리아미드, ABS 수지, 아크릴 수지

42 무기안료의 특징과 거리가 먼 것을 고르면?

① 은폐력이 크다.

② 색상이 선명하다.

③ 내연성이 좋다.

④ 내광성이 좋다.

 유기안료는 무기안료보다 색의 종류가 다양하고 색상도 선명하고 착색력이 뛰어남

43 도자기 제조에 쓰이는 유약의 3대 요소가 아닌 것은?

① 장석 　　　　　　② 규석

③ 석회석 　　　　　④ 밀납

 유약의 3대 요소 : 장석, 규석, 석회석

44 특수강에 첨가하는 원소가 아닌 것은?

① 망간 　　　　　　② 규소

③ 스테인레스 　　　④ 코발트

 탄소강에 다른 원소를 첨가하여 특수한 성질을 띠게 한 것. 첨가 원소로서는 니켈, 망간, 크롬, 텅스텐, 코발트, 규소 등이 있음

45 용해한 금속을 급랭함으로써 만들어지는 금속으로 초강력에 못지않은 강도를 가지고 있으며, 뛰어난 내식성과 내마모성 자기 특성을 가지고 있는 금속은?

① 형상기억합금 　　② 소결합금

③ 수소저장합금 　　④ 아모르퍼스 합금

 • 형상기억합금 : 변형이 일어나도 처음에 모양을 만들었을 때의 형태를 기억하고 있다가 일정 온도가 되면 그 형태로 돌아가는 아주 특수한 금속
• 소결합금 : 금속의 분말을 압축 성형한 후, 고온에서 소결시킨 합금
• 수소저장합금 : 금속과 수소가 반응하여 생성된 금속수소화물

46 사람의 눈으로 볼 수 없는 파장에 반응하는 필름은?

① 오르토크로메틱 필름

② 팬트로매틱 필름

③ 적외선 필름

④ 레귤러 필름

 • 오르토크로메틱 필름(정색성 필름) : 약 350~600nm에 이르는 파장역에 감도를 갖는 필름
• 적외선 필름 : 적외선에 감광되는 사진 필름
• 레귤러 필름 : 촬영용 필름으로 청에만 감응하는 필름

47 얇고 흰색으로 불투명도가 높고 지질이 균일하여 성서나 사전과 같이 양질의 인쇄물을 만들 때 사용되는 종이는?

① 글라싱지 　　　　② 라이스지

③ 인디아지 　　　　④ 콘덴서지

 • 글라싱지 : 박엽지 중 화학펄프를 점상으로 두드려 분해해서 만든 매끈한 종이
• 라이스지 : 불투명, 무미, 무취가 특징인 종이
• 콘덴서지 : 식물 섬유에 첨가물을 가하여 만든 종이로 전기적으로 유해한 성분을 내포해서는 안 됨

48 다음 중 색의 표시나 카탈로그, 포스터 등에 사용되는 종이는?

① 신문용지 　　　　② 아트지

③ 글라싱지 　　　　④ 콘덴서지

 아트지는 종이에 안료와 접착제를 발라서 만들며 강한 광택을 입혀 사진판이나 원색판의 고급인쇄에 쓰이는 용지로 캘린더, 카탈로그, 포스터 등에 사용되는 종이

정답 ▶ 41 ④　42 ②　43 ④　44 ④　45 ④　46 ③　47 ③　48 ②

49 3차원 모델링에 관한 내용 중 잘못된 것은?

① XYZ 좌표 상의 특정한 위치에 고정된 색채들은 다른 특성들을 그대로 유지하면서 쉽게 위치, 크기, 각도를 변형할 수 있다.

② 축을 중심으로 회전시켜 모델링 하는 것을 Lathe 라고 한다.

③ 크기 조절(Scale)은 대상물의 크기와 비율을 바꾼다.

④ 폴리곤은 거의 대부분 b spline으로 정의될 수 있다.

 폴리곤은 직선 형태로 직선만을 사용함

50 다음 중 동영상 파일 포맷이 아닌 것은?

① AVI

② SWF

③ MPEG

④ NTSC

 NTSC : 미국 TV방송의 규정과 방식을 결정하는 위원회 또는 위원회에서 채택한 기술표준규격, 초당 30프레임(일본, 캐나다, 우리나라가 채택하여 사용)

51 모니터에 대한 이미지를 슬라이드 필름으로 옮기고 싶다면 다음 중 어떤 출력장치를 써야 하는가?

① 비디오 레코더

② 플로터

③ 필름 레코더

④ 도트 프린터

해설 필름 레코더 : 컴퓨터 애니메이션의 디지털 데이터를 아날로그 신호로 출력하는 장치

52 3차원 모델링에서 2차원 도형을 어느 직선 방향으로 이동시키거나 또는 어느 회전축을 중심으로 회전시켜 입체를 생성하는 기능은?

① 스위핑(Sweeping)

② 라운딩(Rounding)

③ 프리미티브(Primitive)

④ 트위킹(Tweaking)

 2D의 모양을 그린 후 축을 중심으로 회전시켜 3D 모델을 얻는 기법을 스위핑이라고 함

53 디스플레이 표시나 프린터로 인쇄할 때의 정밀도를 나타내는 해상도의 단위이다. 1인치(inch)당 몇 개의 점(dot)으로 이루어져있는지를 나타내는 해상도의 약어는?

① DPI ② HSB

③ EPS ④ TIFF

 DPI : Dot Per Inch, 1인치당 점의 수

54 모바일 캐릭터 애니메이션 제작 프로세스 중 가장 마지막 단계에 실행하는 작업은?

① 통신사 전송 ② 스토리보드 제작

③ 러프콘티 설정 ④ 이미지 최적화

 애니메이션 제작 프로세스 : 스토리 기획 – 스토리보드 제작 – 러프콘티 설정 – 이미지 최적화 – 통신사 전송

55 컴퓨터 내부 연산처리 방법에는 보통 8, 16, 32, 64비트가 있는데, 이들을 동시에 전송할 수 있는 데이터 크기를 제한하여 신호를 주고받기 위한 역할을 수행하는 것은?

① CPU ② ROM

③ RAM ④ BUS

 BUS : 컴퓨터 시스템의 각 부품들 사이에 데이터를 전송하는 전기적 통로

56 컴퓨터그래픽스의 발달 역사에 대한 설명으로 옳은 것은?

① 1950년대 컴퓨터의 등장과 함께 컴퓨터그래픽이 탄생된 시기로, 주요 소자는 진공관으로 컴퓨터의 초기 단계에 해당한다.

② 1960년대 그라우드에 의하여 면과 면 사이의 영역을 부드럽게 처리하는 매핑 기법이 개발되었다.

③ 1970년대는 개인용 컴퓨터의 급속한 발전과 보급으로 컴퓨터 그래픽이 대중화된 시기로 컴퓨터 그래픽의 전성기라고 할 수 있다.

④ 1980년대 서덜랜드에 의하여 CRT 위에 라이트 펜으로 직접 그릴 수 있는 플로터가 개발되었다.

 • 제1세대(1950년대) : 진공관, 프린터/플로터
• 제2세대(1960년대) : 트랜지스터, CAD/CAM, 리플래시형 CRT
• 제3세대(1970년대) : IC 집적회로, 벡터 스캔형 CRT
• 제4세대(1980년대) : LSI 고밀도 집적회로, 레스터 스캔형 CRT

57 다음 중 컴퓨터 시스템의 기본 구성장치가 아닌 것은?

① 입력장치　　　　② 출력장치
③ 중앙처리장치　　④ 스피커장치

 컴퓨터 시스템의 기본 구성장치 : 입력, 출력, 연산, 제어, 기억장치

58 다음 중 물체의 고유한 질감(Texture)을 표현해주기 위한 기능은?

① 디더링(Dithering)
② 블랜드(Blend)
③ 스미어(Smear)
④ 매핑(Mapping)

 매핑 : 이미지의 질감 처리를 의미하며, 2D의 이미지를 3D 오브젝트에 표면(질감)을 입혀주는 것

59 2D 그래픽 처리 프로그램에서 이미지의 합성, 변형 등의 과정을 통해 처리하는 작업을 뜻하는 것은?

① 클리핑　　　　　② 이미지 프로세싱
③ 모션 캡처　　　　④ 스캐닝

 이미지 프로세싱 : 기존의 이미지에 대해 컴퓨터를 이용하여 새로운 이미지로 창작하거나 수정하는 일련의 작업 과정

60 CMYK 모델을 모두 수용할 수 있는 색 영역을 가지기 때문에 RGB 모델로의 변환 시에 중간 단계로 사용되는 등 다른 색상 모델들 간의 색상 변환 시 유용하게 사용되는 컬러 모델은?

① HSB 모델　　　　② Lab 모델
③ HSV 모델　　　　④ Indexed 모델

 Lab color : L은 명도, 색상과 채도는 a와 b의 값으로 결정됨. 모든 툴을 사용하여 편집 가능하며, 수행속도 또한 RGB 모드에서의 수정과 유사하며, CMYK 모드에서의 편집보다 빠른 것이 특징

01 색채 감정효과와 관련이 없는 것은?

① 온도감　　　　② 중량감

③ 강약감　　　　④ 거리감

 해설　색채 감정효과
- 온도감 : 색상
- 중량감 : 명도
- 경연감 : 명도, 채도
- 강약감 : 채도

02 율동의 일부로 크기 변화를 나타낼 수 있는 것은?

① 점증　　　　② 반복

③ 방사　　　　④ 교차

 해설　점증 : 색채, 질감, 형태, 무늬 등이 어떤 체계를 가지고 점점 커지거나 강해져 동적인 리듬감이 생겨나는 것

03 다음 중 목재에 관한 설명으로 옳은 것은?

① 한 춘재부에서 추재부를 거쳐 다음 춘재부에 이르는 하나의 띠를 나이테라고 한다.

② 나이테의 추재부가 밀접하게 배열된 목재는 무르고 연하다.

③ 일반적으로 나이테가 명료한 것은 대부분 활엽수이다.

④ 일반적으로 옅은색의 목재는 짙은색의 목재보다 내구력이 크다.

04 제3각법에서 투상면의 순서가 올바른 것은?

① 눈 → 물체 → 투상면

② 투상면 → 물체 → 눈

③ 물체 → 눈 → 투상면

④ 눈 → 투상면 → 물체

 해설　제3각법 : 기준이 눈으로부터 눈-화면-물체의 순서로 되어, 눈으로 볼 때 투상면은 공간에 있는 물체보다 앞에 투상하는 방법

05 평면 디자인에서 시각 요소가 아닌 것은?

① 색채　　　　② 형태

③ 크기　　　　④ 중량

 해설　시각 요소 : 형과 형태, 크기, 색채, 질감, 빛

06 타입페이스(Typeface) 중 단순하며 획의 굵기가 일정하여 깨끗해 보이는 것은?

① 세리프　　　　② 산세리프

③ 명조체　　　　④ 궁서체

 해설
- 세리프(명조체) : 가독성이 높고 본문용으로 많이 쓰임
- 산세리프(고딕체) : 가독성은 떨어지지만 눈에 쉽게 띄며 제목용으로 쓰임

07 다음 중 픽셀로 구성되는 있는 사진 이미지의 편집, 수정에 가장 적합한 프로그램은?

① 일러스트레이터　　　② 3D 스튜디오 맥스

③ 포토샵　　　　　　　④ 인디자인

08 소비자에게 정보 전달을 목적으로 하는 포스터의 종류는?

① 상품홍보 포스터

② 관광 포스터

③ 장식 포스터

④ 공익 포스터

 상품홍보(광고) 포스터 : 소비자와 상품 사이의 연결 수단으로써 정보를 전달하여 구매행위를 유도하는 포스터

09 포장 디자인의 설명 중 적합하지 않은 것은?

① 포장 디자인은 상품 판매 전략에 있어서 중요한 역할을 한다.

② 포장 디자인은 마케팅과 결합할 때 성공하게 된다.

③ 입체작업을 할 때는 포장 재료의 취급법과 가격 면에 대해 신중하게 고려해야 한다.

④ 플라스틱은 포장 디자인 분야에서 가장 오래된 재료이다.

 포장 디자인에 오랫동안 사용된 주된 재료는 종이로, 판지와 골판지가 많이 사용됨

10 다음 3차원 그래픽의 모델링 중 물체를 선으로만 표현하는 방법은?

① 서페이스 모델링

② 와이어프레임 모델링

③ 솔리드 모델링

④ 프랙탈 모델링

• 서페이스 모델링 : 면에 대한 정보를 가지고 있으며, 와이어 프레임과 솔리드의 중간으로 스타일링뿐만 아니라 인간공학 등 어떤 디자인이건 사용이 가능함
• 솔리드 모델링 : 내부까지도 꽉 차 있는 입체로, 보다 기본적인 단순한 입체로 이루어져 있음
• 프랙탈 모델링 : 단순한 형태에서 출발하여 복잡한 형상을 구축하며 혹성이나 해안의 표현, 구름, 산같이 복잡한 도형의 표현까지 가능함

11 실내 디자인 요소의 기능에 관한 설명 중 틀린 것은?

① 바닥 – 물체의 중량이나 움직임을 지탱해 준다.

② 천장 – 빛, 열, 습기 등 환경의 중요한 조절 매체이다.

③ 벽 – 내부와 외부의 공간을 구획한다.

④ 창문 – 가구 배치를 위한 배경이 된다.

 창문은 실내 공간에 채광, 환기, 조명의 역할을 한다.

12 포스터컬러의 특징과 관계없는 것은?

① 물에 용해되는 채색재료이다.

② 색과 색을 혼합하여 여러 가지 색상을 만들 수 있다.

③ 변색이 잘 안되며, 겹쳐 칠하기도 가능하다.

④ 명도와 채도 조절이 용이하며 반투명하다.

 포스터컬러는 불투명한 수채물감으로, 밝고 정확한 색상과 은폐력을 갖음

13 굿 디자인(Good Design)의 조건이 아닌 것은?

① 합목적성 ② 심미성

③ 모방성 ④ 독창성

 굿 디자인의 조건 : 합목적성, 심미성, 독창성, 경제성

14 빛을 감지하는 감광 세포인 간상체가 지각할 수 있는 색은?

① 보라 ② 파랑

③ 회색 ④ 노랑

 간상체 : 흰색, 회색, 검정의 명암을 판단하는 시세포

15 디자인(Design)이란 단어의 유래는?

① 구상(Composition)

② 데지그나레(Designare)

③ 욕구(Desire)

④ 나타내다(Designate)

 디자인의 어원 : 라틴어 – '데지그나레', 불어 – '데생'

16 실내 디자인의 일반적 목적이 아닌 것은?

① 문화적, 경제적 측면을 고려한 합리적인 실내 공간 계획

② 기능적이고 쾌적한 환경을 창조하기 위한 실내 공간 계획

③ 독창적이고 합리적인 공간으로 창조하기 위한 실내 공간 계획

④ 기능적 설계요소보다 미적인 요소를 중시하는 실내 공간 계획

17 DM이라 볼 수 없는 것은?

① 폴더(Folder)　　　② 리플릿(Leaflet)

③ 포스터(Poster)　　④ 카탈로그(Catalogue)

 DM(Direct Mail advertising) 광고 : 특정한 개인이나 단체의 예상고객에게 직접 우편으로 보내어 판매성과를 거두려는 광고로 폴더(Folder), 리플릿(Leaflet), 카탈로그(Catalogue), 소책자 등이 있음

18 도면의 내용별 분류에 해당하지 않은 것은?

① 부품도　　　　　② 공정도

③ 계획도　　　　　④ 상세도

해설
• 용도별 분류 : 계획도, 제작도, 주문도, 견적도, 승인도, 설명도
• 내용별 분류 : 부품도, 조립도, 상세도, 공정도, 결선도, 배관도, 계통도

19 배색의 조건 설명으로 틀린 것은?

① 사물의 용도나 기능에 부합되는 배색을 해야 한다.

② 색이 주는 심리적 효과를 고려해야 한다.

③ 인간적인 요인으로 계획자의 개인적 특성에 맞추어 배색한다.

④ 환경적 요인은 충분히 고려하여 배색한다.

20 다음 스케치 기법 중 가장 정밀하고, 전체 및 부분에 대한 비례의 정확성과 투시, 작도에 의한 외형의 변화 과정이 적절한 색채처리에 의해서 구체화되는 스케치 기법은?

① 러프 스케치

② 썸네일 스케치

③ 스타일 스케치

④ 스크래치 스케치

 스케치의 종류
• 러프 스케치 : 개략적으로 그린 후 포착된 이미지를 비교·검토하기 위한 스케치
• 스타일 스케치 : 스케치 중에서 가장 정밀하고 정확함을 요구하는 스케치
• 스크래치 스케치 : 아이디어 발생과정에서 프리핸드 선에 의한 스케치로 초기 단계의 스케치

21 색채혼합에 대한 설명 중 잘못된 것은?

① 중간혼합에는 회전혼합과 병치혼합이 있다.

② 감법혼색은 순색에 회색을 섞으면 명도는 변하지만 채도는 변화가 없다.

③ 가법혼색은 빨강(Red), 녹색(Green), 파랑(Blue)을 기본 3색으로 한다.

④ 보색을 혼합하면 무채색을 만들 수 있다.

 순색에 회색을 섞으면 명도가 변하고 채도는 낮아짐

정답　15 ②　16 ④　17 ③　18 ③　19 ③　20 ③　21 ②

22 다음 중 종이 규격이 틀린 것은?

① B4 : 257mm×364mm

② A4 : 210mm×297mm

③ A5 : 128mm×182mm

④ B5 : 182mm×257mm

 해설
- A4 : 210mm×297mm
- A5 : 148mm×210mm
- B4 : 257mm×364mm
- B5 : 182mm×257mm

23 벡터 방식의 이미지를 비트맵 방식의 이미지로 전환시키는 방식은?

① 드로잉

② 디더링

③ 래스터라이징

④ 이미지 프로세싱

 해설
벡터 방식의 이미지를 비트맵 방식으로 전환시키는 과정을 래스터라이징이라고 하고, 비트맵 방식을 벡터 방식으로 전환시키는 과정을 벡터라이징이라고 함

24 주로 인물을 소재로 하여 익살, 유머, 풍자 등의 효과를 살려 그린 그림으로, 어원은 이태리어 '과장하다'에서 유래된 말로 대상의 특징을 포착, 과장하여 그렸고, 작가의 드로잉 능력과 관찰력, 상상력 그리고 개성 있는 표현이 요구되는 그림은?

① 카툰(Cartoon)

② 캐리커처(Caricature)

③ 캐릭터(Character)

④ 콜라주(Collage)

해설
- 카툰 : 대개 사회나 정치풍자를 비롯하여 일상생활의 유머, 넌센스 등을 소재로 다룸으로써 웃음을 제공하는 기능
- 캐릭터 : 소비자에게 강하게 혹은 친근하게 접근하기 위해 특정 상표를 나타내고 긍정적 느낌을 갖도록 만든 가공의 인물이나 동물 등 시각적 상징물
- 콜라주 : 풀로 붙인다는 뜻으로 화면에 인쇄물, 천, 쇠붙이, 나무 조각, 모래, 나뭇잎 등 여러 가지를 붙여서 구성하는 회화 기법

25 다음 중 시장세분화의 인구 통계적 변수와 거리가 먼 것은?

① 나이

② 종교

③ 구매형태

④ 소득

 해설
인구 통계적 변수 : 나이와 생애주기, 성별, 소득, 사회적 계층

26 종이의 분류 중 양지의 종류에 속하지 않는 것은?

① 선화지

② 신문지

③ 필기용지

④ 도화지

 해설
- 양지 : 신문지, 도화지, 인쇄종이, 필기용지
- 화지 : 창호지, 선화지, 습자지, 휴지, 종이솜

27 밤거리를 지나다니는 일반 대중의 눈을 끌어 강렬한 자극을 주고 인상을 깊게 함으로써 광고효과를 올리는 옥외광고의 종류는?

① 광고탑

② 네온사인

③ 애드벌룬

④ 빌보드

 해설
- 광고탑 : 광고 표현을 목적으로 옥외에 설치된 구축물로 일반적으로 사방에서 볼 수 있도록 높은 탑의 형태
- 애드벌룬 : 기구에 광고물을 매달아 하늘에 띄워 시선을 끄는 광고
- 빌보드 : 고속도로변 등에 세운 대형 광고판, 야립(野立)간판이라고도 함

28 색에 대한 설명으로 옳은 것은?

① 차가운 색이나 명도와 채도가 낮은 색은 진출색으로 돌출되어 보인다.

② 따뜻한 색이나 명도가 높은 색은 부피가 팽창되어 보인다.

③ 무채색이 유채색보다 돌출되어 보인다.

④ 무채색 바탕에 따뜻한 색과 차가운 색의 크기가 같은 원을 올려놓으면 따뜻한 색의 원이 더 후퇴되어 보인다.

 해설
팽창색/진출색 : 난색의 명도가 높고 채도가 높은 색

29 다음 중 동화현상에 대한 설명으로 틀린 것은?

① 색들끼리 서로 영향을 주어서 인접색에 가까운 것으로 느껴지는 현상을 말한다.

② 동화현상에는 명도의 동화, 채도의 동화, 색상의 동화가 있다.

③ 색 자체의 명도나 채도가 높아서 시각적으로 빨리 눈에 띠는 성질을 말한다.

④ 동화현상은 눈의 양성적 또는 긍정적 잔상과의 관련으로서 설명된다.

30 아르누보가 1897년 오스트리아 빈에서 유럽 각지에 널리 퍼진 과거의 전통 양식으로부터의 분리를 목적으로 일어난 운동은?

① 데 스틸(De Still)

② 세세션(Secession)

③ 큐비즘(Cubism)

④ 아르데코(Art deco)

- 데 스틸 : '양식(The Style)'이라는 뜻으로 네덜란드에서 시작된 기하학적인 추상미술운동
- 큐비즘 : 파리에서 일어났던 미술혁신운동으로 자연과 인간을 기하학적인 단순 형체로 표현
- 아르데코 : 장식미술을 의미하며 1925년 파리의 현대 장식산업 미술국제박람회의 약칭에서 유래

31 다음 중 벡터(Vector) 이미지에 관한 설명 중 틀린 것은?

① 축소, 확대, 회전과 같은 변형이 용이하다.

② 그림이 복잡할수록 파일의 크기가 증가한다.

③ 점, 선, 면을 각각 수학적 데이터로 인식하여 표현한다.

④ 부드러운 이미지 표현에 강하다.

해설
비트맵 이미지 : 픽셀(기본 단위)로 이루어져 있으며 일반적인 사진 이미지 합성작업에 사용. 이미지의 축소, 확대, 반복, 이동이 가능하며, 에어브러시 기법에 의한 부드러운 그러데이션 표현 가능

32 다음 필름의 종류 중 밤이나 어두운 불빛, 실내의 흐린 빛에서 유용하며 빠른 셔터 속도를 사용할 수 있는 가장 적합한 필름은?

① ISO 50　　　　　② ISO 100

③ ISO 200　　　　　④ ISO 400

- 저감도 : ISO 100 이하의 수치를 가진 필름(정교한 사진을 찍을 때 쓰임)
- 중감도 : ISO 100, ISO 200 정도의 수치를 가진 필름(일반 촬영에 주로 쓰임)
- 고감도 : ISO 400 이상의 수치를 가진 필름(밤이나 어두운 불빛, 실내의 흐린 빛에서 유용)

33 합성 플라스틱 중합체로 연질과 경질로 구분되어 투명성과 강도가 우수한 플라스틱은?

① 폴리염화비닐(PVC)　　② 폴리에틸렌

③ 폴리아미드　　　　　④ 폴리프로필렌

염화비닐수지(폴리염화비닐)의 특징
- 염화비닐의 단독중합체 및 염화비닐을 50% 이상 함유한 혼성중합체
- 포장용, 농업용 등의 시트나 필름 등에 쓰임
- 투명성, 강도가 우수함
- 탄력이 있고 약품에 대한 저항력도 크지만 흡수성이 없고 열에 약함

34 내수합판 또는 목재의 접착에 주로 쓰이며 고온에 즉시 접합되는 접착제는?

① 페놀계 접착제

② 폴리에스테르계 접착제

③ 멜라민계 접착제

④ 에폭시계 접착제

- 페놀계 접착제 : 알콜 용액형으로 에폭시 페놀, 가열 경화형 등이 있음
- 폴리에스테르계 접착제 : 경화 시 수축되어 접착력이 저하되므로 충전제를 적절히 혼합하여 사용해야 함
- 에폭시계 접착제 : 휘발성이 없기 때문에 굳을 때 접착 부분의 수축이 없음

정답 ▶ 29 ③　30 ②　31 ④　32 ④　33 ①　34 ③

35 2소점 투시도의 설명으로 틀린 것은?

① 수평으로 평행한 선은 모두 좌우 각각의 소점으로 모인다.

② 수직 방향의 선은 각기 수직으로 평행한다.

③ 유각 투시도, 성각 투시도라고도 한다.

④ 긴 복도, 곧게 뻗은 철길, 가로수 등을 표현하기에 적합하다.

 1소점 투시는 긴 복도, 곧게 뻗은 철길, 가로수 등의 표현에 적합

36 백색계의 무기안료가 아닌 것은?

① 아연화 　　　　② 황화아연

③ 티탄백 　　　　④ 송연

 송연 : 소나무 가지를 태운 그을음으로 만든 안료

37 3차원 형상 모델링 중 제품 디자인에서 많이 사용되는 속이 꽉 찬 모델링으로 수치 데이터 처리가 정확하여 제품생산을 위한 도면 제작과 연계된 모델은?

① 와이어프레임 모델

② 서페이스 모델

③ 솔리드 모델

④ 곡면 모델

 솔리드 모델링 : 내부까지도 꽉 차 있는 입체로, 보다 기본적인 단순한 입체로 이루어져 있음

38 장축과 단축이 주어질 때 타원을 그릴 수 있는 방법이 아닌 것은?

① 직접법 　　　　② 4중심법

③ 대 · 소부원법 　　④ 평행사변형법

 타원의 작도법 : 집점법, 대 · 소부원법, 평행4변형법, 4중심법

39 색의 진출성이 가장 높은 것은?

① 고명도 고채도 따뜻한 색

② 고명도 저채도 차가운 색

③ 저명도 고채도 따뜻한 색

④ 저명도 저채도 차가운 색

 • 무채색보다는 유채색이 진출색이다.
• 난색계의 색이나 밝은 색은 커 보인다.
• 채도가 높은 색이 진출색이다.

40 색채 성질 중 보색관계가 바르게 짝지어진 것은?

① 고명 – 저명 　　② 청색 – 탁색

③ 유채 – 무채 　　④ 한색 – 난색

 보색 : 색상 대비를 이루는 한 쌍의 색상으로 색상환에서 서로 마주보는 색상으로, 보색끼리 혼합했을 경우 무채색이 됨

41 다음 중 개멋에 대한 설명으로 옳은 것은?

① 인쇄상의 컬러 CMYK를 RGB로 전환하는 것을 말한다.

② 컬러 시스템이 표현할 수 있는 컬러 대역(표현 범위)을 말한다.

③ 빛의 파장을 컬러로 표현하는 방법과 컬러 시스템을 말한다.

④ 컬러 시스템 간의 컬러 차이점을 최소화하는 기능을 말한다.

 Gamut : 모니터, 프린터, 소프트웨어 등에서 표현할 수 있는 색 영역

42 종이를 양쪽으로 잡아당겨 찢어질 때의 힘을 표시한 것은?

① 인장강도 　　　② 인열강도

③ 전단강도 　　　④ 파열강도

• 인열강도 : 종이를 찢는 데 필요한 에너지로 결합강도를 표시한 정도
• 전단강도 : 직각 방향에서 힘을 가했을 때 견디는 정도
• 파열강도 : 부서지기 전까지 견디는 최대의 응력도

43 자유롭게 읽고 쓸 수 있는 기억장치로 전원이 꺼지면 기억된 내용이 모두 사라지는 휘발성 메모리는?

① RAM   ② ROM

③ Hard Disk   ④ Web Hard

 • ROM : 전원의 공급이 없어도 항시 기억되고 있는 비휘발성 기억장치
• Hard Disk : 비휘발성, 순차접근이 가능한 컴퓨터의 보조 기억장치
• Web Hard : 일정 용량을 일정 기간 동안 웹에 업로드, 다운로드할 수 있는 장치

44 다음 중 마케팅 믹스(Marketing Mix)의 4가지 구성 요소가 아닌 것은?

① 제품   ② 영업

③ 경로   ④ 촉진

 • 마케팅 믹스 4P's : 제품, 가격, 경로(유통), 촉진
• 제품(Product) : 판매할 제품
• 가격(Price) : 재화와 서비스를 획득함으로써 얻게 되는 가치
• 유통(Place) : 생산자로부터 소비자에게 옮겨지는 경로
• 촉진(Promotion) : 광고, 홍보, 판매촉진을 하는 활동

45 다음 중 화려하고 동적인 이미지의 배색은?

① 반대색상의 배색

② 유사색상의 배색

③ 동일색상의 배색

④ 유사색조의 배색

 • 반대 색상의 배색 : 화려하고 동적인 느낌
• 유사 색상의 배색 : 친근감과 온화한 느낌
• 동일 색상의 배색 : 간결하고 통일된 느낌

46 19세기 말엽 유럽 신예술 양식으로 헨리 반 데 벨데를 중심으로 전 조형 분야에 식물무늬와 같은 동적이고 곡선적인 장식의 추상형식을 중시한 양식은?

① 미술공예운동   ② 아르누보

③ 독일공작연맹   ④ 신조형주의

 • 미술공예운동 : 기계적 생산을 부정한 수공예 부흥 운동
• 독일공작연맹 : 1907년 헤르만 무테지우스를 중심으로 한 기계생산의 질 향상과 적합한 조형을 찾기 위한 운동
• 신조형주의 : 1917년에 몬드리안이 시작한 운동으로 선과 색채의 순수한 추상적 조형을 나타내려 했던 네덜란드를 중심으로 일어난 운동

47 투시도법에 물체를 보는 눈의 위치를 표시하는 것은?

① GP   ② SL

③ EP   ④ HL

 • GP(지면) : 관찰자의 지면
• EP(시점) : 물체를 보는 사람의 위치

48 시각 디자인의 구성 원리인 균형에 관한 설명 중 틀린 것은?

① 균형은 안정감을 창조하는 질(Quality)로서 정의된다.

② 의도적으로 불균형을 구성할 때도 있다.

③ 좌우의 무게는 시각적 무게로 균형을 맞춰야 한다.

④ 전체적인 조화를 위해서 불균형이 강조되어야 한다.

전체적인 조화를 위해서는 균형이 강조되어야 함

49 초당 25프레임의 주사율을 갖는 방송 방식으로 주로 유럽, 호주, 중국 등지에서 사용하는 방송 방식은?

① BETACAM   ② PAL

③ VHS   ④ NTSC

PAL 방식은 유럽과 싱가포르, 말레이시아 등에서 사용되며 초당 25Frame으로 표현

50 먼셀 표색계의 주 5색은?

① 노랑, 빨강, 주황, 파랑, 연두

② 빨강, 노랑, 녹색, 파랑, 보라

③ 파랑, 노랑, 보라, 주황, 자주

④ 녹색, 노랑, 빨강, 연두, 청록

51 다음의 입체도에서 화살표 방향을 정면으로 할 때 평면도를 바르게 표현한 것은?

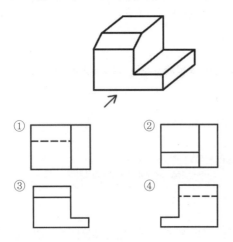

52 이미지를 화면에 표시할 때 이미지의 윤곽을 먼저 보여주고 서서히 구체적으로 나타내도록 하는 효과는?

① 셰이딩　　　　② 앨리어싱

③ 투명 인덱스　　④ 인터레이스

53 플라스틱 재료의 설명 아닌 것은?

① 전기 절연성이 우수하다.

② 열전도율이 낮다.

③ 가공이 용이하고 디자인의 자유도가 높다.

④ 표면의 경도가 크고, 불합성 재료이다.

> 플라스틱의 특징
> • 방수성이 큼
> • 가볍고 강도가 높음
> • 내수성이 좋아 재료의 부식이 없음
> • 착색이 용이하고, 다양한 재질감을 낼 수 있음

54 교통표지판의 색상을 결정할 때에 가장 고려하여야 할 사항은?

① 심미성　　　　② 경제성

③ 양질성　　　　④ 명시성

> 명시성은 가장 잘 보이는 것으로 노란 바탕에 검정 배색이 명시성이 좋은 배색임

55 다음 오스트발트 색입체에서 화살표가 나타내는 계열을 바르게 짝지은 것은?

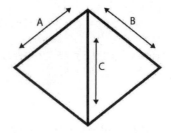

① A–등흑계열, B–등백계열 , C–등순계열

② A–등백계열, B–등흑계열 , C–등순계열

③ A–등순계열, B–등백계열 , C–등흑계열

④ A–등순계열, B–등흑계열 , C–등백계열

> 해설
> • 등백계열 : 백색량이 같은 색
> • 등흑계열 : 흑색량이 같은 색
> • 등순계열 : 순도가 같은 계열 색

56 거울에 비친 대상이 거울면 배후에 있다고 지각되는 상태의 색은?

① 공간색　　　　② 물체색

③ 투과색　　　　④ 경연색

> 해설
> • 공간색 : 유리병처럼 투명한 공간에 꽉 차 보이는 색
> • 물체색 : 물체가 각자의 색을 가지고 있는 것으로 보이는 색
> • 투과색 : 물체를 통과해서 나오는 빛에 의해 느끼는 색

정답 ▶ 　**50** ②　**51** ②　**52** ④　**53** ④　**54** ④　**55** ②　**56** ④

57 다음 중 먼셀 색입체의 수평 단면상에서 보이는 것으로 관련이 없는 나머지 하나는?

① N5
② 10BG 5/4
③ 5RP 5/8
④ 5PR 3/8

 해설
- N5 : 명도단계 5
- 10BG 5/4 : 명도단계 5, 채도단계 4
- 5RP 5/8 : 명도단계 5, 채도단계 8
- 5PR 3/8 : 명도단계 3, 채도단계 8

58 비트맵 이미지에서 사용되는 픽셀(Pixel)에 대한 설명으로 옳지 않은 것은?

① 디지털 이미지의 기본 단위이다.
② 이미지는 여러 개의 픽셀들로 구성된다.
③ 픽셀들은 프레임 버퍼(Frame Buffer)에 저장된다.
④ 픽셀 하나의 크기는 0.3514mm이다.

해설 프레임버퍼 : 래스터 주사 방식에서 화면에 나타날 영상 정보를 일시적으로 저장하는 기억장치

59 정사각형에 내접하는 가장 큰 접속 반원 그리기에서 작도 내용 중 틀린 것은?

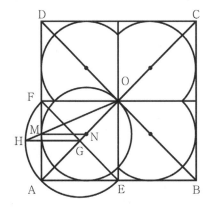

① 선분 $\overline{FO}$와 선분 $\overline{HG}$는 평행이다.
② 선분 $\overline{HG}$와 선분 $\overline{MN}$은 길이가 같다.
③ 점 H와 점 O를 연결하여 교점 M을 얻는다.
④ 선분 $\overline{MN}$을 반지름으로 하는 반원을 그린다.

60 다음 중 이미지 표현 방식에 대한 설명으로 옳지 않은 것은?

① 비트맵 방식은 그림을 픽셀(Pixel)이라고 하는 여러 개의 점으로 표시하는 방식이다.
② 비트맵 방식으로 저장된 이미지는 벡터 방식에 비해 메모리를 적게 차지하며, 화면에 보여주는 속도가 느리다.
③ 벡터 방식은 점과 점을 연결하는 직선이나 곡선을 이용하여 이미지를 표현하는 방식이다.
④ 벡터 방식은 그림을 확대 또는 축소할 때 화질의 손상이 거의 없다.

 해설 벡터 방식은 비트맵 이미지보다 파일의 용량을 적게 차지하고 메모리도 적게 차지하며 점, 선, 곡선, 원 등의 기하적 객체(즉, 그래픽 함수)로 표현되므로, 화면 확대 시 화질의 변화가 없음

01 포장 디자인에서 중요하게 고려할 사항이 아닌 것은?

① 투명성   ② 심미성

③ 전달성   ④ 보호성

 포장 디자인의 기능 : 보호와 보존성, 편리성, 상품성, 심미성, 적재성, 환경성(재활용성)

02 글자 크기 단위인 1포인트(pt)는 약 몇 mm인가?

① 0.2514   ② 0.3514

③ 0.5514   ④ 0.7514

 • 1pt=약 0.3514mm
• 1inch=25.4mm

03 지방, 국가, 전 세계에 걸쳐 형성되는 통신망으로 지리적으로 멀리 떨어져 있는 곳과 연결하여 정보를 교환하는 정보 통신망은?

① 통합 디지털망

② 원거리 통신망

③ 광역 종합 정보 통신망

④ 광 무선 혼합망

 • 통합 디지털망 : 디지털 전송과 디지털 스위칭을 사용하는 네트워크, 음성, 디지털 네트워크 서비스 및 비디오 서비스를 공급하는 ISDN 이전 단계의 기술
• 광역 종합 정보 통신망 : 광대역 통신 성능과 디지털 네트워크 서비스를 제공하는 통신망
• 광 무선 혼합망 : 광케이블과 무선 통신 기술을 혼합하여 사용하는 방식이며 교환기에서 가입자 단말까지는 광섬유를 사용하고, 단말 장치부터는 무선 통신 방식

04 조형 표현에서 단조로움을 없애고 흥미를 유발할 수 있으며 율동적 분위기를 조성하지만 지나치게 많이 사용하면 불안전한 느낌을 주는 선은?

① 수평선   ② 곡선

③ 사선   ④ 수직선

 • 수직선 : 고결, 희망, 상승감, 긴장감
• 수평선 : 평화, 정지, 안정감
• 곡선 : 우아, 여성적, 섬세, 동적

05 인테리어 디자인에서 내부 공간을 구성하는 요소와 가장 거리가 먼 것은?

① 익스테리어 공간

② 인간

③ 동선

④ 장치

 익스테리어 디자인 : 외부 공간 디자인

06 빅터 파파넥(Victor Papanek)이 말하는 디자인의 복합적 기능 중 재료와 도구, 공정, 상호작용을 의미하는 것은?

① 연상

② 용도, 의미

③ 방법

④ 필요성

해설 빅터 파파넥의 복합기능 : 방법, 용도, 필요성, 목적지향성, 연상, 미학

07 색상 간 거리가 먼 색들이 서로 영향을 주어 더욱 뚜렷해지는 배색효과는?

① 보색 배색 　　　② 반대색 배색

③ 동일색 배색 　　　④ 유사색 배색

 해설
- 반대색 배색 : 강함, 생생함
- 동일색 배색 : 통일감, 차분함
- 유사색 배색 : 화합적, 안정감

08 전자출판 방식으로 디자인할 때 가장 효과적인 소프트웨어는?

① 드림위버 　　　② 일러스트레이터

③ 인디자인 　　　④ 포토샵

 해설
인디자인은 어도비 시스템즈에서 제작한 탁상출판(DTP) 레이아웃 소프트웨어로 PC와 매킨토시에서 모두 사용할 수 있으며 PDF 포맷뿐만 아니라, EPUB 및 SWF 등 디지털 출판 포맷으로도 저장할 수 있어 다양한 태블릿 컴퓨터나 전자책(eBook) 리더 등에서도 문서를 읽을 수 있도록 지원

09 빛 전부를 천정이나 벽면에 투사하고 그 반사빛으로 조명하는 방법으로 은은한 빛이 골고루 비추고 조도가 균일한 조명 방식은?

① 간접 조명 　　　② 직접 조명

③ 반간접 조명 　　　④ 반직접 조명

 해설
- 직접 조명 : 빛의 90~100%가 아래로 향하는 방법으로 다른 조명 방식에 비해 경제적
- 반간접 조명 : 부드러운 연출이 용이하며, 조도를 균일하게 맞출 수 있음
- 반직접 조명 : 투사율 60~90%가 바닥을 향해 비춰지며, 10~40%의 빛은 천장에 반사되어 내려오는 조명방식으로 눈부심이 덜함

10 삼각자 두 개로 만들 수 없는 각도는?

① 15° 　　　② 45°

③ 65° 　　　④ 75°

 해설
두 개의 삼각자를 이용하여 만들 수 있는 각도 : 15°, 45°, 75°, 105°

11 상점 입구, 처마 등에 설치하는 간판은?

① 입간판 　　　② 점두간판

③ 옥상간판 　　　④ 야외간판

 해설
- 입간판 : 점두 또는 옥외에 세워서 설치하는 간판
- 옥상간판 : 건물의 옥상 위에 설치하는 간판
- 야외 간판 : 철도 노선이나 도로변에 세워서 설치하는 간판

12 이탈리아에서 마리네티를 중심으로 결성된 예술가 집단으로 기존 예술을 반대하고 물질문명, 속도, 운동감을 추구하고 표현한 양식은?

① 신조형주의

② 포스트 모더니즘

③ 미니멀리즘

④ 미래파

 해설
- 신조형주의 : 기하학적 형태가 가장 기능적인 것이라며, 기능주의 철학을 대두시켰으며, 네덜란드를 중심으로 일어난 운동
- 포스트 모더니즘 : 멤피스 그룹이 대표적인 경우로 기능주의에 입각한 모던 디자인에 항거하며 인간의 정서적, 유희적 본성을 중시하는 경향을 지닌 양식
- 미니멀리즘 : 단순함과 간결함을 추구하여 표현을 최소화하는 흐름으로 미술뿐 아니라 음악, 무용, 문학, 철학 등에서 나타난 양식

13 매슬로우(Maslow)의 욕망모델 순서가 바르게 나열된 것은?

① 자아 욕구→생리적 욕구→안전의 욕구
　　　→사회적 욕구→자기실현의 욕구

② 생리적 욕구→자아욕구→사회적 욕구
　　　→안전의 욕구→자기실현의 욕구

③ 자아 욕구→생리적 욕구→사회적 욕구
　　　→안전의 욕구→자기실현의 욕구

④ 생리적 욕구→안전의 욕구→사회적 욕구
　　　→자아 욕구→자기실현의 욕구

14 "기하학에서는 무수히 많은 (㉠)들의 집합을 선이라고 정의한다.", "상징적인 면에서 (㉡)은/는 모든 조형예술의 최초의 요소로 규정지을 수 있다." 다음 중 ㉠과 ㉡에 공통으로 들어갈 디자인 요소는?

① 점   ② 빛

③ 면   ④ 입체

 해설
- 시각 디자인 개념 요소 : 점, 선, 면, 입체
- 점 : 모든 조형예술의 최초 요소로 위치만 있고 크기는 없음
- 선 : 점의 이동이나 확대로 길이와 방향은 있으나 폭은 없음
- 면 : 선의 이동이나 면의 확대로 길이와 넓이를 가짐
- 입체 : 면의 이동에 의해 공간을 가짐

15 실내 디자인에서 크기와 모양에 일관성을 부여하고 질서감과 안정감을 주는 원리는?

① 다양성   ② 고급성

③ 반복성   ④ 통일성

해설 통일성 : 일정한 규칙을 갖고 일관성, 단일성을 통해 전체가 조화를 이루는 것

16 백색계 무기안료가 아닌 것은?

① 아연화   ② 황아아연

③ 티탄백   ④ 송연

 해설 송연 : 소나무를 태운 그을음, 먹을 만드는 원료

17 다음 중 바우하우스가 시도한 디자인 철학과 관련이 없는 것은?

① 대량생산을 위한 굿 디자인의 문제 해결

② 기계 허용

③ 역사주의와 전통적 장식 개념

④ 공업시스템과 전통적 장식 개념

해설 바우하우스는 독일공작연맹의 이념을 계승한 운동으로 예술과 공업 기술의 합리적 통합의 목표를 가짐

18 먼셀 표색계에 대한 설명으로 틀린 것은?

① 먼셀 휴(Munsell Hue)의 기본 5색상은 빨강(R), 노랑(Y), 녹색(G), 파랑(B), 보라(P)이다.

② 5R보다 7.5R이 노란색을 많이 띤 빨간색이며, 2.5R이 보라색을 많이 띤 빨간색이다.

③ 명도의 단계는 1에서 9까지로 1은 이상적인 흰색을, 9는 이상적인 검은색을 의미한다.

④ 채도는 무채색 축을 0으로 하고 수평 방향으로 번호가 증가하며, 번호가 커질수록 채도가 높아진다.

 해설 먼셀의 명도단계는 0~10까지의 11단계로 나눔

19 다음 중 필름의 현상 순서를 바르게 나열한 것은?

① 현상 – 정착 – 중간정지 – 세척 – 건조

② 현상 – 중간정지 – 세척 – 정착 – 건조

③ 현상 – 중간정지 – 정착 – 세척 – 건조

④ 정착 – 현상 – 중간정지 – 세척 – 건조

해설 필름의 현상 순서 : 현상 – 중간정지 – 정착 – 세척 – 건조

20 마케팅의 구성요소 중에 해당되지 않는 것은?

① 제품(Product)   ② 촉진(Promotion)

③ 가격(Price)   ④ 사람(People)

해설
- 마케팅 믹스 4P's : 제품, 가격, 경로(유통), 촉진
- 제품(Product) : 판매할 제품
- 가격(Price) : 재화와 서비스를 획득함으로써 얻게 되는 가치
- 유통(Place) : 생산자로부터 소비자에게 옮겨지는 경로
- 촉진(Promotion) : 광고, 홍보, 판매촉진을 하는 활동

정답 ▶ 14 ①   15 ④   16 ④   17 ③   18 ③   19 ③   20 ④

21 다음 그림에서 "ㄱ"의 끊어진 부분이 "ㄴ"처럼 완전한 형으로 인식되는 것은 게슈탈트 심리법칙 중 어느 것에 해당되는가?

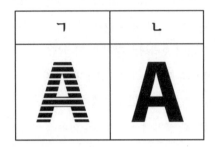

① 단순성의 법칙　　② 연속성의 법칙

③ 유사성의 법칙　　④ 폐쇄성의 법칙

 게슈탈트 심리법칙
- 근접성의 법칙 : 가까이 있는 것끼리 짝지어진 것
- 유사성의 법칙 : 비슷한 요소들이 연관되어 보이는 것
- 폐쇄성의 법칙 : 불완전한 것이 완전해 보이는 것
- 연속성의 법칙 : 유사한 배열이 하나의 묶음처럼 보이는 것

22 다음 중 금속을 적당한 온도로 가열하여 주어진 모양과 치수로 가압, 성형하여 제품을 만드는 소성 가공 방법은?

① 단조(Forging)

② 압연(Folling)

③ 인발(Drawing)

④ 압출(Extruding)

 금속가공법
- 주조 : 쇳물을 녹여서 그 액체를 일정한 틀 속에 부어 식혀 가공하는 방법
- 단조 : 금속을 적당한 온도로 가열하여 두들겨서 가공하는 방법
- 압연 : 금속에 압력을 가해 가공하는 방법
- 절삭 : 가공하고자 하는 금속보다 더 단단한 금속을 이용하여 금속을 깎아내는 방법

23 다음 중 후퇴, 수축되어 보이는 계통의 색과 팽창, 진출되어 보이는 색이 맞게 연결된 것은?

① 고명도 색 – 난색계의 색

② 한색계의 색 – 난색계의 색

③ 고채도의 색 – 한색계의 색

④ 난색계의 색 – 고채도의 색

 팽창되어 보이는 색은 고명도, 고채도, 난색이고 수축되어 보이는 색은 저명도, 저채도, 한색에 속함

24 먼셀 색입체를 수평으로 절단할 때 중심축의 회색 주위에 나타나는 모양은?

① 같은 색상의 채도 변화

② 같은 채도의 여러 색상

③ 같은 명도의 여러 색상

④ 같은 색상의 같은 채도

- 먼셀 색입체의 수직단면도(동일 색상면)
- 먼셀 색입체의 수평단면도(동일 명도면)

25 다음 중 색채의 공감각과 거리가 가장 먼 것은?

① 맛　　　　　　② 냄새

③ 촉감　　　　　④ 대비

 색채의 공감각 : 미각, 촉각, 후각, 청각

26 먼셀 20색 상환에서 청록의 보색은?

① 빨강　　　　　② 노랑

③ 보라　　　　　④ 파랑

 보색관계 : 주황–파랑, 노랑–남색, 보라–연두, 녹색–자주

27 어떤 하나의 색상에서 무채색의 포함량이 가장 적은 색의 명칭은?

① 청색　　　　　② 순색

③ 탁색　　　　　④ 중간색

- 순색 : 한 가지 계통색에서 채도가 가장 높은 색
- 청색 : 순색에 흰색이나 채도를 섞은 색
- 탁색 : 순색에 회색을 혼합한 저채도의 색

28 플라스틱 제품 중 가장 오랜 역사를 가진 것으로 일반적으로 베이클라이트(Bakelite)라고도 하며, 열경화성 수지를 대표하는 것은?

① 페놀수지
② 요소수지
③ 멜라민 수지
④ 푸란수지

 해설
- 요소수지 : 탄산가스와 암모니아에서 얻은 요소와 포르말린을 합한 수지로 무색투명
- 멜라민 수지 : 멜라민과 포름알데히드로 만든 수지로 무색투명하고 광택이 남
- 푸란수지 : 외관상 액체이지만, 열에 의해 경화되어 항상 검은색이며, 내수성 접착제로 사용

29 교회 창문의 스테인드글라스 기법에 많이 사용되는 효과는?

① 분리 배색
② 연속 배색
③ 반복 배색
④ 강조 배색

 해설
분리 배색 : 배색의 관계가 모호하던지, 지나치게 대비가 강할 경우 접하고 있는 두 색 사이에 분리 색으로 무채색을 사용하여 조화로움을 주는 배색 방법

30 물체의 윤곽선이 낮은 해상도에서 곡선이나 사선을 표현하였을 때 계단 모양 또는 지그재그 모양으로 나타나게 되는데, 이때 나타나는 부자연스러움을 없애기 위해 픽셀의 그리드에 단계별 회색을 넣어 계단 현상을 없애주는 것을 무엇이라고 하는가?

① 하프톤(Halftone)
② 셰이프(Shape)
③ 듀오톤(Duotone)
④ 안티 앨리어스(Anti-alias)

 해설
- 하프톤(Halftone) : 이미지의 밝은 부분과 어두운 부분의 중간조 회색 부분을 적당한 크기와 농도의 작은 점들로 명암의 미묘한 변화를 표현
- 듀오톤(Duotone) : 모노톤 위에 다른 색상을 덧입혀 줌으로써 전체적인 톤의 변화와 안정된 분위기를 줌
- 셰이프(Shape) : 패스로 이루어진 도형으로 면색과 테두리 색 적용이 가능

31 율동(Rhythm)의 일부로, 명도와 채도의 단계에 일정한 변화를 주거나 대상물의 크기에 변화를 주어 생동감 있는 효과를 낼 수 있는 것은?

① 강조
② 변칙
③ 점증
④ 반복

 해설
점이(점증)란 색이나 명암이 점점 밝아지거나 어두워지면서 생기는 시각적인 율동감을 말함. 동적인 느낌을 주며 원근의 효과나 입체적인 효과를 내는 시각적 요소

32 현색계의 설명이 맞는 것은?

① 지각적으로 일정하게 배열되어 있다.
② 광원과 같은 색을 표시하기가 어렵다.
③ 삼원색의 가산혼합 방법에 기초한 것이다.
④ 먼셀, NCS, DIN 등이 혼색계에 속한다.

 해설
- 현색계 : 색 지각을 기초하며 물체를 표시하는 표색계(먼셀, PCCS, NCS, DIN)
- 혼색계 : 색 감각을 기초하여 심리물리색을 표시하는 표색계(CIE, 오스트발트)

33 2소점 투시도의 설명으로 틀린 것은?

① 수평으로 평행한 선은 모두 좌우 각각의 소점으로 모인다.
② 수직 방향의 선은 각기 수직으로 평행한다.
③ 유각 투시도, 성각 투시도라고도 한다.
④ 긴 복도, 곧게 뻗은 철길, 가로수 등을 표현하기에 적합하다.

 해설
- 평행 투시도법 : 1소점 투시도로 소실점이 1개이며, 대상 물체를 화면에 평행하거나 수직으로 그리는 것
- 유각 투시도법 : 화면에 물체의 수직면들이 일정한 각도를 유지하고 있으며 소실점이 2개
- 사각 투시도법 : 경사 투시라고도 하며 3소점 투시도로 소실점이 3개이며, 물체와 화면 모두 각도를 갖고 있음

34 다양한 색의 작은 점이나 무수한 선이 조밀하게 배치되어 먼 거리에서 보면 색이 혼색되어 보이는 혼색 방법은?

① 회전혼색　　　　　② 감법혼색

③ 계시혼색　　　　　④ 병치혼색

 병치혼합 : 여러 가지 색이 조밀하게 분포되어 있을 경우 멀리서 보면 각각의 색들이 주위의 색들과 혼합되어 보이는 현상(컬러TV, 인상파 화가들의 점묘법, 모자이크, 직물)

35 포토샵에서 CMYK 모드 이미지 편집 시 실행할 수 없는 명령어는?

① Difference Cloud

② Gussian Blur

③ Lighting Effect

④ Sharpen Edge

 CMYK 모드에서는 Filter Gallery의 전 기능을 사용할 수 없음

36 아트필름 또는 스크린톤의 착색재료를 사용하여 지정된 부분에 압착시켜 표현하는 렌더링 기법은?

① 에어브러시　　　　② 필름 오버레이

③ 아크릴　　　　　　④ 컬러 마커

 • 에어브러시 : 핸드피스, 호스, 컴프레서 등으로 구성되며 붓의 얼룩이 남지 않아 광택재료로 많이 사용됨
• 아크릴 : 물을 사용하여 혼합할 수 있으나 건조 후에는 물에 지워지지 않고 유화의 성질과 비슷하며 합성수지로 만들어 접착성과 내수성이 강한 디자인 표현 재료
• 마커 : 색상의 수가 많고 색채가 선명하며, 건조가 빠르고 사용이 간편하여 렌더링 등 디자인 작업에 많이 사용되는 재료

37 다음 중 배색에 따른 느낌이 잘못 짝지어진 것은?

① 유사색상의 배색–완화함, 상냥함, 건전함

② 반대색상의 배색–똑똑함, 생생함, 화려함

③ 유사색조의 배색–차분함, 시원함, 일관됨

④ 반대색조의 배색–강함, 예리함, 동적임

 • 동일색상의 배색 : 차분, 시원, 솔직, 정직, 간결
• 유사색상의 배색 : 협조적, 온화, 화합, 상냥, 건전
• 반대색상의 배색 : 강함, 똑똑함, 생생, 동적, 화려
• 동일색조의 배색 : 차분함, 시원, 통일, 일관성
• 유사색조의 배색 : 화합, 평화, 안정, 차분
• 반대색조의 배색 : 강함, 생생, 예리함, 동적

38 매슬로우 욕망모델에서 사회적 욕구에 해당하는 것은?

① 음식, 성, 생존

② 질서, 보호

③ 자존심, 지위, 권위, 명예

④ 애정, 집단에서의 소속

 • 생리적 욕구 : 음식, 성, 생존
• 안전 욕구 : 질서, 보호, 안전
• 사회적 욕구 : 소속감, 애정
• 존경 욕구 : 자존심, 지위, 권위, 명예
• 자아실현 욕구 : 자아개발 및 실현

39 어두워지면 가장 먼저 사라져서 보이지 않는 색은?

① 보라　　　　　　　② 노랑

③ 빨강　　　　　　　④ 녹색

 푸르킨예 현상 : 밝은 곳에서는 노랑, 어두운 곳에서는 청록색이 가장 밝게 느끼는 것으로, 파장이 짧은 색이 나중에 사라지고 파장이 긴 색이 먼저 사라지는 현상

40 다음 그림이 나타내는 투시도법의 원리는?

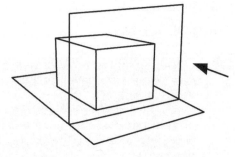

① 1소점법　　　　　② 2소점법

③ 3소점법　　　　　④ 유각 투시도법

해설 투시도법의 종류
• 1소점법(평행 투시) : 소실점이 1개
• 2소점법(유각 투시) : 소실점이 2개
• 3소점법(경사 투시) : 소실점이 3개

41 다음 중 스캐너에 대한 설명이 맞지 않는 것은?

① 해상도의 단위는 LPI이다.

② 스캐너는 입력장치에 속한다.

③ 색상과 콘트라스트를 더욱 정확하게 조절하기 위해 감마보정이라는 방법을 사용한다.

④ 해상도, 표현영역 확대, 축소를 조정하여 원하는 영역만 스캔할 수 있다.

해설 해상도의 단위 : dpi(Dot Per Inch)

42 회전혼합 설명 중 맞는 것은?

① 물리보색의 판별실험이 가능하다.

② 영국의 물리학자 맥스웰이 처음 이론화하여 맥스웰 회전혼색이라고도 한다.

③ 원판을 회전시키면 밝기는 원래의 색보다 어두워진다.

④ 명도나 채도 단계의 실험을 할 수 있다.

해설 • 회전혼합은 혼합된 색의 명도는 원래 두 색의 중간 명도가 됨
• 회전혼합은 명도와 채도는 면적률에 따라 높은 쪽으로 높아짐

43 무엇을 구하기 위한 것인가?

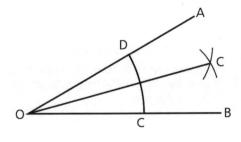

① 원의 중심 구하기 ② 각의 2등분

③ 직선의 이등분 ④ 수평선 긋기

44 포스트 스크립트에 관한 설명으로 틀린 것은?

① 크기나 변형에 있어서 이미지의 질과는 관계없이 크기, 모양의 변화가 용이하다.

② 자유곡선과 같은 복잡한 형태는 래스터 이미지 형태로 만들어낸다.

③ 패스의 색과 두께, 그리고 패스의 위치와 크기에 관한 정보도 가지고 있다.

④ 포스트 스크립트는 페이지 기술 언어로서 고급 프린터 시스템에 내장 지원된다.

해설 포스트 스크립트
• 미국 어도비 시스템사가 개발한 페이지 기술 언어(PDL)
• 벡터와 래스터 데이터를 모두 사용할 수 있음
• 포스트 스크립트는 출력장치의 해상도에 의존하지 않고 아웃라인 폰트를 불러내어 그 크기를 조절할 수 있음

45 다음 색 중 배경색이 남색일 때, 진출성이 가장 강한 것은?

① 노랑 ② 자주

③ 보라 ④ 청록

해설 진출색 : 가까이 보이는 색으로 고명도, 난색, 유채색은 진출하는 느낌

46 투상도의 제3각법에 대한 설명으로 잘못된 것은?

① 기준이 눈으로부터 눈, 화면, 물체의 순서로 되어 있다.

② 미국에서 발달하여 빠른 속도로 보급되었다.

③ 한국산업규격의 제도 통칙에 이를 적용하였다.

④ 유럽에서 발달하여 독일을 거쳐 우리나라에 보급되었다.

제3각법
- 눈 → 화면 → 물체의 순서
- 눈으로 볼 때 투상면이 물체보다 앞에 투상하는 방법
- 미국에서 발달하여 빠른 속도로 보급
- 한국산업규격의 제도 통칙에 이를 적용

③ 판지는 평활도가 좋아야 한다.

④ 판지는 표면 강도가 좋아야 벗겨지지 않고 접착효과가 좋다.

 판지는 두껍고 질기며 두께가 균일해야 함

47 평면도법의 선에 관한 설명 중 잘못된 것은?

① 길고 짧은 거리로 반복되게 그어진 선을 일점쇄선이라 한다.

② 모양에 따른 선의 종류에는 실선, 파선, 쇄선이 있다.

③ 보이지 않는 부분의 모양을 표시할 때는 파선을 사용한다.

④ 치수선, 지시선 등에는 쇄선을 사용한다.

- 굵은 실선 : 외형선
- 가는 실선 : 치수선, 치수 보조선, 지시선

48 컴퓨터그래픽스에서 컬러가 일정한 표준으로 나타나도록 장치의 컬러 상태를 조정하는 과정으로, 보다 전문적으로는 이미지의 입출력 및 처리 과정에서 사용하는 모든 하드웨어 장치의 컬러 특성을 일치시키는 것은?

① 컬러 싱크(Color Sync)

② 개멋(Gamut)

③ 캘리브레이션(Calibration)

④ 팬톤(Pantone) 컬러

- 개멋 : 컬러 시스템이 표현할 수 있는 표현 범위
- 팬톤 컬러 : 미국 팬톤사에서 제작한 인쇄 및 소재별 잉크를 조색하여 제작한 색표집으로 우리나라에서 많이 사용되고 있는 컬러 차트

49 다음 중 판지의 필요 조건이 아닌 것은?

① 판지는 흡유성이 좋아야 인쇄효과가 좋다.

② 판지는 재질의 특성상 두께가 균일하지 않아도 된다.

50 다음 중 픽셀의 설명으로 틀린 것은?

① 픽셀은 이미지를 구성하는 최소 단위이다.

② 종횡으로 많은 수의 픽셀이 모여 문자 또는 그림을 형성한다.

③ 픽셀은 각각의 위치값을 가진다.

④ 픽셀은 색에 따라 다양한 크기를 가진다.

 픽셀은 이미지를 구성하는 최소 단위인 점을 뜻하며 작은 사각형 단위의 픽셀 크기는 색상에 따라 변하지 않음

51 다음 중 3개의 축선이 서로 만나서 이루는 세 각들 중에서 두 각을 같게, 나머지 한 각은 다르게 그리는 투상도는?

① 등각투상도　　② 사투상도

③ 2등각투상도　　④ 전개도

- 등각투상도 : 물체의 세 모서리가 120°의 각을 이루는 투상도
- 사투상도 : 물체의 앞면 모서리는 수평선과 평행하고, 옆면 모서리는 수평선과 임의의 각도로 하여 그린 단면 투상
- 전개도 : 입체 도형의 표면을 적당히 잘라서 평면 위에 펼쳐 놓은 도형

52 투명한 도면 같은 것으로, 여러 장 겹쳐서 하나의 이미지로 만들어 수정작업을 용이하게 하는 기능은?

① 채널(Channel)　　② 패스(Path)

③ 레이어(Layer)　　④ 스와치(Swatches)

- 채널 패널 : 이미지 색상 정보를 보정하는 기능
- 패스 패널 : 패스 사용 시 패스를 저장 및 관리하는 기능
- 스와치 패널 : 자주 사용하는 색상을 팔레트 형식으로 저장 및 관리하는 기능

53 디자인 아이디어 창출 기법 중 집단사고에 의한 자유 분방한 아이디어를 얻기 위하여 서로 비평을 금하고, 상대방의 아이디어에 상승 작용을 할 수 있게 하는 기법은?

① 문제분석법

② 체크리스트법

③ 특성열거법

④ 브레인스토밍법

 • 문제분석법 : 소비자들에게 제품과 관련된 문제를 물어 소비자의 입장을 반영하여 아이디어를 구하는 방법
• 체크리스트법 : 문제와 관련된 항목들을 나열한 후 항목별로 문제의 특정 변수에 대해 검토하여 아이디어를 구상하는 방법
• 특성열거법 : 상품을 각기 다른 특성과 속성들은 열거하고, 거기에서 문제점을 발견하고 어떻게 변경하면 될 것인가에 대해 아이디어를 구하는 방법

54 다음 중 도면 작성 시 겹치는 선의 우선순위를 옳게 나열된 것은?

① 외형선-숨은선-중심선-절단선-무게 중심선-치수 보조선

② 외형선-중심선-절단선-숨은선-무게 중심선-치수 보조선

③ 외형선-숨은선-절단선-중심선-무게 중심선-치수 보조선

④ 외형선-중심선-숨은선-절단선-무게 중심선-치수 보조선

55 색의 3속성에 따라 오메가 공간이라는 색입체를 만들고, 색채조화의 정도를 정량적으로 설명한 색채조화론은?

① 비렌의 색채조화론

② 셔브뢸의 색채조화론

③ 문·스펜서의 색채조화론

④ 오스트발트의 색채조화론

 • 비렌 : 흰색, 검정, 순색을 기본색으로 한 색삼각형을 제시
• 셔브뢸 : 색의 3속성을 기초로 유사조화와 대비조화로 구분
• 오스트발트 : 조화는 질서와 같다는 기본 원리를 바탕으로 조화론을 체계화

56 다음 중 해상도에 대한 설명으로 틀린 것은?

① 픽셀 해상도란 픽셀을 만드는 데 사용되는 색상의 수를 말한다.

② 이미지 해상도란 하나의 비트맵 이미지가 몇 개의 픽셀로 구성되었는지를 뜻한다.

③ 비트맵 이미지의 물리적 크기를 크게 하면 해상도는 높아진다.

④ 해상도는 포스트 스크립트 방식에서 적용된다.

 비트맵 이미지를 강제로 확대할 경우 이미지가 손상되며 해상도도 낮아짐

57 다음 중 인터넷에 올려져 웹브라우저상에서 볼 수 있는 파일 형식만으로 나열된 것은?

① psd, ai

② jpg, ai

③ psd, gif

④ jpg, gif

 • psd : 포토샵에서 레이어와 알파채널 등을 모두 저장할 수 있는 파일 포맷
• ai : 일러스트레이터 전용 벡터 파일 포맷

58 문서 레이아웃 형태를 온라인으로 전산 편집하여 디자이너 간에 주고받으면서 디자인을 개발하거나, 각종 인쇄물을 전달하기 어려운 상황에서 온라인으로 인쇄 품질을 떨어뜨리지 않고 문서를 전달하고자 할 때 사용하는 파일은?

① XML

② PDF

③ FTP

④ HTML

 PDF : 어도비에서 발표한 국제표준페이지 기술 언어인 포스트 스크립트(Post Script)를 기반으로 만든 파일 포맷으로 운영체제나 애플리케이션에 관계없이 문서 형태를 그대로 유지하며 전자적으로 배포가 가능

59 3차원 컴퓨터 그래픽의 모델링 방식 중 물체의 면과 면이 만나서 구성되는 모서리 선을 사용하여 물체의 형상을 표현하는 방식으로 점, 꼭짓점과 꼭짓점을 연결하는 선 또는 곡선만으로 표현하는 방식은?

① CSG(Constructive Solid Geometry) 모델링 방식

② 와이어프레임(Wire-Frame) 모델링 방식

③ 솔리드(Solid) 모델링 방식

④ B-Reps(Boundary Representation) 모델링 방식

 해설
와이어프레임 : 물체를 선으로만 간단히 표현하는 방법으로 처리속도는 빠르지만 물체의 부피, 무게, 실제감 등을 표현하기 어려운 표현 방식

60 3D 입체 프로그램에서 매핑(Mapping)을 가장 잘 설명한 것은?

① 2D 이미지를 3D 오브젝트 표면에 덮이게 하는 것

② 2D로 된 지도나 도형을 3D 입체로 전환하는 것

③ 3D 입체물을 여러 각도에서 단면을 볼 수 있도록 2D의 수치를 기입하는 것

④ Extrude한 입체를 다시 한번 Revolve 시키는 것

 해설
3D 모델의 겉면에 세부적인 표현을 하거나 텍스처(Texture)를 펴 바르는 작업

01 광고, 브로슈어, 정기간행물 등의 평면을 특정한 형태로 정리함으로써 본문, 사진, 일러스트레이션 등을 객관적이고 기능적인 기준에 의해서 조화롭게 디자인하기 위해서 일정한 간격으로 수평, 수직선을 그어 만든 격자형의 체계는?

① 코팅 시스템　　　　② 그리드 시스템

③ 인스톨 시스템　　　④ 황금분할 시스템

 그리드(Grid)란 사전적으로 격자, 바둑판의 눈금을 의미하며, 디자인에서는 디자인 영역을 일정하게 구획하는 것을 의미(격자 상태의 가이드라인).

02 주거 공간의 구성 중 개인 공간이 아닌 것은?

① 서재　　　　　　　② 침실

③ 아동실　　　　　　④ 식사실

 • 개인생활 공간 : 공부, 취침, 휴식 등 개인의 독립적인 생활이 이루어지는 공간(침실, 서재 등)
• 공동생활 공간 : 가족의 대화, 오락, 식사, 손님 접대 등 가족 구성원이 공동으로 사용하는 공간(거실, 식사실, 응접실 등)

03 인터넷 전자출판물의 하나인 홈페이지를 제작할 때 고려해야 할 사항으로 가장 거리가 먼 것은?

① 명료성　　　　　　② 복잡성

③ 신속성　　　　　　④ 지속성

 홈페이지 제작 시 고려사항
• 시각적인 아름다움과 함께 정보 전달, 편의성 고려
• 사용자 입장에서 내비게이션 & UI 제작
• 필요한 정보를 직관적으로 보고 다른 화면으로 손쉽고 빠르게 이동할 수 있도록 제작
• 메인화면은 사이트 내용을 요약해 보여주면서도 구성이 간결한 것이 좋음
• 속도와 안정성 고려

04 오즈번(Alex Osborn)에 의해 창안된 회의 방식으로 디자인에서 널리 사용되고 있는 그룹 형태의 아이디어 발상 방법은?

① 브레인스토밍

② 시스템 분석법

③ 요소간 상관분석법

④ 체크리스트법

 브레인스토밍 : 오즈번에 의해 제안된 아이디어 발상법으로 자유롭게 아이디어를 내는 방법으로, 비평은 금물

05 다음 (　　) 안에 들어갈 말로 가장 적당한 것은?

> 타이포그라피에 있어 (　　)는(은) 매우 중요함에도 불구하고 많은 디자이너들에 의해서 이 중요성이 잘못 이해되거나 무시되는 경향이 있다. (　　)는(은) 글자를 읽기 쉽게 만들어 주는 타이포그래피적인 특성과 성질을 말한다.

① 전달성　　　　　　② 가독성

③ 그리그　　　　　　④ 레이아웃

 가독성 : 인쇄물의 글이 읽힐 수 있는 능률의 정도, 문자의 서체나 자간·행간 등에 따라 달라짐

06 CIP의 기본 요소에 해당하지 않는 것은?

① 시그니처　　　　　② 로고타입

③ 유니폼　　　　　　④ 기본 서체

 CIP 기본 요소 : 기업명, 로고, 심벌마크, 시그니처, 컬러 시스템, 서체 규정, 색상 규정, 캐릭터 등

정답 ▶　01 ②　02 ④　03 ②　04 ①　05 ②　06 ③

07 '구매시점 광고'라고도 하는 것으로 소비자가 상품을 구매하는 장소에서 이루어지는 광고는?

① 디스플레이　　　　② POP 광고

③ 신문 광고　　　　　④ 상품 광고

 구매시점 광고는 POP

08 디자인 요소 중 선에 관한 설명으로 바른 것은?

① 수직선은 평화와 안정감을 더해준다.

② 수평선은 우아하고 유연하며 동적인 표정을 나타낸다.

③ 사선은 동적이고 불안정한 느낌을 준다.

④ 포물선은 고결, 희망을 나타내며, 긴장감을 준다.

• 수직선 : 고결, 희망, 상승감, 긴장감
• 수평선 : 평화, 정지, 안정감
• 포물선 : 동적, 발전적

09 황금분할에 의한 비례는?

① 1:0.618　　　　　② 1:1.618

③ 1:2.618　　　　　④ 1:3.618

 고대 그리스인은 비례를 여러 조형물의 디자인에 체계적으로 적용했고, 오늘날까지 기본적인 조형원리의 하나로 쓰이고 있는 비례

10 불안정한 형이나 그룹들을, 완전한 형이나 그룹으로 완성시키려는 경향이 있으며, 익숙한 선과 형태는 불완전한 것보다 완전한 것으로 보이기 쉬운 법칙은?

① 유사성　　　　　② 근접성

③ 연속성　　　　　④ 폐쇄성

• 근접성의 법칙 : 가까이 있는 것끼리 짝지어진 것
• 유사성의 법칙 : 비슷한 요소들이 연관되어 보이는 것
• 폐쇄성의 법칙 : 불완전한 것이 완전해 보이는 것
• 연속성의 법칙 : 유사한 배열이 방향성을 지니고 하나의 묶음처럼 보이는 것

11 다음 중 반복, 점이, 방사 등에 의해 동적인 활기를 느낄 수 있는 디자인 원리는 무엇인가?

① 조화　　　　　　② 리듬

③ 비례　　　　　　④ 균형

 율동(Rhythm) : 형태나 색채 등이 반복되어 표현되었을 때나 색의 표현에 있어서 점점 어둡거나 밝은 명암 단계에서 느낄 수 있는 미적 형식 원리

12 미적 형식원리에서 비례에 대한 설명으로 가장 올바른 것은?

① 한 선을 축으로 하여 서로 마주 보게끔 형상하는 것이다.

② 부분과 부분 또는 부분과 전체의 수량적 관계이다.

③ 2개 이상의 요소 또는 부분적인 상호관계의 통일이다.

④ 동일한 요소나 대상을 둘 이상 배열하는 것을 말한다.

 ① 대칭, ③ 조화, ④ 반복

13 다음 중 18세기 후반 수공업적 가내수공업을 대량생산 방식으로 바꾸면서 공예 간에 혼란을 야기했던 시기는?

① 산업혁명

② 미술공예운동

③ 독일공작연맹

④ 바우하우스

• 미술공예운동 : 19세기 후반 영국에서 윌리엄 모리스를 중심으로 일어났던 공예 개량 운동
• 독일공작연맹 : 1907년 헤르만 무테지우스를 중심으로 일어난 운동으로 기계생산의 질 향상을 위한 운동
• 바우하우스 : 1919년 발터 그로피우스가 설립한 종합 조형 학교

14 고전적 각선미를 강조하여 단순한 구성 속에 기하학적인 형식으로 개성 창조를 목적으로 한 운동이며, 아르누보(Art Nouveau)의 신예술 양식이 미친 오스트리아의 새로운 조형 활동은?

① 데 스틸(De Still)

② 시세션(Secession)

③ 큐비즘(Cubism)

④ 아르데코(Art deco)

 해설 시세션(Secession) : 1987년 오스트리아에서 과거의 전통 양식으로부터의 분리를 목적으로 일어난 운동으로, 직선미를 강조하여 단순한 구성 속에 기하학적인 형식으로 아르누보의 신예술 양식으로부터 영향을 미침

15 아래의 내용은 마케팅 조사 절차이다. 순서대로 바르게 배열한 것은?

> A. 분석 방법 결정
> B. 자료(정보) 결정
> C. 문제 규정
> D. 수집(연구) 방법 결정
> E. 보고서 작성

① C-B-A-D-E   ② C-B-D-A-E

③ D-C-B-A-E   ④ D-B-A-C-E

해설 마케팅 조사 절차 : 문제 규정 → 자료(정보) 결정 → 수집(연구) 방법 결정 → 분석 방법 결정 → 보고서 작성

16 제품의 수명주기에 있어서 매출액 성장률이 둔화되고 구매빈도를 높이도록 해야 하는 시기는?

① 도입기   ② 성장기

③ 성숙기   ④ 쇠퇴기

해설
• 도입기 : 제품이 처음 시장에 도입되어 광고의 브랜드 인지도를 높이는 시기
• 성장기 : 매출량이 급격히 증가하는 시기
• 쇠퇴기 : 제품의 판매가 빠른 속도로 줄어들어 브랜드 이름을 바꿔서 다시 시장에 내놓는 도약전략을 펴야 하는 시기

17 신문 광고의 구성 요소를 조형적 요소와 내용적 요소로 구분할 때, 내용적 요소에 가까운 것은?

① 일러스트레이션

② 트레이드 마크

③ 로고타입

④ 헤드라인

 해설
• 내용적 요소 : 헤드라인, 보드카피, 슬로건, 캡션
• 조형적 요소 : 일러스트레이션, 트레이드 심벌, 브랜드, 코퍼리트 심벌, 로고 타입, 보더 라인

18 아이디어 발상 초기 단계에 행해지는 메모의 성격을 띤 스케치로 일반적으로 빨리 그리는 스케치이기에 조형처리, 색채처리 등의 세부적인 입체 표현에 구애받지 않는 스케치는?

① 프레젠테이션 스케치

② 스타일 스케치

③ 러프 스케치

④ 스크래치 스케치

 해설 스케치의 종류
• 러프 스케치 : 개략적으로 그린 후 포착된 이미지를 비교 검토하기 위한 스케치
• 스타일 스케치 : 스케치 중에서 가장 정밀하고 정확함을 요구하는 스케치
• 스크래치 스케치 : 아이디어 발생과정에서 프리핸드 선에 의한 스케치로 초기 단계의 스케치

19 편집 디자인과 관계가 가장 먼 것은?

① 타이포그래피

② 일러스트레이션

③ 레터링 디자인

④ 타피스트리 디자인

 해설 타피스트리 : 그리스어의 '타페스(Tαπηδ)'와 라틴어의 '타페티움(Tapetium)'에서 유래한 말로서 벽걸이 장식용 직물 또는 벽걸이나 덮개용으로 사용한 장식적인 디자인과 그림을 짜 넣은 직물

20 포장 디자인의 개발 요건과 거리가 가장 먼 것은?

① 제품의 형태성

② 소비자 사용성

③ 유동적 취급성

④ 재활용 장식성

 해설
- 포장 디자인 개발 시 고려 사항 : 보호/보존성, 취급 시 편리성, 상품성, 재활용성, 직관성
- 한 번 사용한 포장의 재사용성 소재의 사용으로 환경문제를 고려하여 개발해야 하지만 장식성은 디자인 개발 요건과 거리가 있음

21 먼셀표색계에서 색을 표시할 때 HV/C로 나타낼 경우, C는 무엇을 의미하는가?

① 채도

② 명도

③ 색상

④ 계조

 해설 색상(H)명도(V)/채도(C)

22 빨강과 청록이 인접한 경우 서로의 영향으로 인하여 각각 채도가 더욱 높게 보이는 현상은?

① 색상대비

② 보색대비

③ 면적대비

④ 명도대비

 해설 보색대비 : 색상환에서 서로 정 반대쪽에 위치한 색으로 두 색을 같이 놓을 때, 서로의 영향으로 더욱 뚜렷해 보이는 현상(예 빨강과 청록, 노랑과 남색, 파랑과 주황)

23 다음 색의 혼합 방법 중 가산혼합에 해당하는 것은?

① 무대조명의 혼합

② 물감의 혼합

③ 페인트의 혼합

④ 잉크의 혼합

 해설
- 가법혼합(RGB) : 텔레비전 화면이나 모니터, 스크린, 무대조명
- 감법혼합(CMYK) : 컬러사진이나 인쇄, 잉크, 물감
- 중간혼합(병치혼합) : 인상파 화가들의 점묘법, 모자이크, 직물
- 중간혼합(회전혼합) : 맥스웰의 회전판, 바람개비

24 먼셀표색계에서 10색상을 기본으로 할 때 5R은 빨강이다. 그렇다면 10R은 무슨 색에 가장 가까운가?

① 다홍

② 주황

③ 연지

④ 자주

해설
- 다홍 : 10R
- 주황 : 5YR
- 연지 : 10RP
- 자주 : 5RP

25 다음 중 노란색(Yellow)의 파장 범위에 대하여 가장 옳게 나타낸 것은?

① 380~420nm

② 440~490nm

③ 570~590nm

④ 620~780nm

해설
- 380~420nm : 보라
- 440~490nm : 파랑
- 570~590nm : 노랑
- 620~780nm : 빨강

26 다음 중 색료혼합에서 1차색에 해당하는 것은?

① Red

② Green

③ Blue

④ Yellow

해설 색료의 혼합 : 감산혼합이라고 하며, 1차색은 C, M, Y이며, 모두 섞었을 때 검정(B)색이 됨
- Cyan+Magenta=Blue
- Magenta+Yellow=Red
- Yellow+Cyan=Green

27 먼셀의 색입체 수직단면도에서 명도와 채도가 가장 높은 색은?

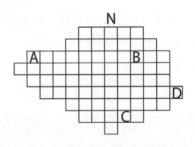

① A

② B

③ C

④ D

 해설 아래쪽에서 위쪽으로 명도 단계를 나타내며, 위로 올라갈수록 고명도인 밝은색. 중심부에서 바깥으로 채도 단계를 나타내며, 안쪽으로 갈수록 저채도인 탁색

28 다음 오스트발트 색입체에서 화살표 ⓐ가 나타내는 계열은?

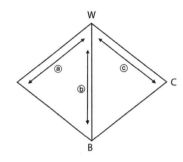

① 등흑색계열　　　② 등순색계열
③ 등백색계열　　　④ 등색상계열

해설　ⓐ : 등백색계열, ⓑ : 등순계열, ⓒ : 등흑색계열

29 진출색이 지니는 조건이 아닌 것은?

① 따뜻한 색이 차가운 색보다 진출색이다.
② 밝은 색이 어두운 색보다 진출색이다.
③ 채도가 낮은 색이 채도가 높은 색보다 진출색이다.
④ 유채색이 무채색보다 진출색이다.

해설　채도가 낮은 색이 후퇴색, 채도가 높은 색이 진출색

30 부드러운 인상을 주는 유아용품의 색으로 적합한 것은?

① 고명도, 저채도의 색
② 저명도, 저채도의 색
③ 고명도, 고채도의 색
④ 저명도, 고채도의 색

해설　경연감에서 부드러운 느낌은 고명도로 저채도에서 느껴짐

31 동양의 전통적 색채는 음·양의 역학적 원리에 근거를 두고 있다. 다음 색 중 양의 색은?

① 빨강　　　② 노랑
③ 파랑　　　④ 주황

해설　음의 색-파랑, 양의 색-빨강

32 다음 중 생동, 열정, 활력으로 상징되는 정열적인 배색은?

① 검정과 회색　　　② 녹색과 주황
③ 빨강과 주황　　　④ 노랑과 보라

해설　난색 계열끼리의 배색 : 따뜻하고 활동적 느낌

33 건축 설계도면에서 중심선, 절단선, 경계선 등으로 사용되는 선은?

① 실선　　　② 일점쇄선
③ 이점쇄선　　　④ 파선

해설
• 이점쇄선 : 가상선
• 일점쇄선 : 중심선, 절단선, 경계선, 기준선
• 가는 실선 : 파단선, 단면선, 외형선
• 파선 : 은선

34 다음 중 척도에 대한 설명으로 옳은 것은?

① 척도는 배척, 실척, 축척 3종류가 있다.
② 배척은 실물과 같은 크기로 그리는 것이다.
③ 축척은 일정한 비율로 확대하는 것이다.
④ 축척은 1/1, 1/15, 1/100, 1/250, 1/350이 주로 사용된다.

해설
• 실척 : 같은 크기로 그린 것(1:1)
• 배척 : 실제보다 확대해서 그린 것(2:1, 5:1, 10:1)
• 축척 : 실제보다 축소해서 그린 것(1:2, 1:5, 1:10)

35 투시도의 종류에 해당되는 않는 것은?

① 평행투시도　　　② 투상투시도
③ 사각투시도　　　④ 유각투시도

정답　　28 ③　29 ③　30 ①　31 ①　32 ③　33 ②　34 ①　35 ②

해설 투시도법의 종류

• 1소점법(평행 투시) : 소실점이 1개
• 2소점법(유각 투시) : 소실점이 2개
• 3소점법(경사 투시) : 소실점이 3개

36 원에 내접하는 정5각형을 작도하는 방법에서 가장 먼저 해야 할 순서는?

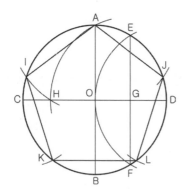

① AH의 반지름 원호로 I를 구한다.

② GA의 반지름 원호로 H를 구한다.

③ 중심 O의 원을 수평, 수직으로 등분한다.

④ 반지름 OD를 2등분하여 교점 G를 구한다.

 해설 원에 내접하는 정5각형 작도 순서 : ③ → ④ → ② → ① → H의 점 I와 A를 연결한 직선이 5각형의 한 변이 되며, 같은 방법으로 점 J, K, L을 구하여 직선을 연결

37 T자와 삼각자를 이용한 선을 그을 때의 방법이 옳게 짝지어진 것은? (단, 수직선은 삼각자를 이용한 좌측선 긋기)

① 수평선 – 좌에서 우로, 수직선 – 아래에서 위로

② 수평선 – 우에서 좌로, 수직선 – 위에서 아래로

③ 수평선 – 좌에서 우로, 수직선 – 위에서 아래로

④ 수평선 – 우에서 좌로, 수직선 – 아래에서 위로

해설 • 수직선 : 삼각자를 수평으로 놓은 T자와 직각이 되도록 놓고, 왼손으로 T자를 누르면서 아래에서 위로 긋는다.
• 수평선 : 연필심을 지면과 수직이 되도록 앞쪽으로 세우며, 긋는 방향으로 수평선과 왼쪽으로 약 60도 정도 눕혀서 긋는다.

38 투상도법 중 기준이 눈으로부터 눈–화면–물체의 순서로 되어, 눈으로 볼 때 투상면은 공간에 있는 물체보다 앞에 투상하는 방법은?

① 제1각법 ② 제2각법

③ 제3각법 ④ 제4각법

 해설 • 제1각법 : 눈→물체→화면
• 제3각법 : 눈→화면→물체

39 다음 그림과 같이 물체를 왼쪽으로 돌린 다음 앞으로 기울여 두 개의 옆면 모서리가 수평선과 30°되게 잡으면 물체의 세 모서리가 120°의 각을 이룬다. 이런 투상도를 무엇이라고 하는가?

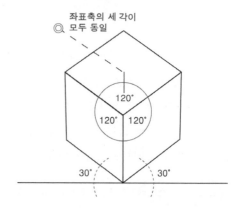

① 부등각 투상도 ② 등각 투상도

③ 보조 투상도 ④ 회전 투상도

 해설 등각 투상도는 물체의 세 모서리가 120°의 각을 이루는 투상도로서, 세 축의 투상면이 모두 같은 각을 이루게 됨

40 투시도에서 소점을 나타내는 기호는?

① HL ② GL

③ VP ④ PP

해설 • HL(Horizontal Line, 수평선) : 눈의 높이선
• GL(Ground Line, 지면선) : 화면과 지면이 만나는 선
• VP(Vanishing Point, 소점) : 물체의 각 점이 수평선 상에 모이는 점
• PP(Picture Plane, 화면) : 지표면에서 수직으로 세운 면

41 다음 종이 중 가장 품질이 좋은 것은?

① 중질지　　　　② 상갱지

③ 모조지　　　　④갱지

- 상질지(모조지) : 출판물에 가장 널리 사용되는 제품으로 100% 표백된 화학 펄프로 고급 책자, 증권용지 등에 쓰이는 고급 종이
- 중질지 : 교과서나 잡지, 그 밖의 정기간행물 등에 많이 쓰이며 상질지보다 백색도가 떨어짐
- 하급지(갱지) : 주성분이 쇄목펄프로 3급 인쇄용지로 저렴하며 내구성이 떨어짐(신문인쇄에 쓰이는 종이)
- 상갱지 : 보통 갱지보다 좋은 품질의 갱지로 잡지, 광고지, 노트에 많이 사용됨

42 다음 설명에 알맞은 재료의 역학적 성질은?

> 재료에 외력이 작용하면 순간적으로 변형이 생기나 외력을 제거하면 순간적으로 원래의 형태로 회복되는 성질을 말한다.

① 탄성　　　　② 인성

③ 소성　　　　④ 전성

- 탄성 : 외부의 힘에 의해 변형되었다가 되돌아오려는 성질
- 소성 : 외부의 힘에 제거된 뒤에도 변형되었던 것이 원래의 형태로 돌아오지 않는 성질
- 인성 : 외부의 힘에 의해 재료가 변형되더라도 파괴되지 않는 성질
- 전성 : 외부에서 재료에 힘을 가했을 때 넓은 판모양으로 늘어나는 성질

43 다음 중 열가소성 수지에 속하지 않는 것은?

① 폴리우레탄 수지　　　② 염화비닐 수지

③ 폴리에틸렌 수지　　　④ 폴리스티렌 수지

- 열가소성 플라스틱 : 폴리에틸렌, 나일론, 폴리아세탈 수지 등의 유백색 수지, 염화비닐 수지, 폴리스티렌, ABS 수지, 아크릴 수지 등의 투명한 수지
- 열경화성 플라스틱 : 페놀수지(PF), 멜라민 수지(MF), 에폭시 수지(EP), 우레아 수지(UF), 우레탄 수지(PUR), 폴리에스테르

44 다음 점토제품 중 흡수성이 가장 작은 것은?

① 토기　　　　② 도기

③ 석기　　　　④ 자기

 자기 : 흡수성이 적고 단단하며, 투광성이 좋은 고급제품으로 매우 단단하여 경도 및 강도가 점토 중 가장 큼

45 종이의 밀도가 높을수록 나타나는 장점은?

① 기계적 강도가 증가한다.

② 함수율의 변화가 심하다.

③ 가공성이 좋아진다.

④ 평활도가 좋아지며 흡수성이 좋다.

 밀도가 높을수록 기계적 강도가 증가하는 말로 섬유 간의 밀착 정도가 높아짐

46 다음 중 색상의 수가 많고 색채가 선명하며, 건조가 빠르고 사용이 간편하여 렌더링 등 디자인 작업에 많이 사용되는 재료는?

① 포스터컬러　　　② 파스텔

③ 유성마커　　　　④ 유화물감

- 포스터컬러 : 불투명한 수채물감으로, 밝고 정확한 색상과 은폐력을 갖고 건조가 빠름
- 파스텔 : 빛이 있는 가루 원료를 길쭉하게 굳힌 것으로 분말상으로 부착시켜 사용하며 상을 고정시키기 위해 반드시 정착액(픽사티브)을 뿌려주어야 함
- 유화물감 : 물감의 내구성이 강하여 오래 보존되나 건조 속도가 느려 제작시간이 많이 걸림

47 파티클 보드의 특징과 관계가 먼 것은?

① 각 방향의 강도 차가 없다.

② 못 쓰는 목재나 나뭇조각으로 만든다.

③ 경도가 높으며 내마멸성이 있다.

④ 방음, 전기적 성질은 떨어지나 모서리가 강하다.

 사용하고 남은 폐목재(톱밥) 등을 모아 접착제를 사용하여 섞은 다음 모양을 만들어 고온 압축·가열한 소재로 충격에 의해 모서리가 쉽게 부서짐

48 도료의 구성 성분과 거리가 먼 것은?

① 안료 　　　　 ② 중합체

③ 첨가제 　　　　 ④ 염료

 염료 : 다른 물질과 흡착 또는 결합하기 쉬워 방직 계통에 많이 사용되며, 그 외 피혁, 잉크, 종이, 목재 및 식품 등의 염색에 쓰이는 색소

49 픽셀이라는 개념 대신에 도형 정보를 수식적으로 사용하며 이미지를 확대하거나 축소하여도 이미지 손상이 없는 것은?

① 벡터 이미지 　　 ② 비트맵 이미지

③ 스캔 이미지 　　 ④ 아날로그 이미지

 벡터 방식은 점과 점을 연결함으로써 수학적 함수관계에 의해 이미지를 표현하며, 선과 면을 만들어내는 방식으로 크기를 줄이고 키워도 깨짐 현상이 없음

50 그래픽 이미지의 화상처리 방식 중 비트맵 방식에 대한 설명으로 옳은 것은?

① 포스트스크립트 방식이라고도 한다.

② 정교한 이미지를 얻을 수 있는 반면에 처리 속도가 상대적으로 느리다.

③ CAD, Illustration 관련 소프트웨어들에 의하여 채택되고 있으며, 확대 및 축소에 의하여 변형이 생기지 않는다.

④ 래스터 방식으로 처리된 이미지를 변형할 경우 원래의 이미지와 비교할 때 해상도와 정밀도에서 차이가 난다.

 • 래스터(Raster) 이미지는 정사각형 모양의 픽셀(Pixel) 수백 개가 모여 전체 이미지를 구성하는 방식으로, 비트의 지도(Map of bits)라는 뜻의 '비트맵(Bitmap)' 또는 '픽스맵(Pixmap)'이라고도 함
• 래스터 이미지를 크게 확대해서 보면 수백 개의 점들이 모자이크처럼 모여 있어 픽셀이 한 공간 안에 몇 개가 사용됐는지에 따라 이미지의 질이 달라짐

51 컬러가 일관되게 나타나도록 스캐너, 모니터, 프린터 등의 주변기기에 사용되는 모든 하드웨어 장치의 컬러 특성을 일치시키는 것을 무엇이라고 하는가?

① 오퍼레이팅 시스템

② 캘리브레이션

③ 소프트 프루핑

④ 래스터 이미지 프로세싱

 캘리브레이션(Calibration) : 모니터와 실제 인쇄했을 때의 색상이 일치하지 않을 때 여러 시험을 통해 일치하도록 조정해 주는 작업

52 캐시 메모리(Cache Memory)에 대한 설명으로 틀린 것은?

① CPU의 외부에 설치해야 한다.

② CPU와 주기억 장치 사이에 존재한다.

③ CPU가 즉시 사용해야 하는 데이터나 명령을 주기억장치로부터 가져와서 보관한다.

④ 작업속도를 향상시키기 위해서는 대용량이 편리하다.

 캐시 메모리(Cache Memory) : 속도가 빠른 장치와 느린 장치 사이에서 속도 차에 따른 병목 현상을 줄이기 위한 범용 메모리로, 주기억장치보다 고속, 소량의 메모리이며 CPU와 인접한 곳에 있거나 내부에 있어 해당 내용의 재접근 시보다 빠른 접근을 제공

53 사진원고 교정 시 이미지를 밝게 처리하거나, 선명도 증가 효과, 윤곽선 보강 등의 기능과 가장 관계없는 것은?

① Brightness 　　 ② Desaturation

③ Contrast 　　　 ④ Sharpen

해설 • Brightness : 밝기 조정
• Desaturation : 흑백 조정
• Contrast : 선명도 조정
• Sharpen : 윤곽선 선명도 조정

54 흑백사진을 프린트 할 때, 두 가지 다른 컬러의 잉크를 사용하여 깊이와 풍성함을 더해주는 기법은?

① 모노톤(monotone)

② 듀오톤(duotone)

③ 트리톤(triton)

④ 쿼드톤(quadtone)

 듀오톤 모드
- 기본적으로 컬러 모드가 그레이스케일이 되어 있어야 사용 가능
- 포토샵의 Image Mode 중 검정과 다른 색상 한 가지를 이중으로 사용하여 인쇄할 때 사용

55 한글 표준규격 코드는 몇 바이트인가?

① 1Byte ② 2Byte

③ 8Byte ④ 16Byte

 KS X 1001은 한국 산업 규격으로 지정된 한국어 문자 집합으로서, 정식 규격명은 '정보 교환용 부호계(한글 및 한자)'이며, 이 규격은 2바이트 부호계로 한글 부분은 기본적으로 2바이트 완성형 코드로 규정되어 있음

56 이미지 원고의 입력 시 인쇄된 그림을 원고로 하여 스캐닝하였을 때 망점이 몰려서 생기는 기하학적 줄무늬 또는 얼룩반점 현상은?

① 간섭현상

② 모아레(Moire) 현상

③ 착시현상

④ 포인트(Point) 현상

 모아레 현상 : 전자출판 시 4원색의 분해과정 중에 색의 스크린 각도가 맞지 않아 생기는 물결 모양의 현상

57 돌기를 형성한 것 같이 표면에 Texture를 사용하여 물체의 음양각을 주는 기법은?

① 범프 매핑(Bump Mapping)

② 픽처 매핑(Picture Mapping)

③ 스펙큘라 매핑(Specular Mapping)

④ 리플렉션 매핑(Reflection Mapping)

 범프 매핑은 3차원 렌더링 기법에 있어서 요철이 있는 면을 표현하기 위한 질감 전사 방법

58 단순한 모양에서 출발하여 점차 더 복잡한 형상으로 구축되는 기법으로 산, 구름 같은 자연물의 불규칙적인 움직임을 표현하는 모델링 기법은?

① 파라메트릭 모델(Parametric Model)

② 프랙탈 모델(Fractal Model)

③ 서페이스 모델(Surface Model)

④ 와이어프레임 모델(Wire-Frame Model)

 프랙탈(Fractal) : 작은 구조가 전체 구조와 비슷한 형태로 끝없이 되풀이 되는 구조

59 컴퓨터그래픽스 파일 포맷에 대한 설명으로 틀린 것은?

① GIF : 사진 이미지 압축에 가장 유리한 포맷으로 정밀한 이미지 저장에 적합한 파일이다.

② EPS : 4도 분판을 목적으로 하는 그래픽 포맷으로 비트맵이나 벡터 방식의 이미지 모두에서 사용할 수 있다.

③ JPG : 그래픽 파일 포맷 중에 압축률이 가장 뛰어나며 이미지 손실이 적다.

④ PNG : JPG와 GIF의 장점만을 가진 포맷으로 투명성과 관련된 알파채널에서 향상된 기능을 제공한다.

 GIF : 온라인 전송을 위한 압축파일로 용량이 적고 투명도, 인터레이스, 애니메이션이 지원 가능한 그래픽 파일 포맷으로 최대 256색까지 저장할 수 있는 비손실 압축 형식

60 페이지 레이아웃 프로그램에서 사용자가 여백, 머리말 그리고 모든 페이지 상에 나타내고자 하는 요소를 지정하여 기본 레이아웃을 만들고 추가되는 매 페이지마다 설정된 기본 레이아웃이 나오도록 하는 템플릿은?

① 도큐먼트 ② 스타일 목록

③ 마스터 페이지 ④ 텍스트상자

 해설
- 도큐먼트 : 직접 작업하고자 하는 페이지 생성
- 스타일 목록 : 필요한 글씨나 목록을 미리 정하여 놓고 규칙적으로 사용
- 텍스트상자 : 글씨를 쓸 수 있게 만들어진 글상자

01 다음 디자인의 조건 중 의자는 인간공학적으로 인간에게 가장 적합한 것이 되어야 한다는 것과 관계있는 것은?

① 합목적성   ② 심미성

③ 독창성   ④ 경제성

 디자인의 조건 : 합목적성, 심미성, 독창성, 경제성

02 사물, 행동, 과정, 개념 등을 나타내는 상징적 그림으로 오늘날 국제적인 스포츠 행사나 공항, 역에서 문자를 대신하는 그래픽 심벌은?

① BI(Brand Identity)

② 시그니처(Signature)

③ 픽토그램(Pictogram)

④ CI(Corporate Identity)

 픽토그램은 그림을 뜻하는 picto와 전보를 뜻하는 텔레그램(telegram)의 합성어로 사물, 시설, 행위 등을 누가 보더라도 그 의미를 쉽게 알 수 있도록 만들어진 그림문자

03 다음이 설명하고 있는 것은?

- 주어진 길이를 가장 이상적으로는 나누는 비를 말한다.
- 근삿값이 약 1.618인 무리수이다.

① 비례   ② 황금비율

③ 루트사각형   ④ 프로포션

해설 아름다운 비례로서 고대 그리스 시대부터 시각미술 속에 적용되어온 중요한 비례

04 균형의 원리에 관한 설명으로 옳지 않은 것은?

① 크기가 큰 것이 작은 것보다 시각적 중량감이 크다.

② 색의 중량감은 색의 속성 중 색상에 가장 영향을 받는다.

③ 불규칙적인 형태가 기하학적 형태보다 시각적 중량감이 크다.

④ 복잡하고 거친 질감이 단순하고 부드러운 것보다 시각적 중량감이 크다.

 색의 중량감은 주로 명도에 의해 좌우되며 고명도의 흰색은 가벼운 느낌, 저명도의 검정에서는 무거운 느낌을 가짐

05 같은 크기의 형을 상, 하로 겹칠 때 위쪽의 것이 크게 보이는 착시현상은?

① 각도와 방향의 착시

② 수직 수평의 착시

③ 바탕과 도형의 착시

④ 상방 거리의 과대착시

 상방 거리의 과대착시는 위 방향 과대의 착시라고도 하며, 같은 도형이 상하로 겹쳐 있을 때 위의 도형이 크게 보임

06 다음 중 디자인의 시각요소에 대한 분류로 옳지 않은 것은?

① 질감(Texture)   ② 색(Color)

③ 형(Shape)   ④ 기술(Technology)

- 시각요소 : 형(태), 크기, 색채, 질감, 빛
- 상관요소 : 방향, 위치, 공간감, 중량감

07 다음 설명에 알맞은 형태의 지각심리는?

> 유사한 배열로 구성된 형들이 방향성을 지니고 연속되어 보이는 하나의 그룹으로 지각되는 법칙으로 공동운명의 법칙이라고도 한다.

① 폐쇄성   ② 유사성

③ 연속성   ④ 근접성

 해설 게슈탈트(Gestalt)의 법칙
① 폐쇄성의 법칙 : 연결되어 있지 않은 도형을 강제로 닫아보려는 성질
② 유사성의 법칙 : 비슷한 요소들이 연관되어 보이는 성질
③ 연속성의 법칙 : 형이나 영의 그룹이 방향성을 지니고 연속되어 보이는 성질
④ 근접성의 법칙 : 가까이 있는 것끼리 짝짓는 성질

08 다음 중 1907년 헤르만 무테지우스를 중심으로 뮌헨에서 결성된 디자인 진흥 단체는?

① 데 스틸(De Still)

② 독일공작연맹(DWB)

③ 바우하우스(BAUHAUS)

④ 멤피스(MEMPHIS)

 해설
① 데 스틸 : '양식'이라는 뜻으로 추상적 형태, 수직, 수평의 화면 분할, 3원색과 무채색 사용으로 순수성과 직관성을 중시한 신조형주의 운동
② 독일공작연맹 : 1907년 헤르만 무테지우스를 중심으로 미술가, 공예가와 실업계를 포함한 산업인 등이 모여 미술과 공예를 개혁하기 위하여 만든 디자인 진흥 기관
③ 바우하우스 : 독일공작연맹의 이념을 계승한 운동으로 1919년에 개교하여 1933년에 폐교된 진보적인 디자인 대학으로 현대 디자인과 디자인 교육에 방대한 영향을 미친 학교
④ 멤피스 : 1981년에 창립되었고 일상 제품을 기능적인 모더니즘의 형태로 디자인하기를 거부하고 더욱 장식적이며 풍요롭게 물건을 디자인하려 했던 이탈리아의 디자인 단체

09 그림과 관련한 디자인 사조에 대한 설명이 틀린 것은?

① 대중을 위한 예술과 소비사회에 대한 비판을 제시

② 기존 회화 양식을 벗어나 상업적인 기법을 사용

③ 전체적으로 어두운 톤 위에 혼란한 강조색을 사용

④ 옵아트(Optical Art)라고도 함

 해설 팝아트는 '대중예술'이란 뜻으로 1962년 뉴욕을 중심으로 일어난 운동으로서 주로 대중사회의 이미지를 주제로 삼았으며, 포스터나 광고, 만화 등 대량 생산품 이미지를 상업적 기법으로 사용하고 재구성하여 대중문화와 미술의 세계를 연결시키고 소비사회에 대한 역설적 비판을 제시

10 매슬로우(Maslow)의 인간욕구 5단계 중 안전의 욕구에 해당되는 것은?

① 음식, 성, 생존

② 질서, 보호

③ 애정, 집단에서의 소속

④ 지위, 권위, 명예

 해설
• 생리적 욕구 : 음식, 성, 생존
• 안전의 욕구 : 질서, 보호
• 사회적 욕구 : 애정, 집단에서의 소속
• 자아(존경)의 욕구 : 지위, 권위, 명예
• 자기실현 욕구 : 3차적 욕망, 이상

11 마켓 셰어(Market Share)란?

① 잠재시장의 수요

② 지방시장의 잠재량

③ 회사의 시장점유율

④ 시장의 지역적 분포도

마켓 셰어(시장점유율) : 어떤 기업의 특정 상품 매출액이 그 상품의 국가 전체 매출액 가운데 차지하는 비율로, 모든 회사의 기본적인 마케팅 정책은 시장에서 점유하는 그들의 지위를 유지 또는 증대시켜 상품에 대한 지배력을 갖고자 하는 데 목표를 둠

12 제품 수명주기의 특성에 대한 설명이 틀린 것은?

① 대체로 제품 판매량의 변화를 중심으로 설명된다.

② 제품의 이익은 제품수명주기 상의 단계별로 증가했다 감소한다

③ 제품수명주기 상의 단계와 무관하게 마케팅, 재무, 생산, 구매, 인사전략은 동일하다.

④ 제품은 제한된 수명주기를 갖는다.

 마케팅, 재무, 생산, 구매, 인사전략은 제품수명주기에 영향을 줌

13 다음 (   )안의 ㉮, ㉯에 들어 갈 적당한 용어는?

> • 글자체에 있어 글자의 크기는 글자의 (㉮)를 기준으로 한다.
> • 글자와 글자 간의 간격을 (㉯)이라 한다.

① ㉮두께, ㉯행간

② ㉮두께, ㉯자간

③ ㉮가로×세로의 길이, ㉯행간

④ ㉮가로×세로의 길이, ㉯자간

 글자의 크기는 글자의 높이(가로×세로의 길이)를 기준으로 하며 자간은 글자와 글자 간의 간격을, 행간은 글줄과 글줄 사이의 간격을 말함

14 실크스크린 인쇄의 인쇄판식은?

① 평판   ② 오목판

③ 볼록판   ④ 공판

 ① 평판 : 옵셋 인쇄
② 볼록판 : 활판인쇄
③ 오목판 : 그라비어 인쇄
④ 공판 : 스크린 인쇄

15 다음 패키지 디자인 중 포장관리상 형태별 분류에 속하지 않는 것은?

① 단위포장   ② 방열포장

③ 내부포장   ④ 외부포장

 • 형태별 분류 : 내부 포장, 외부 포장, 단위 포장
• 포장 방법별 분류 : 방부, 방습, 방열, 내열, 완충, 냉동포장 등

16 DM(Direct Mail) 광고의 설명 중 틀린 것은?

① 시기와 빈도를 자유롭게 조절한다.

② 특정한 대상이 읽도록 할 수 있다.

③ 구매 장소에서 직접적인 판매촉진 효과가 있다.

④ 소비자에게 직접 우송하는 광고 방법이다.

 다이렉트 메일(DM) 광고 : 직접 광고로서 소비자에게 직접 호소하며 주로 편지나 엽서를 우편으로 보내는 광고로, 예상고객에게 광고 메시지를 직접 전달할 수 있다는 장점을 가짐. ③번은 POP(구매시점) 광고의 장점

17 다음의 디자인 문제 해결 과정 중 '필요성을 제시'하는 과정은?

① 분석   ② 계획

③ 종합   ④ 평가

 디자인 문제 해결 과정 : 계획→조사→분석→종합→평가

18 투시도를 기본으로 하며, 제품(건축)의 완성 예상도를 의미하는 것은?

① 렌더링

② 모델링

③ 아이소메트릭 투영법

④ 조감 투시도법

 렌더링 : 표현이라는 뜻으로 제품을 디자인하는 과정 중 스타일이 결정되는 단계에서 아직은 현존하지 않는 것을 마치 실물이 눈앞에 있는 것처럼 표현하는 완성 예상도

정답 ▶ **12** ③   **13** ④   **14** ④   **15** ②   **16** ③   **17** ②   **18** ①

19 실내 공간의 구성 요소 중 외부로부터의 방어와 프라이버시를 확보하고 공간의 형태와 크기를 결정하며 공간과 공간을 구분하는 수직적 요소는?

① 보   ② 벽

③ 바닥   ④ 천장

 해설
① 보 : 바닥과 천장에 있는 하중을 받치고 있는 수평적 요소
② 벽 : 내부와 외부의 공간을 구획하고 시선과 동작을 차단하는 수직적 요소
③ 바닥 : 물체의 중량이나 움직임을 지탱해 주는 접촉 빈도가 가장 높은 수평적 요소
④ 천장 : 빛, 음, 습기 등 환경을 조절하는 수평적 요소

20 다음 설명에 알맞은 조명의 배광 방식은?

- 천장이나 벽면 등에 빛을 반사시켜 그 반사광으로 조명하는 방식이다.
- 균일한 조도를 얻을 수 있으며 눈부심이 없다.

① 국부조명   ② 전반조명

③ 간접조명   ④ 직접조명

 해설
① 국부조명 : 필요한 부분에 집중적으로 조명효과를 내는 것
② 전반조명 : 전체에 균등한 조도를 유지시켜 주는 조명
③ 간접조명 : 빛 전부를 천장이나 벽면에 투사하여, 그 반사광으로 조명
④ 직접조명 : 빛의 90~100%가 아래로 향하는 조명

21 주제와 배경과의 강한 대비효과를 잘 나타낸 것은?

① 파란색 하늘에 노란색 나비를 그렸다.

② 노란색 병아리에 주황색을 배경으로 처리하였다.

③ 흰색 얼음에 배경은 회색으로 처리하였다.

④ 파란 하늘에 바다는 초록으로 처리하였다.

 해설
강한 대비효과를 주기 위해서는 색상, 명도, 채도 차이가 커야 하며, 특히 색상은 보색대비일 경우 강한 대비를 얻을 수 있음

22 먼셀 표색계에 대한 설명으로 틀린 것은?

① 색상은 H(Hue)라고 한다.

② 명도는 V(Value)라고 한다.

③ 채도는 C(Chroma)라고 한다.

④ 표기는 HV-C로 한다.

 해설
먼셀표색계 색 표기 : HV/C
H(색상), V(명도), C(채도)

23 색광의 혼합에서 색을 혼합하면 할수록 높아지는 색의 속성은?

① 명도   ② 채도

③ 색상   ④ 점도

 해설
색광의 혼합은 가산혼합으로 색광을 가할수록 혼합색은 점점 밝아지므로, 명도는 높아지고 채도는 낮아짐

24 다음 중 서로 가장 보색 관계에 있는 색은?

① 노랑(Y) - 녹색(G)   ② 보라(P) - 파랑(B)

③ 빨강(R) - 청록(BG)   ④ 연두(GY) - 파랑(B)

 해설
보색 관계
빨강-청록, 주황-파랑, 노랑-남색, 연두-보라, 녹색-자주, 흰색-검정

25 먼셀 색체계와 오스트발트 색체계의 공통점에 대한 설명이 옳은 것은?

① 20색상환을 사용한다.

② 색상환에서 마주보는 색은 서로 보색관계이다.

③ 색입체를 수직으로 절단하면 등명도면의 배열이 된다.

④ 순색들의 채도 단계는 각기 다르다.

 해설
먼셀 색체계와 오스트발트 색체계의 공통점으로 색상환에서 마주보는 색은 서로 보색관계이며, 색입체를 수평으로 절단하면 등명도면의 배열됨

26 중간혼합에서 병치혼합에 대한 설명 중 틀린 것은?

① 다른 색광의 무수한 점이 망막을 동시에 자극하여 혼합하는 현상이다.

② 색을 혼합하기 때문에 명도와 채도는 낮아진다.

③ 다른 색광이 망막을 동시에 자극하여 혼합되는 현상이다.

④ 색점이 서로 인접해 있어도 명도와 채도가 저하되지 않는다.

 중간혼합은 색이 조밀하게 병치되어 보이는 현상으로 인접한 색으로 인하여 중간 색상으로 보이나 명도와 채도가 저하되지 않음

27 대낮에 하늘이 파랗게 보이는 것은 빛의 어떤 현상에 의한 것인가?

① 굴절   ② 회절

③ 산란   ④ 간섭

① 굴절 : 빛이 매질에 입사해서 방향이 달라지는 특성(렌즈나 프리즘)
② 회절 : 빛이 물체에 휘어들어가는 특성(곤충 날개, 칼날, 콤팩트디스크)
③ 산란 : 빛의 불규칙한 반사, 굴절, 회절 등의 현상으로 빛의 많은 방향으로 흩어지는 특성(파란 하늘, 저녁노을)
④ 간섭 : 2개 이상의 빛이 동일점에서 중복되어 서로 영향을 받는 특성(비눗방울, 진주조개, 기름막)

28 색상환 24등분, 명도 단계 8등분의 색 체계를 구성하고 "조화는 질서와 같다"는 색채조화 이론을 발표한 사람은?

① 오스트발트   ② 셔브릴

③ 비렌   ④ 문·스펜스

① 비렌 : 색삼각형이라고 불리는 개념도를 사용하여 동일 선상에 위치한 색들의 조화로움을 구분
② 셔브릴 : 색의 3속성을 기초로 유사조화와 대비조화로 구분
③ 문·스펜서 : 조화는 크게 쾌감과 불쾌감을 주는 것으로 구별하며 부조화는 제1부조화, 제2부조화, 눈부심으로 구분

29 색의 주목성에 대한 설명으로 옳지 않은 것은?

① 색의 진출, 후퇴, 팽창, 수축과 관련된 현상으로 사람들의 시선을 끄는 힘을 말한다.

② 거리의 표지판, 도로 구획선, 심벌마크 등 짧은 시간에 눈에 띄어야 하는 경우에 사용된다.

③ 명시도가 높으면 상대적으로 주목성이 낮다.

④ 명도, 채도가 높은 색이 주목성이 높다.

 주목성은 시선을 끄는 힘을 말하며 고채도, 고명도의 색이 주목성도 높으며 주목성이 높으면 명시성도 높음

30 흰색의 바탕 위에서 빨간색을 20초 정도 보고 난 후, 빨간색을 치우면 앞에서 본 빨간색과 동일한 크기의 청록색이 나타나 보이는 현상은?

① 보색잔상   ② 망막의 피로

③ 계시대비   ④ 동시대비

 어느 시간 내에 일정한 자극을 주어 색각이 생긴 후 자극이 사라진 후에 그 정반대의 상을 볼 수 있을 경우를 부의 잔상이라 하며, 이때 색상은 보색으로 보이는 현상을 보색잔상 효과라고 함

31 다음 색 이름 중 관용색명이 아닌 것은?

① 금색   ② 살색

③ 새빨간색   ④ 에머랄드 그린

 관용색명 : 옛날부터 관습상 사용되어 온 색명으로서 각각 고유의 색명을 지닌 것으로 동물, 광물, 지명, 인명 등의 이름에서 유래

32 톤(Tone)을 위주로 한 배색이 주는 느낌 중 틀린 것은?

① light tone : 즐거운, 밝은, 맑은

② deep tone : 눈에 띄는, 선명한, 진한

③ soft tone : 어렴풋한, 부드러운, 온화한

④ grayish tone : 쓸쓸한, 칙칙한, 낡은

해설
• 톤(색조)은 명도와 채도를 합쳐서 생각한 색의 성질을 말함
• deep tone : 깊은, 침착한, 중후한, 충실한
• vivid tone : 눈에 띄는, 선명한, 화려한, 강한, 자극적인

33 제도용구 중 운형자는 무엇을 그리는 데 사용하는가?

① 수직선   ② 수평선

③ 곡선   ④ 해칭선

 곡선이 많은 한글 문자를 레터링을 하거나 불규칙한 곡선을 그릴 때 사용

34 다음 중 선의 표시가 옳지 않은 것은?

① 숨은선 – 실선   ② 중심선 – 일점쇄선

③ 치수선 – 가는실선   ④ 상상선 – 이점쇄선

- 파선 : 숨은선
- 가는 실선 : 치수선과 치수 보조선
- 일점쇄선 : 중심선, 절단선, 경계선, 기준선
- 이점쇄선 : 상상(가상)선, 무게 중심선

35 다음 치수 보조 기호에 관한 내용으로 틀린 것은?

① C : 45°의 모떼기

② D : 판의 두께

③ ⌒ : 원호의 길이

④ □ : 정사각형 변의 길이

해설   t : 판의 두께

36 다음 그림은 무엇을 구하는 도형인가?

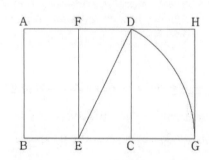

① 삼각형 분할   ② 황금비례

③ 루트구형   ④ 아심메트리

해설   황금비율 작도법

37 그림에서 나타난 정면도와 평면도에 적합한 좌측면도는?

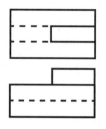

①   ②

③   ④

38 좌우 또는 상하가 대칭인 물체의 1/4을 잘라내고 중심선을 기준으로 외형도와 내부 단면도를 나타내는 단면의 도시 방법은?

① 한쪽 단면도

② 부분 단면도

③ 회전 단면도

④ 온 단면도

해설
① 한쪽 단면도 : 대칭형 대상물의 중심선을 경계로 하여 외평도의 절반을 조합하여 그린 단면도로서, 좌우 또는 상하가 대칭인 물체에서 1/4을 절단한 것
② 부분 단면도 : 전개가 복잡한 조립도에서 많이 사용하는 단면 도형
③ 회전 단면도 : 절단면을 90°회전하여 그린 단면도
④ 온 단면도 : 대상물의 중심에서 반으로 절단하여 도시한 것

39 다음 도형은 무엇을 구하기 위한 것인가?

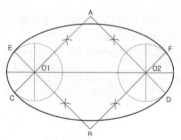

① 두 원을 격리시킨 타원 그리기

② 두 원을 연접시킨 타원 그리기

③ 장축과 단축이 주어진 타원 그리기

④ 4중심법에 의한 타원 그리기

40 깊이가 있게 하나의 화면에 그려지므로 원근법이라고도 하며, 광학적인 원리와 흡사하게 사진 기하학이라고도 하는 도법은?

① 투시도법   ② 투상도법

③ 기본도법   ④ 평면도법

 투시도법은 눈으로 물체를 보는 것과 같이 원근법을 이용하여 물체의 형상을 하나의 화면에 그리는 도법으로서, 관찰자의 위치와 화면, 대상물의 각도 등에 따라 1소점, 2소점, 3소점 투시도가 있음

41 일반적으로 목재의 심재 부분이 변재 부분보다 작은 것은 무엇인가?

① 비중   ② 강도

③ 신축성   ④ 내구성

 심재 : 견고하고 짙은 가운데 부분으로 무겁고 내구성이 풍부하여 변재보다 질이 좋으며 심재부에는 녹말, 당분, 색소 등 화학물질의 함량이 많으므로 빛깔이 짙고 강도, 내구력, 비중 등 물리적 성질이 변재보다 양호함

42 원색판을 이용한 캘린더를 제작하려고 한다. 가장 적합한 종이재료는?

① 모조지   ② 인디아지

③ 아트지   ④ 크라프트지

 ① 모조지 : 화지로 잡지의 표지, 사무 포장용으로 주로 쓰이는 종이
② 인디아지 : 사전이나 성서에 사용되는 박엽지의 한 종류
③ 아트지 : 종이에 안료와 접착제를 발라서 만들며 강한 광택을 입힌 종이로 사진판이나 원색판의 고급인쇄에 쓰이는 용지로 캘린더 제작에 적합
④ 크라프트지 : 파열강도가 크고, 방수성이 요구되며 포장지로 사용

43 필름의 보관과 취급 방법이 틀린 것은?

① 광선과 강한 열에 노출되지 않게 한다.

② 수분 방지용 포장이 되어 있으면 냉장고나 냉동실에 보관하는 것도 좋다.

③ 필름 구입 시에는 반드시 유효기간을 점검해야 한다.

④ 일반 노출된 필름은 강한 빛에 닿아도 된다.

 필름은 높은 온도와 습도에 약하기 때문에 찬 곳에 보관하고 촬영한 필름은 장시간 두면 노출효과가 퇴화하기 때문에 빨리 현상하는 것이 좋음

44 다음에서 설명하는 특징을 가진 도료는?

- 주성분은 우루시올이며 산화효소 락카아제를 함유하고 있다.
- 용제가 적게 들고 우아하고, 깊이 있는 광택성을 가지는 도막을 형성한다.

① 천연수지 도료 – 캐슈계 도료

② 수성도료 – 아교

③ 천연수지 도료 – 옻

④ 기타도료 – 주정도료

 옻은 주성분이 우루시올이며 용제가 적게 들고 광택이 우아하여 공예품에 주로 사용됨

45 유리 내부에 금속망을 삽입하고 압착 성형한 판유리로서 방화 및 방도용으로 사용되는 것은?

① 망입 유리   ② 접합 유리

③ 열선 흡수 유리   ④ 열선 반사 유리

해설 ① 망입 유리 : 안전이 요구되는 곳이나 빛의 통과와 안전성이 함께 요구되는 곳에 사용되는 유리
② 접합 유리 : 최소 두 장의 판유리로 제작되는 유리로 방음이 요구되는 곳, 온도나 습도 조절이 필요한 곳에 사용
③ 열선 흡수 유리 : 태양의 적외선을 흡수하여, 내부로 열이 들어오는 비율을 낮춘 유리
④ 열선 반사 유리 : 바깥쪽에 얇은 막을 부착해 태양의 적외선 따위를 흡수하지 않고 반사하는 유리

46 합판에 관한 설명으로 옳지 않은 것은?

① 단판의 매수를 짝수를 원칙으로 한다.

② 합판을 구성하는 단판을 베니어라고 한다.

③ 함수를 변화에 따른 팽창·수축의 방향성이 없다.

④ 뒤틀림이나 변형이 적은 비교적 큰 면적의 평면재료를 얻을 수 있다.

 해설 원목을 얇게 오려내고 이것을 섬유 방향이 직교하도록 겹쳐 붙인 것으로, 포개는 박판의 장수가 3, 5, 7장 등으로 표판과 이판의 섬유 방향이 같아지게 홀수를 사용

47 국제 및 국가별 표준규격 명칭과 기호 연결이 옳지 않은 것은?

① 국제 표준화 기구 – ISO

② 영국 규격 – DIN

③ 프랑스 규격 – NF

④ 일본 규격 – JIS

 해설 DIN(Deutche Industrie Normal) : 독일공업규격

48 다음 플라스틱 중 투명성이 좋아 유기 유리라고 부르는 것은?

① 아크릴 수지   ② 폴리에틸렌

③ 페놀수지   ④ 멜라민 수지

해설 아크릴 수지 : 투명도가 뛰어나 항공기의 특수 창유리, 시계 유리, 콘택트렌즈 등에 사용됨

49 컴퓨터 그래픽스(Graphics)의 장점으로 틀린 것은?

① 인간의 상상력을 기반으로 자유롭게 표현할 수 있다.

② 제작물을 수정하는 것이 가능하다.

③ 미세한 부분은 전혀 표현할 수 없다.

④ 명암이나 컬러, 질감을 자유롭게 바꿀 수 있다.

 해설 컴퓨터 그래픽스의 장점
- 컴퓨터 시뮬레이션을 통한 비용 절감
- 시각적 전달효과가 높은 문서 증가
- 디자인 개발에서 분석 및 설계의 용이
- 색상, 재질의 수정이 자유로워 비용 절감
- 작업 데이터의 이동 및 보관 간편
- 가상의 세계를 표현 가능
- 아주 미세한 부분까지 표현 가능

50 일반적으로 포토샵에서 웹페이지를 제작하기 위해 가장 적당한 이미지 해상도는?

① 72ppi   ② 100ppi

③ 150ppi   ④ 200ppi

해설 웹용 해상도 : 72dpi, 출력용 해상도 : 300dpi

51 다음 중 디더링(Dithering)에 대한 설명으로 옳은 것은?

① 흰색과 검정으로 표현될 때 중간색 데이터를 잃어버리는 현상

② 색의 값을 포함한 디지털 이미지의 최소 단위

③ 디스플레이 되는 이미지의 색 공간 차이에서 오는 결점을 보완하는 방법

④ 이미지를 표현하기 위한 픽셀의 수

 해설 디더링(Dithering) : 256컬러의 경우 원래의 색과 비슷한 색을 섞어 원하는 색에 가능한 가깝게 만들어 주는 방식을 택하고 있는 방식

52 비트맵 이미지의 픽셀이 사각형이기 때문에 곡선 부분에서 들쑥날쑥하고 거칠게 나타나는 계단현상을 최소화시키는 기법은?

① 매핑(Mapping)

② 셰이딩(Shading)

③ 안티 앨리어싱(Anti-aliasing)

④ 렌더링(Rendering)

 해설
- 앨리어스 : 저해상도에서 곡선이나 사선이 계단모양으로 나타나는 현상
- 안티 앨리어스 : 앨리어스 현상이 일어나지 않도록 하는 것을 말함

53 VGA(Video Graphic Adapter) 또는 비디오 카드라고도 불리며, 컴퓨터의 디지털 정보를 모니터에 알맞게 디지털 신호로 바꾸어 화면에 나타나는 컬러 수와 해상도를 결정해 주는 장치는?

① 그래픽 소프트웨어　　② 그래픽 보드

③ 중앙처리장치　　④ 프린터

 그래픽의 화면 표시를 처리하기 위한 확장 보드, 그래픽 칩, VRAM 등으로 구성. 비디오 카드, 그래픽 카드, VGA라고도 함

54 다음 중 도표, 그림, 설계 도면 등의 좌표 데이터를 컴퓨터 내로 정확하게 입력할 수 있는 장치로 주로 설계나 공학용 제도에 사용되는 컴퓨터의 입력 장치는?

① 디지타이저(Digitizer)

② 접촉감지 스크린(Touch Screen)

③ 광펜(Light pen)

④ 노트(Keynote)

 디지타이저(Digitizer)는 입력 원본의 아날로그 데이터인 좌표를 판독하여, 컴퓨터에 디지털 형식으로 설계도면이나 도형을 입력하는 데 사용되는 입력장치

55 3차원 대상물 표면에 2차원의 이미지를 입히는 과정을 무엇이라고 하는가?

① 셰이딩(Shading)

② 안티 앨리어싱(Anti Aliasing)

③ 필터링(Filtering)

④ 텍스처 매핑(Texture Mapping)

 텍스처 매핑(Texture Mapping) : 이미지 매핑이라고도 하며, 3D 컴퓨터그래픽에서 특성(Texture)으로 제공되는 이미지 오브젝트의 표면처리에 사용하는 것

56 투명 효과를 줄 수 있는 파일 포맷끼리 짝지어진 것은?

① JPG, PNG　　② PNG, GIF

③ GIF, BMP　　④ PNG, TIFF

 • JPEG : 그래픽 파일 포맷 중에 압축률이 가장 뛰어나며 이미지 손실이 적음
• GIF : 최대 256가지 색으로 제한되며 용량이 적고 투명도, 인터레이스, 애니메이션이 지원 가능한 그래픽 파일 포맷
• PNG : GIF와 JPEG의 장점을 합친 것으로 이미지의 투명성과 관련된 알파 채널을 저장할 수 있는 파일 포맷

57 로고(Logo)를 제작하기에 적합한 그래픽 소프트웨어는?

① Photoshop　　② 3D MAX

③ DreamWeaver　　④ Illustrator

 Illustrator : 심벌 디자인, 로고, 캐릭터 등의 분야에 사용

58 한글 한 문자를 표현하기 위해 필요한 비트(Bit)는 몇 개인가?

① 1　　② 2

③ 8　　④ 16

 한글, 한자 : 2바이트=16비트
영문, 숫자, 특수문자 : 1바이트=8비트

59 3차원 소프트웨어에서 2차원 도형에 Z축으로 깊이를 주어 3차원 오브젝트(Object)를 만드는 방식은?

① Revolver 방식　　② Extrude 방식

③ Bevel 방식　　④ Compound 방식

 오브젝트의 깊이를 적용할 때는 Extrude 방식을 사용

60 2차원 이미지를 3차원 이미지처럼 입체적으로 보이게 하기 위해 많이 사용하는 필터는?

① Blur 필터　　② Emboss 필터

③ Wind 필터　　④ Sharpen 필터

 • Blur 필터 : 이미지를 흐리게 하고자 할 때 사용함
• Wind 필터 : 바람효과를 적용할 때 사용함
• Sharpen 필터 : 선명한 효과를 적용할 때 사용함

정답　53 ②　54 ①　55 ④　56 ②　57 ④　58 ④　59 ②　60 ②

01 다음 중 시각 디자인 분야가 아닌 것은?

① 광고 디자인　　　② 포장 디자인

③ 편집 디자인　　　④ 환경 디자인

 해설
- 시각 디자인 : 광고 디자인, 편집 디자인, 심벌 디자인, 포장 디자인, POP 등
- 제품 디자인 : 텍스타일 디자인, 가구 디자인, 용기 디자인, 상품 디자인 등
- 환경 디자인 : 인테리어 디자인, 점포 디자인, 디스플레이, 조경 디자인 등

02 다음 중 잡지의 일반적 특성과 가장 거리가 먼 것은?

① 정기성　　　② 내용의 다양성

③ 내용의 시의성　　　④ 속보성

 해설
신문 광고는 매일 발행되므로 신속·정확한 광고를 할 수 있는 매체

03 타이포그래피(Typography)에 관한 내용으로 틀린 것은?

① 타입(Type)과 그래피(Graphy)의 합성어이다.

② 타이포그래피 요소의 적절한 조화를 통해 시각적 배려와 의미가 담겨야 한다.

③ 타입(Type)은 문자 또는 활자의 의미를 갖는다.

④ 정보를 시각화하여 전달하는 방법 중에 가장 과학적이고 객관적인 방법으로 메시지를 전달할 수 있는 디자인 형태이다.

해설
타이포그래피는 타입(Type)과 그래피(Graphy)의 합성어로 명료성 및 가독성을 고려하여야 하며 서체의 심미성도 갖추어 의미를 전달할 수 있도록 글자체, 크기, 여백 등을 조절하여 전체적으로 읽기 좋게 구성하는 표현 기술

04 안내서, 설명서 등으로 사용되는 가제본 된 소책자의 일종이며, 인쇄, 제책 등이 고급스러운 것을 지칭할 때 사용하는 용어는?

① 브로슈어(Brochure)　② 리플릿(Leaflet)

③ 팸플릿(Pamphlet)　　④ DM(Direct Mail)

 해설
- 리플릿 : A4 한 장의 종이를 한 번이나 두 번 접어서 만든 접지 형태의 인쇄물
- 브로슈어 : 책처럼 넘기는 소책자 형태로 기업의 이미지를 보여주기 위한 정보가 담긴 인쇄물
- 카탈로그 : 제품 판매를 목적으로 영업용이나 제품을 설명하기 위한 인쇄물
- 팸플릿 : 가철한 소책자로 페이지 수가 적은 소책자 인쇄물
- DM : 예상 고객에게 주로 편지나 엽서를 우편으로 보내는 직접 광고

05 모형의 종류 중 시작품 생산용으로 최소의 원형 모형이 되는 것은?

① 연구 모델(Study Model)

② 스케치 모델(Sketch Model)

③ 스킴 모델(Skim Model)

④ 프로토타입 모델(Prototype Model)

 해설
프로토타입 모델은 워킹 모델이라고 하며 실제품과 거의 비슷하게 움직이거나 작동되는 모델로 외관뿐만 아니라 기능까지도 완성품과 같게 만드는 모델

06 예술은 대중을 위해서 뿐만 아니라 대중에 의해서, 대중의 예술이 되어야 한다고 주장하고 예술의 사회화와 민주화를 위해 미술공예운동을 실천한 사람은?

① 헨리 드레이퍼스　　② 오웬 존스

③ 윌리엄 모리스　　　④ 존 러스킨

정답　01 ④　02 ④　03 ④　04 ①　05 ④　06 ③

미술공예운동-근대미술운동의 아버지는 윌리엄 모리스

07 마케팅 전략을 수립하기 위한 마케팅 믹스의 기본 요소에 속하지 않는 것은?

① 제품(Product)

② 위치(Position)

③ 촉진(Promotion)

④ 가격(Price)

 마케팅 믹스 4P's
- 제품(Product) : 회사가 판매할 제품이나 서비스
- 가격(Price) : 소비자에게 제품을 판매함으로써 얻는 가치
- 유통(Place) : 상품을 생산자로부터 소비자에게 옮기기 위한 경로
- 촉진(Promotion) : 잠재적 소비자에게 광고나 홍보, 판매 촉진 등의 활동

08 디자인의 요소 중 물체 표면이 가지고 있는 특징의 차이를 시각과 촉각을 통하여 느낄 수 있는 것은?

① 색채　　　　　② 양감

③ 공간감　　　　④ 질감

 디자인의 요소로는 형/형태, 크기, 색채, 질감, 크기, 빛 등을 말하며 질감은 시각적 질감과 촉각적 질감으로 나뉨

09 점의 정의에 대한 설명으로 옳은 것은?

① 공간을 구성하는 단위이다.

② 면의 한계 또는 면의 교차에 의해 생긴다.

③ 크기는 없고 위치를 지닌다.

④ 물체가 차지하고 있는 한정된 공간이다.

 점의 특징
- 형태를 지각하는 최소의 단위로 기하학상의 점은 눈에 보이지 않으며 더 이상 나눌 수 없음
- 크기는 없고, 위치만을 가짐
- 점이 이동되면 선으로, 점이 확대되면 면으로 인식됨

10 선의 특징에 대한 설명으로 옳지 않은 것은?

① 직선 – 정적, 경직

② 곡선 – 단순, 명료

③ 수평선 – 평화, 안정

④ 수직선 – 상승, 긴장

 ・직선 : 경직, 명료, 확실, 단순, 남성적 느낌
- 곡선 : 우아, 매력, 섬세, 동적, 경쾌, 여성적 느낌
- 수평선 : 평화, 정지, 안정감, 휴식, 정적인 느낌
- 수직선 : 엄숙함, 강직함, 긴장감, 상승감, 권위적, 준엄하고 고결한 느낌

11 다음 설명에 알맞은 형태의 지각심리는?

> 유사한 배열로 구성된 형들이 방향성을 지니고 연속되어 보이는 하나의 그룹으로 지각되는 법칙으로 공동운명의 법칙이라고도 한다.

① 근접성의 원리

② 유사성의 원리

③ 연속성의 원리

④ 폐쇄성의 원리

 게슈탈트 심리법칙(시지각의 원리)
- 근접성 : 비슷한 모양의 형, 그룹을 하나의 부류로 보는 것
- 유사성 : 비슷한 모양이 서로 가까이 놓여있을 때 그 모양을 합하면 동일한 형태로 보이는 것
- 연속성 : 형이나 영의 그룹이 방향성을 지니고 연속되어 보이는 것
- 폐쇄성 : 불완전한 형이나 그룹들을 완전한 형이나 그룹으로 보이는 것

12 몬드리안을 중심으로 한 신조형주의 운동으로서 개성을 배제하는 주지주의적 추상미술운동이며, 색채의 선택은 검정, 회색, 하양과 작은 면적의 빨강, 노랑, 파랑의 순수한 원색으로 표현한 디자인 사조는?

① 큐비즘　　　　② 데 스틸

③ 바우하우스　　④ 아르데코

- 큐비즘 – 프랑스 – 피카소 – 자연과 인간을 기하학적인 단순 형체로 표현한 입체주의
- 데스틸 – 네덜란드 – 몬드리안 – 기하학적인 형태와 3원색을 기본으로 한 순수한 형태미 추구
- 바우하우스 – 독일 – 그로피우스 – 예술과 기술의 종합 실현을 위한 조형학교
- 아르데코 – 프랑스 – 폴로, 브란트 – 대칭적인 미, 패턴화된 곡선과 직선의 조화를 강조한 신 장식 미술

13 아이디어 발상 초기 단계의 스케치를 말하며, 정확도가 요구되지 않는 가장 불완전한 스케치를 무엇이라 하는가?

① 스타일 스케치

② 스크래치 스케치

③ 렌더링 스케치

④ 프로토타입

해설 스크래치 스케치는 '갈겨쓴다'의 의미로 아이디어 발상 과정의 초기 단계에서 사용하며, 입체적인 표현은 생략하고 약화 형식으로 표현하는 스케치

14 주거 공간은 주 행동에 따라 개인, 사회, 가사노동 공간 등으로 구분할 수 있다. 다음 중 사회 공간에 속하지 않는 것은?

① 식당   ② 거실

③ 응접실   ④ 다용도실

해설
- 개인 공간 : 서재, 침실
- 사회 공간 : 식당, 거실, 응접실
- 가사노동 공간 : 부엌, 다용도실

15 리듬의 원리에 해당되지 않는 것은?

① 반복   ② 대칭

③ 점이   ④ 방사

해설 율동(Rhythm) : 반복 및 교차, 방사, 점이(그러데이션)

16 다음 중 표적 마케팅의 단계에 해당되지 않는 것은?

① 시장 세분화

② 시장 표적화

③ 시장의 위치 선정

④ 서비스 개발

해설 표적 마케팅의 3단계 : 시장 세분화 → 시장 표적화 → 시장의 위치 선정

17 글자꼴에 대한 설명으로 옳은 것은?

① 정체 : 가늘게 만든 모양의 글자체

② 평체 : 네모반듯한 모양(정사각형)의 글자체

③ 사체 : 왼쪽이나 오른쪽으로 기울인 모양의 글자체

④ 장체 : 아래 위를 좁혀서 납작하게 보이는 모양의 글자체

해설
- 정체(Regular) : 네모반듯한 모양(정사각형)으로 일반적으로 많이 사용하는 글자체
- 장체(Condensed) : 글자 폭이 좁아 높이감이 있는 모양의 글자체(긴장감, 모던함)
- 평체(Extended) : 글자 폭이 넓어 납작하게 보이는 모양의 글자체(안정감, 평온함)
- 사체(Italic) : 글자를 좌우로 기울기 글자체(운동감, 속도감)

18 국제적인 행사 등에서의 사용을 목적으로 제작된 그림문자로서, 언어를 초월해서 직감으로 이해할 수 있도록 한 그래픽 심벌은?

① 다이어그램(Diagram)

② 로고타입(Logotype)

③ 레터링(Lettering)

④ 픽토그램(Pictogram)

해설
- 다이어그램 : 서로 다른 집합들 사이의 관계를 표현하는 시각화하는 기술
- 로고타입 : 기업, 회사의 이름
- 레터링 : 디자인의 시각화를 위해 문자를 직접 그리는 것 또는 그려진 문자를 변형해서 만드는 것
- 픽토그램 : 의미하는 내용의 형태를 상징적으로 시각화한 것으로 언어를 초월한 그림문자

정답 ▶ 13 ② 14 ④ 15 ② 16 ④ 17 ③ 18 ④

19 실내 기본 요소인 벽에 관한 설명으로 옳지 않은 것은?

① 공간과 공간을 구분한다.

② 공간의 형태와 크기를 결정한다.

③ 실내 공간을 에워싸는 수평적 요소이다.

④ 외부로부터의 방어와 프라이버시를 확보한다.

 해설
- 벽은 인간의 시선이 가장 많이 머무는 곳으로서 시선과 동작을 차단함
- 벽은 수직적 요소로 공간의 형태와 크기, 규모를 결정하는 요소
- 벽은 간의 구분, 공기의 차단, 소리의 차단, 보온 등의 기능을 가짐
- 벽은 외부 공간과의 차단으로 프라이버시를 보호하고 독립된 공간을 사용할 수 있음
- 벽은 가구 배치를 위한 배경의 역할을 가짐

20 고객의 신상품 수용과정인 AIDMA 법칙에 속하지 않는 것은?

① Attention　　② Interest

③ Mind　　④ Action

 해설
아이드마(AIDMA) 법칙 : 잠재고객이 광고를 접한 후 구매하기까지의 심리적 단계
주의(Attention)→흥미(Interest)→욕망(Desire)→기억(Memory)→행동(Action)

21 색의 분류에 대한 설명으로 옳지 않은 것은?

① 크게 무채색과 유채색으로 나뉜다.

② 유채색은 채도가 있는 색이다.

③ 무채색은 색상, 명도, 채도의 색의 3속성을 모두 가지고 있다.

④ 무채색의 구별은 명도로 한다.

 해설
- 무채색 : 흰색, 검정, 회색의 명도의 차이만을 가지고 있는 색
- 유채색 : 색상을 갖는 모든 색을 일컫는 말로서 색상, 명도, 채도를 모두 가지고 있는 색

22 어떤 색의 먼셀기호가 5Y 8/13.5 라면 명도를 나타내는 것은?

① 5　　② 8

③ 5Y　　④ 13.5

 해설
먼셀은 색상을 휴(Hue), 명도를 밸류(Value), 채도를 크로마(Chroma)라고 부르며, 기호는 H, V, C이며, 표기하는 순서는 HV/C로 5Y는 색상, 8은 명도단계, 13.5는 채도단계를 나타냄

23 같은 크기의 직사각형 빨강과 자주를 나란히 놓았을 때, 경계 부근에서 빨강은 더욱 선명하고 깨끗하게 보이며, 경계면에서 먼 쪽은 탁해 보이는 현상은 주로 어떠한 대비현상 때문인가?

① 연변대비　　② 색상대비

③ 명도대비　　④ 계시대비

 해설
- 색상대비 : 서로 다른 색들의 영향으로 색상의 차이가 크게 보이는 현상
- 명도대비 : 명도가 서로 다른 색들이 서로의 영향으로 인하여 대비가 강해지는 현상
- 계시대비 : 하나의 색을 보고 자극을 받았다가 연속해서 다른 색을 보았을 때 그 색이 다르게 보이는 현상

24 연속된 선상에 위치한 색들을 조합하면 관련된 시각적 요소가 포함되어 있기 때문에 서로 조화한다는 원리는?

① 비렌의 색채조화론

② 루드의 색채조화론

③ 이텐의 색채조화론

④ 문-스펜서의 색채조화론

 해설
비렌의 색채조화론
7가지(Color, White, Blank, Tint, Shade, Gray, Tone) 색채 군으로 배색을 용이하도록 구성한 것이 색삼각형이며, 연속된 선상에 위치한 색들을 배색하면 서로 조화를 이룸

25 색채 체계에 대한 설명이 옳게 표현된 것은?

① RGB – Red, Green, Black

② RGB – Red, Green, Blue

③ CMYK – Cyan, Marin, Yellow, Black

④ CMYK – Chrome, Magenta, Yellow, Blue

 해설 · 감산혼합 : C(Cyan), M(Magenta), Y(Yellow)
· 가산혼합 : R(Red), G(Green), B(Blue)

26 색에 따라 무겁거나 가볍게 느껴지는 현상을 중량감 이라고 한다. 색의 3속성 중 중량감에 가장 크게 영향 을 주는 것은 무엇인가?

① 색상

② 명도

③ 채도

④ 색상, 명도, 채도에 영향을 받지 않는다.

해설 · 온도감 : 주로 색상에 의해 작용
· 중량감 : 주로 명도에 의해 작용
· 강약감 : 주로 채도의 높고 낮음에 의해 작용
· 경연감 : 채도와 명도가 복합적으로 작용

27 헤링의 4원색설을 기준으로 하는 색채 체계는?

① 먼셀의 색채 체계

② 뉴튼의 색채 체계

③ 비렌의 색채 체계

④ 오스트발트의 색채 체계

해설 오스트발트는 헤링의 4원색설을 기본으로 하여 4색상에 중 간 색상을 추가하여 8색상이 되며, 이것들이 다시 3색상으 로 분할되어 24색상이 되는 표색계

28 낮에는 적색으로 보이는 사과가 어두워지면 검게 보 이는 것과 관계있는 것은?

① 푸르킨예 현상　　② 베졸트 현상

③ 에브니 효과　　④ 색음 효과

 해설 · 푸르킨예 현상 : 낮에 추상체로부터 밤에 간상체로 이동 하는 현상
· 베졸트 현상 : 배경색과 줄무늬 문양이 서로 혼합되어 배 경색이 줄무늬 색깔에 동화되는 현상
· 에브니 효과 : 채도에 따라 같은 파장의 색도 다르게 보이 는 현상
· 색음효과 : 물의 그림자와 빛의 보색 잔상의 영향을 받아 서 보색이 혼합되어 보이는 현상으로 그림자 현상

29 아래의 설명은 어떤 효과를 나타낸 것인가?

- 조명의 효율이 높다.
- 정리정돈과 청소가 잘 된다.
- 안전이 유지되며 사고가 줄어든다.
- 분위기를 바꾸면 일에 능률이 오른다.

① 색채 관리　　② 색채 연상

③ 색채 지각　　④ 색채 조절

 해설 색채가 우리에게 주는 지각적인 효과나 감정적인 효과를 이용하여 우리의 작업환경이나 생활환경 등의 배색을 잘 조화함으로써 작업의 능률과 안정, 생활의 향상 등을 꾀하 는 것을 색채 조절이라고 함

30 프리즘을 사용한 빛스펙트럼 실험에 의해 순수한 가 시색을 얻는 데 성공한 사람은?

① 오스트발트　　② 뉴턴

③ 맥스웰　　④ 헤링

 해설 아이작 뉴턴은 삼각형 프리즘을 통해 빛의 파장에 따라 굴 절하는 각도가 다른 성질을 이용하여 프리즘에 의한 순수 한 가시색을 얻는 데 성공함

31 다음 중 명시성이 가장 높은 배색은?

① 파랑 바탕에 주황 선

② 빨강 바탕에 노란 선

③ 빨강 바탕에 초록 선

④ 검정 바탕에 노란 선

 해설 명시성은 두 색을 대비시켰을 때 멀리서 잘 보이는 정도를 말하며, 노랑과 검정의 배색은 명시도가 높아서 교통 표지 판에 많이 사용됨

32 병치 보색현상을 도입한 점묘화법으로 대표되며, 최초로 색채를 도구화한 미술 사조는?

① 인상파　　　　　② 야수파

③ 큐비즘　　　　　④ 아르누보

 해설
- 병치혼합은 날줄과 씨줄에 의한 직물 제조에서 시작되어 19세기 인상파 화가들이 점묘화법으로 사용
- 1960년대 미술사조인 옵아트에 의해 재인식
- TV나 컴퓨터의 컬러모니터와 망점에 의한 원색 인쇄 등에 활용

33 대상물의 일부를 떼어낸 경계를 표시하는 데 사용하는 선의 명칭은?

① 외형선　　　　　② 파단선

③ 은선　　　　　　④ 가상선

 해설
- 파단선 : 대상물의 일부를 파단하거나 떼어낸 경계를 표시하는 선
- 은선 : 보이지 않는 부분의 형상을 나타내는 선
- 가상선 : 이점쇄선으로 인접하는 부분, 참고를 표시하는 데 사용하는 선
- 외형선 : 대상물의 보이는 부분의 외형을 나타내는 데 표시하는 선

34 투상도 표시방법 설명으로 잘못된 것은?

① 부분 투상도 – 대상물의 구멍, 홈 등과 같이 한 부분의 모양을 도시하는 것으로 충분한 경우에는 그 필요한 부분만을 도시한다.

② 보조 투상도 – 경사부가 있는 물체는 그 경사면의 보이는 부분의 실제 모양을 전체 또는 일부분을 나타낸다.

③ 회전 투상도 – 대상물의 일부분을 회전해서 실제 모양을 나타낸다.

④ 부분 확대도 – 특정한 부분의 도형이 작아서 그 부분을 자세하게 나타낼 수 없거나 치수 기입을 할 수 없을 때에는 그 해당 부분을 확대하여 나타낸다.

 해설
- 부분 투상도 : 물체의 일부분을 나타낼 때, 그 중 필요한 부분만을 보여주는 투상도
- 국부 투상도 : 대상물의 구멍, 홈 등을 도면화하여 표시하는 투상도

35 제3각법에서 정면도 아래에 배치하는 투상도를 무엇이라 하는가?

① 평면도　　　　　② 좌측면도

③ 배면도　　　　　④ 저면도

 해설　제3각법은 정면도를 중심으로 평면도는 위에, 저면도는 아래에, 좌측면도는 좌측으로, 우측면도는 우측으로, 배면도는 뒤에 그려져 나타남

36 직선의 길이를 측정하지 않고, 선분 AB를 5등분하는 그림이다. 두 번째에 해당하는 작업은?

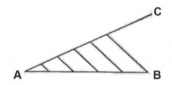

① 평행선 긋기

② 임의의 선분(AC) 긋기

③ 선분 AC를 임의의 길이로 5등분

④ 선분 AB를 임의의 길이로 다섯 개 나누기

 해설　직선의 5등분하기 순서
1. 임의의 선분(AC) 긋기
2. 선분 AC를 임의의 길이로 5등분하기
3. 선분(AB)와 평행선으로 연결하기

37 정원 뿔을 여러 가지 다른 각의 평면으로 자를 때 생기는 곡선은?

① 나사곡선　　　　② 특수곡선

③ 원추곡선　　　　④ 자유곡선

 해설
- 정원 : 원뿔의 밑면과 수평으로 절단
- 타원 : 밑면과 각도를 주어 절단
- 포물선 : 밑면을 향하여 각도를 주어 절단
- 쌍곡선 : 면과 수직으로 절단

38 투상법의 종류 중 투사선이 투상화면에 경사져 있을 때의 평행투상을 말하며, 입체도를 그릴 때에 주로 사용하는 방법은?

① 정투상도　　　　② 사투상도
③ 축측투상도　　　④ 투시투상도

 해설　사투상도 : 물체의 앞면 모서리는 수평선과 평행하게 하고, 옆면 모서리는 수평선과 임의의 각도 α로 하여 그린 투상

39 2소점 투시도의 설명과 거리가 먼 것은?

① 유각투시, 성각투시라고도 한다.
② 소실점이 2개이다.
③ 위에서 아래를 내려다보는 면을 강조하기에 좋은 투시도이다.
④ 화면에 물체의 수직면들이 일정한 각도를 유지하고 있다.

 해설　소실점이 3개인 3점 투시도는 위에서 아래를 내려다보는 면을 강조하기에 좋은 투시도를 조감도라고 하며, 건물투시에 많이 사용됨

40 투시도법에 사용되는 기호의 의미가 옳지 않은 것은?

① EP – 시점　　　② VP – 소점
③ HL – 수평선　　④ GL – 기면

 해설
• GP(Ground Plane) – 기면
• GL(Ground Line) – 지면선

41 외부의 힘이 제거된 뒤에 변형되었던 것이 원래의 형태로 돌아오지 않는 성질은?

① 소성　　　　　② 취성
③ 탄성　　　　　④ 인성

 해설
• 소성 : 외부의 힘에 제거된 뒤에 변형되었던 것이 원래의 형태로 돌아오지 않는 성질
• 취성 : 적은 변형에도 파괴되는 성질
• 탄성 : 외부의 힘에 의해 변형되었다가 되돌아오려는 성질
• 인성 : 외부의 힘에 의해 재료가 변형되더라도 파괴되지 않는 성질

42 다음 중 염료와 안료에 대한 설명으로 옳은 것은?

① 염료는 주로 물에 잘 녹지 않고, 안료는 잘 녹는다.
② 일반 페인트는 주로 안료를 사용하지만, 수성 페인트는 염료를 쓴다.
③ 안료는 액체 형태로 투명성이 높고, 염료는 분말 형태로 불투명하다.
④ 염료는 화학적 반응을 통하여 흡착하고, 안료는 접착제를 쓴다.

 해설　① 염료
• 물에 녹는 것으로서 섬유 등의 분자와 결합하여 착색하는 유색물질로 투명도가 강한 것
• 물이나 유기용제에 용해되지 않음
• 분말 형태를 띠며 불투명함
• 소재에 대한 표면 친화력 없음
• 별도의 접착제를 필요로 함
• 전색제에 섞어서 도료, 인쇄잉크, 그림물감 등에 사용

② 안료
• 물에 녹지 않는 것으로서 물체 표면에 불투명한 성질을 가진 것
• 물이나 유기용제에 용해됨
• 대부분 액체 형태를 띠며 투명성이 높음
• 표면친화력이 높아 섬유 중에 침투하여 염착 시키므로 별도의 접착제 필요 없음
• 방직, 피혁, 잉크, 종이 목재 및 식품 등의 염색

43 물을 섞어서도 사용할 수 있으며, 건조가 빠르고 유채물감과 같은 효과도 표현할 수 있는 것은?

① 컬러 톤　　　　② 포스터 컬러
③ 유화 물감　　　④ 아크릴 컬러

 해설　아크릴 컬러는 유화의 성질과 비슷하나 수용성이며 내수성과 접착성, 고착력이 강하고 건조 시간이 빨라 여러 번 겹치는 효과를 낼 수 있음

44 목재의 재료적 특성으로 옳지 않은 것은?

① 열전도율과 열팽창률이 적다.
② 음의 흡수 및 차단성이 크다.
③ 가연성이 크고 내구성이 부족하다.
④ 풍화마멸에 잘 견디며 마모성이 작다.

해설 ① 목재의 장점
  - 가벼우며 감촉이 좋고 아름다운 무늬의 종류가 다양함
  - 열전도율이 낮아 부도체임
  - 가공이 쉽고 외관이 아름다움
  - 가격이 저렴하고 공급이 풍부함
  - 비중에 비해 강도가 큼
② 목재의 단점
  - 흡수성이 크기 때문에 부식이 쉬움
  - 수축과 변형으로 변형이 심함
  - 내구성이 약함
  - 가연성이 높아 화재의 우려가 있음
  - 방향성 때문에 재질이 균일하지 못함
  - 충해나 풍화에 의해 내구성이 떨어짐

해설 주철은 탄소 함유량이 1.7% 이상인 합금을 말하며 인장강도가 강에 비하여 작고 메짐성이 크며, 고온에서도 소성 변형이 되지 않는 결점이 있으나 주조성이 우수하여 복잡한 형상으로도 쉽게 주조되고 값이 저렴하여 난로, 맨홀의 뚜껑 등의 주물제품으로 많이 사용함

〈주철의 장점〉
- 주조성이 우수하고 복잡한 부품의 성형이 가능하다.
- 가격이 저렴하다.
- 잘 녹슬지 않고 칠(도색)이 좋다.
- 마찰저항이 우수하고 절삭가공이 쉽다.
- 압축강도가 인장강도에 비하여 3~4배 정도 좋다.
- 내마모성이 우수하고, 알칼리나 물에 대한 내식성(부식)이 우수하다.
- 용융점이 낮고 유동성이 좋다.

45 도료의 점도, 유동성, 증발속도를 조절해 주는 물질은?

① 안료
② 염료
③ 용제
④ 황화아연

해설 용제는 수지를 용해하여 도막에 평활성을 부여하는 성분으로 건조 속도의 조절과 도막의 평활성을 부여함

46 다음 중 열경화성 수지에 속하지 않는 것은?

① 페놀 수지
② 에폭시 수지
③ 아크릴 수지
④ 멜라민 수지

해설
- 열경화성 수지 종류 : 페놀 수지(PF), 멜라민 수지(MF), 에폭시 수지(EP), 우레아 수지(UF), 우레탄 수지(PUR), 폴리에스테르
- 열가소성 수지 종류 : 염화비닐 수지, 폴리스티렌, ABS 수지, 아크릴 수지 등의 투명한 수지와 폴리에틸렌, 나일론, 폴리아세탈 수지 등의 유백색 수지

47 주철의 특성에 대한 설명으로 틀린 것은?

① 주조성이 우수하다.
② 내마모성이 우수하다.
③ 강보다 인성이 크다.
④ 인장강도보다 압축강도가 크다.

48 다음 중 대표적인 포장용지로 사용되는 것은?

① 크라프트지
② 인디아지
③ 모조지
④ 켄트지

해설
- 크라프트지 : 미표백 크라프트 펄프를 주원료로 하는 포장용지
- 인디아지 : 사전이나 성서의 인쇄에 가장 많이 사용되는 종이
- 모조지 : 화지라고도 하고 잡지의 표지로 가장 많이 사용되는 종이
- 켄트지 : 스케치나 일반 표현 재료로 가장 많이 사용되는 종이

49 중앙처리장치(CPU)의 구성요소가 아닌 것은?

① 기억장치
② 연산장치
③ 제어장치
④ 출력장치

해설 중앙처리장치(CPU)의 구성 : 연산장치, 제어장치, 기억장치

50 비트맵 방식의 프로그램에서 화면을 구성하는 최소 단위를 일컫는 말은?

① 포인트(Point)
② 픽셀(Pixel)
③ 사이트(Site)
④ 윈도우(Window)

해설 디지털 이미지의 기본 단위로서 화면을 구성하는 최소 단위

정답 45 ③ 46 ③ 47 ③ 48 ① 49 ④ 50 ②

51 마우스를 사용하여 메뉴나 아이콘의 선택하면 그것이 수행되는 직관적 사용자 인터페이스 방식을 무엇이라고 하는가?

① GUI   ② CAD

③ FTP   ④ ISSN

 GUI(Graphical User Interface) : 사용자가 컴퓨터와 정보를 교환할 때 그래픽을 통해 작업할 수 있는 환경으로, GUI의 요소로는 윈도(Windows), 스크롤바, 아이콘 이미지, 단추 등이 있으며 화면의 메뉴 중에서 하나를 선택하여 작업을 지시함

52 캐시 메모리(Cache Memory)에 대한 설명으로 틀린 것은?

① CPU의 외부에 설치해야 한다.

② CPU와 주기억 장치 사이에 존재한다.

③ CPU가 즉시 사용해야 하는 데이터나 명령을 주기억장치로부터 가져와서 보관한다.

④ 작업속도를 향상시키기 위해서는 대용량이 편리하다.

 캐시 메모리(Cache Memory)는 데이터 전송을 고속으로 행하기 위해서 CPU와 메인 메모리 사이에 필요한 메모리로 컴퓨터 속에 장착되어 있는 임시 메모리를 말함

53 3D 애니메이션의 작업 중 어떠한 대상물을 크기만 변경하여 통일된 형태를 가진 복제물, 즉 3차원 객체에 사진이나 그림 등의 2차원적 화상을 입혀 질감이나 재질을 표현하는 과정은?

① 모델링(Modeling)   ② 모핑(Morphing)

③ 매핑(Mapping)   ④ 셰이딩(Shading)

 • 모델링(Modeling) : 컴퓨터 그래픽을 이용해 컴퓨터 내부의 가상공간에 3차원 모형을 만들어내는 것
• 모핑(Morphing) : 두 개의 서로 다른 이미지나 3차원 모델 사이의 변화하는 과정을 서서히 나타내는 것
• 매핑(Mapping) : 3D 컴퓨터그래픽에서 사진이나 그림 등의 2차원적 화상을 입혀 오브젝트 표면처리에 사용하는 것
• 셰이딩(Shading) : 물체에 입체감을 더하기 위해 빛으로 음영을 표현하는 것

54 벡터 이미지에 관한 설명으로 옳은 것은?

① 확대했을 때 모자이크와 같이 뚜렷한 영역이 보이게 된다.

② 벡터 방식의 대표적인 프로그램은 포토샵이다.

③ 무수히 많은 픽셀들이 모여서 이미지를 표현하는 방식이다.

④ 수학적 해석 방식을 취해 확대하더라도 변형되어 보이지 않는다.

 벡터 그래픽 화면을 확대하거나 축소시켜도 이미지의 변화이 없으나, 래스터 그래픽은 이미지를 확대하면 픽셀이 깨지므로 반드시 1:1로 작업해야 함

55 컴퓨터 애니메이션에 대한 설명으로 틀린 것은?

① 일반적으로 2D, 3D 애니메이션으로 나눌 수 있다.

② 키프레임을 우선 제작하고 시간의 흐름에 따라 키프레임 사이의 나머지 중간 프레임들의 내용을 채워나가는 방식을 트위닝이라 한다.

③ 하나하나의 그림을 프레임이라 하고, 프레임의 속도와 수에 따라 애니메이션의 속도와 시간이 달라진다.

④ 하나의 영상이 다른 영상으로 변화하는 과정을 자연스럽게 연결하여 표현하는 기법을 컷아웃 애니메이션이라 한다.

 컷아웃 애니메이션은 그림이나 사진 등의 평면적인 형태를 잘라 배경이 되는 그림 위에 배열해 놓고 오려놓은 형태를 조금씩 움직이면서 인위적인 동작을 만들고, 그 동작들을 한 프레임씩 촬영하여 제작하는 애니메이션 기법을 말함

56 래스터 이미지(Raster Image)에 대한 설명으로 틀린 것은?

① 화면 확대 시 이미지가 손상된다.

② 비트맵 이미지를 래스터 이미지라고 한다.

③ 일러스트레이터에서 주로 사용되는 이미지 형식이다.

④ 디지털 카메라로 찍은 이미지는 래스터 이미지이다.

정답 ▶ **51** ①   **52** ①   **53** ③   **54** ④   **55** ④   **56** ③

래스터 이미지(Raster Image)
- 비트맵 방식이라고도 하며 픽셀이 조밀한 래스터 이미지로 고품질의 이미지 처리가 가능함
- 이미지의 축소, 확대, 반복, 이동이 가능하나 크기를 변화하면 해상도가 변함
- 픽셀(기본 단위)로 이루어져 있으며 일반적인 사진 이미지 합성작업에 사용

57 서로 다른 기기들 간의 데이터 교환을 원활하게 수행할 수 있도록 표준화시켜 놓은 통신 규약을 무엇이라 하는가?

① 컴파일러　　　　　② 터미널

③ 이더넷　　　　　　④ 프로토콜

- 컴파일러 : 특정 프로그래밍 언어로 쓰여 있는 문서를 다른 프로그래밍 언어로 옮기는 언어 번역 프로그램
- 터미널 : 인간과 컴퓨터가 소통하게 해주는 장치로 터미널은 키보드와 모니터 등으로 이루어진 단말기
- 이더넷 : 1976년 개발된 근거리 통신망(LAN) 방식
- 프로토콜 : 복수의 컴퓨터 사이나 중앙 컴퓨터와 단말기 사이에서 데이터 통신을 원활하게 하기 위해 필요한 통신

58 컴퓨터가 기억하는 정보의 최소 단위는?

① bit　　　　　　　② record

③ byte　　　　　　④ field

- 비트(Bit) : Binary Digit 약자, 이진수(0 또는 1) 조합의 정보 표현의 최소 단위
- 레코드(Record) : 자료 처리의 기본 단위로 하나 이상의 필드로 구성
- 바이트(Byte) : 8bit로 이루어진 단위, 한 개의 문자를 표현하는 단위
- 워드(Word) : 연산의 기본 단위

59 웹에서 최상의 비트맵 이미지를 구현하기 위한 파일 포맷으로 GIF보다 압축률이 더 높고 트루컬러를 지원하며 8비트 알파 채널을 이용한 부드러운 투명 층을 지원하는 파일 확장자는?

① PNG　　　　　　② BMP

③ EPS　　　　　　④ JPEG

- EPS : 4도 분판을 목적으로 하는 그래픽 포맷으로 비트맵이나 벡터 방식의 이미지 모드에서 사용할 수 있는 파일 포맷
- BMP : 24비트 비트맵 파일 포맷으로 웹에서 사용 가능하지만 압축이 안 됨
- PNG : GIF와 JPEG의 장점을 합친 것으로 8비트 컬러를 24비트 컬러처럼 저장 가능
- JPEG : 그래픽 파일 포맷 중에 압축률이 가장 뛰어나며 이미지 손실이 적음

60 다음 중 개멋(Gamut)을 잘 설명한 것은?

① 빛의 파장을 컬러로 표현하는 방법과 컬러 시스템을 말한다.

② 컬러 시스템이 표현할 수 있는 컬러 대역(표현 범위)을 말한다.

③ 컬러 시스템 간의 컬러 차이점을 최소화하는 기능을 말한다.

④ 인쇄상의 컬러 CMYK를 RGB로 전환하는 것을 말한다.

Gamut : 모니터, 프린터, 소프트웨어 등의 각각의 매체가 표현할 수 있는 색 공간 영역

01 점의 정의에 대한 설명으로 옳은 것은?

① 공간을 구성하는 단위이다.

② 면의 한계 또는 면의 교차에 의해 생긴다.

③ 크기는 없고 위치를 지닌다.

④ 물체가 차지하고 있는 한정된 공간이다.

 점은 크기가 없고, 위치만을 지니며 선의 한계 또는 교차에서 나타남

02 편집 디자인을 형태별로 분류할 경우 그 형식이 나머지와 다른 하나는?

① 잡지   ② 단행본

③ 명함   ④ 매뉴얼

 형태에 따른 분류
• 시트 스타일 : 낱장 형식(명함, 안내장, DM 등)
• 스프레드 스타일 : 접는 형식(신문, 카탈로그, 팸플릿 등)
• 서적 스타일 : 책 형식(잡지, 사보, 매뉴얼, 단행본 등)

03 인간생활의 질적 수준을 향상시키기 위하여 형식미와 기능 그 자체와 유기적으로 결합된 형태, 색채, 아름다움을 나타내는 것은?

① 독창성   ② 심미성

③ 질서성   ④ 문화성

 디자인의 조건
• 합목적성 : 디자인의 목적이 합리적이고 이성적, 객관적이며 효용성을 갖는 것
• 심미성 : 대중에 의해 공감대가 형성되는 미로 아름다움을 느끼는 미의식을 갖는 것
• 독창성 : 디자인의 핵심으로 최종적으로 디자인에 생명을 불어넣는 요소
• 경제성 : 최소의 비용과 자재, 노력의 투자로 주어진 조건 안에서 경제적 효과를 창출하는 것

• 질서성 : 합목적성, 독창성, 경제성, 심미성이 각기 조화를 이루어 유지되는 것

04 고딕 성당에서 존엄성, 엄숙함 등의 느낌을 주기 위해 사용되는 선은?

① 기하곡선   ② 사선

③ 수평선   ④ 수직선

 • 수평선 : 넓음, 평화, 정지, 안정감
• 수직선 : 엄숙함, 강직함, 긴장감, 준엄한 고결, 상승감
• 사선 : 운동감, 동적, 불안정한 느낌, 속도감
• 기하곡선 : 부드러움, 질서, 단조로움

05 아아디어 전개를 위한 디자인 발상법과 설명이 올바르게 연결된 것은?

① 브레인스토밍 : 콘셉트나 키워드만 제시하여 기발한 아이디어를 얻는 방법

② 고든법 : 주제를 가지고 자유분방한 아이디어의 산출로 창조적인 아이디어를 표출해 내는 방법

③ 시네틱스법 : 서로 문제를 보는 관점을 완전히 다르게 하여 연상되는 점과 관련성을 찾아내어 아이디어를 발상하는 방법

④ 체크리스트법 : 주어진 문제에 대하여 강제적으로 연결시키는 강제 연상법을 활용하여 아이디어를 구하는 방법

 아이디어 발상법
• 브레인스토밍 : 주제를 가지고 토의그룹을 만들어 제약 없이 자유롭게 아이디어를 내는 방법
• 고든법 : 브레인스토밍과 같은 방법이지만 명확한 주제가 아닌 콘셉트나 키워드만 제시하여 기발한 아이디어를 얻는 방법

정답 ▶ 01 ③   02 ③   03 ②   04 ④   05 ③

- 시네틱스법 : 서로 다르고 관련이 없어 보이는 요소를 합친다는 뜻의 단어로, 서로 문제를 보는 관점을 완전히 다르게 하여 연상되는 점과 관련성을 찾아내어 아이디어를 발상하는 방법
- KJ법 : 가설 발견을 통하여 직감적인 아이디어를 얻는 방법
- 입출력법 : 주어진 문제에 대하여 강제적으로 연결시키는 강제 연상법을 활용하여 아이디어를 구하는 방법
- 체크리스트법 : 특정 문제에 대한 항목들을 나열하고, 특정 변수 등을 검토, 분석하면서 아이디어를 구하는 방법
- 결점 열거법 : 제품이 가지는 결점들을 열거하고, 그 결점들을 해결할 수 있는 아이디어를 구하는 방법
- 카탈로그법 : 개인적인 아이디어 발상법으로 주로 도형이나 사진, 광고, 문서, 카탈로그 등을 참고하는 방법

06 다음 설명에 해당하는 용어로 가장 적당한 것은?

> 기업의 새로운 이념 구축에 필요한 이미지와 커뮤니케이션 시스템을 의도적, 계획적으로 만들어 내는 기업 이미지 통합 전략을 의미한다.

① CIP ② POP
③ Logo ④ Symbol

 CI(Corporate Identity)는 기업 이미지 통일화를 의미하는 계획적 경영 전략으로 베이직 시스템에 심벌마크, 로고타입, 시그니처, 기업 색상, 전용 서체, 전용 문양, 캐릭터 등이 포함되어 있음

07 제품 디자인을 구성하는 기본 요소가 아닌 것은?

① 가격 ② 구조
③ 형태 ④ 재료

 제품을 구성하는 기본 요소 : 구조, 재료, 형태

08 레이아웃의 구성 요소가 아닌 것은?

① 포맷(Format) ② 옵셋(Offset)
③ 라인업(Line-up) ④ 마진(Margin)

해설 레이아웃의 구성요소 : 라인업, 포맷, 마진

09 구성의 기본원리 중 율동(Rhythm)에 대한 설명으로 잘못된 것은?

① 방사 : 한 개의 점을 중심으로 형태 구성요소가 여러 방향으로 퍼져나가거나 안으로 모아지는 경우에 생기는 리듬을 말한다.
② 연속 : 통일성을 전제로 크게 수평 연속과 상하 연속으로 나누어진다.
③ 점증 : 조화적인 단계에 의하여 일정한 질서를 가진 자연적인 순서의 계열로써 유사한 일련의 흐름을 나타내는 것이다.
④ 반복 : 동일한 요소나 대상을 일정한 간격을 두고 되풀이되는 것을 말한다.

 율동은 반복을 토대로 연결되는 시각적 운동으로 각 부분 사이의 시각적으로 상호 관계에 의하여 강한 힘과 약한 힘이 규칙적으로 생겨나는 움직임, 즉 시각적 동세의 형식을 말하며 반복, 방사, 점이가 있음

10 다음이 설명하고 있는 디자인 원리는?

> - 요소들 사이의 평형 상태를 말한다.
> - 각 요소들이 디자인 공간 속에서 동일감과 안정감을 가지고 있다.
> - 크게 대칭과 비대칭, 방사대칭으로 구분할 수 있다.

① 통일 ② 균형
③ 대비 ④ 조화

- 통일 : 미적 관계의 결합이나 질서
- 균형 : 시각적 안정감을 창조하는 성질
- 대비 : 2개 이상의 서로 다른 성질이 동시에 공간에 배열되어 상반되는 성질을 강조함으로써 다른 특징을 한층 돋보이게 하는 현상
- 조화 : 두 개 이상의 요소 또는 부분적인 상호관계

11 마케팅 믹스에 대한 설명이 틀린 것은?

① 제품에 대한 수요에 영향을 주기 위해 기업이 시장에서 자극 요소로 활용할 수 있는 모든 수단을 활용하는 것이다.

② 마케팅의 4P는 마케팅 믹스의 기본적 요소이다.

③ 마케팅의 4P는 제품(Product), 가격(Price), 구매(Purchase), 유통구조(Place)이다.

④ 감성적, 경험적 마케팅 등은 창의적인 마케팅 믹스를 개발하기 위한 방법이다.

 마케팅 믹스 4P's
- 제품(Product) : 판매할 제품
- 가격(Price) : 재화와 서비스를 획득함으로써 얻게 되는 가치
- 유통(Place) : 생산자로부터 소비자에게 옮겨지는 경로
- 촉진(Promotion) : 광고, 홍보, 판매촉진을 하는 활동

12 독일 공예계에 미술의 실생활화, 기계생산품의 미적 규격화 등을 주장하였으며, 독일공작연맹을 결성한 사람은?

① 월터 그로피우스

② 월리엄 모리스

③ 필립포 마리네티

④ 헤르만 무테지우스

 독일공작연맹(DWB)은 1907년 헤르만 무테지우스를 중심으로 대량 생산을 위해서는 물건의 표준화(규격화)가 전제되어야 한다는 점을 인식하고 기계 생산의 질 향상과 적합한 조형을 찾기 위한 운동으로 공업 제품의 양질화와 규격화를 추구

13 아이디어를 발전시키기 위하여 형태, 구조, 재료, 가공법 등을 개략적으로 그린 그림으로 포착된 이미지를 하나하나 비교 검토하기 위한 스케치를 무엇이라 하는가?

① 스타일 스케치

② 스크래치 스케치

③ 렌더링 스케치

④ 러프 스케치

- 아이디어 스케치 : 신속한 아이디어 전개를 목적으로 이미지를 포착하기 위한 방법
- 스크래치 스케치 : '갈겨쓴다'의 의미로 아이디어 발상 과정의 초기 단계에서 사용하며, 입체적인 표현은 생략하고 약화 형식으로 표현하는 스케치
- 스타일 스케치 : 전체 및 부분에 대한 형상, 재질, 패턴, 색채 등의 정확한 표현을 하는 스케치

14 바닥의 기능에 관한 설명으로 옳지 않은 것은?

① 가구를 배치하는 기준이 된다.

② 공간의 크기를 정한다.

③ 공간과 공간을 구분한다.

④ 실내공간을 형성한다.

 공간의 크기와 규모를 결정하는 요소는 벽으로 공기의 차단, 소리의 차단, 보온 등의 기능을 가짐

15 데 스틸(De Stijl)에 관한 설명으로 틀린 것은?

① 네덜란드를 중심으로 한 신조형 운동으로 요소주의라고도 불린다.

② 도스부르크, 몬드리안, 리트벨트 등이 주요 인물이다.

③ 아르누보의 조형사상에 큰 영향을 주었다.

④ 현대의 조형 활동은 인공세계를 상징하고 표현하는 데 중점을 두어야 한다고 생각하였다.

해설
- 데 스틸(De Stijl)은 양식이라는 뜻으로 1917년 시작한 네덜란드의 예술 운동으로 요소주의라고도 함
- 기하학적인 형태와 3원색을 기본으로 순수한 형태미를 추구하였으며 몬드리안과 반 도에스부르크가 대표적 인물임
- 현대의 조형 활동은 인공세계를 상징하고 표현하는 데 중점을 두어야 한다고 주장함
- 아르누보는 1880년부터 1914년까지 프랑스를 중심으로 유럽, 미국에서 주로 공예와 건축 등의 장식미술양식

16 디자인 초기 단계에서 디자이너 자신이 전개하는 아이디어를 확인하기 위하여 손쉬운 재료로 빠른 시간 내에 만드는 러프 목업의 종류가 아닌 것은?

① 프로토타입 목업　　② 스터디 목업

③ 컨셉 목업　　　　　④ 연구용 목업

 프로토타입 목업 : 실제품과 거의 비슷하게 움직이거나 작동되는 것으로 디자인을 결정할 때 쓰는 모델

17 소비자에게 직접 편지나 엽서를 우편으로 보내는 광고로 예상고객에게 시기와 빈도를 자유롭게 조절하여 광고 메시지를 직접 전달할 수 있는 광고는?

① POP 광고　　　　　② Spot 광고

③ CM 광고　　　　　④ DM 광고

 • POP 광고 : 소비자의 구매심리를 직접 자극하여 구매의 욕을 극대화
• 스폿 광고 : TV 광고 중 프로그램과 프로그램 중간에 삽입되는 짧은 광고
• DM 광고 : 광고주가 선정한 사람들에게 직접 메시지를 우송하는 광고
• CM 광고 : Commercial Message의 줄임말로 라디오CM은 라디오 광고

18 패키지 디자인의 기능이 아닌 것은?

① 유통의 편리성　　　② 상품가치 상승

③ 상품 보호, 보존성　　④ 상품의 모방성 향상

 포장 디자인의 기능 : 보호와 보존성, 편리성, 상품성, 심미성, 소비자 사용성

19 주거공간을 주행동에 따라 개인 공간, 사회 공간, 노동 공간 등으로 구분할 때, 다음 중 사회 공간에 해당되지 않는 것은?

① 식당　　　　　　　② 서재

③ 응접실　　　　　　④ 거실

 • 개인 공간 : 공부, 취침, 휴식 등 개인의 독립적인 생활이 이루어지는 공간(침실, 서재, 화장실 등)
• 공동 공간 : 가족의 대화, 오락, 식사, 손님 접대 등 가족 구성원이 공동으로 사용하는 공간(거실, 식사실, 응접실 등)
• 작업 공간 : 가사작업을 위한 공간(부엌, 세탁실 등)

20 도로나 도로변의 산기슭, 논, 밭 같은 곳에 설치하는 간판은?

① 애드벌룬　　　　　② 로드사인

③ 점두간판　　　　　④ 입간판

 • 애드벌룬 : 기구에 광고물을 매달아 하늘에 띄워 시선을 끄는 광고
• 점두간판 : 상점의 입구 또는 처마 끝 등에 설치하는 간판
• 입간판 : 옥외에 세워서 설치하는 간판

21 다음 중 색조(Tone)에 대한 설명으로 맞는 것은?

① 색채의 복합속성이 아니다.

② 색채 이미지 전달이 어렵다.

③ 명도와 채도의 복합개념이다.

④ 색상과 채도의 복합개념이다.

 • 색조란 색의 3속성 중 명도와 채도를 합친 개념으로 색을 명암과 강약, 농담으로 나타내는 속성
• 색조는 이미지를 구체화하여 표현하는 것으로 우리의 감정과 심리에 영향을 줌

22 먼셀기호 "5R 8/3"이 나타내는 의미로 옳은 것은?

① 색상 5R, 채도 8, 명도 3

② 색상 5R, 명도 8, 채도 3

③ 색상 8R, 채도 3, 명도 5

④ 색상 8R, 명도 3, 채도 5

 먼셀은 색상을 휴(Hue), 명도를 밸류(Value), 채도를 크로마(Chroma)라고 부르고, 기호는 H, V, C로 표기하며, 순서는 HV/C

23 먼셀 색채계의 색상환에서 서로 마주보고 있는 색으로 배색했을 때 어떤 효과를 볼 수 있는가?

① 명도대비
② 색상대비
③ 보색대비
④ 계시대비

 해설
- 명도대비 : 명도가 서로 다른 색들이 서로의 영향으로 인하여 대비가 강해지는 현상
- 색상대비 : 서로 다른 색들의 영향으로 색상의 차이가 크게 보이는 현상
- 보색대비 : 정반대에 있는 두 색의 영향으로 본래의 색보다 채도가 높아지고 선명해지며, 서로 상대방의 색을 강하게 드러나 보이는 현상
- 계시대비 : 하나의 색을 보고 자극을 받았다가 연속해서 다른 색을 보았을 때 그 색이 다르게 보이는 현상

24 어두운 곳에서 밝은 곳으로 갑자기 나오면 처음에는 눈이 부시지만 점차 주위의 밝기에 적응하게 되는 현상은?

① 박명시
② 명순응
③ 암순응
④ 색순응

 해설
- 암순응 : 밝은 곳에서 어두운 곳으로 들어갔을 때, 처음에는 보이지 않던 것이 시간이 지남에 따라 차차 보이기 시작하는 현상
- 명순응 : 어두운 곳에서 밝은 곳으로 갑자기 나왔을 때 처음에는 눈이 부셔 보이지 않지만 점차로 밝은 빛에 순응하게 되어 차츰 보이게 되는 현상
- 색순응 : 어떤 조명광이나 물체색을 오랫동안 보면 그 색이 선명해 보이지만 그 밝기는 낮아지는 현상
- 박명시 : 명소시와 암소시의 중간 밝기에서 추상체와 간상체 양쪽이 작용하고 있는 시각의 상태

25 계통 색명이라고도 하며 색상, 명도, 채도를 표시하는 색명은?

① KS색명
② 관용색명
③ 일반색명
④ 표준색명

 해설
- 계통색명(일반색명) : 색상, 명도, 채도를 표시하며 유채색의 수식어를 표기할 때는 톤 수식어＋기본 색 이름으로 표기
- 관용색명 : 옛날부터 전해 내려오는 습관상으로 사용하는 색 하나하나의 고유한 색명

26 다음 ( ) 안에 알맞은 용어는?

색입체는 색의 3속성에 따라 합리적으로 배치한 3차원 색상환으로 (㉠)은/는 둘레의 원으로, (㉡)는 중심선으로부터 방사선으로, (㉢)은/는 중심축으로 배치한 것이다.

① ㉠ 색상, ㉡ 채도, ㉢ 명도
② ㉠ 색상, ㉡ 명도, ㉢ 채도
③ ㉠ 채도, ㉡ 명도, ㉢ 색상
④ ㉠ 명도, ㉡ 채도, ㉢ 색상

 해설
색입체는 색의 3속성에 따라 중심축은 명도단계, 수평축으로 채도단계, 원으로 둥글게 색상을 배열한 것

27 다음 중 동화현상에 대한 설명으로 틀린 것은?

① 색들끼리 서로 영향을 주어서 인접색에 가까운 것으로 느껴지는 현상을 말한다.
② 색 자체가 명도나 채도가 높아서 시각적으로 빨리 눈에 띄는 성질을 말한다.
③ 동화현상에는 명도의 동화, 채도의 동화, 색상의 동화가 있다.
④ 동화현상은 눈의 양성적 또는 긍정적 잔상과의 관련으로서 설명된다.

 해설
동화현상은 어떤 색이 인접한 주위의 색과 가깝게 느껴지는 현상으로서 옆에 있는 색과 비슷한 색으로 보이는 것으로 둘러싸인 색이 주위의 색에 영향을 주는 현상. 대비현상과는 반대되는 개념

28 색삼각형의 연속된 선상에 위치한 색들을 조합하면 관련된 시각적 요소가 포함되어 있기 때문에 서로 조화한다는 원리를 제시한 사람은?

① 문(Moon, P.), 스펜서(Spencer D.E)
② 셔브뢸(Chevreul, M.E.)
③ 져드(Judd)
④ 비렌(Birren Faber)

• 문, 스펜서 : 먼셀이론을 기반으로 오메가 공간이라는 색
입체를 설정하여 성립된 정량적인 색채조화론
• 져드 : 질서성의 원리, 친근성의 원리, 동류성의 원리, 명
료성의 원리를 제시
• 비렌 : 시각적, 심리학적 순수 원색과 하양, 검정을 삼각
형 세 꼭짓점에 배치하고 두세 가지 기본색이 합쳐지는 중
간 영역의 4가지 색조군을 만들어 색삼각형 모델 제시
• 셔브릴 : 색의 3속성 개념을 도입한 색상환에 의해서 색
의 조화를 유사조화와 대비조화로 나누고 정량적 색채조
화론 제시

29 다음과 같이 선명한 빨강 바탕에 주황색을 놓았을 때
와 회색 바탕에 주황색을 놓았을 때의 설명으로 옳은
것은?

주황
빨강

주황
회색

① 빨강 바탕의 주황색이 채도가 높아 보인다.
② 회색 바탕의 주황색이 채도가 높아 보인다.
③ 두 경우 모두 채도의 변화가 없다.
④ 두 경우 모두 채도가 높아진다.

 채도대비는 채도가 서로 다른 두 색이 서로의 영향으로 인
하여 채도가 높은 색은 더 선명하게, 낮은 색은 더 탁하게
보여 채도의 차이를 크게 보이게 하는 현상

30 인간이 볼 수 있는 빛의 파장 영역 중 색 자극으로 작
용하는 380~780nm의 영역은?

① 반사 영역   ② 감성 영역
③ 가시광선 영역   ④ 단색 영역

 가시광선은 우리의 눈에 색채로서 지각되는 범위의 파장
내에 있는 스펙트럼으로써, 대략 380~780nm(나노미터)
범위를 말하며 빨간색으로부터 보라색으로 갈수록 파장이
짧아지며, 빨강보다 파장이 긴 빛을 적외선, 보라보다 파장
이 짧은 빛을 자외선이라고 함

31 색의 성질에 대한 설명 중 틀린 것은?

① 연두, 녹색, 보라는 중성색이다.
② 파랑, 청록, 남색은 차가운 느낌을 주기 때문에 한
색이라고 한다.
③ 난색이 한색보다 후퇴되어 보인다.
④ 밝은 색은 실제보다 크게 보인다.

 • 한색 : 파랑 등의 단파장 계통의 색과 흰색 등을 말하며,
온도감은 차갑게 느껴지고 수축되고 후퇴되어 보임
• 난색 : 빨강, 주황, 노랑의 장파장 계통이 색과 검은색 등
을 말하며, 온도감은 뜨겁게 느껴지고 확대되고 팽창되어
보임
• 중성색 : 연두, 초록, 자주, 보라는 따뜻하지도 차갑지도
않은 색으로 색의 반발성을 둔화시키기 위해 사용

32 다음 중 동일 색상의 배색이 아닌 것은?

① 즐거운 느낌   ② 정적인 질서
③ 통일된 감정   ④ 차분한 느낌

 • 동일색상의 배색 : 차분함, 정적임, 간결함, 통일성
• 유사색상의 배색 : 협조적, 온화함, 화합적, 상냥함
• 반대색상의 배색 : 강함, 생생함, 예리함, 동적임, 자극적임

33 제도 시 치수 기입에 관한 기술 중 옳지 않은 것은?

① 단위기호는 반드시 기입해야 한다.
② 치수 기입은 치수선 중앙 윗부분에 기입하는 것이
원칙이다.
③ 치수선에 평행하게 기입해야 한다.
④ 원칙적으로 마무리 치수를 기입해야 한다.

 제도 시 길이는 원칙적으로 mm를 사용하며, 단위기호는 기
입하지 않음

34 투상도의 종류 중 X, Y, Z의 기본 축이 120°씩 화면에
서 나누어 표시되는 것은?

① 등각 투상도   ② 유각 투상도
③ 이등각 투상도   ④ 부등각 투상도

• 등각 투상도 : 물체의 세 모서리가 120°의 각을 이루는 투상도로서, 세 축의 투상면이 모두 같은 각을 이루는 투상도
• 이등각 투상도 : 물체의 세 모서리 중에서 두 각은 같고, 나머지 한 각은 다른 투상도
• 부등각 투상도 : 투상면과 이루는 각이 모두 다른 투상도

35 좌우 또는 상하가 대칭인 물체의 $\frac{1}{4}$ 을 잘라내고 중심선을 기준으로 외형도와 내부 단면도를 나타내는 단면의 도시 방법은?

① 한쪽 단면도   ② 부분 단면도

③ 회전 단면도   ④ 온 단면도

 • 온 단면도 : 대상물을 둘로 절단해서 단면으로 나타낸 것을 전 단면도
• 한쪽 단면도 : 대칭형 대상물의 중심선을 경계로 하여 좌우 또는 상하가 대칭인 물체 상태에서 $\frac{1}{4}$을 절단하여 표시한 단면도
• 부분 단면도 : 전개가 복잡한 조립도에서 많이 사용하며 부분을 확대하여 그린 단면도
• 회전 단면도 : 핸들이나 바퀴 등의 암 및 림, 리브, 축 등이 단면을 표시하기 쉽게 절단면을 90°회전하여 그린 단면도

36 투시도법의 부호와 용어가 잘못 연결된 것은?

① GL – 화면과 지면이 만나는 선

② SP – 눈의 높이와 같은 화면상의 수평선

③ PP – 지표면에서 수직으로 세운 면

④ EP – 물체를 보는 사람 눈의 위치

 투시도법의 부호와 용어
• EP : 시점(Eye Point) – 물체를 보는 사람 눈의 위치
• SP : 입점(Standing Point) 또는 정점(Station Point)
• PP : 화면(Picture Plane) – 지표면에서 수직으로 세운 면
• GL : 기선(Griund Line) – 화면과 지면이 만나는 선
• HL : 지평선(Horizontal Line) – 눈의 높이와 같은 화면상의 수평선
• CV : 시 중심(Center Of Vision) – 시점의 화면상의 위치
• VL : 시선(Visual Line) – 물체와 시점 간의 연결선
• FL : 족선(Foot Line) – 지표면에서 물체와 입점 간의 연결선, 즉 시선의 수평투상
• VP : 소점(Vanishing Point) – 물체의 각 점이 수평선 상에 모이는 점
• MP : 측점(Measuring Point) – 정육면체의 측면 깊이를 구하기 위한 점

37 도면에서 보이지 않는 부분을 표시하는 데 사용되는 선은?

① 파선   ② 굵은 실선

③ 가는 실선   ④ 일점쇄선

 파선 : 보이지 않는 부분의 형상을 나타내는 선(은선)

38 그림과 같은 입체의 투상도를 제3각법으로 나타낸다면 정면도로 옳은 것은?

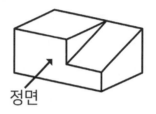

정면

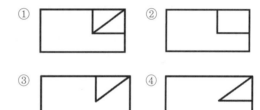

39 1소점 투시도법에 관한 설명으로 가장 올바른 것은?

① 양면에 특징이 있는 제품 등을 표현하기에 알맞다.

② 사각 투시도법이라고도 한다.

③ 높은 빌딩이나 탁자를 임의의 거리를 두고 내려다 본 것 등을 표현하기에 알맞다.

④ 한쪽 면에 특징이 집중되어 있는 물체를 표현하기에 알맞다.

 • 평행투시 : 소실점이 1개이며, 한쪽 면에 특징이 집중되어 있는 물체를 표현
• 유각투시 : 소실점은 2개이며, 화면에 물체의 수직면들이 일정한 각도를 유지하여 표현
• 사각투시 : 소실점이 3개이며, 위에서 아래로 내려다 본 면을 강조하여 최대의 입체감을 표현

정답 ▶ 35 ①   36 ②   37 ①   38 ②   39 ④

40 도면 작업에서 원의 반지름을 표시할 때 숫자 앞에 사용하는 기호는?

① □   ② SR

③ R   ④ C

 해설
- □ : 지름   • SR : 구의 반지름
- R : 반지름   • C : 45° 모따기

41 다음 필름의 종류 중 밤이나 어두운 불빛, 실내의 흐린 빛에서 유용하며 빠른 셔터 속도를 사용할 수 있는 가장 적합한 필름은?

① ISO, ASA 50   ② ISO, ASA 100

③ ISO, ASA 200   ④ ISO, ASA 400

 해설
- 저감도 : ISO 100 이하의 수치를 가진 필름(정교한 사진을 찍을 때 쓰임)
- 중감도 : ISO 100, ISO 200 정도의 수치를 가진 필름(일반 촬영에 주로 쓰임)
- 고감도 : ISO 400 이상의 수치를 가진 필름(밤이나 어두운 불빛, 실내의 흐린 빛에서 유용)

42 일러스트레이션용 펠트 펜(Felt Pen)으로 색상의 수가 풍부하고 색채가 선명하며, 건조 시간이 빨라 디자인 스케치, 패션 일러스트레이션, 실내 디자인, 제품 디자인 렌더링 등 디자인 작업에 많이 사용되는 재료는?

① 포스터 칼라   ② 매직 마커

③ 에어브러시   ④ 아크릴 칼라

 해설
- 포스터 칼라 : 불투명한 수채 물감으로, 밝고 정확한 색상과 은폐력을 가지며 건조가 빠름
- 유화의 성질이 비슷, 건조 시간이 빨라 여러 번 겹쳐지는 효과를 얻을 수 있음
- 에어브러시 : 핸드피스, 호스, 컴프레서 등으로 구성. 붓의 얼룩이 남지 않아 광택 재료로 많이 사용하지만, 초보자가 이용하기엔 힘듦
- 매직 마커 : 렌더링의 좋은 재료. 건조 시간이 빨라 스케치, 일러스트레이션, 제품 디자인 등의 실무에 많이 사용

43 종이의 제조 방법에 대한 설명 중 잘못된 것은?

① 정정 – 종이를 뜨기 전에 종이 원료에 섞인 불순물을 제거하고 얽힌 섬유를 분리하는 것을 말한다.

② 충전 – 고해기 속에서 종이재료에 광물성의 가루를 첨가하고 걸러내는 공정을 말한다.

③ 고해 – 종이에 내수성을 주고, 표면을 아교물질로 피복시키는 공정이다.

④ 초지 – 종이 층에 균일성을 주는 공정이다.

 해설   종이의 제조공정
- 고해 : 펄프에 기계적 처리를 하여 강도, 투명도, 촉감 등이 적합하도록 하는 과정
- 사이징 : 내수성을 주고, 잉크의 번짐을 방지하기 위하여 섬유의 아교 물질로 피복시키는 공정
- 충전 : 광물성의 가루를 첨가하고 걸러내는 공정
- 착색 : 종이에 색을 내는 과정
- 정정 : 종이를 뜨기 전에 종이 원료에 섞인 불순물을 제거하고 얽힌 섬유를 분리하는 과정
- 초지 및 완성 : 종이 층에 균일성을 주는 공정 후 실제 종이를 만들어 완성하는 단계

44 다음 중 플라스틱 제품의 특징으로 옳은 것은?

① 불에 강하다.

② 비교적 저온에서 가공성이 나쁘다.

③ 흡수성이 크고, 투수성이 불량하다.

④ 내후성 및 내광성이 부족하다.

 해설   플라스틱 특징
- 가벼우며 자유로운 형태로 가공이 용이하다.
- 내수성이 좋고 재료의 부식이 없다.
- 전기절연성이 우수하다.
- 착색이 용이하고 다양한 질감을 낼 수 있다.
- 내후성과 내광성이 부족하고 내열온도가 낮아 연소하기 쉽다.

45 외부의 힘에 의해 재료가 변형되더라도 파괴되지 않는 성질은?

① 취성   ② 인성

③ 탄성   ④ 소성

• 소성 : 외부의 힘에 제거된 뒤에 변형되었던 것이 원래의 형태로 돌아오지 않는 성질
• 취성 : 적은 변형에도 파괴되는 성질
• 탄성 : 외부의 힘에 의해 변형되었다가 되돌아오려는 성질
• 인성 : 외부의 힘에 의해 재료가 변형되더라도 파괴되지 않는 성질

46 합성수지계 접착제가 아닌 것은?

① 요소수지
② 페놀수지
③ 멜라민 수지
④ 카세인 수지

동물성 접착제 : 아교, 어교, 카세인, 알부민

47 목재의 장점을 설명한 것 중 틀린 것은?

① 중량에 비하여 강도가 크다.
② 온도에 의한 변화, 즉 팽창계수가 비교적 적다.
③ 아름다운 무늬가 있어 외관이 아름답고 감촉이 좋다.
④ 비중이 비교적 큰 편에 속한다.

목재의 장점
• 가공성이 좋음
• 외관이 아름답고 장식효과가 높음
• 온도에 대한 신축이 비교적 적음
• 중량에 비하여 강도와 탄성이 큼
• 비중이 작으면서 압축·인장강도가 큼

48 용제에 대한 설명 중 옳은 것은?

① 도막에 방습효과를 주는 성분이다.
② 수지를 용해하여 도막에 평활성을 부여하는 성분이다.
③ 도료에 여러 가지 색상을 나타낸다.
④ 도막을 결성하는 성분이다.

용제 : 수지를 용해하여 도장할 때의 건조 속도를 조절하거나 도막에 평활성을 부여하는 성분

49 컴퓨터그래픽스 시스템에 사용되는 입력장치에 해당되지 않는 것은?

① 빔 프로젝터(Beam Projector)
② 터치스크린(Touch Screen)
③ 라이트 펜(Light Pen)
④ 조이스틱(Joystick)

• 입력장치 : 키보드, 마우스, 조이스틱, 터치스크린, 스캐너, 라이트 펜, 바코드 판독기 등
• 출력장치 : 모니터, 프린터, 플로터, 빔 프로젝터 등

50 24비트 컬러 중에서 정해진 256컬러의 컬러 표를 사용하는 단일 채널 이미지는?

① CMYK 모드
② RGB 모드
③ Indexed 모드
④ Gray Scale 모드

색상 모드
• CMYK 모드 : Cyan(청록), Magenta(자주), Yellow(노랑), Black(검정)을 %로 색상을 표기하는 방식
• RGB 모드 : Red, Green, Blue 빛의 3원색을 0~255로 색상을 표기하는 방식
• Gray Scale 모드 : 0~255까지 8비트, 흑백사진처럼 흑과 백, 회색의 변화를 보여주는 색상 모드
• HSB 모드 : H(색상), S(채도), B(명도)를 사용한 방식
• Lab 모드 : L은 명도, 색상과 채도는 a와 b의 값으로 결정되며 L(a, b)로 표기하는 방식

51 저해상도에서 곡선이나 사선을 표현할 때 생기는 계단현상을 완화하기 위해 셀의 그리드에 단계별 색을 넣어 계단 현상을 없애 주는 것은?

① 앨리어스(Alias)
② 안티 앨리어스(Anti-Alias)
③ 디더링(Dithering)
④ 확산(Diffusion)

• 앨리어스 : 물체 또는 이미지의 경계에서 곡선이나 사선이 매끈하지 않고 계단현상으로 표현된 픽셀효과
• 안티 앨리어스 : 앨리어스 현상이 일어나지 않도록 하는 경계면의 픽셀을 주변 색상과 혼합한 중간 색상을 넣어 계단현상을 완화하기 위해 사용되는 기법

52 컬러사진 필름의 네거티브 필름 이미지를 인화지로 인화하면 색이 보색으로 표현된다. 이와 같은 포토샵의 기능은?

① Equalize ② Threshold

③ Invert ④ Variations

 • Equalize : 빛의 밝기를 평준화 시켜주는 기능
• Threshold : 색상을 검정과 흰색을 256단계로 표현하는 기능
• Variations : 이미지의 밝기, 색상 보정을 창을 통해 변화를 확인하며 보정하는 기능

53 와이어 프레임 모델링(Wire-Frame Modeling)의 특징과 가장 거리가 먼 내용은?

① 회전 이동이 신속하다.

② 비교적 데이터 량이 적다.

③ 추가 삭제가 신속하다.

④ 물체의 면을 잘 표현한다.

 • 와이어프레임 : 물체를 선으로만 간단히 표현하는 방법으로 처리속도는 빠르지만 물체의 부피, 무게, 실제감 등을 표현하기 어려운 표현 방식
• 서페이스 모델링 : 면에 대한 정보를 가지고 있으며, 와이어 프레임과 솔리드의 중간으로 스타일링뿐만 아니라 인간공학 등 어떤 디자인이건 사용이 가능함
• 솔리드 모델링 : 내부까지도 꽉 차있는 입체로, 보다 기본적인 단순한 입체로 이루어져 있음

54 다음 중 그래픽 표현 방식에서 벡터 방식에 대한 설명이 아닌 것은?

① 베지어(Bezier)라는 곡선으로 이루어져 있다.

② 비트맵 이미지에 비해 상대적으로 파일 용량이 크다.

③ 이미지를 확대/축소하여도 그림이 거칠어지지 않는다.

④ 미세한 그림이나 점진적인 색의 변이를 표현하기 어렵다.

 비트맵 이미지는 이미지를 구성하는 각각의 픽셀(Pixel) 정보 값에 의해 이미지를 표현하는 방식으로 벡터 파일에 비해 파일의 용량이 상대적으로 적음

55 컴퓨터 그래픽스의 역사 중 제2세대를 의미하는 것은?

① 진공관 시대

② 트랜지스터 시대

③ 집적회로 시대

④ 고밀도집적회로 시대

 • 제1세대 : 진공관-프린터/플로터
• 제2세대 : 트랜지스터-CAD/CAM, 리플래시형 CRT
• 제3세대 : 직접회로(IC)-벡터 스캔형 CRT
• 제4세대 : 고밀도 직접회로(LSI)-레스터 스캔형 CRT

56 다음 그래픽 파일 포맷 중 비트맵 저장 방식이 아닌 것은?

① GIF ② JPEG

③ WMF ④ PCX

 • 비트맵 포맷 : PSD, JPG, GIF, PICT, TIFF, BMP, PCX 등
• 벡터 포맷 : AI, CDR, DXF, EPS, WMF, EMF 등

57 다음 중 NTSC 방식의 애니메이션 1초당 필요한 프레임 개수로 옳은 것은?

① 10 ② 20

③ 30 ④ 40

 • NTSC는 미국의 텔레비전 표준방식 검토위원회에서 규정된 표준 방식
• 우리나라에서도 채택하고 있는 방식으로 애니메이션의 연속적인 이미지를 얻기 위해서는 NTSC 방식의 텔레비전에서 2개의 필드가 1프레임이 되어 초당 30프레임으로 표현함

58 애니메이션 특수효과 중 2개의 서로 다른 이미지나 3 차원 모델 사이에 점진적으로 변화해 가는 모습을 보여주는 것을 무엇이라 하는가?

① 로토스코핑(Rotoscoping)

② 모핑(Morphing)

③ 미립자 시스템(Particle System)

④ 양파껍질 효과(Onion-Skinning)

> **해설**
> • 로토스코핑(Rotoscoping) : 실제 촬영한 영상을 바탕으로 하여 각각의 프레임 위에 덧붙여 그리는 기법
> • 모핑(Morphing) : 두 개의 서로 다른 이미지나 3차원 모델 사이의 변화하는 과정을 서서히 나타내는 것
> • 미립자 시스템(Particle System) : 구름이나 액체 등 형상을 정하기 어려운 물체를 미소한 입자의 집합으로 생각하여 모델화하고 렌더링 하는 방법
> • 양파껍질 효과(Onion-Skinning) : 동작을 부드럽게 표현하기 위해 앞의 몇 프레임들을 반투명으로 처리하여 잔상 효과를 보여주는 기법

59 다음 중 컴퓨터 소프트웨어에서 셰어웨어(Shareware)에 관한 설명으로 옳은 것은?

① 정상 대가를 지불하고 사용하는 소프트웨어이다.

② 특정 기능이나 사용 기간에 제한을 두고 무료로 배포하는 소프트웨어이다.

③ 개발자가 소스를 공개한 소프트웨어이다.

④ 배포 이전의 테스트 버전의 소프트웨어이다.

> **해설** 저작권에 다른 소프트웨어 구분
> • 상용 소프트웨어(Commercial Software) : 정상적인 구매 금액을 지불하고 이용하는 프로그램
> • 프리웨어(Freeware) : 기간 제한 없이 모든 기능을 사용할 수 있는 무료 소프트웨어
> • 셰어웨어(Shareware) : 정식 프로그램 구매 유도를 위해 일정 기간 또는 기능상의 제한을 둔 프로그램
> • 공개 소프트웨어(오픈소스, Open Source Software) : 개발자가 소스코드를 공개하여 자유롭게 사용하고 수정하거나 재배포할 수 있는 소프트웨어
> • 데모 버전(Demo Version) : 프로그램 홍보를 목적으로 사용기간이나 기능을 제한하여 배포하는 프로그램
> • 알파 버전(Alpha Version) : 베타 테스트를 하기 전 제작회사에서 테스트 목적으로 제작하는 프로그램
> • 베타 버전(Beta Version) : 제품이 완성되어 출시되기 전에 일부의 사용자 집단에게 무료로 배포하여 제품을 테스트할 수 있는 소프트웨어

60 디더링(Dithering)에 대한 설명으로 옳지 않은 것은?

① 제한된 수의 색상을 사용하여 다양한 색상을 시각적으로 섞어서 만드는 작업이다.

② 해당 픽셀에서 표현하고자 하는 컬러와 가장 가까운 컬러 값을 사용하면 가장 우수한 화질을 얻을 수 있다.

③ 두 개 이상의 컬러를 조합하면 원래 이미지와 좀 더 가까운 이미지를 표현할 수 있다.

④ 포토샵의 디더링 옵션으로 색상 간의 경계를 자연스럽게 흩어주는 방식인 디퓨전이 있다.

> **해설** 디더링은 주어진 제한된 색으로 컬러를 표현하고자 할 때 정확하게 표현할 수 없는 색을 근사색으로 처리하여 컬러 효과를 최대한으로 내는 기법으로 고해상도의 화질은 얻을 수 없음

01 인간과 인간, 인간과 사회를 연결해 주는 정신적인 매개체로서의 디자인은?

① 환경 디자인

② 프로덕트 디자인

③ 공간 디자인

④ 시각전달 디자인

 해설
- 환경 디자인 : 인간 환경을 바람직하게 구축하는 생활 터전에 관한 디자인
- 프로덕트 디자인 : 인간이 살아가면서 생활에 필요한 여러 가지 도구를 창안하는 디자인
- 시각전달 디자인 : 인간에게 필요한 정보, 지식, 심리적 전달까지 포함하며 시각에 의존해 정보를 전달하는 디자인

02 다음은 제품 수명 주기의 단계에서 어느 시기인가?

> 제품이 중간 다수층에게 수용됨으로써 매출 성장률이 둔화되는 시기로, 판매량이 줄지도 늘지도 않는 시기이다. 이 단계에서는 경쟁에 대응하여 많은 마케팅 비용이 지출되고, 제품의 가격을 낮추어 이익이 정지 또는 감소되기 시작하여 경쟁은 극심해지고 경쟁자는 일부 감소된다.

① 도입기(Introduction Stage)

② 성장기(Growth Stage)

③ 성숙기(Maturity Stage)

④ 쇠퇴기(Decline Stage)

 해설 제품의 수명 주기
- 도입기 : 제품이 처음 시장에 도입되어 광고의 브랜드 인지도가 높아지는 시기
- 성장기 : 매출량이 급격히 증가하는 시기
- 성숙기 : 판매율이 둔화되며 경쟁이 극심해지는 시기
- 쇠퇴기 : 과도한 경쟁으로 시장이 위축되고 매출이 침체되는 시기

03 단위 형태끼리 또는 단위 형태와 전체 형태 사이에 시각적 안정감과 명쾌감을 느끼게 하며, 구성 형식에서 중요한 역할을 하는 요소는?

① 통일

② 대조

③ 균형

④ 비례

 해설
- 통일 : 미적 관계의 결합이나 질서
- 대조 : 서로 다른 부분의 조합에 의하여 생기는 시각상 힘의 강약
- 비례 : 부분과 부분 또는 부분과 전체의 수량적 관계
- 균형 : 시각적 안정감을 창조하는 성질

04 타이포그래피에 대한 설명으로 틀린 것은?

① 디자인된 활자를 기능과 미적인 면에서 보다 효율적으로 운용하는 것이다.

② 회화, 사진, 도표, 도형 등을 시각화한 것을 말하며, 문장이나 여백을 보조하는 단순한 장식적 요소이다.

③ 글자를 가지고 하는 디자인으로 예술과 기술이 합해진 영역이다.

④ 글자의 크기, 글줄 길이, 글줄 사이, 글자 사이, 낱말 사이, 조판 형식, 글자체 등이 조화를 이루었을 때 가장 이상적이다.

 해설 타이포그래피 : 글자(Typo)를 그림(Graphy)처럼 활용하는 글자의 시각적 활용법으로, 편집 디자인 등에서 활자의 서체나 글자 배치 따위를 배열하고 디자인하는 예술과 기술

정답 ▶ 01 ④ 02 ③ 03 ③ 04 ②

05 제품 디자인이 최종적 단계에 이르게 되면 실제 생산될 것과 똑같이 만들고 내부 기계 장치까지 설치하여 동작 방법과 성능, 부품 사이의 간섭이나 결합 문제까지 세부적으로 검토할 수 있는 모델은?

① 러프 모델

② 프로토타입 모델

③ 프레젠테이션 모델

④ 스케치 모델

 해설
- 러프 모델 : 초기 단계에서 디자이너의 이미지 전개와 확인, 형태감과 균형을 파악하기 위한 모델로 스터디 모델이라고도 함
- 프레젠테이션 모델 : 외형상으로 실제 제품에 가깝도록 도면에 따라 제작되는 모델
- 프로토타입 모델 : 외관과 기능까지 완성품과 같이 만든 모델

06 썸네일 스케치(Thumbnail Sketch)에 대한 설명으로 옳은 것은?

① 표현 대상의 특징과 성질 등을 사진처럼 세밀하게 스케치

② 아이디어를 간략하고 신속하게 스케치

③ 최종 결과물을 보여주는 자세한 스케치

④ 형상, 재질, 패턴, 색채 등을 정확하게 스케치

 해설
썸네일 스케치(Thumbnail Sketch) : 작고 정리되지 않은 선으로 그린 간략한 이미지의 개념으로, 디자인 주제에 대한 다양한 요소들을 생각하고 해석하는 최초의 스케치

07 동일한 요소를 규칙적으로 반복했을 때 얻을 수 있는 디자인의 결과로써 관계가 없는 것은?

① 강조　　　　② 율동

③ 통일　　　　④ 균형

 해설
강조 : 어느 한 부분이 다른 부분보다 드러나 보이게 함으로써 보는 사람의 시선을 끌게 하는 성질

08 윤곽선으로 닫혀진 공간은 하나의 도형을 이루며, 또한 윤곽선이 완전히 연결되어 있지 않아도 일정한 형태로 지각되는 법칙은?

① 유사성의 법칙

② 근접의 법칙

③ 폐쇄의 법칙

④ 연속의 법칙

 해설 게슈탈트 심리론
- 근접성의 요인 : 가까이 있는 것끼리 한데 무리 지어 보이는 원리
- 유사성의 요인 : 유사한 형태, 색채, 질감을 가진 것끼리 무리 지어 보이는 원리
- 연속성의 요인 : 유사한 배열이 하나의 묶음으로 되어 있을 때, 무리 지어 보이는 원리
- 폐쇄성의 요인 : 닫혀있지 않은 도형이 닫혀 보이거나 무리 지어 보이는 원리

09 거의 모든 광속(90~100%)을 위 방향으로 강하게 발산하며 천장 및 윗벽 부분에서 반사되어 방의 아래 각 부분으로 확산시키는 방식으로, 직각 눈부심이 거의 일어나지 않는 조명기구는?

① 직접 조명기구

② 반직접 조명기구

③ 간접 조명기구

④ 반간접 조명기구

 해설 배광 방식에 따른 조명기구
- 직접 조명 : 빛의 90~100%가 아래로 향하는 조명으로 다른 조명방식에 비해 경제적이나 눈부심이 강하며, 강한 그림자가 생김
- 반직접 조명 : 투사율 60~90%가 바닥을 향해 비추며, 10~40%의 빛은 천장에 반사되어 내려오는 조명방식으로 눈부심이 덜함
- 간접 조명 : 빛의 90~100%가 위로 향하여 천장이나 벽면에 투사하고, 그 반사광으로 조명하는 방법으로 은은한 빛이 골고루 비추고 조도가 균일하며 그림자가 없는 부드러운 빛이 생김
- 반간접 조명 : 빛의 60~90%가 위로 향하고 10~40%의 빛은 아래 방향으로 직접 투사되는 방식으로 부드러운 연출이 용이하며, 조도를 균일하게 맞출 수 있음

10 다음에서 설명하는 형과 형태의 지각에 관한 용어는?

인간은 지각에 대해 편견을 갖고 있다. 망막에서 일어나는 변화와 모호함에 관계없이 사물에 대해 지속적이고 고정적인 인식을 한다.

① 동일성　　　　② 착시성
③ 공간성　　　　④ 항상성

 시지각의 항상성 : 형과 형태의 크기, 형태, 밝기, 색상 등이 바뀌어도 같은 자극으로 지각되어 원래대로 보이는 것

11 자사 상품이 시장 속에 또는 잠재고객의 마음속에 유리한 이미지로 자리 잡도록 계획하는 광고 전략은?

① 기업 이미지(Corporate Images)
② 마케팅 믹스(Marketing Mix)
③ 타깃(Target)
④ 포지셔닝(Positioning)

• 마케팅 믹스(Marketing Mix) : 제품이나 서비스의 마케팅 프로세스를 구성하는 4가지 핵심 요소(제품(Product), 가격(Price), 판매촉진(Promotion), 유통채널(Place))
• 타깃(Target) : 특정 제품이나 서비스를 홍보하거나 판매할 때 목표로 하는 고객 집단
• 포지셔닝(Positioning) : 소비자 인식 속에 경쟁 제품들과 확실하게 구별되도록 자사의 제품이나 브랜드를 각인시키는 것

12 고결, 상승을 연상시키며 도전과 중력을 상징하는 것은?

① 수평선
② 수직선
③ 포물선
④ 곡선

해설
• 수평선 : 평화, 정지, 안정
• 수직선 : 고결, 희망, 상승
• 포물선 : 동적, 발전적
• 곡선 : 우아, 부드러움, 여성적

13 미술공예운동의 영향을 받아 곡선적이며 동적인 식물 무늬가 많은 장식 위주의 디자인 운동이 아닌 것은?

① 팝아트(Pop Art)
② 유겐트스틸(Jugendstil)
③ 아르누보(Art Nouveau)
④ 시세션(Secession)

 팝아트 : '파퓰러 아트(Popular Art, 대중예술)'를 줄인 말로 20세기 중반에 미국과 영국에서 발전한 예술 운동으로 소비주의와 대중문화에 기반하여 만화나 광고, 상품, 유명인 등을 인용하여 표현한 예술

14 시장 포지셔닝(Market Positioning)이란?

① 제품의 단기, 중기, 장기적 수요 예측에 대한 시장 측정의 방법
② 시장에서 자사와 경쟁사의 위치를 파악, 전략적 위치를 결정하는 방법
③ 시장상황의 여러 가지 분석 자료를 통해 시장을 세분화하는 작업
④ 제품의 종류, 성질 및 범위, 판매 등 일련의 제품 계획을 결정하는 방법

 시장 포지셔닝(Market Positioning) : 경쟁 브랜드 확인 및 기존 제품 포지션을 파악하여 제품이나 브랜드가 시장 내에서 차별화되고 고객들에게 어떻게 인식되는지를 결정하는 전략적 과정

15 독일공작연맹(DWB)의 주장과 무관한 것은?

① 예술적이고 귀족적 형태
② 규격화에 의한 품질 향상
③ 기계 생산, 대량 생산
④ 기능적, 단순한 형태

 독일공작연맹(DWB) : 1907년 헤르만 무테지우스를 중심으로 대량생산을 위해서는 물건의 표준화(규격화)가 전제되어야 한다는 점을 인식하고 기계 생산의 질 향상과 적합한 조형을 찾기 위한 운동

정답 ▶ 10 ④　11 ④　12 ②　13 ①　14 ②　15 ①

16 주거 공간에서 개인적 공간에 속하는 것은?

① 거실　　　　　　② 서재

③ 식당　　　　　　④ 응접실

 해설
- 개인 공간 : 서재, 침실
- 사회 공간 : 식당, 거실, 응접실
- 가사노동 공간 : 부엌, 다용도실

17 형태에 대한 설명 중 잘못된 것은?

① 현실적 형태는 자연형태와 인위적인 형태로 나눌 수 있다.

② 추상형태와 순수형태는 전혀 상관이 없다.

③ 이념적 형태는 직접 지각되지 않는 형태이다.

④ 조형이란 인간이 형을 성립시켜 만든 것을 말한다.

 해설
- 이념적 형태 : 인간이 생각하는 순수 추상 형태로 점, 선, 면, 입체 등의 추상적인 형태
- 현실적 형태 : 단순한 부정형의 형태를 갖는 자연형태와 구조를 갖는 인위형태로 구분

18 제품을 리디자인(Redesign) 하는 경우가 아닌 것은?

① 패키지를 구조적으로 개선하는 경우

② 제품의 내용량을 증감하는 경우

③ 유통 중인 제품에 대하여 대내외적인 요청이 있을 때

④ 신제품을 개발하는 경우

해설
제품 리디자인 필요성
- 제품의 경쟁력을 잃거나 고객의 요구에 부합하지 않을 경우
- 기술적인 발전이나 제조과정의 변화로 제품을 향상하거나 새로운 기능이 추가되는 경우
- 제품 내용량의 증감이 있는 경우
- 고객 피드백을 기반으로 제품을 개선하는 경우
- 패키지의 구조적 개선이 필요한 경우
- 생산비용의 절감이 필요한 경우
- 법규 및 규제 요구 사항이 변경되는 경우

19 공판 인쇄에 속하며, 비단천의 구멍을 통해 불투명성 잉크를 스며나가게 하는 인쇄방식은?

① 옵셋 인쇄　　　　② 그라비어 인쇄

③ 실크 인쇄　　　　④ 플렉소 인쇄

해설
- 옵셋 인쇄 : 물과 기름의 반발 원리를 이용하여 인쇄판과 고무 롤러를 사용해서 종이에 인쇄하는 인쇄법으로 가장 많이 사용되는 평판 인쇄
- 플렉소 인쇄 : 양각 부분에 잉크를 묻혀 프린트하는 방식의 볼록판 인쇄
- 그라비어 인쇄 : 동판의 평평한 판면을 약품이나 조각으로 패게 하는 방법의 오목판 인쇄
- 실크스크린 인쇄 : 망사구멍으로 잉크를 통과시켜 두꺼운 고무판을 이용하여 잉크를 제품에 인쇄하는 공판인쇄

20 POP 광고에 대한 설명 중 틀린 것은?

① POP 광고는 소재와 형태, 사용기간, 설치 장소, 목적과 기능, 매장이나 제품의 특성과 같은 유형에 따라 분류할 수 있다.

② 현대의 POP 광고는 2차원 광고이다.

③ 구매시점 광고란 점포 내 또는 점두에서 여러 가지 형태로서 나타나는 광고 메시지이다.

④ 판매지원을 함과 아울러 구매자에게는 광고 효과를 보완하여 직접 구매행동을 유발시키는 것이다.

 해설
POP 광고 : 구매시점 광고라고도 한다. 구매하는 장소에서 예상고객에게 상품에 대한 지식과 소식을 알려줌으로써 구매의욕에서 구매행위로 유도하는 광고로서 포스터, 조명, 스티커, 행거, 가격표, 상품의 실물대, 모형 등 광고물 일체를 말함

21 인간이 볼 수 있는 빛의 파장 영역 중 색 자극으로 작용하는 380~780nm의 영역은?

① 반사 영역　　　　② 감성 영역

③ 가시광선 영역　　④ 단색 영역

해설
가시광선(Visible Light) : 전자기 스펙트럼에서 가시광선 범위에 있는 전자기파를 가리키며 인간 눈으로 볼 수 있는 광선. 파장 범위는 380~780nm이고 380nm 이하의 짧은 파장을 자외선, 780nm 이상의 긴 파장을 적외선으로 분류함

22 두 색을 회전 혼합하면 무채색이 되는 것은?

① 빨강+노랑　　　② 빨강+주황

③ 빨강+청록　　　④ 빨강+보라

 회전 혼합은 하나의 면에 두 가지 이상의 색을 붙인 후 빠른 속도로 회전하여 혼합되는 현상으로 빨강과 청록, 파랑과 주황 등 보색끼리 섞으면 무채색이 됨

23 명도가 높은 순서(고명도 → 저명도)대로 배열된 것은?

① 노랑–연두–파랑

② 연두–노랑–파랑

③ 파랑–연두–노랑

④ 노랑–파랑–연두

- 명도 단계 : 검정(0)부터 흰색(10)까지 11단계로 구성
- 유채색 명도 : 노랑(9), 연두(7), 주황(6), 초록/청록(5), 파랑/자주/보라(4), 남색(3)

24 오스트발트 표색계의 표시 방법 중 순색량을 표시하는 기호는?

① H　　　　　② C

③ B　　　　　④ W

 순색량 C, 백색량 W, 흑색량 B

25 다음 중 강함, 똑똑함, 생생함, 동적인 느낌 등을 받게 되는 배색은?

① 동일색상의 배색

② 유사색상의 배색

③ 반대색상의 배색

④ 유사톤의 배색

- 동일색상의 배색 : 차분함, 정적임, 간결함
- 유사색상의 배색 : 협조적, 온화함, 화합적, 상냥함
- 반대색상의 배색 : 강함, 생생함, 화려함, 자극적

26 다음은 누구의 색채조화론에 대한 설명인가?

> 모든 색채 조화는 유사성의 조화와 대비에서 이루어진다.

① 뉴튼　　　　② 괴테

③ 셔브뢸　　　④ 베졸드

 셔브뢸 : 색의 3속성을 기초로 유사조화와 대비조화로 나누고 정량적 색채조화론을 제시

27 다음 중 명시도가 가장 높은 배색은?

① 색상이 다르고, 채도가 같은 색의 배색

② 명도 차이가 큰 색의 배색

③ 채도가 다르고, 명도 차이가 작은 색의 배색

④ 색상 거리가 가까운 색의 배색

 명시성의 특징
- 배경색의 영향을 많이 받으며, 명도차를 크게 할수록 명시성이 높아짐
- 명도차의 영향이 가장 크지만, 색상차나 채도차가 커도 명시성이 높아짐
- 명시성이 높으면 대체로 주목성도 높음

28 병치혼합에 대한 설명으로 거리가 먼 것은?

① 색의 면적과 거리에 따라 눈의 망막 위에 혼합되어 보이는 생리적 현상이라 할 수 있다.

② 인상파 화가의 점묘화나 직물에서 볼 수 있다.

③ 명도, 채도가 높아져 보인다.

④ 다른 색을 인접하게 배치해 두고 볼 때 생기는 혼합이다.

해설 색이 조밀하게 병치되어 보이는 현상으로 무수한 점이 망막에 자극을 주는 계시 가법혼색으로 컬러 TV, 인상파 화가들의 점묘법, 모자이크, 직물 등에 이용되며 채도가 떨어지지 않은 상태로 중간색을 나타냄

29 다음 배색 중 가장 따뜻하게 배색한 것은?

A	B

① A 녹색, B 노랑   ② A 빨강, B 녹색

③ A 주황, B 빨강   ④ A 노랑, B 파랑

> **해설** 온도감은 색상에 의해 좌우되며 난색계통의 색은 따뜻하게,
> 한색계통은 차갑게 느껴짐

30 다음 중 심리적으로 또는 시각적으로 가장 안정감을
주는 색채는?

① 녹색   ② 보라

③ 흰색   ④ 빨강

> **해설**
> • 녹색 : 안정, 휴식, 치유, 평온
> • 보라 : 창조, 신비, 고귀, 영감
> • 흰색 : 결백, 순수, 청결, 완벽
> • 빨강 : 열정, 흥분, 분노, 위험

31 다음 중 선의 명칭에서 일점쇄선의 용도로 틀린 것
은?

① 중심선   ② 절단선

③ 기준선   ④ 가상선

> **해설**
> • 굵은 실선 : 외형선
> • 가는 실선 : 치수선, 치수 보조선, 지시선, 해칭선, 파단선,
>   회전 단면선
> • 일점쇄선 : 중심선, 절단선, 경계선, 기준선
> • 이점쇄선 : 가상선, 무게 중심선

32 보색에 대한 설명으로 거리가 먼 것은?

① 보색을 혼합하면 무채색이 된다.

② 보색이 인접하면 채도가 서로 낮아 보인다.

③ 인간의 눈은 스스로 평형을 유지하기 위해 보색잔
상을 일으킨다.

④ 유채색과 나란히 놓인 회색은 유채색의 보색기미
를 띤다.

> **해설** 색상이 정반대인 두 색을 옆에 놓으면, 서로의 영향으로 인
> 하여 각각의 채도가 더 높게 보이는 현상으로 인접할 경우
> 색상, 명도, 채도대비 현상이 더욱 강하게 나타남

33 다음 도면의 종류 중 용도에 따른 분류가 아닌 것은?

① 계획도   ② 조립도

③ 설명도   ④ 주문도

> **해설**
> • 도면 용도에 따른 분류 : 계획도, 제작도, 주문도, 견적도,
>   승인도, 설명도
> • 도면 내용에 따른 분류 : 조립도, 부품도, 상세도, 공정도,
>   결선도, 배관도, 계통도
> • 도면 작성 방법에 따른 분류 : 스케치도, 원도, 사도, 청사
>   진도

34 색료 혼합의 결과가 잘못된 것은?

① 자주(M)+노랑(Y)=빨강(R, red)

② 노랑(Y)+청록(C)=녹색(G, green)

③ 자주(M)+청록(C)=파랑(B, blue)

④ 자주(M)+노랑(Y)+청록(C)=흰색(W, White)

> **해설** 감산혼합 : 감법혼합 또는 색료의 혼합, 감색혼합이라고도
> 하며 혼합된 결과의 색은 원래의 색보다 명도와 채도가 낮
> 아짐
> • 시안(C)+마젠타(M)=파랑(B)
> • 마젠타(M)+노랑(Y)=빨강(R)
> • 노랑(Y)+시안(C)=녹색(G)
> • 시안(C)+마젠타(M)+노랑(Y)=검정(B)

35 척도에 관한 설명 중 옳은 것은?

① 물체와 도면의 크기 비율 : 현척

② 실물보다 축소하여 그린 것 : 실척

③ 실물보다 확대하여 그린 것 : 배척

④ 실물과 같은 치수로 그린 것 : 척도

> **해설** 척도 : 물체의 실제 크기와 도면에서의 크기와의 비율
> • 현척 : 실물과 같은 크기로 그리는 것
> • 배척 : 실제보다 확대해서 그린 것(2:1, 5:1, 10:1)
> • 축척 : 실제보다 축소해서 그린 것(1:2, 1:5, 1:10)
> • N.S : 비례척이 아님

정답   29 ③ 30 ① 31 ④ 32 ② 33 ② 34 ④ 35 ③

36 다음 설명 중 등각 투상법은?

① 인접한 두 면이 각각 화면과 기면에 평행한 그림을 말한다.

② 물체를 본 시선이 화면과 만나는 각 점을 연결하여 실제 모양과 같게 그리는 것이다.

③ 투상면에 대해 기울어진 평행광선에 의해서 투상하여 입체적인 물체를 나타내는 것이다.

④ 정면, 평면, 측면을 하나의 투상면 위에서 동시에 볼 수 있도록 그린 것이다.

 해설 물체의 모든 면이 한 도면에 평면, 정면, 측면의 도면으로 나타내며, 투상면과 경사를 이루어 물체의 세 모서리가 120°의 각을 이루는 투상도

37 도면의 배치를 평면도 밑에 정면도, 정면도 우측에는 우측면도를 놓았다면 몇 각법에 속하는가?

① 제1각법

② 제2각법

③ 제3각법

④ 제4각법

 해설
• 3각법 : 정면도를 중심으로 평면도는 위에, 저면도는 아래에, 좌측면도는 좌측으로, 우측면도는 우측으로, 배면도는 뒤에 그려져 나타남
• 1각법 : 정면도를 중심으로 평면도는 아래, 저면도는 위에, 좌측면도는 우측에, 우측면도는 좌측에, 배면도는 앞에 그려져 있음. 즉, 물체를 보는 방향과 반대 방향으로 도면이 나타남

38 입체 각 방향의 면에 화면을 두어 투영된 면을 전개하는 투상 방법은?

① 축측투상

② 사투상

③ 정투상

④ 부등각투상

해설
• 정투상 : 물체의 각 면을 마주 보는 화면에 투상시키는 방법으로 주로 제1각법과 제3각법을 사용함
• 사투상 : 물체의 앞면 모서리는 수평선과 평행하게 하고, 옆면 모서리는 수평선과 임의의 각도 α로 하여 그린 투상도
• 축측투상 : 투상면에 대하여 투사선이 직각이거나 물체가 경사를 가지는 경우의 투상도
• 부등각투상 : 축측투상 중 투상 면과 이루는 각이 모두 다른 투상도

39 다음 그림과 같이 각을 2등분 할 때 가장 먼저 그려야 할 것은?

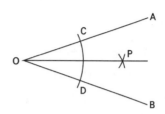

① 곡선 CD

② 곡선 CP

③ 곡선 DP

④ 선분 OP

해설 곡선 CD → 교점 P → 선분 OP

40 다음 입체도의 우측면도는?

정면

①

②

③

④

41 디지털카메라로 어두운 곳에서 촬영 시 조치사항으로 거리가 먼 것은?

① 외부 플래시를 사용하여 빛의 양을 늘려준다.

② ISO 감도를 낮추어 적은 빛에서도 민감하게 한다.

③ 셔터 스피드를 낮추어 준다.

④ 삼각대를 이용하여 미세한 흔들림이 발생하지 않도록 한다.

 해설 어두운 곳에서 촬영 방법
- 카메라 렌즈의 조리개 크기를 크게 조절
- 셔터를 느리게 설정하여 더 많은 빛을 센서로 흡수하게 함
- ISO를 높게 설정하여 더 많은 빛을 받도록 함
- 삼각대나 안정적인 표면에 카메라를 놓고 촬영
- 외부 플래시를 사용하여 어두운 곳에서 보조 빛을 제공

42 황산지라고도 하며 반투명한 얇은 종이로 무미, 무취이며 내유성, 내수성이 있어 버터, 치즈, 육류포장에 사용되는 종이는?

① 유산지　　　　　　② 감압지

③ 온상지　　　　　　④ 박리지

 해설
- 유산지 : 유산 용액으로 처리한 후 건조시킨 종이로 포장에 사용되는 종이
- 온상지 : 벼, 야채의 조기 발아를 위해 쓰는 종이
- 감압지 : 필기할 때 종이에 압력이 가해져 복사될 수 있도록 가공한 종이
- 박리지 : 점착테이프의 점착 면을 보호하기 위해 뒷면에 붙인 종이

43 플라스틱의 여러 물성 중 금속과 비교할 때 가장 취약한 것은?

① 내열성　　　　　　② 탄성

③ 전기 절연성　　　　④ 내수성

 해설 플라스틱의 단점
- 자외선에 약함
- 내열온도가 낮고 연소하기 쉬움
- 내후성이 나쁨
- 환경오염을 일으킴

44 상온에서 사용할 수 있으며 접착력이 강하고 내수성, 내산성, 내열성 등이 우수하여 합성수지, 유리, 목재, 천, 콘크리트, 항공기, 기계 부품의 접착에 이용되는 것은?

① 페놀 수지 접착제　　② 에폭시 수지 접착제

③ 폴리아미드계 접착제　④ 멜라민 수지 접착제

 해설
- 에폭시 수지 접착 : 일반 상온에서 접착
- 페놀 수지 접착제, 폴리아미드계 접착제, 멜라민 수지 접착제 : 고온으로 가열하여 경화 · 접착

45 금속의 풀림에 관한 설명 중 가장 올바른 것은?

① 가열해서 금속의 조직을 단단하게 하는 작업

② 가열해서 인성을 낮추는 작업

③ 가열해서 정상적인 성질로 회복시키는 작업

④ 가열해서 금속조직의 전연성을 낮추는 작업

 해설 풀림은 재질의 균일화를 위해 금속을 가열해서 정상적인 성질로 회복시키는 열처리 방법

46 다음 점토제품 중 흡수성이 가장 큰 것은?

① 토기　　　　　　　② 도기

③ 석기　　　　　　　④ 자기

 해설
- 토기는 유약 처리 없이 소성한 것으로 흡수성이 가장 높음
- 점토 흡수성 : 자기〈석기〈도기〈토기

47 다음 중 부재의 단위 면적당 힘에 저항할 수 있는 응력을 무엇이라고 하는가?

① 신율　　　　　　　② 인장강도

③ 전연성　　　　　　④ 비중

 해설
- 응력은 재료 외부의 압력에 대하여 내부에서 저항하는 힘으로 인장 응력과 압축 응력으로 나눌 수 있음
- 인장강도는 재료가 인장 응력에 얼마나 잘 저항하는지를 나타내는 지표

정답 　41 ②　42 ①　43 ①　44 ②　45 ③　46 ①　47 ②

48 다음 중 안료의 기능이 아닌 것은?

① 건조 속도를 조정한다.

② 도료에 여러 가지 색상을 나타낸다.

③ 내구력을 증가시킨다.

④ 광택의 조절 및 도막 강도를 증가시킨다.

 안료는 물과 기름, 일반 용제에도 잘 녹지 않는 미세한 분말로 색상이 다양하며 내구성, 내광성, 내열성을 가지고 있음

49 다음 중 그래픽 데이터의 표현 방식에 대한 설명으로 옳지 않은 것은?

① 비트맵 방식은 픽셀(pixel)이라고 하는 여러 개의 점으로 이미지를 표현하는 방식이다.

② 이미지를 비트맵 방식으로 저장한 경우 벡터 방식에 비해 메모리를 적게 차지하지만, 화면에 이미지를 보여주는 속도는 느리다.

③ 벡터 방식은 점과 점을 연결하는 직선이나 곡선을 이용하여 이미지를 표현하는 방식이다.

④ 벡터 방식은 그림을 확대 또는 축소할 때 화질의 손상이 거의 없다.

 ① 비트맵 방식
- 픽셀(pixel)이라고 하는 여러 개의 점으로 이미지를 표현하는 방식
- 벡터 방식의 이미지를 저장했을 때보다 메모리를 많이 차지함
- 이미지를 확대하면 깨져 보이는 현상이 발생(계단현상 발생 : 앨리어싱 현상)
- 벡터 드로잉을 비트맵으로 변환하여 저장할 수 있음
② 벡터 방식
- 점, 선, 면의 좌푯값을 수학적으로 저장하는 방식으로 이미지를 표현
- 이미지 확대 또는 축소 시 화질의 손상이 없음
- 같은 객체를 벡터 형식으로 저장했을 때 메모리를 적게 차지함
- 이미지 크기에 상관없이 출력기가 갖는 최고의 해상도로 출력이 가능

50 3차원 컴퓨터 그래픽에서 면을 구성하는 최소 단위로 다각형을 의미하는 것은?

① Vertex ② Polygon

③ Edge ④ Object

 3차원 컴퓨터 그래픽에서 면을 구성하는 최소 단위는 다각형(Polygon)으로 보통 삼각형, 사각형, 오각형, 혹은 다른 다각형 형태를 가질 수 있으며, 이러한 다각형들이 3D 모델의 표면을 형성하고 시각적인 효과를 만들어 냄

51 영상에서 사용되는 한 장면 한 장면을 말하며, 다른 의미로는 카메라의 시야에 들어오는 모든 범위를 말하기도 하는 영상의 기본 단위는?

① 풀 스크린(Full Screen)

② 프레임(Frame)

③ 클립(Clip)

④ 셀(Cell)

 - 풀 스크린(Full Screen) : 전체 화면
- 프레임(Frame) : 영상을 구성하는 각각의 정지된 장면
- 클립(Clip) : 영상 편집 작업 중 하나의 작은 비디오 또는 오디오 단위
- 셀(Cell) : 각각의 정지 화면을 나타내는 투명한 시트

52 그래픽 확장자에 대한 설명으로 잘못된 것은?

① EPS : 프린터에 그래픽 정보를 보내기 위해 등장한 Postscript 언어를 활용한 포맷이다.

② AI : Illustrator의 기본 포맷으로, Photoshop 등의 그래픽 소프트웨어에서도 읽을 수 있다.

③ SWF : 어도비 플래시 파일로 웹에 퍼블리싱하기 위한 확장자이다.

④ GIF : 웹에 올릴 수 있는 확장자로 투명 효과를 지원하지 않는다.

해설 GIF : 최대 256가지 색으로 제한되는 단점은 있으나 온라인 전송을 위한 압축파일로 용량이 적고 투명도, 인터레이스, 애니메이션을 지원하는 그래픽 파일 포맷으로 비손실 압축 포맷 파일

53 컴퓨터그래픽의 색상 표현 모드에 대한 설명으로 옳지 못한 것은?

① HSB 모드 – 색의 3속성인 색상, 채도, 명도를 바탕으로 색을 표현하는 방식

② Lab 모드 – CIE에서 발표한 색체계로 채도축인 a와 명도축인 b의 값으로 색상을 정의하는 방식

③ RGB 모드 – 빛의 3원색인 빨강, 녹색, 파랑의 혼합으로 색을 표현하는 방식

④ CMYK 모드 – 인쇄나 프린트에 이용되며 Cyan, Magenta, Yellow, Black을 혼합하여 색을 표현하는 방식

 Lab 모드 : L은 명도, 색상과 채도는 a(적색–녹색 축)와 b(노란색–파란색 축)로 색을 표현하는 색공간에 사용

54 복잡한 문자 명령어를 익히지 않아도 키보드나 마우스를 사용하여 메뉴나 아이콘 선택으로 수행되는 사용자 인터페이스 방식은?

① Mapping　　　　② Hypermedia
③ Format　　　　　④ GUI

- Mapping : 한 화면이나 이미지 표면에 질감 및 이미지를 입히는 작업
- Hypermedia : 다양한 매체 및 정보를 연결하고 탐색할 수 있는 상호 연결된 미디어 형태
- Format : 파일의 종류를 나타내는 파일 확장자
- GUI : '그래픽 사용자 인터페이스'를 나타내는 약어로 프로그램 또는 시스템과 상호 작용할 때 그래픽 요소를 통해 정보를 표시하고 조작하는 방법

55 아날로그 파형을 디지털 형태로 변환하는 과정에서 발생하는 화이트 노이즈를 인위적으로 첨가하여 양자화 잡음과 음의 왜곡을 줄이는 방법은?

① 디더링　　　　　② 클리핑
③ 안티 앨리어싱　　④ 디퓨전

 디더링(Dithering) : 제한된 수의 색상을 사용하여 다양한 색상을 시각적으로 섞어서 만드는 작업으로 정확하게 표현할 수 없는 색을 근사색으로 처리, 즉 이미지에 노이즈를 전략적으로 적용하는 것으로 컬러의 효과를 최대한으로 내는 기법

56 사람과 사물, 사물과 사물 간에 지능통신을 할 수 있는 M2M(Machine to Machine)의 개념을 인터넷으로 확장하여 사물은 물론, 현실과 가상세계의 모든 정보와 상호 작용하는 개념은?

① IoT　　　　　　② RFID
③ VRML　　　　　④ XHTML

 IoT(사물인터넷) : 'Internet of Things'의 약어로, 사물끼리 네트워크로 실시간으로 연결되어 정보를 공유하고 통신하는 기술

57 가법혼색의 3원색 RGB 색상을 각각 100% 혼합하여 나타나는 컬러를 웹 컬러 숫자(Web Color Number)로 바르게 표현한 것은?

① #999999　　　　② #333333
③ #FFFFFF　　　　④ #000000

- 가법혼색 : 빨강(R)+파랑(B)+녹색(G)=흰색(W)
- #000000 : 검정
- #FFFFFF : 흰색
- #999999 : 밝은 회색
- #333333 : 어두운 회색

58 GIF 형식의 파일에서 사용 가능한 최대 색상 수는?

① 2^4　　　　　　② 2^8
③ 2^{16}　　　　　④ 2^{32}

해설　2^8=8bit=256

59 물체가 가지고 있는 질감을 표현해 주기 위해 평면에 무늬를 삽입하는 것처럼 표현하고 텍스처나 패턴을 표면에 부여하는 방법을 질감처리(Mapping)라 한다. 다음의 매핑 처리는 무엇을 설명하는가?

> – 물체 표면에 엠보싱 효과를 나타낼 때 사용함
> – 물체 표면에 텍스처를 입혀 밝기 값에 따라 음각과 양각효과를 나타내는 방법

① 텍스처 매핑

② 솔리드 텍스처 매핑

③ 범프 매핑

④ 패턴 매핑

 해설 범프 매핑(Bump Mapping) : 물체에 적용된 매핑 소스의 밝기 값에 따라 객체 표면의 법선(法線, Normal) 값을 변화시켜 울퉁불퉁한 표면을 처리하는 방법

60 물체의 표면만 정의되는 서피스 모델링과 달리 표면과 객체의 내부도 정의되어 있는 모델로써 객체의 물리적인 성질까지 계산할 수 있는 모델링은?

① 프렉탈(Fractal) 모델링

② 와이어프레임(Wire Frame) 모델링

③ 스플라인(Spline) 모델링

④ 솔리드(Solid) 모델링

해설
- 프렉탈 모델링 : 단순한 모양에서 출발하여 점차 더 복잡한 형상으로 구축되는 기법으로 산, 구름 같은 자연물의 불규칙적인 움직임을 표현하는 모델링
- 와이어프레임 모델링 : 물체를 선으로만 간단히 표현하는 방법으로 처리속도는 빠르지만, 물체의 부피, 무게, 실제감 등을 표현하기 어려운 모델링
- 스플라인 모델링 : 점들을 연결하여 부드러운 곡선 또는 곡면 모양을 매끄럽게 표현하는 모델링
- 솔리드 모델링 : 내부가 꽉 찬 모델링으로 수치 데이터 처리가 정확하여 물리적인 성질까지 계산할 수 있는 모델링

정답 59 ③ 60 ④

Computer Grapics

실전 모의고사
정답 및 해설

01 ①	02 ②	03 ②	04 ④	05 ③	06 ④	07 ②	08 ①	09 ③	10 ②
11 ①	12 ①	13 ④	14 ②	15 ②	16 ④	17 ②	18 ②	19 ②	20 ①
21 ③	22 ①	23 ②	24 ①	25 ④	26 ②	27 ②	28 ④	29 ①	30 ③
31 ①	32 ③	33 ①	34 ④	35 ④	36 ①	37 ①	38 ③	39 ②	40 ④
41 ①	42 ①	43 ②	44 ①	45 ③	46 ④	47 ②	48 ③	49 ②	50 ④
51 ③	52 ①	53 ②	54 ④	55 ③	56 ①	57 ③	58 ④	59 ③	60 ③

01 환경 디자인 : 인테리어 디자인, 점포 디자인, 디스플레이, 조경 디자인, 스트리트 퍼니처, 도시계획

02 합목적성은 기능성과 실용성이 가장 중요시되며, 합목적성을 완전하게 하는 것은 주로 이성의 작용이거나 합리적이며, 객관적인 것으로서 인간에게 가장 적합해야 함

03 • 세리프(명조체) : 가독성이 높고 본문용으로 많이 쓰임
 • 산세리프(고딕체) : 가독성은 떨어지지만 눈에 쉽게 띄며 제목용으로 쓰임

04 시각법칙의 원리 : 게슈탈트(Gestalt)의 법칙 – 근접성의 법칙, 유사성의 법칙, 연속성의 법칙, 폐쇄성의 법칙

05 디자인의 가장 큰 목적은 실용성과 아름다움의 조화

06 심벌은 시각 디자인 분야 중에서 가장 상징성이 높으며 문자, 글자, 도형 등을 조합하여 단체나 기업, 회사 등의 이념이나 상징성을 타 기관과 차별화를 주어 시각적으로 알려주는 기능을 가짐

07 • 체크리스트법 : 문제와 관련된 항목들을 나열한 후 항목별로 문제의 특정 변수에 대해 검토하여 아이디어를 구상하는 방법
 • 브레인스토밍법 : 디자인 아이디어 창출 기법 중 집단사고에 의한 자유분방한 아이디어를 얻기 위하여 서로 비평을 금하고, 상대방의 아이디어에 상승 작용을 할 수 있게 하는 기법
 • 시네틱스법 : 문제를 보는 관점을 완전히 다르게 하여 이곳에서 연상되는 점과 관련성을 찾아내어 아이디어를 발상하는 방법

08 • 시각요소 : 형태, 크기, 색채, 질감, 빛
 • 상관요소 : 방향, 위치, 공간감, 중량감

09 • 점이 : 점점 어둡거나 밝은 명암 단계에서 느낄 수 있는 미적 형식
 • 강조 : 어느 한 부분이 다른 부분보다 드러나 보이게 함으로써 보는 사람의 시선을 끌게 하는 것
 • 반복 : 동일한 요소나 대상을 둘 이상 배열하는 것

10 • 렌더링 : 스타일이 결정된 단계에서 제품의 완성 예상도를 실물처럼 표현하는 작업
 • 모델링 : 디자이너의 아이디어를 확인하기 위하여 디자인 안을 3차원적으로 표현하는 작업
 • 스케치 : 이미지를 포착하기 위한 방법으로 신속하고 자유롭게 아이디어를 전개

11 다이렉트 메일(DM) 광고는 직접 광고로서 소비자에게 직접 호소하며 주로 편지나 엽서를 우편으로 보내는 광고로 예상고객에게 광고메시지를 직접 전달할 수 있다는 장점이 있음

12 루빈의 컵은 초점을 어디에 두느냐에 따라 배경과 형태로 지각하는 현상으로 흰 부분이 검은 바탕 위에 있는 것으로 지각해 흰 컵을 보기도 하고, 검은 부분이 흰 바탕 위에 있는 것으로 지각해 마주 보고 있는 두 사람의 얼굴로 지각하기도 함. 컵과 두 옆얼굴이 동시에 지각되지는 않음

13 새로운 상품이 판매점에 출현하였음을 알리는 것은 POP의 역할을 말함

14 아르누보는 19세기 후반에 유행하기 시작한 식물의 줄기를 연상시키는 유기적 형태의 디자인으로, 철이나 콘크리트재료를 적극적으로 이용한 신예술 양식으로 흑백의 강렬한 조화와 이국적 양식, 쾌락적, 생체적, 여성적, 유기적 곡선, 비대칭 구성이 특징

15 • 기하학적 착시 : 도형의 방향, 각도, 크기, 길이에 의한 착시현상

• 면적과 크기의 착시 : 같은 면적과 크기를 가진 도형이지만 주변 도형의 면적과 크기에 영향을 받아 커 보이거나 작아 보이는 착시

16 통일성은 크기와 모양에 일관성을 주여 질서감과 안정감을 줌

17 • 3대 기본 요소 : 바닥, 천장, 벽

• 문과 창문은 벽의 일부를 뚫어 외부와 통하는 부분으로 개구부에 속함

18 독일공작연맹의 이념을 계승한 운동으로서, 기계를 허용하고 예술과 공업 기술의 합리적 통합을 목표로 대량생산을 위한 굿 디자인의 문제 해결을 하고자 설립한 종합조형학교

19 생활 스타일(Life style)은 브랜드와 상품을 삶에 연결시켜 니즈를 자극하고 실질적으로 풍요롭고 건강한 삶을 영위할 수 있도록 도움을 주는 마케팅

20 렌더링은 표현이라는 뜻으로 제품을 디자인하는 과정 중 스타일이 결정되는 단계에서 아직은 현존하지 않는 것을 마치 실물이 눈앞에 있는 것처럼 표현하는 완성 예상도

21 순색에 무채색을 섞으면 채도가 낮아짐

22 난색은 한색에 비해 커 보이며 밝은 색이 어두운 색보다 가깝게 보임

23 채도가 높은 분홍색은 더 선명하게, 낮은 회색은 더 탁하게 보여 채도의 차이가 크게 나타나 보임

24 관용색명 : 옛날부터 전해 내려오는 습관상으로 사용하는 색 하나하나의 고유한 색명

25 감법혼합 또는 색료의 혼합, 감색혼합이라고도 하며, 주로 컬러사진이나 인쇄, 잉크, 수채화 등에 이용. 이 혼합에서의 2차색들은 명도와 채도는 낮아지고 보색은 회색 또는 검은색이 됨

26 회전혼합은 색광을 교대하는 계시가법 혼색 방법으로 두 가지 색을 번갈아 보고 있는 것이지만 눈의 망막에서 두 가지 색이 혼색되어 한 개의 색으로 보이게 되며, 이 결과 색은 원래 색의 평균값보다 밝게 보임

27 무채색은 색상과 채도가 없고 명도만 가지고 있는 색

28 • 검정 – 허무, 절망, 정지, 침묵, 부정, 죽음, 암흑, 불안

• 회색 – 겸손, 우울, 중성색, 점잖음, 무기력

29 채도는 색의 선명도, 순도, 포화도를 말하며, 아무것도 섞지 않아 맑고 깨끗한 색을 채도가 높다 하여 청색, 낮은 색을 탁색이라고 함

30 가시광선의 범위는 380nm~780nm, 380nm 쪽은 보라색, 단파장. 780nm 쪽은 빨강, 장파장

31 유채색 중 연두, 보라, 자주 등의 중성색은 한색이나 난색 옆에 위치하여 중성색이라도 따뜻하거나 차갑게 느껴지기도 함

32 색상(H)명도(V)/채도(C)

33 • 제1각법 : 눈 → 물체 → 화면

• 정면도를 중심으로 평면도는 아래, 저면도는 위에, 좌측면도는 우측에, 우측면도는 좌측에, 배면도는 앞에 그려져 있음. 즉, 물체를 보는 방향과 반대 방향으로 도면이 나타남

34 • VP(Vanishing Point, 소점) : 물체의 각 점이 수평선 상에 모이는 점

• MP(Measuring Point, 측점) : 화면 상의 각도를 갖는 직선 상의 소점에서 시점과 같은 거리에 수평선 상의 측정점

35 • 실척(현척) : 같은 크기로 그린 것(1:1)

• 배척 : 실제보다 확대해서 그린 것(2:1, 5:1, 10:1, 20:1, 50:1)

• 축척 : 실제보다 축소해서 그린 것(1:2, 1:5, 1:10, 1:20, 1:50, 1:100)

• N.S : 비례척이 아님을 표시

36 화살표 방향을 정면으로 오른쪽에서 보이는 면

37 ① 주어진 ∠POQ의 점 O를 중심으로 임의의 원호를 그려 교점 A, B를 구함

② 각각의 점 A와 B를 중심으로 동일한 반지름을 한 임의의 원호 ab, cd를 그려 교점을 구함

③ 교점과 O를 연결하여, ∠POQ를 2등분함

38 ① 황금비율 나선, ② 등간격 나사선, ③ 아르키메데스 나사선, ④ 인벌류트 곡선

39 투시도법의 종류

• 1소점법(평행투시) : 소실점이 1개

• 2소점법(유각투시) : 소실점이 2개

• 3소점법(경사투시) : 소실점이 3개

40 등각투상도 : 물체의 세 모서리가 120°의 각을 이루는 투상도로서, 세 축의 투상면이 모두 같은 각을 이루는 투상도

41 • 무기재료 : 무기재료는 탄화수소를 제외한 모든 물질을 가리키는 것으로서 공업적으로는 금속, 유리, 도자기 등
  • 유기재료 : 수소, 산소, 질소, 황, 인 등과 더불어 탄소가 주 요소가 되는 복합물을 의미하며, 특히 탄소와 수소의 결합으로 만들어진 탄화수소라고도 부름. 목재, 종이, 섬유, 플라스틱 등

42 종이의 제조공정 순서
  ① 고해 : 펄프에 기계적 처리를 하는 과정
  ② 사이징 : 섬유의 아교 물질로 피복시키는 공정
  ③ 충전 : 광물성의 가루를 첨가하고 걸러내는 공정
  ④ 착색 : 색을 내는 과정
  ⑤ 정정 : 불순물을 제거
  ⑥ 초지 및 완성 : 실제 종이를 만들어 완성하는 단계

43 • 밀착인화 : 현상된 필름과 같은 크기로 인화하는 것으로 35mm 필름의 전체적인 사진 내용과 확대할 프레임을 설정하기 위하여 인화를 위한 예비작업
  • 확대인화 : 원본 필름의 프레임을 확대하는 인화 과정으로 소형 필름의 음화에서 대형 필름 인화로 옮기는 과정
  • 스포팅과 에칭 : 인화된 사진에 나타난 불필요한 점 또는 선 등을 없애 깨끗이 수정하는 작업

44 박엽지는 화학펄프에 다량의 충전제를 섞어 만든 종이로 가정용과 일반 박엽지로 나눔, 가정용 박엽지에는 두루마리 화장지 등이 있으며, 일반 박엽지로는 글라싱지, 사전용지(인디아지), 한지 등이 있음

45 • 변형 : 물체가 힘을 받아 모양이 바뀌는 것
  • 강도 : 재료에 외부에서 힘을 가했을 때 변형되지 않고 저항할 수 있는 것
  • 탄성 : 외력을 받아 변형된 재료에서 외력을 제거했을 때 원형으로 복귀하려는 성질
  • 소성 : 외부의 힘에 제거된 뒤에 변형되었던 것이 원래의 형태로 돌아오지 않는 성질

46 • 플라스틱은 석유산업의 발달로 오늘날 여러 분야에 사용되고 있는 재료
  • 장점 : 타 재료에 비해 가벼우며, 자유로운 형태로 가공이 용이하고 다양한 재질감 표현이 가능, 내수성이 좋아 재료의 부식이 없음
  • 단점 : 자외선에 약하며, 내열온도가 낮고, 연소하기 쉬움. 표면의 경도가 낮음. 환경오염이 있음

47 • 라이닝 : 금속 표면을 방식하기 위하여 표면을 부식성 성질과 반응하지 않는 그 외의 물질로 비교적 두껍게(1mm 이상) 피복하는 방법
  • 도금 : 금속의 표면이나 비금속 표면에 다른 금속을 사용하여 피막을 처리하는 방법
  • 도장 : 금속에 도료를 도장함으로써 착색효과를 얻는 방법
  • 연마 : 금속의 표면을 문질러서 광택을 내는 방법

48 핫 스프레이 도장 : 열을 가하여 점도를 저하시켜서 도장하는 방법

49 컴퓨터 내부에 추가하는 보드로 프로젝터나 모니터와 같은 장비에 화면을 출력할 수 있는 기능을 가지며, 그래픽 보드의 능력에 따라 화면에 출력할 수 있는 해상도에 차이가 있음

50 • 필름 레코더 : 필름에 사진 기술을 이용하여 컴퓨터 상의 이미지나 화상을 기록하는 장치
  • 잉크젯 프린터 : 네 가지 노즐을 통해 액체 잉크를 입자화하여 잉크를 뿌려서 문자나 어떤 이미지를 나타내는 프린트 방식
  • 열전사 프린터 : 잉크 리본을 열로 녹여 인쇄하는 방식
  • 플로터 : X축과 Y축을 마음대로 움직이는 펜을 사용하여 그래프, 도면, 그림, 사진 등의 이미지를 정밀하게 인쇄하고자 할 때 사용하는 출력장치

51 • 제1세대 : 프린터/플로터-진공관
  • 제2세대 : CAD/CAM, 리플래시형 CRT-트랜지스터
  • 제3세대 : 벡터 스캔형 CRT-집적회로(IC)
  • 제4세대 : 레스터 스캔형 CRT-LSI

52 effects는 오브젝트에 다양한 효과를 적용하는 툴, skew는 기울이는 툴, shear는 비틀기 툴

53 래스터 그래픽은 픽셀(기본 단위)로 이루어져 있으며, 일반적인 사진 이미지 합성작업에 사용하며, 각 점(Pixel)들은 고유의 정보를 가지고 있어 고품질의 이미지 처리가 가능한 게 특징임

54 해상도는 모니터 내에 포함되어 있는 비트맵 이미지가 몇 개의 픽셀로 구성되어 있는가를 나타내는 것으로서 수평, 수직으로 inch 혹은 cm당 표시될 수 있는 점의 수(Resolution=해상도)

55 로토스코핑 : 애니메이션 이미지를 실제 영상과 합성하는 방법으로서 실사 촬영한 인물 이미지와 캐릭터의 동작 이미지를 일치시키는 기법

56 • JPEG : 그래픽 파일 포맷 중에 압축률이 가장 뛰어나며 이미지 손실이 적음

• PSD : 포토샵에서 레이어와 알파 채널 등을 모두 저장할 수 있는 파일 포맷

• EPS : 4도 분판을 목적으로 하는 그래픽 포맷

• PICT : TIFF와 마찬가지로 이미지를 활용한 편집을 하려고 할 때 효과적으로 사용

57 캘리브레이션(Calibration) : 모니터와 실제 인쇄했을 때의 색상이 일치하지 않을 때 여러 시험을 통해 일치하도록 조정해 주는 작업

58 듀오톤(Duotone) : 모노톤 위에 다른 색상을 덧입혀 줌으로써 전체적인 톤의 변화와 안정된 분위기를 주며, 기본적으로 그레이스케일 처리가 되어야지만 가능하며, 흑백 이미지에 4가지까지 색상을 사용할 수 있음

59 • 앨리어스 : 저해상도에서 곡선이나 사선이 계단모양으로 나타나는 현상

• 안티 앨리어스 : 앨리어스 현상이 일어나지 않도록 하는 것을 말함

60 • 와이어프레임 : 물체를 선으로만 간단히 표현하는 방법으로 처리속도는 빠르지만 물체의 부피, 무게, 실제감 등을 표현하기 어려운 표현 방식

• 서페이스 모델링 : 면에 대한 정보를 가지고 있으며, 와이어 프레임과 솔리드의 중간으로 스타일링뿐만 아니라 인간공학 등 어떤 디자인이건 사용이 가능함

• 솔리드 모델링 : 내부까지도 꽉 차 있는 입체로 전체의 덩어리로부터 불필요한 부분을 삭제하면서 모델을 구축해 나가는 방법

• 프랙탈 모델링 : 단순한 형태에서 출발하여 복잡한 형상을 구축하며 혹성이나 해안의 표현, 구름, 산 같이 복잡한 도형의 표현까지 가능함

01 ②	**02** ①	**03** ②	**04** ②	**05** ③	**06** ①	**07** ④	**08** ③	**09** ③	**10** ②
11 ②	**12** ②	**13** ②	**14** ①	**15** ④	**16** ③	**17** ③	**18** ③	**19** ④	**20** ①
21 ④	**22** ③	**23** ④	**24** ③	**25** ②	**26** ①	**27** ③	**28** ④	**29** ③	**30** ③
31 ②	**32** ④	**33** ②	**34** ④	**35** ①	**36** ③	**37** ④	**38** ③	**39** ③	**40** ③
41 ①	**42** ④	**43** ①	**44** ①	**45** ②	**46** ④	**47** ③	**48** ③	**49** ①	**50** ②
51 ①	**52** ③	**53** ②	**54** ③	**55** ③	**56** ②	**57** ④	**58** ①	**59** ④	**60** ②

01 루빈의 컵, 바탕과 도형의 착시, 명도에 의한 착시라고도 불림

02 디자인의 가장 큰 목적은 실용성과 아름다움의 조화

03 • 수평선 : 안정감, 친근감, 평화스러움
 • 수직선 : 고결, 희망, 상승감, 긴장감
 • 사선 : 움직임, 활동감, 불안정한 느낌
 • 곡선 : 우아, 여성적, 섬세함, 동적

04 • 스터디 모델 : 디자인 과정의 초기(개념화) 단계에서 디자이너의 이미지 전개와 확인, 형태감과 균형을 파악하기 위한 모형(=러프 모델, 연구용 모델)
 • 프레젠테이션 모델 : 외형상으로 실제 제품에 가깝도록 도면에 따라 제작됨(=제시용 모델)
 • 프로토타입 모델 : 디자인을 결정하는 모델로서 외관과 기능까지 완성품과 같이 만든 모델(=워킹 모델)

05 점증은 색의 표현에 있어서 점점 어둡거나 밝은 명암 단계에서 느낄 수 있는 미적 형식

06 ② 사면, ③ 수직면, ④ 수평면

07 • 주의(A) : 제품이나 서비스를 통해 주의를 끄는 것
 • 흥미(I) : 타사 제품과 차별화 시켜 소비자의 흥미를 유발시키는 것
 • 욕망(D) : 흥미 유발로 구입하고자 하는 욕망이 일어나는 것
 • 기억(M) : 구매 상황의 선택에서 그것을 떠올리는 것
 • 행동(A) : 소비자의 구매 욕구가 일어나 행동으로 옮기는 것

08 디자인의 심미성은 대중에게 허용된 범위에서 개성적으로 표현되어야 하며, 미의식이 일치될 수는 없음

09 형태, 색채는 디자인의 요소

10 디자인 아이디어 창출 기법 중 집단사고에 의한 자유분방한 아이디어를 얻어내는 방법

11 POP 광고는 소비자의 구매심리를 직접 자극하여 구매의욕을 극대화할 수 있으며, 배색을 통해 소비자의 시선을 끌 수 있는 특징을 가짐

12 미술공예운동 : 근대미술운동의 아버지 '윌리엄 모리스'

13 샵드로잉 : 설계자의 의도를 제작자에게 완전히 전달하기 위한 목적으로 건축물이나 물품을 제조하는 데 소요되는 작업치수 내용 등을 세밀히 나타내어 실제 작업할 때 기준이 되는 도면

14 렌더링은 표현이라는 뜻으로 제품을 디자인하는 과정 중 스타일이 결정되는 단계에서 아직은 현존하지 않는 것을 마치 실물이 눈앞에 있는 것처럼 표현하는 완성 예상도

15 ① 아르누보 : '새로운 예술'이라는 뜻이며 장식양식
 ② 독일공작연맹 : 기계생산의 질 향상과 적합한 조형을 찾기 위한 운동
 ③ 미술공예운동 : 기계적 생산을 부정하고 수공예 부흥 운동

16 캘린더는 월, 일, 요일 등의 정보가 명확히 전달되도록 제작하는 것이 중요하며, 일러스트레이션과 바탕색과의 조화도 고려하여 시인성을 높이는 것이 중요함

17 개구부는 목적에 맞게 실내와 실외 외관과 조화될 수 있도록 형태나 색을 계획해야 함

18 표현 형식에 따른 분류

- 타이포그래픽에 의한 분류 : 글씨가 주가 됨(단행본, 학술지, 사전, 문학지 등).
- 픽토리얼에 의한 분류 : 그림이 주가 됨(사진첩, 화보, 지도 등).
- 픽토리얼과 타이포그래픽의 혼합 : 그림과 글씨가 혼합되어 있음(일반잡지, 매뉴얼 등).

19 게슈탈트 심리법칙

- 근접성의 법칙 : 가까이 있는 것끼리 짝지어진 것
- 유사성의 법칙 : 비슷한 요소들이 연관되어 보이는 것
- 폐쇄성의 법칙 : 불완전한 것이 완전해 보이는 것
- 연속성의 법칙 : 유사한 배열이 하나의 묶음처럼 보이는 것

20 • 내용적 요소 : 헤드라인, 보드카피, 슬로건, 캡션
- 조형적 요소 : 일러스트레이션, 트레이드 심벌, 브랜드, 코퍼레이트 심벌, 로고타입, 보더라인

21 가시광선의 범위는 380nm~780nm, 380nm 쪽은 보라색, 단파장. 780nm 쪽은 빨강, 장파장

22 난색 계열끼리의 배색 : 따뜻하고 활동적 느낌

23 무채색의 표기 방법으로 명도 단위 앞에 무채색을 나타내는 영문 neutral의 N에 숫자를 붙여 사용

24 조명 및 관측 조건이 다르더라도 주관적으로는 물체의 색이 변화되어 보이지 않고 항상 동일한 색으로 색채를 지각하는 성질을 항색성 또는 색의 항상성이라고도 함

25 • 색상대비 : 서로 다른 색들의 영향으로 색상의 차이가 크게 보이는 현상
- 보색대비 : 정반대에 있는 두 색의 영향으로 각각의 채도가 더 높게 보이는 현상
- 채도대비 : 채도가 서로 다른 두 색이 서로의 영향으로 인하여 채도가 높은 색은 더 선명하게, 낮은 색은 더 탁하게 보여 채도의 차이를 크게 보이게 하는 현상
- 계시대비 : 하나의 색을 보고 자극을 받았다가 연속해서 다른 색을 보았을 때 그 색이 다르게 보이는 현상

26 동화현상은 대비현상과는 반대되는 개념으로 어떤 색이 인접한 주위의 색과 가깝게 느껴지는 현상으로서 옆에 있는 색과 비슷한 색으로 보이는 것을 동화현상이라고 하며 색상, 명도, 채도 차이가 적을수록 잘 일어남

27 그레이 컬러와의 매치는 지적이며 우아한 느낌을 주며, 비비드톤이나 반대 색과의 배색은 개성적인 느낌을 줄 수 있음

28 일반색명이라고도 부르며, 주로 색의 3속성에 따라 수식어를 정하여 표시하는 색명

29 • 시안(C)+마젠타(M)=파랑(B)
- 마젠타(M)+노랑(Y)=빨강(R)
- 노랑(Y)+시안(C)=녹색(G)
- 시안(C)+마젠타(M)+노랑(Y)=검정(B)

30 • 비렌 : 색채 공감각에서 식당 내부의 가구 등에 식욕이 왕성하도록 유도하기 위한 색채는 주황색(갈색 계열)임
- 셔브뢸 : 색의 3속성을 기초로 유사조화와 대비조화로 구분
- 오스트발트 : 독자적인 색채조화론의 체계를 만듦

31 색의 무게감(중량감)은 주로 명도에 의해 좌우되며, 고명도의 흰색은 가벼운 느낌, 저명도의 검정에서는 무거운 느낌

32 먼셀은 색상을 휴(Hue), 명도를 밸류(Value), 채도를 크로마(Chroma)라고 부르며, 기호는 H, V, C이며, 표기하는 순서는 HV/C

33 치수 수치 표시 방법

- 길이는 원칙적으로 mm를 사용하며 단위 기호는 쓰지 않음
- 치수의 단위가 mm가 아닐 때는 단위 기호를 명확히 기입해야 함
- 각도는 도(°)로 표시하며, 필요에 따라 분, 초를 쓸 때도 있음
- 수치의 소수점은 아래쪽 점으로 함

34 원통에 감은 실을 풀 때 실의 끝이 그리는 곡선을 인벌류트 곡선이라고 함

35 • 외형선 – 굵은 실선 – 물품의 외부 모양을 나타내는 선
- 치수선 – 가는 실선 – 치수를 기입하는 선
- 지시선 – 실선 – 기호 등을 표시하기 위해 끌어내서 사용하는 선
- 치수 보조선 – 가는 실선 – 치수 기입을 위해 도형으로부터 끌어내는 선

36 • GP(Ground Plane, 기면) : 기반면이라고 하며 사람과 화면의 수직으로 놓임
- SP(Standing Point, 입점) : 평면상의 시점
- EP(Eye Point, 시점) : 물체를 보는 사람 눈의 위치
- HL(Horizontal Line, 수평선) : 눈의 높이선

37 제3각법은 미국에서 발달하여 빠른 속도로 보급되었으며, 한국산업규격의 제도 통칙에 이를 적용하고 있음

38 3소점 투시도는 소실점이 3개로 경사 투시도, 사각 투시도라고도 하며, 위에서 아래를 내려다보는 면을 강조하기에 좋은 투시도

39 ① 등각투상도 : 물체의 세 모서리가 120°의 각을 이루는 투상도로서, 세 축의 투상면이 모두 같은 각을 이루는 투상도

② 부등각투상도 : 투상면과 이루는 각이 모두 다른 투상도

④ 축측투상도 : 투상면에 대하여 투사선이 직각이거나 물체가 경사를 가지는 경우 투상도

40 물체 위에 소실점이 1개인 평행투시

41 에어브러시는 분무기의 원리를 기계화 한 것으로, 부드러운 음영과 치밀하고 정교한 사실 표현이 가능

42 • 유기재료 : 목재, 섬유, 피혁, 펄프, 플라스틱
• 무기재료 : 금속, 유리, 도자기, 철, 알루미늄, 석재, 점토, 도료

43 전색제는 물감에 포함되어 있어 부피를 갖게 하며 도막을 형성해 주는 것으로 안료를 포함하는 도료에 있어서, 안료 이외의 액상의 성분을 말함

44 금속 가공법
• 압인가공 : 요철이 난 공구로 재료를 눌러 겉면에 필요한 문자나 문양 등을 내는 가공
• 소성가공 : 물체의 소성을 이용해서 변형시켜 갖가지 모양을 만드는 가공
• 압출가공 : 고온으로 가열 연화(軟化)한 금속재료 등을 다이스를 부착한 용기에 넣어 강한 압력을 가해서 구멍으로부터 압출하여 성형하는 가공
• 단조가공 : 고온에서 금속을 녹인 뒤 기계나 해머로 여러 번 두드려 원하는 모양을 만드는 가공
• 엠보싱가공 : 얇은 철판에 두께의 변화를 주지 않고 표면과 이면에 오목한 부분과 볼록한 부분이 반복되도록 금형을 사용하여 성형하는 가공

45 • 충전제 : 백토, 활석, 황산바륨 등
• 충전제는 종이의 평활도, 불투명도, 백색도, 인쇄적성의 향상을 위해 사용함
• 종이에 충전제를 가하면 종이가 유연해짐

46 • 폴라로이드 필름 : 현상과 인화 과정이 따로 필요하지 않고 촬영 후에 즉시 결과를 볼 수 있는 필름
• 엑타크롬 필름 : 1958년에 미국 이스트만 코닥 사에서 처음으로 발매한 컬러 슬라이드 전용 필름이며 '리버설(반전) 필름'이라고도 함
• 리버설 필름 : 현상했을 때 이미지가 실물과 일치하는 상을 내는 필름으로 투명 컬러 포지티브를 얻을 수 있는 필름

47 • 도피가공 : 백색, 유색의 안료 또는 접착제를 종이의 표면에 발라서 만드는 가공법
• 흡수가공 : 용해시킨 물질을 원지에 흡수시키는 가공법으로 종이 표면이 거칠어지나 질에는 변화 없음
• 변성가공 : 종이의 질을 화학적, 기계적 가공에 의해 변화시켜 사용목적에 알맞게 만드는 가공법
• 배접가공 : 종이를 붙여 두꺼운 판지나 골판지를 만드는 가공법

48 기계펄프 : 원료를 기계적으로 처리하여 만드는 펄프로 쇄목펄프가 대표적임

49 • 입력장치 : 마우스, 디지타이저, 라이트 펜, 디지털 카메라, 스캐너 등
• 출력장치 : 모니터, 프린터, 플로터, 빔 프로젝터 등

50 안티 앨리어싱 : 렌더링한 이미지의 경계선 부분이 매우 거칠게 보여질 때 이런 경계가 뚜렷한 영역의 픽셀들을 혼합하여 부드러운 선을 형성하는 교정 기법

51 레이어는 투명한 도면 같은 것으로, 여러 장 겹쳐서 하나의 이미지로 만들어 수정작업을 용이하게 하는 기능

52 • 서페이스 모델링 : 면에 대한 정보를 가지고 있으며, 와이어 프레임과 솔리드의 중간으로 스타일링뿐만 아니라 인간공학 등 어떤 디자인이건 사용이 가능함
• 와이어프레임 모델링 : 면과 면이 만나는 선만으로 입체를 형성하는 방법으로 처리속도는 빠르지만 물체의 부피, 무게, 실제감 등을 표현하기 어려운 표현 방식
• 솔리드 모델링 : 속이 꽉 찬 모델링으로 수치 데이터 처리가 정확하여 제품 생산을 위한 도면 제작과 연계된 모델
• 프랙탈 모델링 : 단순한 모양에서 출발하여 점차 더 복잡한 형상으로 구축되는 기법으로 산, 구름 같은 자연물의 불규칙적인 움직임을 표현하는 모델링 기법

53 • 벡터 그래픽 : 각기 다른 도형의 특성이 수학적인 형태로 모델화 되어 있어서 크기 조절, 회전, 선의 굵기, 색상 등의 특성을 변경 이미지의 질에 영향을 주지 않음 (일러스트레이터)

• 래스터 그래픽 : 비트맵 방식이라고도 하며, 픽셀이 조밀한 레스터 이미지로 다양한 질감과 사실적인 효과의 연출은 고품질의 이미지 처리에 적합(포토샵)

54 AI : 일러스트레이터의 대표적 파일 포맷

55 • RAM : 자유롭게 읽고 쓸 수 있는 기억장치로 전원이 꺼지면 기억된 내용이 모두 사라지는 휘발성 메모리이며, 입력장치로부터 제공된 데이터 정보를 교환, 처리하는 기능을 가짐

• ROM : 한 번 기록한 후에는 빠른 속도로 읽어내는 것만을 허용하고 다시 기록하는 행위는 금하거나 극히 제한하는 기억장치

• 버스(BUS) : 컴퓨터 내 · 외부, 각종 신호원 간의 데이터나 전원 전송용 공통 전송로

56 그림이나 사진을 빛의 반사를 통해 읽는 컴퓨터 입력장치로 스캐너의 해상도 단위는 DPI(1인치당 점의 수)

57 그러데이션 : 어떤 색조, 명암, 질감을 단계적으로 다른 색조, 명암, 질감으로 바꾸는 기법

58 아이콘(Icon) : 각종 프로그램, 명령어, 또는 데이터 파일들을 쉽게 지정할 수 있도록 하기 위해 각각에 해당되는 조그만 그림 또는 기호를 만들어 화면에 표시한 것

59 • Photoshop : 사진 합성, 수정, 편집 2D 프로그램

• Painter : 페인팅 2D 프로그램

• Illustrator : 로고, 캐릭터 제작 2D 프로그램

• Strata Studio Pro : 3D MAX와 함께 대표적인 3D 모델링 프로그램

60 • Gamut : 모니터, 프린터, 소프트웨어 등에서 표현할 수 있는 색 영역

• 색상 표현의 순서 : CIE Lab 〉 RGB 〉 CMYK

01 ①	02 ③	03 ④	04 ④	05 ④	06 ③	07 ①	08 ①	09 ④	10 ②
11 ④	12 ④	13 ④	14 ④	15 ④	16 ④	17 ①	18 ②	19 ④	20 ③
21 ①	22 ②	23 ②	24 ③	25 ④	26 ③	27 ③	28 ①	29 ②	30 ②
31 ④	32 ③	33 ④	34 ①	35 ①	36 ④	37 ①	38 ①	39 ②	40 ①
41 ④	42 ③	43 ①	44 ②	45 ④	46 ①	47 ①	48 ①	49 ②	50 ②
51 ①	52 ②	53 ②	54 ③	55 ②	56 ④	57 ③	58 ④	59 ④	60 ②

01 • CI(Corporate Identity) : 기업의 이미지 통합을 광고 매체를 이용하여 불특정 다수의 사람들에게 표현하며, 기업의 전략적 이미지를 통합

• CI 베이직 시스템 : 심벌마크, 로고타입, 시그니처, 기업 색상, 전용 서체, 전용 문양, 캐릭터 등

02 인간의 특성을 고려하여 기계나 제품, 구조물 등을 디자인하는 것으로 인간의 생리적, 심리적 특성에 맞도록 디자인하는 것

03 ① 욕구과정 : 심리적 욕구가 생기는 단계

② 조형과정 : 사용 자재, 제작 방법, 색채, 재료 등 세밀한 계획을 가시적으로 작성하고 시각화를 통해 욕구를 부여하는 단계

③ 재료과정 : 재료의 성질, 특성 등의 지식과 경험이 요구되는 단계

④ 기술과정 : 대량생산을 통한 규격화된 제품을 만들 수 있는 단계

04 게슈탈트(Gestalt)의 법칙

① 근접성 : 가까이 있는 것끼리 짝짓는 성질

② 유사성 : 비슷한 요소들이 연관되어 보이는 성질

③ 연속성 : 유사한 배열이 하나의 묶음으로 보이는 성질

④ 폐쇄성 : 연결되어 있지 않은 도형을 강제로 닫아 보려는 성질

05 독일공작연맹은 1907년 헤르만 무테지우스를 중심으로 대량 생산을 위해서는 물건의 표준화(규격화)가 전제되어야 한다는 점을 인식하고 기계 생산의 질 향상과 적합한 조형을 찾기 위한 운동

06 • 소극적인 면 : 입체의 한계나 교차

• 적극적인 면 : 점의 확대, 선의 이동이나 폭의 확대

07 독창성은 디자인의 핵심이며, 디자이너의 창의적인 감각에 의해 새롭게 탄생하는 창조성을 생명으로 함

08 벽은 실내 공간 중 시선이 많이 머무는 곳으로 실내 분위기 형성에 가장 큰 영향을 미치며 공간의 구분, 공기의 차단, 소리의 차단, 보온 등의 기능을 갖고 있는 실내 디자인 요소

09 구매 심리 과정을 아이드마(AIDMA)법칙이라고도 함

• 주의(A) : 제품이나 서비스를 통해 주의를 끄는 것

• 흥미(I) : 타사 제품과 차별화 시켜 소비자의 흥미를 유발시키는 것

• 욕망(D) : 흥미 유발로 구입하고자 하는 욕망이 일어나는 것

• 기억(M) : 구매 상황의 선택에서 그것을 떠올리는 것

• 행동(A) : 소비자의 구매 욕구가 일어나 행동으로 옮기는 것

10 • 입간판 : 옥외에 세워서 설치하는 간판

• 점두간판 : 점두 또는 옥외에 세워서 설치하는 간판

• 돌출간판 : 건물에 세로형으로 설치하는 간판

• 야립간판 : 철도 노선이나 도로변에 세워서 설치하는 간판

11 제품 디자인은 기능적으로 완벽하며, 형태가 아름답고, 가격이 합리적인 제품을 창조하여 인간이 생활하는 데 있어 질적인 향상을 도모하는 것을 목표로 공업, 용기, 가구, 패션 등의 디자인으로 이루어짐

12 시각 요소 : 형과 형태, 크기, 색채, 질감, 빛

13 렌더링 : 제품을 디자인하는 과정 중 스타일이 결정되는 단계에서 아직은 현존하지 않는 것을 마치 실물이 눈앞에 있는 것처럼 표현하는 완성 예상도

14 포장 디자인의 기능 : 보호와 보존성, 편리성, 상품성, 심미성, 적재성, 환경성(재활용성)

15 • 등비수열 : 각 항이 초항(First Term)과 일정한 비를 가지는 수열
  • 루트비 : 루트($\sqrt{}$) 1:$\sqrt{2}$, 즉 1:1.414
  • 피보나치수열 : 첫째 및 둘째 항이 1이며, 그 뒤의 모든 항은 바로 앞 두 항의 합인 수열

16 소품을 거는 벽은 채도가 낮은 중성색을 사용하며, 무늬는 없거나 적은 것이 좋음

17 뮐러─라이어에 의해 고안된 착시 현상으로 동일한 길이를 가진 두 수직선이 화살표의 방향에 따라 원래 길이보다 더 짧거나 길어 보이는 현상

18 편집 디자인은 주로 책자 형식의 인쇄물을 시각적으로 구성하여 독자에게 정보를 적절히 제공하기 위한 시각 디자인의 한 분야로, 편집 디자인이라는 용어는 1920년대 미국에서 쓰이기 시작하였음

19 제품수명주기
  ① 도입기 : 제품이 처음 시장에 도입되어 광고의 브랜드 인지도를 높이는 시기
  ② 성장기 : 매출량이 급격히 증가하는 시기
  ③ 성숙기 : 매출액 성장률이 둔화되고 구매빈도를 높이도록 해야 하는 시기
  ④ 쇠퇴기 : 제품의 판매가 빠른 속도로 줄어들어 브랜드 이름을 바꿔서 다시 시장에 내놓는 도약 전략을 펴야 하는 시기

20 • 헤드라인 : 전체 광고 내용을 함축적으로 전달하는 제목
  • 슬로건 : 반복해서 사용하는 간결한 문장
  • 바디카피 : 광고의 구체적 내용을 전달하는 문장
  • 캡션 : 사진이나 그림에 붙이는 설명문

21 • 채도 : 색의 강약으로 색의 선명도를 말하며, 색의 포화도라고도 함
  • 색상 : 감각에 따라 식별되는 색의 종류
  • 명도 : 색의 밝고 어두운 정도, 그레이 스케일(Gray Scale)

22 • 현색계 : 색채를 표시하는 표색계로 색표 같은 것을 미리 정하여 그것에 번호나 기호를 붙이고 측색하고자 하는 물체의 색채와 비교하여 색채를 표시하는 체계
  • 혼색계 : 심리적, 물리적인 빛의 혼색 실험에 기초를 두고 있으며 색광을 표시하는 표색계

23 푸르킨예 현상은 밝은 곳에서는 빨강, 어두운 곳에서는 청록색이 가장 밝게 느끼는 것으로, 파장이 짧은 색이 나중에 사라지고 파장이 긴 색이 먼저 사라지는 현상

24 명도 단계는 아래쪽에서 위쪽으로 0~10단계로 나타냄(위로 가면서 흰색에 가까운 고명도)

25 보색은 색상환에서 정반대에 있는 마주보는 색으로, 보색인 색을 인접시키면 본래의 색의 영향으로 각각의 색의 채도가 더 높아 선명하게 강조되어 보임

26 채도가 낮은 색이 후퇴색, 채도가 높은 색이 진출색

27 팽창되어 보이는 색은 고명도, 고채도, 난색이고 수축되어 보이는 색은 저명도, 저채도, 한색에 속함

28 한색 계통 색의 차보다 난색 계통의 차가 더 속도감 있게 느껴짐

29 무채색은 W+B=100%, 유채색 C+W+B=100%

30 병치혼합은 컬러TV, 점묘화, 모자이크, 직물 등에 사용되는 색채의 혼합 방법으로, 채도를 낮추지 않고 어떤 중간색을 만들어 보자는 의도로 화면에 작은 색점을 많이 늘어놓아 사물을 묘사하는 기법

31 오스트발트 표색계의 색입체는 복원뿔체의 모양을 가짐

32 비렌은 색채의 기능주의적 사용법을 역설한 사람이며 그에 말에 따르면 식당, 다방 등은 손님의 회전율을 빠르게 하기 위해서 식욕의 소구력이 있는 색인 적색과 주황색 가구를 사용하면 좋으며, 대합실이나 병원 실내의 벽은 지루한 시간을 잊어버리도록 한색 계통으로 하면 좋다고 주장함

33 45°모따기 : 물체의 모서리를 45° 잘라내는 크기를 나타낼 때 사용

34 선의 우선순위
  외형선 → 숨은선 → 절단선 → 중심선 → 무게 중심선 → 치수 보조선

35 GL(Ground Line, 기선(지면선)) : 화면과 지면이 만나는 선

36 • 실척(현척) : 같은 크기로 그린 것(1:1)
  • 배척 : 실제보다 확대해서 그린 것(2:1, 5:1, 10:1, 20:1, 50:1)
  • 축척 : 실제보다 축소해서 그린 것(1:2, 1:5, 1:10, 1:20, 1:50, 1:100)
  • N.S : 비례척이 아님을 표시

37 두 원을 격리시킨 타원 그리기 작도법

38 정면도를 중심으로 평면도는 위에, 저면도는 아래에, 좌측면도는 좌측으로, 우측면도는 우측으로, 배면도는 뒤에 그려져 나타남

39 • 등각 투상도 : 물체의 세 모서리가 120°의 각을 이루는 투상도
- 사투상도 : 물체의 앞면 모서리는 수평선과 평행하게 하고, 옆면 모서리는 수평선과 임의의 각도 α로 하여 그린 투상도
- 전개도 : 물체를 평면 위에 펼쳐 나타낸 그림

40 • 계단 단면도 : 단면도를 표시하고자 하는 부분의 명시할 곳을 계단 모양으로 절단한 것
- 반단면도 : 상하가 대칭인 물체 상태에서 1/4을 절단하여 표시하는 것(=한쪽 단면도)
- 전단면도 : 대상물을 둘로 절단해서 단면으로 나타낸 것(=온단면도)
- 부분 단면도 : 전개가 복잡한 조립도에서 많이 사용하는 단면 도형

41 • 목재의 상처 종류로는 갈라짐, 옹이, 혹, 썩정이, 껍질박이가 있음
- 나이테는 춘재와 추재로 구성되어 나무의 무늬 결을 결정짓는 나무의 조직으로서 하나의 춘재부에서 추재부를 거쳐 다음 춘재부까지 이르는 하나의 띠를 말함

42 플라스틱은 석유산업의 발달로 오늘날 여러 분야에 사용되고 있는 재료
- 장점 : 타 재료에 비해 가벼우며, 자유로운 형태로 가공이 용이하고 다양한 재질감 표현이 가능, 내수성이 좋아 재료의 부식이 없음
- 단점 : 자외선에 약하며, 내열온도가 낮고, 연소하기 쉬움. 표면의 경도가 낮고, 환경 오염이 있음

43 • 아크릴 컬러 : 유화의 성질과 비슷. 건조 시간이 빨라 여러 번 겹쳐지는 효과를 얻을 수 있으며 내수성과 접착성, 고착력이 강함
- 매직 마커 : 색상의 수가 풍부하고 회색 계통의 무채색도 갖추어져 있으며, 색채도 선명하고 아름다우며, 건조가 빠른 것이 장점
- 픽사티브 : 색상이 번지기 쉬운 그림이나 색상을 고정시키기 위해 뿌리는 정착액
- 스크린 톤 : 낮은 점착성을 가진 아세테이트 필름 표면에 다양한 무늬를 인쇄한 것

44 • 황산지 : 물과 기름에 잘 젖지 않아 식품, 약품 포장용지 이용
- 바리타지 : 사진용 인화지의 원지로 잡종지
- 인디아지 : 사전이나 성서에 사용되는 박엽지의 한 종류
- 글라싱지 : 식품, 약품, 금속부품 등의 포장용으로 박엽지의 한 종류

45 금속의 일반적인 성질
〈장점〉
- 열 및 전기의 양도체이며, 상온에서 고체상태의 결정체임
- 전성과 연성이 좋고, 불에 타지 않음
- 저항과 내구성이 크며 가공하여 얇은 형태로도 가능함

〈단점〉
- 비중이 크고, 녹이 슬 염려가 있음
- 이온화했을 때 양이온이 됨
- 값이 많이 나가며, 가공이 쉽지 않고 색이 다양하지 않음

46 저감도 필름
- 입자가 작으며 확대를 해도 깨지지 않음
- 노출의 관용도가 좁고 콘트라스트가 강함
- 정교한 사진을 찍고자 할 때 좋은 필름
- ISO 100 이하의 수치를 가진 필름
- 정밀사진, 정물사진 등을 찍을 때 주로 사용

47 양지로는 신문지, 인쇄용지, 필기용지, 도화지, 포장용지, 박엽지, 잡종지 등이 있음

48 종이의 물리적 성질
- 유리는 전기의 부도체이나 습도량이 높아지면 전기를 통하기도 함
- 빛을 굴절, 반사, 흡수, 투과하는 성질을 가짐
- 실온에서는 높은 점성을 가지며, 온도가 높아질수록 점성이 떨어짐

49 3차원 컴퓨터그래픽에서 3차원 물체에 색상, 명암, 재질, 그림자 등의 적용과 최종 이미지를 그리는 처리 과정

50 1946년 미국 필라델피아의 펜실베이니아 대학에서 모클리와 에커트가 세계 최초의 진공관 컴퓨터인 에니악을 완성

51 Modify는 Select 메뉴의 수정 명령어

52 • TIFF : 편집프로그램으로 보낼 때 사용
- PDF : 포스트스크립트와 유사하고 벡터와 비트맵 그래픽 모두를 표현할 수 있으며, 어도비사의 아크로뱃(Acrobat)에서 사용되는 문서 포맷

- JPEG : 그래픽 파일 포맷 중에 압축률이 가장 뛰어나며 이미지 손실이 적음
- EPS : 4도 분판을 목적으로 하는 그래픽 포맷으로 비트맵이나 벡터 방식의 이미지 모두에서 사용할 수 있는 파일 포맷

53 픽셀은 TV, 컴퓨터 모니터의 화상을 구성하는 최소의 점을 의미하며 1024×768은 가로, 세로 픽셀수를 의미함

54 CPU : 인간으로는 두뇌에 해당하는 연산, 기억, 제어를 담당

55 ②는 비트맵 방식의 특징

56 미국, 캐나다, 대한민국 등에서 널리 사용하는 아날로그 텔레비전 방식

57 극 좌표계 : 원점으로부터 거리와 각도 표현

58 GUI(Graphic User Interface) : 현재의 컴퓨터 운영체제에서 대부분 사용되고 있는 방식으로, 그림을 기반으로 사람과 컴퓨터를 연결해주는 일종의 맨-머신 인터페이스 (Man-machine Interface)를 말하며 일관성, 명료성, 예측성, 사용성, 가시성, 심미성을 지녀야 함

59 3차원 모델링 좌표 : X=너비, Y=높이, Z=깊이 또는 두께

60 하프톤 스크리닝은 병치혼합과 같은 효과로 망점은 점을 사용하여 크기나 간격에 따라 연속 색조의 상을 따라 만드는 복사기법이나 점으로, 그라디언트와 같은 효과를 만들어 냄

01 ②	02 ③	03 ②	04 ①	05 ③	06 ①	07 ④	08 ①	09 ④	10 ③
11 ④	12 ④	13 ①	14 ③	15 ③	16 ①	17 ②	18 ②	19 ④	20 ②
21 ①	22 ②	23 ②	24 ①	25 ④	26 ②	27 ④	28 ③	29 ④	30 ④
31 ②	32 ④	33 ②	34 ④	35 ③	36 ③	37 ③	38 ④	39 ③	40 ②
41 ②	42 ④	43 ④	44 ③	45 ②	46 ③	47 ②	48 ④	49 ③	50 ①
51 ③	52 ④	53 ①	54 ②	55 ④	56 ①	57 ③	58 ④	59 ④	60 ④

01 디자인의 조건 중 기능성은 목적 자체가 합리적이며, 객관적인 것으로서 정보를 전달하는 목적이 뚜렷해야 함

02 마케팅이 실행함에 있어 실제의 수요를 바람직한 수요에 맞도록 판매 방향을 제시하고 기업의 전략적 관리 도구를 선택하고 사전 위험성을 파악하고 예방 및 조절하는 기능과 그러한 수요를 충족시키는 기능이 조화를 이룰 때 기능이 발휘됨

03 • 큐비즘 : 파리를 중심으로 자연과 인간을 기하학적인 단순한 형체로 표현한 미술혁신운동
 • 구성주의 : 1913~1920년에 러시아에서 전개된 조형운동으로 개인적이고 실용성이 없는 예술을 부정
 • 데 스틸 : '양식'이라는 뜻으로 추상적 형태, 수직, 수평의 화면 분할, 3원색과 무채색 사용으로 순수성과 직관성을 중시한 신조형주의 운동

04 기하직선 : 안정적이고 명료하며 간결한 느낌

05 • 시각(커뮤니케이션) 디자인 : 인간의 정신적 상호작용
 • 제품(프로덕트) 디자인 : 인간과 도구의 상호작용
 • 환경 디자인 : 사회와 자연의 환경적 상호작용

06 편집 디자인(=에디토리얼 디자인) : 출판 디자인, 퍼블리케이션 디자인이라 부르며 신문, 잡지, 서적, 카탈로그 디자인 등의 인쇄물을 말함

07 실내 디자인 기본적 요소
 • 수평적 요소 : 바닥, 천장, 보
 • 수직적 요소 : 벽, 기둥, 개구부

08 아이디어 스케치는 디자인에서 이미지를 전달하기 위한 표현 기법으로, 신속한 아이디어 전개를 목적으로 이미지를 포착하기 위한 방법으로 사용

09 소비자 행동에 미치는 요인으로는 문화적 요인, 사회적 요인, 개인적 요인, 심리적 요인이 있음

10 독일공작연맹의 이념을 계승한 운동으로서 기계를 허용하고 예술과 공업 기술의 합리적 통합을 목표로 대량생산을 위한 굿 디자인의 문제 해결을 하고자 1919년 발터 그로피우스에 의해 설립된 종합조형학교로 대표적 인물로는 요하네스 이텐, 바실리 칸딘스키, 폴 클레 등이 있음

11 • 실내 디자인 조건 : 기능성, 경제성, 심미성, 개성
 • 실내 디자인의 경제성을 고려하여 최소한의 비용과 시간으로 클라이언트의 조건을 최대한 만족시키며 설정한 비용 내에서 디자인해야 함

12 브레인스토밍은 오즈번(Alex Osborn)에 의해 창안된 회의 방식으로 디자인에서 널리 사용되고 있는 그룹 형태의 아이디어 발상 방법

13 분할의 착시는 가로선의 AB의 경우 유사한 간격으로 배열된 여러 개의 세로선으로 분할된 가로선 BC가 더 길어 보이는 현상

14 시장 세분화
 • 지리적 변수 : 시·군 규모, 인구밀도, 기후 등
 • 인구통계적 변수 : 연령, 성별, 교육수준, 소득수준, 직업 등
 • 사회심리적 변수 : 사회계급, 생활스타일 등
 • 행동특성적 변수 : 구매 형태, 소구 형태, 사용자 지위 등

15 주거 공간을 크게 공동 공간, 개인적 공간, 작업 공간으로 나눔

16 렌더링이란 스타일이 결정된 단계에서 제품의 완성 예상도를 실물처럼 표현하는 작업

17 헤드라인 : 전체 광고 내용을 함축적으로 전달하는 제목을 말함

18 게슈탈트(Gestalt)의 법칙 : 근접성의 법칙, 유사성의 법칙, 연속성의 법칙, 폐쇄성의 법칙

19 포장 디자인은 내용물 보호와 사용 시의 편리함, 구매 욕구 유발, 타 상품과의 차별화 등 다양한 기능을 가지며, 입체작업을 할 때는 포장 재료의 취급법과 가격 면에 대해 신중하게 고려해야 함

20 디자인의 어원 : 라틴어 '데지그나레', 불어 '데생'

21 보색은 색상환에서 정반대에 있는 마주보는 색으로 빨강의 보색은 청록색

22 두 가지 이상의 색상을 잘 어울리도록 배치하는 일로, 배색의 종류로는 색상, 명도, 채도에 따른 배색을 각각 들 수 있음

23 가장 밝은 것은 흰색이라고 정의하고 가장 어두운 색인 완전 흡수체는 물체로써 존재하지 않음(이상적인 백색은 0, 이상적인 흑색은 10으로 분류)

24 먼셀은 색상을 휴(Hue), 명도를 밸류(Value), 채도를 크로마(Chroma)라고 부르며, 기호는 H, V, C이며, 표기하는 순서는 HV/C

25 • 면적대비 : 색이 차지하는 면적의 크기에 따라 색이 다르게 보여지는 현상
• 한난대비 : 색에는 따뜻하게 느껴지는 난색 계통(빨강)의 색과 차갑게 느껴지는 한색 계통(파랑)의 색의 대비
• 보색대비 : 색상환에서 서로 정 반대쪽에 위치한 색으로 두 색을 같이 놓을 때, 서로의 영향으로 더욱 또렷해 보이는 현상(예 빨강과 청록, 노랑과 남색, 파랑과 주황)
• 연변대비 : 경계대비라고 하며, 어떤 두 색이 맞붙어 있을 경우 그 경계의 언저리가 멀리 떨어져 있는 부분보다 색상, 명도, 채도대비 현상이 더욱 강하게 일어나는 대비현상

26 • 동일 색조의 조화 : 차분함, 시원시원함, 통일성
• 유사 색조의 조화 : 화합적, 평화적, 안정, 차분함
• 반대 색조의 조화 : 강함, 생생함, 예리함, 동적임, 자극적임

27 유채색은 색의 3속성 중 색상, 명도, 채도를 모두 가지고 있음

28 채도가 가장 낮은 색은 탁색으로 순색이나 명청색에 회색을 혼합한 저채도의 색

29 • 간섭 : 2개 이상의 빛이 동일점에서 중복되어 서로 영향을 받는 특성(비눗방울, 진주조개, 기름막)
• 산란 : 빛의 불규칙한 반사, 굴절, 회절 등의 현상으로 빛의 많은 방향으로 흩어지는 특성(저녁노을, 파란 하늘)
• 회절 : 빛이 물체에 휘어들어가는 특성(곤충 날개, 칼날, 콤팩트디스크, 후광)
• 굴절 : 빛이 매질에 입사해서 방향이 달라지는 특성(렌즈나 프리즘)

30 색을 지각하는 데 있어 가장 먼저 눈에 띄어서 멀리서도 잘 보이는 색을 명시도라 하며, 노랑과 검정 배색이 명도와 채도의 차가 가장 높게 일어나기 때문에 교통표지판에 사용

31 색을 3개의 속성 또는 기본 차원에 따라 공간적으로 배열하고 기호 또는 번호로 표시한 입체도로서 '색의 나무'라고도 함

32 • 채도가 낮으면 탁하고 우울한 느낌을 주며 높을수록 화려하고 자극적임
• 명도가 낮으면 침착하고 무거운 느낌을 주며 높은 색은 밝고 경쾌한 느낌을 줌

33 파선은 보이지 않는 부분의 형상을 나타내는 선

34 • T자 : 제도판 끝에 대고 상하를 움직이지 않게 고정시켜 삼각자를 놓고 사선이나 수직선을 그리는 데 사용
• 삼각자 : 세 각의 합은 180°로서, 세 각이 각각(30°, 60°, 90°)인 것과 (45°, 90°)인 자 두 종류가 짝을 이루고 있어 두 쌍의 삼각자를 이용하여 그 이외의 각도(15°, 45°, 75°, 105°)를 구할 수 있음
• 컴퍼스 : 원 또는 원호를 그릴 때 사용
• 디바이더 : 제도 시 선분을 옮기거나 자에서 치수를 옮길 때 주로 사용

35 CO=CJ

36 등각투상도 : 물체의 세 모서리가 120°의 각을 이루는 투상도로서, 세 축의 투상면이 모두 같은 각을 이루는 투상도

37 제1각법과 3각법의 비교
• 3각법 : 정면도를 중심으로 평면도는 위에, 저면도는 아래에, 좌측면도는 좌측으로, 우측면도는 우측으로, 배면도는 뒤에 그려져 나타남
• 1각법 : 정면도를 중심으로 평면도는 아래, 저면도는 위에, 좌측면도는 우측에, 우측면도는 좌측에, 배면도는 앞에 그려져 있음. 즉 물체를 보는 방향과 반대 방향으로 도면이 나타남

38 • PP(Picture Plane, 화면) : 지표면에서 수직으로 세운 면
  • HL(Horizontal Line, 수평선) : 눈의 높이선
  • SP(Standing Point, 입점) : 평면상의 시점
  • GL(Ground Line, 지면선) : 화면과 지면이 만나는 선

39 • 제1각법 : 영국을 중심으로 보급. 한국산업규격의 제도 통칙에 적용됨
  • 제3각법 : 미국에서 발달하여 빠른 속도로 보급

40 • 축측 투상도 : 투상면에 대하여 투사선이 직각이거나 물체가 경사를 가지는 경우 투상도
  • 사투상도 : 다음 중 물체의 앞면 모서리는 수평선과 평행하게 하고, 옆면 모서리는 수평선과 임의의 각도 α로 하여 그린 투상도
  • 부등각 투상도 : 투상면과 이루는 각이 모두 다른 투상도
  • 1소점 투시도 : 소실점이 1개로 대상 물체를 화면에 평행하거나 수직으로 놓여지는 경우의 도법을 1소점 투시도

41 • 무기재료 : 무기재료는 탄화수소를 제외한 모든 물질을 가리키는 것으로서 공업적으로는 금속, 유리, 도자기 등
  • 유기재료 : 수소, 산소, 질소, 황, 인 등과 더불어 탄소가 주 요소가 되는 복합물을 의미하며, 특히 탄소와 수소의 결합으로 만들어진 탄화수소라고도 부름. 목재, 종이, 섬유, 플라스틱 등

42 • 흡수가공 : 용해시킨 물질을 원지에 흡수시키는 가공법으로 종이 표면이 거칠어지나 질에는 변화 없음
  • 도피가공 : 백색, 유색의 안료 또는 접착제를 종이의 표면에 발라서 만드는 가공법
  • 변성가공 : 종이의 질을 화학적, 기계적 가공에 의해 변화시켜 사용목적에 알맞게 만드는 가공법

43 파스텔은 선적인 표현과 분말을 통한 문지르기 효과를 내며, 완성 후 색상이 번지기 쉬우므로 색상을 고정시키기 위해 반드시 정착액(픽사티브)을 뿌려주어야 하며, 정확하고 정밀한 부분을 표현할 수 없음

44 알칼리납유리는 흔히 크리스털(Crystal)이라고 하며, 산화납 등이 첨가된 유리로 공예유리로서 사용될 때에는 결정유리, 광학유리일 경우에는 플린트유리라고 함

45 네거티브 컬러 필름은 인화지에 인화하여 사진을 완성하기 위한 중간 목적으로 사용하며, 컬러 필름 중 현실의 상과 반대로 필름이 만들어지며, 촬영 시 흑백 필름의 네거티브처럼 피사체의 명암은 반대가 되고, 색깔은 보색으로 발색되는 필름

46 • 글래싱지 : 강한 광택과 표면이 매끈하며 식품, 담배, 약품 등의 포장에 쓰이는 용지
  • 모조지 : 인쇄, 필기 및 잡지의 표지, 사무 포장용으로 주로 쓰이는 종이
  • 아트지 : 강한 광택을 입힌 종이로 고급인쇄에 쓰임
  • 와트만지 : 사람 이름에서 딴 것으로 최고급 도화 용지

47 • 압축 성형 : 열경화성 수지의 가장 일반적인 성형법으로서, 형틀 속에 재료를 넣고 열과 압력을 가하여 성형하는 방법
  • 사출성형 : 사출 피스톤을 통해 금형 안에 압입, 냉각시킨 뒤 열린 금형에서 자동적으로 성형품이 만들어 지는 성형 방법
  • 압출성형 : 실린더에 넣어 스크류에 연속 회전하며 물이나 공기로 냉각 · 고화시켜 성형품을 얻는 방법
  • 블로 성형 : 용해한 튜브상의 수지를 자루모양으로 하여 합친 금형에 넣은 후 압축공기를 밀어 넣어 금형에 밀착시켜 냉각하는 성형법

48 일러스트레이션용 펠트 펜(Felt Pen)으로 색상의 수가 풍부하고 회색 계통의 무채색도 갖추어져 있으며, 색채도 선명하고 아름답고, 건조가 빠른 것이 장점인 표현 재료

49 벡터 방식의 이미지를 비트맵 방식의 이미지로 전환시키는 방식

50 주기억 장치의 연산 단위 : bit 〈 byte 〈 kilobyte 〈 Gigabyte 〈 Terabyte

51 Indexed 모드는 24비트 컬러 중에서 정해진 256컬러의 컬러 표를 사용하는 단일 채널 이미지로, 웹 디자인에서 특정 색상을 투명하게 만드는 인덱스(Transparency Index)를 하기 위한 파일 포맷(GIF) 이미지에 사용됨

52 • RAM : 자유롭게 읽고 쓸 수 있는 기억장치로 전원이 꺼지면 기억된 내용이 모두 사라지는 휘발성 메모리
  • ROM : 기억된 정보를 읽어낼 수는 있으나 변경시킬 수 없는 메모리이며, 주로 부팅 시 필요한 프로그램이나 변경될 소지가 없는 데이터 메모리

53 ②,③,④는 래스터그래픽(비트맵 그래픽스)의 특징을 설명함

54 • 1KB(Kilo Byte)=1024Byte=2^{10}
  • 1MB(Mega Byte)=1024KB=2^{20}
  • 1GB(Giga Byte)=1024MB=2^{30}

- 1TB(Tera Byte)=1024GB=2^{40}
- 1PB(Peta Byte)=1024TB=2^{50}

55 3차원 렌더링 기법에 있어서 요철이 있는 면을 표현하기 위한 질감 전사 방법으로, 맵의 밝은 부분은 돌출되어 보이고 어두운 부분은 원래 표면에 가깝게 보이는 재질에 사용

56 EPS : 4도 분판을 목적으로 하는 그래픽 포맷으로 비트맵이나 벡터 방식의 이미지 모드에서 사용할 수 있는 파일 포맷

57 • 서페이스 모델링 : 면에 대한 정보를 가지고 있으며, 와이어 프레임과 솔리드의 중간으로 스타일링뿐만 아니라 인간공학 등 어떤 디자인이건 사용이 가능함

- 솔리드 모델링 : 내부까지도 꽉 차 있는 입체로, 보다 기본적인 단순한 입체로 이루어져 있음

- 프랙탈 모델링 : 단순한 형태에서 출발하여 복잡한 형상을 구축하며 혹성이나 해안의 표현, 구름, 산 같이 복잡한 도형의 표현까지 가능함

58 안티 앨리어싱(Anti-aliasing) : 렌더링한 이미지의 경계선 부분이 매우 거칠게 보여질 때 이런 경계가 뚜렷한 영역의 픽셀들을 혼합하여 부드러운 선을 형성하는 교정 기법

59 프랙탈 모델링 : 단순한 형태에서 출발하여 복잡한 형상을 구축하며 혹성이나 해안의 표현, 구름, 산 같이 복잡한 도형의 표현까지 가능함

60 Tolerance 값은 0에서 255까지이며, 이미지의 전체 영역을 선택하기 위해서는 수치 255를 입력해야 함

01 ①	02 ①	03 ②	04 ④	05 ③	06 ④	07 ②	08 ③	09 ①	10 ①
11 ③	12 ①	13 ①	14 ①	15 ①	16 ③	17 ②	18 ②	19 ④	20 ③
21 ③	22 ①	23 ②	24 ③	25 ②	26 ②	27 ④	28 ③	29 ③	30 ②
31 ③	32 ②	33 ①	34 ②	35 ②	36 ③	37 ②	38 ①	39 ③	40 ①
41 ①	42 ③	43 ③	44 ④	45 ③	46 ④	47 ①	48 ②	49 ①	50 ③
51 ①	52 ②	53 ①	54 ④	55 ①	56 ③	57 ④	58 ②	59 ①	60 ②

01 굿 디자인의 조건 : 합목적성, 심미성, 독창성, 경제성

02 • 점 : 모든 조형예술의 최초 요소로 위치만 있고 크기는 없음
- 선 : 점의 이동이나 확대로 길이와 방향이 있으나 폭은 없음
- 면 : 선의 이동이나 면의 확대로 길이와 넓이를 가짐
- 입체 : 면의 이동에 의해 공간을 가짐

03 제품 디자인은 인간의 특성을 고려하여 기계나 제품, 구조물 등을 디자인하는 것

04 • 통일 : 미적 관계의 결합이나 질서
- 리듬 : 똑같은 또는 사건이 주기적으로 반복됨에 따라 리듬이 생김
- 반복 : 동일한 요소를 둘 이상 배열하는 것
- 대비 : 어느 한 부분이 다른 부분보다 드러나 보이게 함으로 보는 사람의 시선을 끌게 하는 것

05 리디자인 : 기존 제품의 개량 및 개선

06 표적시장은 특정한 고객이나 집단을 대상으로 하는 시장을 말하며, 수요의 이질성을 존중하고 소비자·수요자의 필요와 욕구를 정확하게 충족시킴으로써 경쟁상의 우위를 획득·유지하려는 경쟁전략

07 구매시점 광고는 POP 광고라 하며, 상품의 포인트로 주목과 흥미, 구매 욕구를 유발시킨다. 구매 장소에서 즉각적으로 이루어지기 때문에 소비자를 판매로 이끄는 광고

08 대칭은 보는 이로 하여금 정지, 안정, 장중한 느낌을 줌

09 • 평판 : 물과 기름의 반발 원리를 이용 – 옵셋 인쇄
- 볼록판 : 인쇄 방법 중에는 가장 오래된 기술 – 볼록판 인쇄

- 오목판 : 평평한 판면을 약품이나 조각으로 패이게 하는 방법 – 그라비어 인쇄
- 공판 : 인쇄하지 않을 부분의 구멍을 막아 제판하여 인쇄 – 스크린 인쇄

10 타이포그래피 : 문자 판독성이 중요하므로 정교한 문자보다는 눈에 잘 띄는 글씨가 좋으며, 목적에 맞고 만들기 쉬우며 아름다워야 함

11 시세션(Secession) : 1987년 오스트리아에서 과거의 전통양식으로부터의 분리를 목적으로 일어난 운동으로, 직선미를 강조하여 기하학적인 개성을 창조하였으며 근대 디자인으로 넘어가는 과도기적 단계의 미술 운동

12 구매 심리 과정을 아이드마(AIDMA)법칙이라고도 함
- 주의(A) : 제품이나 서비스를 통해 주의를 끄는 것
- 흥미(I) : 타사 제품과 차별화 시켜 소비자의 흥미를 유발시키는 것
- 욕망(D) : 흥미 유발로 구입하고자 하는 욕망이 일어나는 것
- 기억(M) : 구매 상황의 선택에서 그것을 떠올리는 것
- 행동(A) : 소비자의 구매 욕구가 일어나 행동으로 옮기는 것

13 포장 디자인의 기능 : 보호와 보존성, 편리성, 상품성, 심미성, 적재성, 환경성(재활용성)

14 스케치의 종류
- 러프 스케치 : 개략적으로 그린 후 포착된 이미지를 비교 검토하기 위한 스케치
- 스타일 스케치 : 스케치 중에서 가장 정밀하고 정확함을 요구하는 스케치

- 스크래치 스케치 : 아이디어 발생과정에서 프리핸드 선에 의한 스케치로 초기 단계의 스케치

15 미술공예운동 : 기계적 생산을 부정하고 수공예 부흥 운동으로 기계에 의한 대량생산에 반대하였으며, 아르누보 운동에 큰 영향을 주었음

16 주거 공간에서 개인적 공간은 개성이나 취향이 최대한 반영하여 생활양식과 패턴에 맞는 인테리어를 해야 함

17 • 견적도 : 주문할 사람에게 내용 및 가격 등 설명하기 위한 도면
- 시방서 : 사양서라고도 하며 설계 · 제조 · 시공 등 도면으로 나타낼 수 없는 사항을 문서로 적어서 규정한 것

18 • 문화적, 경제적 측면을 고려한 합리적인 실내 공간 계획
- 기능적이고, 쾌적한 환경을 창조하기 위한 실내 공간 계획
- 독창적이고, 합리적인 공간으로 창조하기 위한 실내 공간 계획

19 인쇄 후 재단된 것을 따냄기(타발기)에 걸어서 필요한 형태로 따내는 방법으로 패키지 제작에 많이 사용되는 후가공법

20 • 연구 모형 : 디자인 과정의 초기(개념화) 단계에서 디자이너의 이미지 전개와 확인, 형태감과 균형을 파악하기 위한 모형(=러프 모델, 스터디 모델)
- 제시 모형 : 외형상으로 실제 제품에 가깝도록 도면에 따라 제작됨(=프레젠테이션 모델)
- 제작 모델 : 디자인을 결정하는 모델로서 외관과 기능까지 완성품과 같이 만든 모델(=프로토타입 모델, 워킹 모델)

21 빛이 약할 경우 눈은 장파장보다 단파장의 빛에 대해 민감해지는 현상으로 낮에 빨간 물체가 밤이 되면 검게 보이고, 낮에 파란 물체가 밤이 되면 밝은 회색으로 보임

22 어느 시간 내에 일정한 자극을 주어 색각이 생긴 후 그 자극을 제거해도 계속해서 상이 보이는 현상으로, 자극이 사라진 후에 그 정반대의 상을 볼 수 있을 경우를 부의 잔상이라고 함

23 먼셀색입체
- 명도 : 뉴트럴(Neutral)의 머릿글자를 취하며 0~10단계로 표시
- 채도 : 무채색을 0으로 하고 14까지의 수치로 표시

24 기본 5색상 : 순색인 빨강, 노랑, 녹색, 파랑, 보라(R, Y, G, B, P)

25 가시광선의 범위는 380nm~780nm

26 KS A 0011로 제정되어 있으며, 교육용으로 교육부에서 결정한 일반 색명은 기본 색명과 계통 색명으로 분류하고 있으며, 유채색의 기본 색명은 먼셀표색계에 준한 것임

27 저드의 색채조화 원리에는 질서의 원리, 친근성(동류)의 원리, 유사의 원리, 명료성(비모호성)의 원리, 대비의 원리가 있음. 명료성의 원리는 색상, 명도, 채도가 분명한 배색에서만 얻어짐

28 유채색 중 연두, 보라, 자주 등의 중성색은 한색이나 난색 옆에 위치하여 따뜻하거나 차갑게 느껴짐

29 • 동시대비 : 시점이 한 곳에 집중되어 두 가지 이상의 색을 한꺼번에 볼 때 순간적으로 일어나는 현상
- 명도대비 : 명도가 서로 다른 색들이 서로의 영향으로 인하여 대비가 강해지는 현상
- 계시대비 : 하나의 색을 보고 자극을 받았다가 연속해서 다른 색을 보았을 때, 그 색이 다르게 보이는 현상
- 채도대비 : 무채색 위의 유채색은 훨씬 많은 색으로 채도가 높아져 보이는 현상

30 • 공간색 : 유리병처럼 투명한 공간에 꽉 차 보이는 색
- 물체색 : 물체가 각자의 색을 가지고 있는 것으로 보이는 색
- 투과색 : 물체를 통과해서 나오는 빛에 의해 느끼는 색

31 병치혼합 : 여러 가지 색이 조밀하게 분포되어 있을 경우 멀리서 보면 각각의 색들이 주위의 색들과 혼합되어 보이는 현상(컬러TV, 인상파 화가들의 점묘법, 모자이크, 직물)

32 세퍼레이션 배색은 색들을 분리시키는 효과를 주는 것으로 흰색, 검정의 무채색을 삽입하면 배색의 미적 효과를 높일 수 있으며, 두 색의 대비가 지나칠 때 분리색을 삽입하여 조화를 이루게 할 수 있음

33 KS의 제도용 문자의 규정은 고딕체, 수직 또는 오른쪽 $15°$로 기입함

34 주어진 직선 AB에 임의의 연장선 C를 그어 직선 AC 위에 같은 간격으로 1, 2, 3, 4를 정하고, 점 4와 B를 연결한 뒤 평행선의 원리에 이용하여 직선을 n등분함

35 t-판의 두께를 나타낼 때 사용

36 제3각법
- 눈 → 화면 → 물체
- 눈으로 볼 때 투상면이 물체보다 앞에 투상하는 방법
- 미국에서 발달하여 빠른 속도로 보급
- 한국산업규격의 제도 통칙에 적용

37 투시도법의 종류
- 1소점법(평행투시) : 소실점이 1개
- 2소점법(유각투시) : 소실점이 2개
- 3소점법(경사투시) : 소실점이 3개

38 주어진 각에 내접하는 원 작도법

39 화살표 방향을 기준으로 바라보는 면

40 투시도법은 눈으로 물체를 보는 것과 같이 원근법을 이용하여 물체의 형상을 하나의 화면에 그리는 도법으로서 관찰자의 위치와 화면, 대상물의 각도 등에 따라 1소점, 2소점, 3소점 투시도가 있음

41 에어브러시는 핸드피스, 호스, 컴프레서 등으로 구성. 붓의 얼룩이 남지 않아 광택재료로 많이 사용하지만 초보자가 이용하기엔 힘듦. 분무기의 원리를 기계화한 것으로, 부드러운 음영과 치밀하고 정교한 사실 표현이 가능

42
- 춘재와 추재로 구성되어 나무의 무늬 결을 결정짓는 나무의 조직으로서, 하나의 춘재부에서 추재부를 거쳐 다음 춘재부까지 이르는 하나의 띠를 말함
- 춘재(봄, 여름) : 세포층이 넓고 유연함
- 추재(가을, 겨울) : 세포층이 좁고 견고함

43
- 인장강도 : 재료가 양쪽으로 잡아 당겨지는 인장력에 견디는 정도
- 압축강도 : 재료가 압축에 의해서 파괴될 때 견디는 정도
- 전단강도 : 직각 방향에서 힘을 가했을 때 견디는 정도
- 표면강도 : 인쇄용지의 경우 종이 표면의 섬유가 찢기는 데 대한 저항력

44 표층에 백색지로 종이를 떠서 만든 판지로 마닐라 보드는 주로 담배, 식품, 화장품, 약품 등 작은 상자의 제조에 쓰이는 판지

45 아교는 소, 말, 돼지 등의 가축이나 근육 또는 뼈, 그 밖의 물고기 껍질 등으로 만든 동물성 접착제 투명성과 탄성이 크며, 주로 나무나 가구의 맞춤 접착제로 쓰임

46 급랭에 의하여 최초로 만들어진 비결정질 금속을 어모르퍼스합금이라고도 하며, 결정 구성을 가지지 않고, 원자 배열에 규칙성이 없는 물질의 금속. 초강력 강에 못지않은 강도를 가지고 있으며, 뛰어난 내식성과 내마모성, 자기특성 등을 가지고 있음

47 크라프트지 : 파열강도가 크고, 방수성이 요구되며 포장지로 사용

48 수취법 : 가열하여 녹은 유리를 관 끝에 놓고 입으로 불어 모양을 만드는 방법으로 가장 오래된 방법

49 모니터와 인쇄용지의 컬러 차이는 캘리브레이션 때문에 생기며, 전송속도의 차이를 보완하기 위해서는 스풀링이라는 것이 있음

50 다양한 질감과 사실적인 효과의 연출은 래스터 이미지에서 더욱 효과적임

51 하드웨어의 5대 장치 : 입력, 출력, 기억, 연산, 제어장치이며, 그중 CPU는 기억, 연산, 제어로 묶어 표현 가능

52
- JPG : 그래픽 파일 포맷 중에 압축률이 가장 뛰어나며 이미지 손실이 적음
- PSD : 포토샵에서 레이어와 알파 채널 등을 모두 저장할 수 있는 파일 포맷
- GIF : 최대 256가지 색으로 제한되는 단점은 있으나 온라인 전송을 위한 압축파일로 용량이 적고 투명도, 인터레이스, 애니메이션이 지원이 가능한 그래픽 파일 포맷으로 비손실 압축기법
- EPS : 4도 분판을 목적으로 하는 그래픽 포맷으로 비트맵이나 벡터 방식의 이미지 모두에서 사용할 수 있음

53 Algorithm(알고리즘) : 어떠한 문제를 해결하기 위해 정해진 일련의 절차나 방법을 공식화한 형태로 표현한 것으로, 계산을 실행하기 위한 단계적 절차를 의미하며, 알고리즘은 연산, 데이터 진행 또는 자동화된 추론을 수행함

54 GIF : 최대 256가지 색으로 제한되는 단점은 있으나 온라인 전송을 위한 압축파일로 용량이 적고 투명도, 인터레이스, 애니메이션이 지원이 가능한 그래픽 파일 포맷으로 비손실 압축 기법

55 레이 트레이싱(Ray Tracing, 광선 추적법)
렌더링한 장면에서 각각의 광선들이 카메라에 다다를 때까지 추적하여 모든 빛을 계산해 내는 방식으로, 매우 정확한 반사와 굴절에 의해 표면의 질감과 명암은 물론 이미지를 만들어냄

56 레졸루션(Resolution) : 어떤 화상을 얼마나 세밀하게 표시할 수 있는지 그 정밀도를 나타내는 척도로 1인치당 점의 개수로 해상도를 나타냄

57 Lighting Effects, Lens Flare : RGB 모드에서만 이용이 가능한 필터

58 • 아이콘(Icon) : 각종 프로그램, 명령어, 또는 데이터 파일들을 쉽게 지정할 수 있도록 하기 위해 각각에 해당되는 조그만 그림 또는 기호를 만들어 화면에 표시한 것
   • 포인터(Pointer) : 마우스의 위치를 알려주는 작은 그림
   • 룰러(Rulers) : 그래픽 프로그램의 눈금자

59 스캐너(Scanner) : 그림이나 사진을 빛의 반사를 통해 읽는 컴퓨터 입력 장치로 스캐너의 해상도 단위는 DPI(1인치당 점의 수)이며, 입력된 파일의 크기를 원하는 대로 크기 조절과 색상, 콘트라스트 조절이 가능함

60 • Adjustments : 원하는 부분의 색상, 명도, 채도 등을 자유롭게 보정하는 명령어
   • Crop : 원하는 부분만큼을 잘라내는 명령어
   • Duplicate : 도큐먼트를 복제하는 명령어

교재로 채택하여 강의 중인 컴퓨터학원입니다.

[서울특별시]

한양IT전문학원(서대문구 홍제동 330-54)
유림컴퓨터학원(성동구 성수1가 1동 656-251)
아이콘컴퓨터학원(은평구 갈현동 390-8)
송파컴퓨터회계학원(송파구 송파동 195-6)
강북정보처리학원(은평구 대조동 6-9호)
아이탑컴퓨터학원(구로구 개봉1동 65-5)
신영진컴퓨터학원(구로구 신도림동 437-1)
방학컴퓨터학원(도봉구 방학3동 670)
아람컴퓨터학원(동작구 사당동 우성2차 09상가)
국제컴퓨터학원(서초구 서초대로73길54 디오빌 209호)
백상컴퓨터학원(구로구 구로1동 314-1 극동싱가 4층)
엔젤컴퓨터학원(도봉구 창2동 581-28)
독립문컴퓨터학원(종로구 무악동 47-4)
문성컴퓨터학원(동작구 대방동 335-16 대방빌딩 2층)
대건정보처리학원(강동구 명일동 347-3)
제6세대컴퓨터학원(송파구 석촌동 252-5)
명문컴퓨터학원(도봉구 쌍문2동 56)
영우컴퓨터학원(도봉구 방학1동 680-8)
바로컴퓨터학원(강북구 수유2동 245-4)
뚝섬컴퓨터학원(성동구 성수1가2동)
오성컴퓨터학원(광진구 자양3동 553-41)
해인컴퓨터학원(광진구 구의2동 30-15)
푸른솔컴퓨터학원(광진구 자양2동 645-5)
희망컴퓨터학원(광진구 구의동)
경일웹컴퓨터학원(중랑구 신내동 665)
현대정보컴퓨터학원(양천구 신정5동 940-38)
보노컴퓨터학원(관악구 서림동 96-48)
스마트컴퓨터학원(도봉구 창동 9-1)
모드산업디자인학원(노원구 상계동 724)
미주컴퓨터학원(구로구 구로5동 528-7)
미래컴퓨터학원(구로구 개봉2동 403-217)
중앙컴퓨터학원(구로구 구로동 437-1 성보빌딩 3층)
고려아트컴퓨터학원(송파구 거여동 554-3)
노노스창업교육학원(서초구 양재동 16-6)
우신컴퓨터학원(성동구 홍익동 210)
무궁화컴퓨터학원(성동구 행당동 245번지 3층)
영일컴퓨터학원(금천구 시흥1동 838-33호)
셀파컴퓨터회계학원(송파구 송파동 97-43 3층)
지현컴퓨터학원(구로구 구로3동 188-5)

[인천광역시]

이컴IT.회계전문학원(남구 도화2동 87-1)
대성정보처리학원(계양구 효성1동 295-1 3층)
상아컴퓨터학원(경명대로 1124 명인프라자1, 501호)
명진컴퓨터학원(계양구 계산동 946-10 덕수빌딩 6층)
한나래컴퓨터디자인학원(계양구 임학동 6-1 4층)
효성한맥컴퓨터학원(계양구 효성1동 77-5 신한뉴프라자 4층)
시대컴퓨터학원(남동구 구월동 1225-36 롯데프라자 301-1)
피엘컴퓨터학원(남동구 구월동 1249)

하이미디어아카데미(부평구 부평동 199-24 2층)
부평IT멀티캠퍼스학원(부평구 부평5동 199-24 4, 5층)
돌고래컴퓨터아트학원(부평구 산곡동 281-53 풍성프라자 402, 502호)
미래컴퓨터학원(부평구 산곡1동 180-390)
가인정보처리학원(부평구 삼산동 391-3)
서부연세컴퓨터학원(서구 가좌1동 140-42 2층)
이컴학원(서구 석남1동 513-3 4층)
연희컴퓨터학원(서구 심곡동 303-1 새터빌딩 4층)
검단컴퓨터회계학원(서구 당하동 5블럭 5롯트 대한빌딩 4층)
진성컴퓨터학원(연수구 선학동 407 대영빌딩 6층)
길정보처리회계학원(중구 인현동 27-7 창대빌딩 4층)
대화컴퓨터학원(남동구 만수5동 925-11)
new중앙컴퓨터학원(계양구 임학동 6-23번지 3층)

[대전광역시]

학사컴퓨터학원(동구 판암동 203번지 리라빌딩 401호)
대승컴퓨터학원(대덕구 법동 287-2)
열린컴퓨터학원(대덕구 오정동 65-10 2층)
국민컴퓨터학원(동구 가양1동 579-11 2층)
용운컴퓨터학원(동구 용운동 304-1번지 3층)
굿아이컴퓨터학원(서구 가수원동 656-47번지 3층)
경성컴퓨터학원(서구 갈마2동 1408번지 2층)
경남컴퓨터학원(서구 도마동 경남(아)상가 301호)
둔산컴퓨터학원(서구 탄방동 734 3층)
로얄컴퓨터학원(유성구 반석동 639-4번지 웰빙타운 602호)
자운컴퓨터학원(유성구 신성동 138-8번지)
오원컴퓨터학원(중구 대흥동 205-2 4층)
계룡컴퓨터학원(중구 문화동 374-5)
제일정보처리학원(중구 은행동 139-5번지 3층)

[광주광역시]

태봉컴퓨터전산학원(북구 운암동 117-13)
광주서강컴퓨터학원(북구 동림동 1310)
다음정보컴퓨터학원(광산구 신창동 1125-3 건도빌딩 4층)
광주중앙컴퓨터학원(북구 문화동 999-3)
국제정보처리학원(북구 중흥동 279-60)
굿아이컴퓨터학원(북구 용봉동 1425-2)
나라정보처리학원(남구 진월동 438-3 4층)
두암컴퓨터학원(북구 두암동 602-9)
디지털국제컴퓨터학원(동구 서석동 25-7)
매곡컴퓨터학원(북구 매곡동 190-4)
사이버컴퓨터학원(광산구 운남동 387-37)
상일컴퓨터학원(서구 상무1동 147번지 3층)
세종컴퓨터전산학원(남구 봉선동 155-6 5층)
송정중앙컴퓨터학원(광산구 송정2동 793-7 3층)
신한국컴퓨터학원(광산구 월계동 899-10번지)
에디슨컴퓨터학원(동구 계림동 85-169)
엔터컴퓨터학원(광산구 신가동1012번지 우미아파트상가 2층 201호)

염주컴퓨터학원(서구 화정동 1035 2층)
영진정보처리학원(서구 화정2동 신동아아파트 상가 3층 302호)
이지컴퓨터학원(서구 금호동 838번지)
일류정보처리학원(서구 금호동 741-1 시영1차아파트 상가 2층)
조이컴정보처리학원(서구 치평동 1184-2번지 골든타운 304호)
중앙컴퓨터학원(서구 화정2동 834-4번지 3층)
풍암넷피아정보처리학원(서구 풍암 1123 풍암빌딩 6층)
하나정보처리학원(북구 일곡동 830-6)
양산컴퓨터학원(북구 양산동 283-48)
한성컴퓨터학원(광산구 월곡1동 56-2)

[부산광역시]

신흥정보처리학원(사하구 당리동 131번지)
경원전산학원(동래구 사직동 45-37)
동명정보처리학원(남구 용호동 408-1)
메인컴퓨터학원(사하구 괴정4동 1119-3 희망빌딩 7층)
미래컴퓨터학원(사상구 삼락동 418-36)
미래컴퓨터학원(부산진구 가야3동 301-8)
보성정보처리학원(사하구 장림2동 1052번지 삼일빌딩 2층)
영남컴퓨터학원(기장군 기장읍 대라리 97-14)
우성컴퓨터학원(사하구 괴정동 496-5 대원스포츠 2층)
중앙IT컴퓨터학원(북구 만덕2동 282-5번지)
하남컴퓨터학원(사하구 신평동 590-4)
다인컴퓨터학원(사하구 다대1동 933-19)
자유컴퓨터학원(동래구 온천3동 1468-6)
영도컴퓨터전산회계학원(영도구 봉래동3가 24번지 3층)
동아컴퓨터학원(사하구 당리동 303-11 5층)
동원컴퓨터학원(해운대구 재송동)
문현컴퓨터학원(남구 문현동 253-11)
삼성컴퓨터학원(북구 화명동 2316-1)

[대구광역시]

새빛캐드컴퓨터학원(달서구 달구벌대로 1704 삼정빌딩 7층)
해인컴퓨터학원(북구 동천동 878-3 2층)
셈틀컴퓨터학원(북구 동천동 896-3 3층)
대구컴퓨터캐드회계학원(북구 국우동 1099-1 5층)
동화컴퓨터학원(수성구 범물동 1275-1)
동화회계캐드컴퓨터학원(수성구 달구벌대로 3179 3층)
세방컴퓨터학원(수성구 범어1동 371번지 7동 301호)
네트컴퓨터학원(북구 태전동 409-21번지 3층)
배움컴퓨터학원(북구 복현2동 340-42번지 2층)
윤성컴퓨터학원(북구 복현2동 200-1번지)
명성탑컴퓨터학원(북구 침산2동 295-18번지)
911컴퓨터학원(달서구 달구벌대로 1657 4층)
메가컴퓨터학원(수성구 신매동 267-13 3층)
테라컴퓨터학원(수성구 달구벌대로 3090)

[울산광역시]

엘리트정보처리세무회계(중구 성남동 청송빌딩 2층~6층)

경남컴퓨터학원(남구 신정 2동 명성음악사3,4층)

다운컴퓨터학원(중구 다운동 776-4번지 2층)

대송컴퓨터학원(동구 대송동 174-11번지 방어진농협 대송지소 2층)

명정컴퓨터학원(중구 태화동 명정초등 BUS 정류장 옆)

크린컴퓨터학원(남구 울산병원근처-신정푸르지오 모델하우스 앞)

한국컴퓨터학원(남구 옥동 260-6번지)

한림컴퓨터학원(북구 봉화로 58 신화프라자 301호)

현대문화컴퓨터학원(북구 양정동 523번지 현대자동차문화회관 3층)

인텔컴퓨터학원(울주군 범서면 굴화리 49-5 1층)

대림컴퓨터학원(남구 신정4동 949-28 2층)

미래정보컴퓨터학원(울산시 남구 울산대학교앞 바보사거리 GS25 5층)

서진컴퓨터학원(울산시 남구 달동 1331-13 2층)

송샘컴퓨터학원(동구 방어동 281-1 우성현대 아파트상가 2, 3층)

에셋컴퓨터학원(북구 천곡동 410-6 아진복합상가 310호)

연세컴퓨터학원(남구 무거동 1536-11번지 4층)

홍천컴퓨터학원(남구 무거동(삼호동)1203-3번지)

IT컴퓨터학원(동구 화정동 855-2번지)

THC정보처리컴퓨터(울산시 남구 무거동 아이컨셉안경원 3, 4층)

TOPCLASS컴퓨터학원(울산시 동구 전하1동 301-17번지 2층)

[경기도]

샘물컴퓨터학원(여주군 여주읍 상리 331-19)

인서울컴퓨터디자인학원(안양시 동안구 관양2동 1488-35 골드빌딩 1201호)

경인디지털컴퓨터학원(부천시 원미구 춘의동 116-8 광덕프라자 3층)

에이팩스컴퓨터학원(부천시 원미구 상동 533-11 부건프라자 602호)

서울컴퓨터학원(부천시 소사구 송내동 523-3)

천재컴퓨터학원(부천시 원미구 심곡동 344-12)

대신IT컴퓨터학원(부천시 소사구 송내2동 433-25)

상아컴퓨터학원(부천시 소사구 괴안동 125-5 인광빌딩 4층)

우리컴퓨터전산회계디자인학원(부천시 원미구 심곡동 87-11)

좋은컴퓨터학원(부천시 소사구 소사본3동 277-38)

대명컴퓨터학원(부천시 원미구 중1동 1170 포도마을 삼보상가 3층)

한국컴퓨터학원(용인시 기흥구 구갈동 383-3)

삼성컴퓨터학원(안양시 만안구 안양1동 674-249 삼양빌딩 4층)

나래컴퓨터학원(안양시 만안구 안양5동 627-35 5층)

고색정보컴퓨터학원(수원시 권선구 고색동 890-169)

셀파컴퓨터회계학원(성남시 중원구 금광2동 4359 3층)

탑에듀컴퓨터학원(수원시 팔달구 팔달로2가 130-3 2층)

새빛컴퓨터학원(부천시 오정구 삼정동 318-10 3층)

부천컴퓨터학원(부천시 원미구 중1동 1141-5 다운타운빌딩 403호)

경원컴퓨터학원(수원시 영통구 매탄4동 성일아파트상가 3층)

하나탑컴퓨터학원(광명시 광명6동 374-10)

정수천컴퓨터학원(가평군 석봉로 139-1)

평택비트컴퓨터학원(평택시 비전동 756-14 2층)

[전라북도]

전주컴퓨터학원(전주시 완산구 삼천동1가 666-6)

세라컴퓨터학원(전주시 덕진구 우아동)

비트컴퓨터학원(전북 남원시 왕정동 45-15)

문화컴퓨터학원(전주시 덕진구 송천동 1가 480번지 비사벌빌딩 6층)

등용문컴퓨터학원(전주시 완산구 풍남동1가 15-6번지)

미르컴퓨터학원(전주시 덕진구 인후동1가 857-1 새마을금고 3층)

거성컴퓨터학원(군산시 명산동 14-17 반석신협 3층)

동양컴퓨터학원(군산시 나운동 487-9 SK5층)

문화컴퓨터학원(군산시 문화동 917-9)

하나컴퓨터학원(전주시 완산구 효자동1가 518-59번지 3층)

동양인터넷컴퓨터학원(전주시 완산구 삼천동1가 288-9번 203호)

골든벨컴퓨터학원(전주시 완산구 평화2동 893-1)

명성컴퓨터학원(군산시 나운1동792-4)

다울컴퓨터학원(군산시 나운동 667-7번지)

제일컴퓨터학원(남원시 도통동 583-4번지)

뉴월드컴퓨터학원(익산시 부송동 762-1 번지 1001안경원 3층)

젬컴퓨터학원(군산시 문화동 920-11)

문경컴퓨터학원(정읍시 연지동 32-11)

유일컴퓨터학원(전주시 덕진구 인후동 안골사거리 태평양약국 2층)

빌컴퓨터학원(군산시 나운동 809-1번지 라파빌딩 4층)

김상미컴퓨터학원(군산시 조촌동 903-1 시영아파트상가 2층)

아성컴퓨터학원(익산시 어양동 부영1차아파트 상가동 202호)

민컴퓨터학원(전주시 완산구 서신동 797-2번지 청담빌딩 5층)

제일컴퓨터학원(익산시 어양동 643-4번지 2층)

현대컴퓨터학원(익산시 동산동 1045-3번지 2층)

이지컴퓨터학원(군산시 흥남동남 404-8 1층)

비전컴퓨터학원(익산시 동산동 607-4)

청어람컴퓨터학원(전주시 완산구 평화동2가 890-5 5층)

정컴퓨터학원(전주시 완산구 삼천동1가 592-1)

영재컴퓨터학원(전라북도 완주군 삼례읍 삼례리 923-23)

탑스터디컴퓨터학원(군산시 수송로 119 은하빌딩 3층)

[전라남도]

한성컴퓨터학원(여수시 문수동 82-1번지 3층)

[경상북도]

현대컴퓨터학원(경북 칠곡군 북삼읍 인평리 1078-6번지)

조은컴퓨터학원(경북 구미시 형곡동 197-2번지)

옥동컴퓨터학원(경북 안동시 옥동 765-7)

청어람컴퓨터학원(경북 영주시 영주2동 528-1)

21세기정보처리학원(경북 영주시 휴천2동 463-4 2층)

이지컴퓨터학원(경북 경주시 황성동 472-44)

한국컴퓨터학원(경북 상주시 무양동 246-5)

예일컴퓨터학원(경북 의성군 의성읍 중리리 714-2)

김복남컴퓨터학원(경북 울진군 울진읍 읍내4리 520-4)

유성정보처리학원(경북 예천군 예천읍 노하리 72-6)

제일컴퓨터학원(경북 군위군 군위읍 서부리 32-19)

미림-엠아이티컴퓨터학원(경북 포항시 북구 장성동 1355-4)

가나컴퓨터학원(경북 구미시 옥계동 631-10)

엘리트컴퓨터외국어스쿨학원(경북 경주시 동천동 826-11번지)

송현컴퓨터학원(안동시 송현동 295-1)

[경상남도]

송기웅전산학원(창원시 진해구 석동 654-3번지 세븐코아 6층 602호)

빌게이츠컴퓨터학원(창원시 성산구 안민동 163-5번지 풍전상가 302호)

예일학원(창원시 의창구 봉곡동 144-1 401~2호)

정우컴퓨터전산회계학원(창원시 성산구 중앙동 89-3)

우리컴퓨터학원(창원시 의창구 도계동 353-13 3층)

웰컴퓨터학원(김해시 장유면 대청리 대청프라자 8동 412호)

이지컴스쿨학원(밀양시 내이동 북성로 71 3층)

비사벌컴퓨터학원(창녕군 창녕읍 말흘리 287-1 1층)

늘샘컴퓨터학원(함양군 함양읍 용평리 694-5 신협 3층)

도울컴퓨터학원(김해시 삼계동 1416-4 2층)

[제주도]

하나컴퓨터학원(제주시 이도동)

탐라컴퓨터학원(제주시 연동)

클릭컴퓨터학원(제주시 이도동)

[강원도]

엘리트컴퓨터학원(강릉시 교1동 927-15)

권정미컴퓨터교습소(춘천시 춘천로 316 2층)

형제컴퓨터학원(속초시 조양동 부영아파트 3동 주상가 305-2호)

강릉컴퓨터교육학원(강릉시 임명로 180 3층 301호)

컴퓨터그래픽스 운용기능사 필기 총정리 문제집

2021. 1. 12. 1판 1쇄 발행
2022. 1. 5. 개정증보 1판 1쇄 발행
2022. 8. 1. 개정증보 2판 1쇄 발행
2024. 1. 10. 개정증보 3판 1쇄 발행

저자와의
협의하에
검인생략

지은이 | 윤한정, 김지숙
펴낸이 | 이종춘
펴낸곳 | BM (주)도서출판 성안당
주소 | 04032 서울시 마포구 양화로 127 첨단빌딩 3층(출판기획 R&D 센터)
　　　 10881 경기도 파주시 문발로 112 파주 출판 문화도시(제작 및 물류)
전화 | 02) 3142-0036
　　　 031) 950-6300
팩스 | 031) 955-0510
등록 | 1973. 2. 1. 제406-2005-000046호
출판사 홈페이지 | www.cyber.co.kr
도서 내용 문의 | sisa4u@naver.com
ISBN | 978-89-315-5962-0 (13000)
정가 | 23,000원

이 책을 만든 사람들
책임 | 최옥현
진행 | 최창동
본문 디자인 | 인투
표지 디자인 | 박원석
홍보 | 김계향, 유미나, 정단비, 김주승
국제부 | 이선민, 조혜란
마케팅 | 구본철, 차정욱, 오영일, 나진호, 강호묵
마케팅 지원 | 장상범
제작 | 김유석

www.cyber.co.kr
성안당 Web 사이트

이 책의 어느 부분도 저작권자나 BM (주)도서출판 성안당 발행인의 승인 문서 없이 일부 또는 전부를 사진 복사나 디스크 복사 및 기타 정보 재생 시스템을 비롯하여 현재 알려지거나 향후 발명될 어떤 전기적, 기계적 또는 다른 수단을 통해 복사하거나 재생하거나 이용할 수 없음.

■ 도서 A/S 안내

성안당에서 발행하는 모든 도서는 저자와 출판사, 그리고 독자가 함께 만들어 나갑니다.
좋은 책을 펴내기 위해 많은 노력을 기울이고 있습니다. 혹시라도 내용상의 오류나 오탈자 등이 발견되면 **"좋은 책은 나라의 보배"**로서 우리 모두가 함께 만들어 간다는 마음으로 연락주시기 바랍니다. 수정 보완하여 더 나은 책이 되도록 최선을 다하겠습니다.
성안당은 늘 독자 여러분들의 소중한 의견을 기다리고 있습니다. 좋은 의견을 보내주시는 분께는 성안당 쇼핑몰의 포인트(3,000포인트)를 적립해 드립니다.

잘못 만들어진 책이나 부록 등이 파손된 경우에는 교환해 드립니다.